江蘇省地方志編纂委員會辦公室組織整理
主編　程章燦
執行主編　張乃格

江南通志

第七册

職官志（二）

鳳凰出版社

第七册目録

江南通志卷一百五

職官志

文職 七

國朝 統部

總督部院

順治二年，江南初入版圖，命内院大學士經略招撫。四年，停止内院，特設總督一員。初轄江南、河南、江西三省，自六年以後，止轄江南、江西二省。康熙元年，裁去操江，歸併總督。十三年，止轄江南一省。至二十一年，仍轄兩江，帶理操江。雍正元年三月，吏部覆議兩江總督統理江蘇、安徽、江西三處巡撫事務，地闊兵多，與川陝總督俱實授兵部尚書職銜，著爲例。

洪承疇　福建人，進士，順治二年以經略任。

馬國柱　奉天人，順治四年任。以後係總督。

馬鳴佩　奉天人，順治十二年任。

郎廷佐　奉天人，順治十三年任。

麻勒吉　滿州人，狀元，康熙十年任。

阿席熙　滿洲人，康熙十二年任。

于成龍　山西人，副榜，康熙二十一年任。

王新命　潼川人，貢監，康熙二十三年任。

董　訥　平原人，康熙二十六年任。

傅臘塔　滿洲人，康熙二十七年任。

范承勳　瀋陽人，康熙三十三年任。

張鵬翮　遂寧人，進士，康熙三十八年任。

阿　山　鑲藍旗人，康熙三十九年任。

邵穆布　鑲藍旗人，康熙四十五年任。

噶　禮　正紅旗人，康熙四十八年任。

赫　壽　正紅旗人，康熙五十一年任。
常　鼐　正白旗人，康熙五十六年任。
查弼納　鑲藍旗人，康熙六十一年任。
范時繹　瀋陽人，雍正四年署任。
史貽直　溧陽人，進士，雍正八年署任。
高其倬　鑲黄旗人，進士，雍正八年任。
尹繼善　鑲黄旗人，進士，雍正九年署任。
魏廷珍　景州人，進士，雍正十年署任。
高其倬　雍正十一年再任。
趙弘恩　鑲紅旗人，貢生，雍正十一年任。

總漕部院

自前明以來，駐節淮安，以便趲運。國朝因之。順治六年，裁去鳳撫，歸總漕，兼理巡撫事。十六年，復設鳳撫，總漕遂專督七省漕運事務。

王文奎　浙江人，順治二年任。
楊聲遠　順天人，順治四年任。

吴惟華　陝西人，順治四年任。以後兼管鳳撫。
沈文奎　即王文奎，復姓，順治十年再任。
蔡士英　奉天人，順治十二年任。
亢得時　山西人，順治十五年任。
蔡士英　順治十六年再任。以後專管漕務。
林起龍　大興人，進士，康熙元年任。
屈盡美　奉天人，康熙六年任。
帥顔保　滿洲人，康熙八年任。
邵　甘　滿洲人，康熙二十年任。
徐旭齡　錢塘人，康熙二十四年任。
慕天顔　靜寧人，進士，康熙二十六年任。
馬世濟　鑲紅旗人，康熙二十七年任。
董　訥　平原人，康熙二十八年任。
興永朝　奉天人，康熙三十二年任。
王　樑　正黄旗人，康熙三十三年任。
桑　格　滿洲人，康熙三十四年任。

董安國　鑲紅旗人，康熙三十四年任。
赫　壽　正紅旗人，康熙五十年任。
郎廷極　鑲黃旗人，康熙五十一年任。
施世綸　鑲黃旗人，廕生，康熙五十四年任。
張大有　郃陽人，進士，康熙六十一年任。
性　桂　正藍旗人，雍正八年任。
魏廷珍　景州人，進士，雍正十年任。
顧　琮　鑲黃旗人，雍正十三年署任。
補　熙　鑲黃旗人，雍正十三年署任。
程元章　上蔡人，乾隆元年任。

總河部院

歷任駐劄山東濟寧州。自康熙十六年以後，江南工程緊要，就近駐劄淮安府山陽縣之清江浦。雍正□〔七〕①年，分設南、北總河，北駐山東，南駐江南，分任河工。

① 《四庫》本作「缺」，此據《清史稿》一一六補。

靳　輔　奉天人，康熙十六年任。

馬　齊　滿洲人，康熙二十七年任。

王新命　潼川人，貢監，康熙二十七年任。

靳　輔　康熙三十一年再任。

于成龍　鑲紅旗人，康熙三十二年、三十七年任。

董安國　鑲紅旗人，康熙三十四年任。

張鵬翮　遂寧人，進士，康熙三十九年任。

趙世顯　鑲紅旗人，康〔熙〕①四十八年任。

陳鵬年　湘潭人，進士，康熙六十年任。

齊蘇勒　正白旗人，雍正元年任。

孔毓珣　曲阜人，雍正七年任。

嵇曾筠　無錫人，進士，雍正八年任。

趙弘恩　鑲紅旗人，貢生，雍正十三年署任。

高　斌　鑲黄旗人，乾隆元年任。

① 據《四庫》本補。

巡撫都察院

江南分上、下江，設兩巡撫。蘇松巡撫，自明嘉靖以來久設。國朝因之。初轄江、蘇、松、常、鎮五府。康熙五年，鳳撫奉裁，始併轄淮、揚、徐三府州。康熙元年，停止提督軍務之銜。十三年，以軍興，復令提督軍務。

安徽巡撫，國初以操江兼管。後以任重事繁，康熙元年操江軍務歸併總督，始專任巡撫之事。所轄安、徽、寧、池、太、廬、鳳七府，滁、和、廣三州。雍正二年，上江分出六安、泗、潁、亳四州，下江分出太倉、邳、海、通四州，俱爲直隸。十一年，陞徐州爲府，併入邳州。十三年，陞潁州爲府，併入亳州。兩巡撫仍照舊額統轄。

江蘇巡撫

土國寶　大同人，順治二年任。

周伯達　萊陽人，進士，順治六年任。

土國寶　順治七年再任。

周國佐　奉天人，順治九年任。

張中元　正黃旗人，監生，順治十一年任。

蔣國柱　正黄旗人，順治十六年任。
朱國治　正紅旗人，順治十七年任。
韓世琦　正紅旗人，康熙元年任。
馬　祜　正黄旗人，進士，康熙八年任。
慕天顔　静寧人，進士，康熙十五年任。
余國柱　大冶人，進士，康熙二十一年任。
王新命　四川人，貢監，康熙二十三年任。
湯　斌　睢州人，進士，康熙二十三年任。
趙士麟　雲南人，進士，康熙二十五年任。
田　雯　德州人，進士，康熙二十六年任。
洪之傑　湖廣人，進士，康熙二十七年任。
鄭　端　直隸人，進士，康熙二十九年任。
宋　犖　商（邱）〔丘〕人，廕生，康熙三十一年任。
于　準　山西人，康熙四十五年任。
張伯行　儀封人，進士，康熙四十九年任。
王度昭　諸城人，康熙五十一年署任。

張伯行　康熙五十一年再任。
赫　壽　正紅旗人，康熙五十四年署任。
施世綸　鑲黄旗人。廕生，康熙五十四年署任。
吴存禮　正黄旗人，康熙五十五年任。
查弼納　鑲藍旗人，雍正元年署任。
何天培　正白旗蒙古人，雍正元年署任。
張　楷　正藍旗人，舉人，雍正三年任。
范時繹　瀋陽人，雍正四年署任。
陳時夏　元謀人，進士，雍正四年任。
張坦麟　漢陽人，舉人，雍正六年署任。
趙向奎　聞喜人，雍正六年署任。
尹繼善　鑲黄旗人，進士，雍正六年署任。
王　璣　錢塘人，雍正七年署任。
彭維新　湖廣人，進士，雍正七年署任。
尹繼善　雍正七年再任。
王國棟　瀋陽人，進士，雍正九年署任。

喬世臣　滋陽人，進士，雍正九年任。
孫國璽　正白旗人，雍正十一年署任。
高其倬　鑲黄旗人，進士，雍正十一年署任。
顧　琮　鑲黄旗人，乾隆元年署任。

安徽巡撫

李猶龍　洵陽人，貢生，順治二年任。
李棲鳳　奉天人，順治三年任。
王　懩　順治年任。
劉洪遇　順治年任。
李日芃　奉天人，順治七年任。以後操撫兼管。
秦世徵　奉天人，順治十二年任。
蔣國柱　奉天人，順治十二年任。
朱衣助　奉天人，順治十六年任。
宜永貴　奉天人，順治十六年任。
張朝珍　奉天人，順治十八年任。以後專巡撫。

靳　輔　奉天人，康熙十年任。
徐國相　奉天人，康熙十六年任。
薛柱斗　延長人，拔貢，康熙二十三年任。
楊素藴　宜君人，進士，康熙二十六年任。
江有良　奉天人，監生，康熙二十七年任。
高承爵　奉天人，廕生，康熙三十二年任。
佟國佐　奉天人，官生，康熙三十三年任。
綫一信　奉天人，廕生，康熙三十四年任。
陳汝器　奉天人，廕生，康熙三十五年任。
李　炳　鐵嶺衛人，廕生，康熙三十八年任。
高承爵　康熙三十九年再任。
喻成龍　正藍旗人，廕生，康熙四十一年任。
劉光美　奉天人，監生，康熙四十二年任。
葉九思　鑲藍旗人，官生，康熙四十八年任。
梁世勳　延安人，廕生，康熙五十年任。
李成龍　奉天人，廕生，康熙五十五年任。

魏廷珍　景州人，進士，雍正三年任。
程元章　上蔡人，進士，雍正八年任。
徐　本　錢塘人，進士，雍正十年任。
王　紘　膠州人，進士，雍正十二年任。
趙國麟　泰安人，進士，雍正十三年任。

提督學政

順治二年，上、下江督學御史分差二員，九年始合爲一。十年，停差御史，照直隸順天等處，特設督學内翰林院二員，分考上、下江。十二年，改南直隸爲省，照例以道臣督學，止用提學僉事二員，停差翰林。康熙元年，裁併歸一，改爲督理通省學政道。二十四年，復用翰林院。雍正三年，仍分上、下江各一員。

高去奢　寧晋人，進士，順治二年任江安。
陳昌言　山西人，進士，順治二年任蘇松。
魏　琯　壽光人，進士，順治四年任江安。
蘇　銓　交河人，進士，順治四年任蘇松。
李嵩陽　封（邱）〔丘〕人，舉人，順治六年任江安。

李蔭嵋　永城人，進士，順治六年任蘇松。

楊　義　洪洞人，進士，順治九年任通省。

以上係御史。

藍　潤　即墨人，進士，順治十年任上江。

石　申　灤州人，進士，順治十年任下江。

以上係内院。

李來泰　臨川人，進士，順治十二年任上江。

張能鱗　大興人，進士，順治十三年任下江。

王同春　山西人，進士，順治十六年任上江。

胡在恪　江陵人，進士，順治十六年任下江。

孫蔭驥　福建人，進士，康熙元年任通省。

梁　儒　鑲白旗人，進士，康熙四年任。

簡　上　巴縣人，舉人，康熙七年任。

虞二球　定海人，進士，康熙十二年任。

解幾貞　韓城人，進士，康熙十三年任。

邵　嘉　富陽人，進士，康熙十五年任。

劉　果　諸城人，進士，康熙十八年任。
田　雯　德州人，進士，康熙十九年任。
趙　崙　萊陽人，進士，康熙二十一年任。
以上係道員。
李振裕　吉水人，進士，康熙二十四年任。
高　裔　順天人，進士，康熙二十七年任。
許汝霖　海寧人，進士，康熙三十年任。
邵嗣堯　山西人，進士，康熙三十三年任。
張鵬翮　遂寧人，進士，康熙三十三年任。
張榕端　河南人，進士，康熙三十六年任。
張泰交　陽城人，進士，康熙三十九年任。
張廷樞　韓城人，進士，康熙四十二年任。
魏學誠　蔚州人，進士，康熙四十五年任。
楊中訥　海鹽人，進士，康熙四十八年任。
張元臣　貴州人，進士，康熙五十年任。
胡　潤　湖廣人，進士，康熙五十一年任。

余正健　古田人，進士，康熙五十三年任。
林之濬　福建人，進士，康熙五十五年任。
謝履厚　雲南人，進士，康熙五十六年任。
鄭任鑰　福建人，進士，康熙五十九年任。
法　海　鑲黄旗人，進士，雍正元年任。
以上通省學院。
俞兆晟　海寧人，進士，雍正二年任江蘇。
孫嘉淦　山西人，進士，雍正三年任安徽。
李鳳翥　建昌人，進士，雍正四年任安徽。
鄧鍾岳　山東人，狀元，雍正四年任江蘇。
王蘭生　順天人，進士，雍正七年任安徽。
張廷璐　桐城人，進士，雍正七年任江蘇。十年再任，十三年再任。
姚三辰　浙江人，進士，雍正十年任安徽。
鄭　江　浙江人，進士，雍正十三年任安徽。

巡鹽御史

始於前明正統間。國朝因之，江南設巡視兩淮鹽課監察御史一員。康熙六年，户部題准，遇閏之年連閏在任十三月算一年，差滿考核。

李發元　高陽人，進士，順治二年任。
李嵩陽　封（邱）〔丘〕人，舉人，順治三年任。
張　翮　高平人，進士，順治四年任。
王士驥　浙江人，進士，順治五年任。
崔蔭弘　長垣人，進士，順治六年任。
張　瑃　陽城人，進士，順治八年任。
陳自德　奉天人，貢生，順治九年任。
姜圖南　仁和人，進士，順治十二年任。
白尚登　奉天人，貢生，順治十三年任。
周宸藻　嘉善人，進士，順治十四年任。
高爾位　奉天籍，寧懷人，貢生，順治十五年任。
李贊元　山東人，進士，順治十七年任。

胡文學　鄞縣人，進士，順治十八年任。
鄭　名　寧晋人，進士，康熙元年任。
張問政　奉天人，貢生，康熙二年任。
趙玉堂　麟遊人，舉人，康熙三年任。
黄敬璣　曲阜人，進士，康熙四年任。
馬大士　濬縣人，進士，康熙五年任。
甯爾講　永平人，進士，康熙六年任。
郭　丕　滿洲人，康熙七年任。
宋　翔　大興人，進士，康熙七年同任。
胡什巴　滿洲人，康熙八年任。
侯于唐　三原人，進士，康熙八年同任。
席特納　滿洲人，康熙九年任。
徐旭齡　錢塘人，進士，康熙九年同任。
色克德　滿洲人，康熙十年任。
陳可畏　浙江人，進士，康熙十年同任。
聶爾古　滿洲人，康熙十一年任。

劉　錫　滿洲人，康熙十二年任。

魏雙鳳　獲鹿人，進士，康熙十二年①任。

戈　英　獻縣人，進士，康熙十四年任。

席　珠　滿洲人，康熙十五年任。

郝　浴　直隸人，進士，康熙十六、十七年任。

布　哈　滿洲人，康熙十八年任。

丹　代　滿洲人，康熙十九年任。

堪　泰　滿洲人，康熙二十年任。

裘充美　昌平人，進士，康熙二十一年任。

張志棟　昌邑人，進士，康熙二十二年任。

查納哈　滿洲人，康熙二十三年任。

舒　書　滿洲人，康熙二十四年任。

噶薩里　滿洲人，康熙二十五年任。

陶式玉　浙江人，進士，康熙二十六年任。

① 「十二年」，《四庫》本作「十三年」。

德珠 滿洲人，康熙二十七年任。

穆舒 滿洲人，康熙二十八年任。

吴達哈 滿洲人，康熙二十九年任。

喀拜 滿洲人，康熙三十年任。

觀音布 滿洲人，康熙三十一年任。

賈色 滿洲人，康熙三十二年任。

常壽 滿洲人，康熙三十三年任。

雅圖 滿洲人，康熙三十四年任。

辛保 滿洲人，康熙三十五年任。

穆書 滿洲人，康熙三十六年任。

卓琳 滿洲人，康熙三十七年任。

阿爾法 滿洲人，康熙三十八年任。

赫碩色 滿洲人，康熙三十九年任。

滿普 滿洲人，康熙四十年任。

羅瞻 滿洲人，康熙四十一年任。

噶世圖 滿洲人，康熙四十二年任。

曹　寅　滿洲人，康熙四十三年、四十五年、四十七年、四十九年任。
李　煦　滿洲人，康熙四十四年、四十六年、四十八年、五十年、五十一年、五十二年任。
李陳常　秀水人，進士，康熙五十三年、五十四年任。
李　煦　康熙五十五年、五十六年再任。
張應詔　湖廣人，舉人，康熙五十七年至六十年任。
魏廷珍　景州人，進士，康熙六十一年任。
謝賜履　全州人，舉人，雍正元年、二年任。
噶爾泰　滿洲人，雍正二年至七年任。
高　斌　鑲黄旗人，雍正九年任。
尹會一　博野人，進士，乾隆元年任。

督理織造

江寧始於前明，時用太監管理漢府事。織染局係明漢王高煦舊第，故相沿稱爲漢府。國朝照舊織造。順治五年，差户部員管理。十三年，改差内十三衙門，每年一更代。十五年，改爲三年一易任。康熙二年，遂定專差久任。

蘇州織造始於順治三年，兼督蘇、杭。至十年，歸併一局，遂止管蘇州織造事務。其僚屬各有烏林、大烏林、筆帖式等員。

江寧織造

張元勳　奉天人，順治五年任。

楊文科　失考。

張嘉謨　滿洲人，順治十三年任。

楊秉恭　順天人，順治十三年任。

劉之武　滿洲人，順治十四年任。

周天成　滿洲人，順治十五年任。

曹　璽　滿洲人，康熙二年任。

桑　格　滿洲人，康熙二十三年任。

曹　寅　滿洲人，康熙三十一年任。

曹　顒　滿洲人，康熙五十二年任。

曹　頫　滿洲人，康熙五十四年任。

隋赫德　滿洲人，雍正六年任。

許夢閎　滿洲人，內務府郎中，雍正九年任。

高　斌　鑲黄旗人，雍正十一年署任。

李　英　鑲白旗人，雍正十二年任。

蘇州織造

陳有明　奉天人，順治三年任。

尚　志　滿洲人，順治三年任。

宫　代　滿洲人。

胡格喇　滿洲人。

高　登　滿洲人。

馬木清　滿洲人。

張嘉謨　滿洲人。

以上兼管蘇、杭。

周天成　滿洲人，順治十年任。以後專管蘇州。

馬偏俄　奉天人，理事官，順治十三年任。

鄧秉忠　京籍，太監，順治十三年任。

李自昌　奉天人，文書館，順治十四年任。

馬偏俄　順治十五年再任。

法　哈　滿洲人，順治十八年任。

衣　色　奉天人，康熙元年任。

納　泰　滿洲人，康熙二年任。

馬偏俄　内工部，康熙二年再任。

陳　武　奉天人，内庫，康熙四年任。

雷先聲　奉天人，内刑部，康熙五年任。

薩碧漢　奉天人，内庫，康熙十五年至二十一年任。

祁國臣　奉天人，良宰内庫，康熙二十一年至二十九年任。

曹　寅　滿洲人，康熙二十九年任。

李　煦　正白旗人，康熙三十二年至六十一年任。

胡鳳翬　鑲白旗人，雍正元年任。

高　斌　鑲黄旗人，雍正四年任。

李秉忠　正藍旗人，雍正六年任。

海　保　鑲黄旗人，奉宸苑郎中，雍正八年任。

巡察官

雍正三年八月，於江寧、安徽二處添設巡察官一員，專司稽察盜賊，並巡查驛站、烟墩。

王肅章　山東人，進士，雍正三年任。

博　濟　滿洲人，雍正四年任。

戴音保　鑲白旗人，御史，雍正五年任。

榷關使者

江寧有龍江西新關，順治二年，將新江關併入西關。康熙十年，又將西新關稅務歸併龍江關。蘇州有滸墅關，揚州有揚州關，康熙三年以後，嘗歸道員及府佐管理，八年復設。淮安有淮關板閘，康熙三年裁併關倉差員，淮倉户部分司、清江工部分司、徐倉户部分司、中河關及淮安鈔關，俱歸併淮揚道管理。康熙八年，題復關差，將清江户、工二部俱裁，歸併淮安鈔關管理。太平有蕪湖關，康熙六年，池太道兼領關榷。旋以道缺奉裁，其關務仍差部員。鳳陽有鳳關，順治五年，歸併本府，七年復設。康熙四年又奉裁，仍歸知府管理。八年，復差滿、漢部員。十三年，裁去滿官。二十年，復差滿員如舊。康熙五十四年奉裁，歸併巡撫管理。松江有海關。康熙二十四年分設，每年輪差部員。康熙六十一年，歸江蘇巡撫管理。歷年以來，或以方面帶管，或以委員監收，或差滿、漢二員，或多展限年分，先後不齊，今並列如左。

龍江西新關

萬堯一　工部員外，順治二年任。

劉舜濬　户部主事，順治三年任。

周　奭　户部主事，順治四年任。以後二十年失考。

鍾古爾代　禮部郎中，康熙八年任。

胡一璉　工部郎中，康熙八年同任。

能　代　工部郎中，康熙九年任。

顔光敏　禮部主事，康熙九年同任。

石　圖　工部員外，康熙十年任。

張文韜　户部主事，康熙十年同任。

布　甘　兵部主事，康熙十一年任。

景文魁　刑部郎中，康熙十一年同任。

羅光衆　户部主事，康熙十二年任。

陳廷樞　刑部郎中，康熙十三年任。

祖維焕　兵部主事，康熙十四年任。

阿禮瑚　戶部員外，康熙十五年任。
紀　愈　兵部主事，康熙十六年任。
薛之佐　戶部郎中，康熙十七年任。
邵禮瑚　工部員外，康熙十八年任。
額爾赫圖　工部員外，康熙十九年任。
馬爾漢　工部員外，康熙二十年任。
法爾哈　刑部員外，康熙二十一年任。
祖允圖　戶部郎中，康熙二十二年任。
尚志傑　以下俱係旗員，年月無考。
他進泰
許懋昌
孫世琦
吴洛圖
恩　特
瓦爾達
張務禮

沙哈布
薩拉
清寶
色楞
薩穆席
恩特
薩爾納
特古德
索柱
勒奇
達尚
雅思海
佛爾和
傅璽
索琳
傅鼐

覺和圖

魏荔彤　柏鄉人，江常鎮崇道，雍正元年任。

徐克祺　湖廣人，驛鹽道，雍正元年任。

郭汝梗　奉天人，江寧知府，雍正三年任。

楊　紹　武陵人，驛鹽道，雍正四年任。

張暻樞　山西人，驛鹽道，雍正四年任。

隋赫德　滿洲人，江寧織造，雍正六年任。

許夢閎　滿洲人，江寧織造，雍正九年任。

高　斌　鑲黄旗人，署江寧織造，雍正十一年任。

李　英　鑲白旗人，雍正十二年任。

滸墅鈔關

(邱)〔丘〕俊孫　淮安人，進士，順治二年任。

吕翕如　清苑人，進士，順治三年任。

鄭庫納　鑲紅旗人，順治四年任。

王崇銘　陽城人，舉人，順治四年同任。

石　兔　鑲白旗人，順治五年任。
楊　威　鑲黄旗人，順治六年任。
申騰芳　長洲人，官生，順治六年同任。
額　倫　正黄旗人，順治七年任。
李起元　舉人，順治七年同任。
馮達道　武進人，進士，順治九年任。
嚴我公　紹興人，貢生，順治十年任。
陳　襄　文安人，順治十一年任。
王有報　滿洲人，順治十一年任。
劉廷獻　仁和人，進士，順治十二年任。
呀思哈　正白旗人，順治十三年任。
費　達　溧陽人，進士，順治十二年同任。
秦廷獻　曲沃人，拔貢，順治十四年任。
杜宸輔　長垣人，進士，順治十五年任。
郭金鉉　平安人，進士，順治十六年任。
李繼白　臨漳人，進士，順治十七年任。

王元晋　寧晋人，進士，康熙元年任。
庫爾訥①　正藍旗人，康熙二年任。
馮　鏞　吉安人，進士，康熙二年同任。
馬　喇　正白旗人，康熙三年任。
劉宏譽　真定人，進士，康熙三年同任。
白爾墨　正藍旗人，康熙四年任。
王天成　奉天人，舉人，康熙四年同任。
安世鼎　奉天人，康熙五年任。以後三年，道員、府佐管理。
馬爾赤哈　鑲紅旗人，康熙八年任。
黄虞再　伏羌人，進士，康熙八年同任。
桑　梓　正藍旗人，康熙九年任。
鄭煻新　閩縣人，貢生，康熙九年同任。
徐大用　正紅旗人，刑部郎中，康熙十年任。
楊　芳　山西人，廕生，刑部主事，康熙十年任。

① 「訥」，《四庫》本作「納」。

關音布　正黄旗人，户部主事，康熙十年任。
易道沛　漢陽人，進士，康熙十年同任。
席　柱　正黄旗人，吏部主事，康熙十一年任。
劉士龍　睢州人，進士，康熙十一年同任。
陳常夏　富平人，貢生，康熙十一年任。
郭　里　鑲藍旗人，兵部員外，康熙十三年任。
碩　羅　滿洲人，康熙十四年任。
高　璜　鑲黄旗人，進士，康熙十五年任。
汪世選　海城人，康熙十六年任。
鄂木愷　正白旗人，康熙十七年任。
陶　羅　正紅旗人，康熙十八年任。
年　哈　滿洲人，康熙十九年任。
鄂　屯　正黄旗人，康熙二十年任。
長　命　正紅旗人，康熙二十一年任。
黄　懋　鑲黄旗人，康熙二十二年任。
高必泓　鑲紅旗人，康熙二十三年任。

蔡音達　鑲白旗人，康熙二十四年任。

桑　格　正白旗人，康熙二十五年任。

禪　代　鑲黄旗人，康熙二十六年任。

桑　豪　鑲黄旗人，康熙二十七年任。

閆承詔　陝西人，吏部員外，康熙二十八年任。

伊　道　正藍旗人，康熙二十九年任。

馬逸姿　武功人，兵部郎中，康熙三十年任。

布達理　鑲黄旗人，康熙三十一年任。

渾　哲　鑲紅旗人，康熙三十二年任。

來　保　正黄旗人，康熙三十三年任。

董殿邦　東寧人，康熙三十四年任。

王藻圖　正黄旗人，康熙三十五年任。

瓦爾達　正白旗人，康熙三十六年任。

圖爾親　鑲紅旗人，康熙三十七年任。

索爾敏　鑲白旗人，康熙三十八年任。

舒古鼐　正藍旗人，康熙三十九年任。

王士俊　正白旗人，康熙四十年任。
舒　蘭　正紅旗人，康熙四十一年任。
來　保　正藍旗人，康熙四十二年任。
納漢泰　正黄旗人，康熙四十三年任。
巴　錫　鑲黄旗人，康熙四十四年任。
李延禧　正白旗人，康熙四十五年任。
額克青格　正黄旗人，康熙四十六年任。
圖巴海　正藍旗人，康熙四十七年任。
華　善　正白旗人，康熙四十八年任。
清　海　鑲黄旗人，康熙四十九年任。
劉　武　正黄旗人，康熙五十年任。
巴　泰　正白旗人，康熙五十一年任。
掐金泰　正黄旗人，康熙五十二年任。
偏　圖　鑲黄旗人，康熙五十三年任。
索　柱　鑲白旗人，康熙五十四年任。
吴　善　鑲黄旗人，康熙五十五年任。

蘇爾禪　正白旗人，康熙五十六年任。
特　蘇　正黄旗人，康熙五十七年任。
莽鵠立　葉河人，康熙五十八年任。
喀爾吉善　正黄旗人，康熙五十九年任。
齊　璽　鑲黄旗人，康熙六十一年任。
張廷枚　正紅旗人，佐領，雍正元年任。
何天培　正白旗人，鎮海將軍，雍正二年任。
胡鳳翬　鑲白旗人，蘇州織造，雍正三年任。
高　斌　鑲黄旗人，織造，雍正四年、五年任。
李秉忠　正藍旗人，織造，雍正六年、七年任。
海　保　鑲黄旗人，織造，雍正八年、九年、十年、十一年任。

揚州鈔關

英　額　滿洲人，順治二年任。
李果珍　雒南人，舉人，順治三年任。
馬呈祥　奉天人，順治三年任。

孫伯洛　滿洲人，順治四年任。
李遇昌　大興人，順治四年同任。
黄世富　奉天人，順治四年任。
習喇布　滿洲人，順治五年任。
高廉興　順治五年同任。
煖　我　滿洲人，順治六年任。
張彦珩　洛陽人，進士，順治六年同任。
季之駿　河南人，進士，順治七年任。
陳三謨　益都人，舉人，順治九年任。
方若珽　桐城人，進士，順治十年任。
木　臣　滿洲人，順治十一年任。
劉果遠　無錫人，進士，順治十一年同任。
葉　克　滿洲人，順治十二年任。
胡希聖　山西人，進士，順治十二年同任。
蔣文燦　直隸人，舉人，順治十三年任。
周而淳　江寧人，進士，順治十四年任。

范發愚　河南人，進士，順治十五年任。
夏　霖　江陰人，進士，順治十六年任。
戈　珽　江寧人，舉人，順治十七年任。
張懷德　奉天人，進士，順治十八年任。
戴篤禮　滿洲人，康熙元年任。
李皇詔　湖廣人，拔貢，康熙元年同任。
艾　肅　滿洲人，康熙二年任。
戎上德　鄞縣人，進士，康熙二年同任。
羅　森　大興人，康熙五年以驛傳道兼任。
陳寶鑰　福建人，康熙六年以驛傳道兼任。
俞　灝　浙江人，康熙七年以清軍同知兼任。
岳　什　滿洲人，康熙八年任。
鄭昆璧　山西人，進士，康熙八年同任。
尼揚哈　滿洲人，康熙九年任。
吕祚德　金壇人，舉人，康熙九年同任。
德爾得　滿洲人，康熙十年任。

周襄緒　山陰人，貢生，康熙十年同任。
郎廷秀　廣寧人，康熙十一年任。
桑開運　直隸人，進士，康熙十一年同任。
達哈塔　滿洲人，康熙十二年任。
李耀祖　奉天人，康熙十三年任。
噶爾泰　滿洲人，康熙十四年任。
佛　倫　滿洲人，康熙十五年任。
滕元鼎　順天人，舉人，康熙十六年任。
索爾孫　滿洲人，康熙十七年任。
戴　通　滿洲人，康熙十八年任。
林　潤　順天人，舉人，康熙十九年任。
趙吉士　浙江人，舉人，康熙十九年任。
趙　隨　浙江人，進士，康熙二十年任。
達蘇喀　滿洲人，康熙二十一年任。
碩木鼐　滿洲人，刑部郎中，康熙二十二年任。
多　弼　内務府郎中，康熙二十三年任。

洪峨岱　兵部員外，康熙二十四年任。
拉都洪　户部員外，康熙二十五年任。
渾　拜　太僕寺，康熙二十六年任。
巴　岱　工部郎中，康熙二十七年任。
蔣興芑　兵部郎中，康熙二十八年任。
段志熙　大理寺正，康熙二十九年任。
陳良弼　户部員外，康熙三十年任。
説　色　内務府員外，康熙三十一年任。
桑　額　工部郎中，康熙三十二年任。
蘇克濟　工部員外，康熙三十三年任。
勒　里　内務府員外，康熙三十四年任。
邁　圖　工部郎中，康熙三十五年任。
佟　保　兵部員外，康熙三十六年任。
何説色　理藩院郎中，康熙三十七年任。
阿爾賽　内務府員外，康熙三十八年任。
陶　柱　内務府員外，康熙三十九年任。

殷特布　吏部郎中，康熙四十年任。
巴　朗　内務府員外，康熙四十一年任。
倭　赫　内務府員外，康熙四十二年任。
舜　布　内務府郎中，康熙四十三年任。
舒　圖　内閣侍讀學士，康熙四十四年任。
吴爾瑚帶　内務府員外，康熙四十五年任。
保　善　禮部員外，康熙四十六年任。
常　保　刑部員外，康熙四十七年任。
黑成格　詹事府左春坊，康熙四十八年任。
噶　達　内務府員外，康熙四十九年任。
穆禮庫　吏部稽勳司，康熙五十年任。
薩哈連　内務府員外，康熙五十二年任。
平安納　翰林院侍讀，康熙五十三年任。
莫爾渾　内務府員外，康熙五十四年任。
吴　保　奉宸苑主事，康熙五十五年任。
馬吉蘭　刑部郎中，康熙五十七年任。

納齊喀　兵部郎中，康熙五十八年任。

馬爾漢　理藩院員外，康熙五十九年任。

額　森　吏部郎中，康熙六十年任。

噶　魯　户部郎中，康熙六十一年任。

雍正元年以後，關務歸併江蘇巡撫委員監收。

蕪湖鈔關

拜音布　工部郎中，康熙八年任。以前無考。

耿繼光　兵部郎中，康熙八年同任。

王尚禮　禮部員外，康熙九年任。

顧耿臣　刑部郎中，康熙九年同任。

巴　錫　吏部郎中，康熙十年任。

戚崇進　兵部郎中，康熙十年同任。

唐翰馥　工部員外，康熙十一年任。

黄懷玉　禮部員外，康熙十一年同任。

任弘謨　兵部員外，康熙十二年任。

房廷徵 兵部主事，康熙十三年任。
江中耀 刑部郎中，康熙十四年任。
沙木哈 户部郎中，康熙十五年任。
宋炘 户部員外，康熙十六年任。
劉源 刑部主事，康熙十七年任。
何嘉祐 户部員外，康熙十八年任。
劉秉恒 户部郎中，康熙十九年任。
張秉孝 工部主事，康熙二十年任。
噶禄 禮部員外，康熙二十一年任。
馬奇 工部郎中，康熙二十二年任。
戴都 康熙二十二年任。
僧參 康熙二十三年任。
德伯色 康熙二十四年任。
胡什庫 康熙二十五年任。
囊吉理 康熙二十六年任。
柯顧 康熙二十七年任。

滿　丕　康熙二十八年任。
祕丕笈　康熙二十九年任。
馬　湖　康熙三十年任。
清格里　康熙三十一年任。
沈　弼　康熙三十二年任。
郝　善　康熙三十三年任。
殷達禮　康熙三十四年任。
西爾門　康熙三十五年任。
多爾稽　康熙三十六年任。
郎　啓　康熙三十七年任。
鄧　色　康熙三十八年任。
滿　丕　康熙三十九年再任。
敦　多　康熙四十年任。
圖麗琛　康熙四十一年任。
色爾德　康熙四十二年任。
馬爾賽　康熙四十三年任。

孫　柱　康熙四十四年任。
瓦爾達　康熙四十五年任。
馬爾素　康熙四十六年任。
瓦爾達　康熙四十八年再任。
巴　泰　康熙四十九年任。
甯固立　康熙五十年任。
鄂爾坤　康熙五十二年任。
艾　圖　康熙五十三年任。
安　都　康熙五十四年任。
吴爾賽　康熙五十五年任。
魏德立　康熙五十六年任。
赫　昌　康熙五十七年任。
赫　色　康熙五十八年任。
色　楞　康熙五十九年任。
三他哈　康熙六十年任。
鈕　倫　康熙六十一年任。

雍正元年以後，歸併安徽巡撫委員監收。

鳳陽鈔關

王師保　四川人，舉人，順治二年任。

南有臺　湖廣人，進士，順治四年任。五年、六年，歸併本府管理。

秦仁管　寧國人，進士，順治七年任。

傅鶴祥　河南人，官生，順治九年任。

周文華　山西人，進士，順治十年任。

徐明弼　蕪湖人，進士，順治十二年任。

鄭應皋　無錫人，進士，順治十三年任。

田六善　山西人，進士，順治十四年任。

郭金鉉　直隸人，進士，順治十五年任。

錢世清　浙江人，拔貢，順治十六年任。

王元晋　直隸人，進士，順治十七年任。

鄭　秀　江西人，進士，順治十八年任。

張易賁　江南人，進士，康熙元年任。

吕正音　浙江人，進士，康熙二年任。
劉源澄　直隸人，進士，康熙三年任。
范乃藩　山東人，進士，康熙四年任。以後三年，歸併知府管理。
馬克渡　滿洲人，康熙八年任。
王斗樞　進士，康熙八年同任。
圖　鼐　滿洲人，康熙九年任。
詹惟聖　浙江人，進士，康熙九年同任。
鄂起禮　滿洲人，康熙十年任。
盧元培　仁和人，進士，康熙十年同任。
達哈塔　滿洲人，康熙十一年任。
田慶曾　進士，康熙十一年同任。
楊鍾岳　廣東人，進士，康熙十二年任。
譚洪憲　文安人，進士，康熙十三年任。以後六年，歸併知府管理。
詹布禮　滿洲人，康熙二十年任。
禪　布　滿洲人，康熙二十一年任。
王之麟　奉天人，康熙二十二年任。

蘇爾特　滿洲人，康熙二十三年任。
思　丕　滿洲人，康熙二十四年任。
戴　訥　滿洲人，康熙二十五年任。
安褚庫　滿洲人，康熙二十六年任。
郭　禮　滿洲人，康熙二十七年任。
孫起綸　山東人，康熙二十八年任。
白　特　滿洲人，康熙二十九年任。
宋永康　漢軍，康熙三十年任。
張進孝　滿洲人，康熙三十一年任。
敖布庫　滿洲人，康熙三十二年任。
勒　德　滿洲人，康熙三十三年任。
魏純仁　漢軍，康熙三十四年任。
艾　色　滿洲人，康熙三十五年任。
梁允淳　山東人，康熙三十六年任。
寶　柱　滿洲人，康熙三十七年任。
額林徹　滿洲人，康熙三十八年任。

伍　什　滿洲人，康熙三十八年任。

雅爾布　滿洲人，康熙三十九年任。

朱　滿　滿洲人，康熙四十年任。

額爾德　滿洲人，康熙四十一年任。

孫　塔　滿洲人，康熙四十二年任。

薩哈齊　滿洲人，康熙四十四年任。

金　泰　滿洲人，康熙四十五年任。

碩　色　滿洲人，康熙四十六年任。

全　寶　滿洲人，康熙四十七年任。

阿哈納　滿洲人，康熙四十九年任。

劉　柱　漢軍，康熙五十年任。

鄂　起　滿洲人，康熙五十一年任。

法　僧　滿洲人，康熙五十二年任。

巴福壽　滿洲人，康熙五十二年任。

胡新泰　滿洲人，康熙五十三年任。

羅　岱　滿洲人，康熙五十四年任。以後歸併安徽巡撫委員監收。

淮安鈔關

丹　代　户部員外，康熙十年任。以前無考。

陳肇昌　工部主事，康熙十一年任。

耿夔忠　工部郎中，康熙十二年任。

薛　坤　户部主事，康熙十三年任。

他納庫　刑部主事，康熙十四年任。

翁　英　工部員外，康熙十五年任。

鄂　愷　吏部郎中，康熙十六年任。

李耀祖　兵部郎中，康熙十七年任。

紀爾塔渾　兵部員外，康熙十八年任。

德　明　吏部主事，康熙十八年任。

劉秉忠　刑部員外，康熙十九年任。

杜能格　兵部員外，康熙二十年任。

伊　壘　禮部郎中，康熙二十一年任。

馬士貞　陝西人，廕生，康熙二十二年任。

江映鯤　湖廣人，舉人，康熙二十三年任。
杜　琳　户部郎中，康熙二十四年任。
席特庫　户部郎中，康熙二十五年任。
奈馬代　理藩院郎中，康熙二十六年任。
莫禮普　宗人府主事，康熙二十七年任。
蔣洪緒　禮部郎中，康熙二十八年任。
夏宗順　兵部員外，康熙二十九年任。
費雅漢　詹事府中允，康熙三十年任。
席爾登　翰林院侍讀，康熙三十一年任。
克什特　理藩院員外，康熙三十二年任。
桑　格　户部員外，康熙三十三年任。
西爾圖　國子監司業，康熙三十四年任。
達爾漢　翰林院侍讀，康熙三十五年任。
瓦哩哈　内務府員外，康熙三十六年任。
羅　密　理藩院員外，康熙三十七年任。
馬爾漢　吏部郎中，康熙三十八年任。

邁圖　内務府主事，康熙三十九年任。
鄂穆索　兵部郎中，康熙四十年任。
查林布　吏部郎中，康熙四十一年任。
納言　工部主事，康熙四十二年任。
達色　刑部郎中，康熙四十三年任。
圖蘭　内務府員外，康熙四十四年任。
哈代　禮部主事，康熙四十五年任。
勒奇納　户部郎中，康熙四十六年任。
松山　理藩院員外，康熙四十七年任。
希達　内務府郎中，康熙四十八年任。
洼哈哩　禮部郎中，康熙五十年任。
蘇赫　兵部員外，康熙五十一年任。
森圖　户部郎中，康熙五十二年任。
黨右禮　刑部郎中，康熙五十三年任。
吴爾賽　内務府員外，康熙五十四年任。
常德　宗人府主事，康熙五十五年任。

薩木岱　户部郎中，康熙五十六年任。
額爾德赫　吏部郎中，康熙五十七年任。
趙世顯　總河，康熙五十八年兼理。
吴存禮　江蘇巡撫，康熙六十一年兼理。
張大有　總漕，雍正元年兼理。
慶　元　光禄寺少卿，雍正元年任。
年希堯　内務府總管，雍正四年任。

海　關

舒　恕　户部郎中，康熙二十四年任。
趙延祖　刑部員外，康熙二十四年同任。
庫　查　吏部，康熙二十六年任。
李　鐸　兵部，康熙二十六年同任。
布顔圖　理藩院郎中，康熙二十七年任。
龐泰棫　兵部主事，康熙二十七年同任。
常　壽　兵部員外，康熙二十八年任。

席圖　内務府員外，康熙二十九年任。
楊舒　太僕寺少卿，康熙三十年任。
白璧琛　刑部員外，康熙三十一年任。
孟古爾　理藩院員外，康熙三十二年任。
高聯璧　禮部主事，康熙三十三年任。
劉式　太僕寺，康熙三十四年任。
法克三　户部員外，康熙三十五年任。
達賴　理藩院員外，康熙三十六年任。
滿都　理藩院郎中，康熙三十七年任。
舒赫德　内務府郎中，康熙三十八年任。
三保　内務府郎中，康熙三十九年任。
成壽　上駟苑主事，康熙四十年任。
清齊布　内務府慶豐司，康熙四十一年任。
吴爾渾　内務府員外，康熙四十二年任。
明安　奉宸苑員外，康熙四十三年任。
常鼐　内務府員外，康熙四十四年任。

平　安　内務府員外，康熙四十五年任。

星峨泰　刑部郎中，康熙四十六年任。

三　保　内務府員外，康熙四十八年任。

厄爾奇　兵部郎中，康熙四十九年任。

吴　黑　内務府員外，康熙五十年任。

張　保　刑部堂主事，康熙五十一年任。

伍碩色　内務府員外，康熙五十二年任。

鄂　起　刑部郎中，康熙五十三年任。

薩哈查　内務府員外，康熙五十五年任。

薩爾布　内務府員外，康熙五十六年任。

常　在　内務府主事，康熙五十七年任。

岳　色　刑部郎中，康熙五十八年任。

劉保柱　内務府員外，康熙五十九年任。六十年以後，歸併江蘇巡撫帶管委員監收。

江南通志卷一百六

職官志

文職 八

國朝 統部

承宣布政使司

國初分左、右二使，並駐省城。順治十八年，分右布政駐蘇州，轄江寧、蘇、松、常、鎮五府。康熙五年，並轄淮、揚、徐三府州。左駐省城，轄安、徽、寧、池、太、廬、鳳、滁、和、廣等七府三州。康熙六年，並停左、右之名，分爲上江、下江兩藩司，不相統領。雍正二年，上江分出六、泗、潁、（亳）〔亳〕①四州，下江分出太、海、邳、通四州，俱爲直隸。十一年，下江陞徐州爲府，併入邳州。十三年，上江陞潁州爲府，併入亳州。兩藩司仍照舊統轄，安藩屬有長盈庫大使一員、經歷一員，蘇藩屬有永盈庫大使一員、理問一員。

左布政

張士第　掖縣人，進士，順治二年任。
朱國柱　瀋陽人，户部啓心郎，順治二年任。
趙福星　奉天人，生員，順治四年任。
劉漢祚　奉天人，監生，順治五年任。
陳培徵　奉天人，監生，順治十三年任。
徐爲卿　奉天人，監生，順治十六年任。
崔　澄　奉天人，康熙元年任。
王　鍈　諸城人，進士，康熙三年任。

① 據《四庫》本改。

金　鋐　浙江人，進士，康熙五年任。

右布政

申朝紀　奉天人，生員，順治二年任。
孫肇興　莘縣人，進士，順治三年任。
鄭廷櫆　澄海人，舉人，順治九年任。
馮如京　振武衛人，恩貢，順治十一年任。
王無咎　孟津人，進士，順治十四年任。
毛一麟　奉天人，貢生，順治十六年任。
孫　岱　奉天人，康熙元年任。

江蘇布政使司

佟彭年　正藍旗人，舉人，康熙二年任。
慕天顔　靜寧人，進士，康熙九年任。
丁思孔　鑲黄旗人，進士，康熙十五年任。
章欽文　宛平人，貢監，康熙二十二年任。

劉　鼎　正白旗人，蔭生，康熙二十五年任。
宋　犖　(商邱)〔商丘〕人，蔭生，康熙二十六年任。
胡獻徵　武陵人，蔭生，康熙二十七年任。
李國亮　奉天人，舉人，康熙二十八年任。
張志棟　昌邑人，進士，康熙三十年任。
劉殿衡　鑲白旗人，康熙三十八年任。
宜思恭　正白旗人，康熙四十三年任。
金世揚　正黄旗人，康熙四十九年任。
牟欽元　正白旗人，康熙五十二年任。
李世仁　大興人，康熙五十三年任。
楊朝麟　正白旗人，康熙五十六年任。
李世仁　康熙五十八年再任。
鄂爾泰　鑲藍旗人，舉人，雍正元年任。
漆紹文　新昌人，進士，雍正三年任。
張坦麟　漢陽人，舉人，雍正五年任。
趙向奎　聞喜人，雍正六年任。

高　斌　鑲黄旗人，雍正七年任。
白鍾山　正藍旗人，雍正九年任。
王之錡　湘陰人，雍正十二年署任。
劉藩長　洪洞人，監生，雍正十二年任。
郭朝鼎　鑲紅旗人，監生，雍正十三年署任。
張　渠　武强人，副榜，雍正十三年任。

安徽布政使司

法若真　膠州人，進士，康熙七年任。
徐國相　奉天人，康熙九年任。
龔佳育　仁和人，吏員，康熙十六年任。
柯永昇　鑲紅旗人，蔭生，康熙二十二年任。
鄭　端　棗强人，進士，康熙二十七年任。
佟國佐　正藍旗人，官生，康熙二十八年任。
李　偉　武清人，舉人，康熙三十三年任。
張四教　奉天人，蔭生，康熙三十六年任。

常名揚　正白旗人，廕生，康熙四十年任。
趙世顯　奉天人，廕生，康熙四十一年任。
施世綸　鑲黄旗人，廕生，康熙四十三年任。
鄭　昱　黄岡人，進士，康熙四十四年任。
李法祖　鐵嶺衛人，廕生，康熙四十四年任。
馬逸姿　武功人，難廕，康熙四十八年任。
張聖佐　奉天人，貢生，康熙五十二年任。
年希堯　鑲白旗人，監生，康熙五十六年任。
李　馥　福清人，舉人，康熙五十九年任。
董永芠　正黄旗人，廕生，雍正元年任。
博爾多　鑲白旗人，舉人，雍正二年任。
覺羅石麟　正紅旗人，雍正四年任。
噶爾泰　滿洲人，雍正五年署任。
張元懷　宣化人，進士，雍正八年任。
劉　柟　高陽人，歲貢，雍正八年署任。
陳弘謀　全州人，進士，雍正九年署任。

馮景夏　桐鄉人，舉人，雍正十年任。
李　蘭　樂亭人，進士，雍正十一年任。
孔傳煥　曲阜人，貢生，雍正十三年署任。
晏斯盛　新喻人，進士，乾隆元年任。

提刑按察使司

舊制通省止設按察使一員，駐省城。康熙三年，又添設一司。南駐省城，轄江蘇九府一州。北駐安慶府，轄安徽五府三州。江北一員係添設，康熙三年駐泗州，五年駐安慶。康熙五年，南改爲江蘇按察使，管七府一州。北改爲安徽按察使，管七府三州，不相統領。雍正八年，江蘇臬司移駐蘇州。雍正二年，上江分出六、泗、潁、亳四州，下江分出太、海、邳、通四州，俱爲直隸。十一年，下江陞徐州爲府，併入邳州。十三年，上江陞潁州爲府，併入亳州。兩臬司仍照舊統轄，江蘇屬有經歷一員、司獄一員，安徽屬有照磨一員、司獄一員。

通省按察使司

于重華　青城人，進士，順治二年任。
張文衡　開平衛人，廩生，順治四年任。

土國寶　大同人，順治四年任。

夏一鶚　正藍旗人，生員，順治五年任。

謝　道　正藍旗人，生員，順治八年任。

史記功　正白旗人，生員，順治十一年任。

余應魁　奉天人，監生，順治十二年任。

許　宸　内鄉人，進士，順治十三年任。

盧慎言　晋州人，官生，順治十四年任。

姚延著　烏程人，進士，順治十六年任。

藍　潤　即墨人，進士，順治十七年任。

劉興漢　鑲黄旗人，監生，順治十八年任。

柳天擎　奉天人，佐領，康熙元年任。

李芝蘭　鐵嶺人，貢生，康熙元年任。

石　琳　奉天人，康熙三年任。

江蘇按察使司

陳秉直　鑲黄旗人，貢生，康熙二年任。

劉景榮　鑲白旗人，進士，康熙四年任。
崔維雅　直隸人，舉人，康熙十三年任。
金　鎮　宛平人，舉人，康熙十八年任。
卞永譽　正白旗人，廕生，康熙二十三年任。
李元亮　鑲紅旗人，舉人，康熙二十五年任。
高承爵　鑲白旗人，廕生，康熙二十八年任。
王　燕　宛平人，廕生，康熙三十一年任。
趙世顯　奉天人。
佟毓秀　正藍旗人。
王　繻　睢州人。
高必弘
張伯行　儀封人，進士，康熙四十五年任。
馬逸姿　武功人，廕生，康熙四十六年〔任〕①。

① 據《四庫》本補。

焦映漢　武功人，康熙四十九年〔任〕①。

盧　詢　鑲紅旗人，康熙五十一年任。

甘國璧　正藍旗人，康熙五十二年任。

祖業弘　正黄旗人，康熙五十三年任。

李　馥　福清人，舉人，康熙五十七年〔任〕②。

葛繼孔　浙江人，康熙五十九年任。

張　楷　正藍旗人，雍正二年任。

徐　琳　鑲黄旗人，雍正二年任。

白　清　鑲紅旗人，雍正五年任。

董永芠　正黄旗人，雍正六年任。

馬世珩　正黄旗人，雍正七年任。

徐　本　錢塘人，進士，雍正八年任。

喬世臣　滋陽人，進士，雍正八年任。

刁承祖　祁州人，進士，雍正九年任。

①② 據《四庫》本補。

徐士林　文登人，進士，雍正十一年任。

姚孔鈵　桐城人，廪生，保舉，雍正十二年署任。

郭朝鼎　鑲紅旗人，例監，雍正十二年任。

安徽按察使司

佟國徵　奉天人，貢生，康熙三年任。

丁思孔　奉天人，進士，康熙十四年任。

薛柱斗　延長人，拔貢，康熙十五年任。

王國泰　奉天人，貢生，康熙十九年任。

王定國　奉天人，康熙二十年任。

盧崇興　奉天人，廕生，康熙二十二年任。

王國泰　康熙二十三年再任。

多弘安　阜城人，拔貢，康熙二十四年任。

高夢悦　費縣人，貢生，康熙二十七年任。

高起龍　正白旗人，康熙二十九年任。

王興禹　奉天人，康熙三十一年任。

劉　塏　大興人，監生，康熙三十三年任。

張　霖　撫寧人，歲貢，康熙三十四年任。

董昭祚　奉天人，廕生，康熙三十七年任。

鄒嘉琳　奉天人，歲貢，康熙四十三年任。

姚　諧　黄陂人，貢生，康熙四十四年任。

何士毅　會稽人，貢生，康熙四十九年任。

楊宗義　奉天人，監生，康熙五十年任。

朱作鼎　鑲白旗人，監生，康熙五十五年任。

祖秉圭　正白旗人，貢生，雍正四年任。

劉　枏　高陽人，歲貢，雍正六年任。

魯國華　會稽人，監生，雍正七年任。

王　紘　膠州人，進士，雍正八年任。

孫　詔　武威人，進士，雍正十年任。

劉吴龍　南昌人，進士，雍正十一年任。

劉　柏　鑲白旗人，舉人，雍正十三年任。

整飭通省驛傳鹽法道

舊管理通省。康熙十三年，因軍興事繁，將安徽等府驛鹽事務添設道臣一員，分駐安慶。二十一年奉裁，歸併江蘇驛鹽道，復轄通省事務。雍正八年，將江常鎮道所轄江寧一府分巡事務，併歸驛鹽道，改爲管江南通省驛鹽，兼巡江寧道。

羅　森　大興人，進士，康熙二年任。以前無考。
陳寶鑰　晉江人，舉人，康熙六年任。
王功成　博平人，進士，康熙八年任。
尚崇善　奉天人，廕生，康熙十三年任。
金　鎮　宛平人，舉人，康熙十四年任。
黄　桂　正黄旗人，官生，康熙十八年任。
范永茂　奉天人，貢生，康熙二十四年任。
陶作楫　會稽人，進士，康熙二十五年任。
梁萬驥　奉天人，康熙二十七年任。
于　準　山西人，廕生，康熙三十年任。
王　然　宛平人，廕生，康熙三十四年任。

蔡　琦　正白旗人，廕生，康熙三十八年任。

党居易　寶鷄人，康熙四十三年任。

劉邦彦　鑲黄旗人，康熙四十三年任。

朱作鼎　鑲白旗人，康熙五十年任。

徐克祺　漢陽人，康熙五十五年任。

何師儉　浙江人，雍正三年任。

楊　紹　武陵人，雍正四年任。

張暻樞　曲沃人，雍正四年任。

陳弘謀　全州人，進士，雍正九年任。

包　括　錢塘人，進士，雍正十一年任。

王　恕　安居人，進士，雍正十二年署任。

孔傳煥　曲阜人，貢生，雍正十二年任。

督理江安十府糧儲道

國初劄授通省，順治三年止管江、安、徽、寧、池、太、廬、鳳、淮、揚十府，廣、滁、和、徐四州。康熙二十一年，復兼管分巡池太道事務。順治五年，江南添設押運糧道一員。十六年奉裁，于各府管糧同知、通判中輪詳押運。雍正二年，陞六、泗、潁、亳、邳、海、通七州爲直隸。十一年，陞徐州爲府，併入邳州。十三年，陞潁州爲府，併入亳州，共轄十二府七州。雍正五年，添設江安糧道庫大使一員。

高射斗　副使，順治二年任。

高岐鳳　參議，順治四年任。

陳極新　右布政，順治五年任。

傅作霖　參議，順治十年任。

韋成賢　參政，順治十一年任。

黄鼎象　參議，順治十五年任。

范廷元　參議，順治十五年任。

吴大壯　參政，順治十七年任。

李聖翼　參政，康熙元年任。

周亮工　參議，康熙六年任。

王緒祖　奉天人，廕生，參議，康熙十年任。

章欽文　副使，康熙十三年任。

陸光旭　參議，康熙二十年任。

張永茂　奉天人，舉人，康熙二十一年任。

周訓成　安邑人，進士，康熙二十五年任。
石天樞　陝西人，進士，康熙三十年任。
張顧行　韓城人，進士，康熙三十一年任。
鮑復昌　瀋陽人，康熙三十二年任。
盧勝龍　漢軍，康熙四十三年任。
李玉堂　建昌人，監生，康熙四十七年任。
王希舜　鑲白旗人，貢生，康熙五十二年任。
馬世珩　正黄旗人，監生，雍正元年任。
葛　森　正藍旗人，貢生，雍正五年任。
劉永璜　鑲紅旗人，貢生，雍正七年任。
王　恕　安居人，進士，雍正九年署任。
王之琦　湘陰人，舉人，乾隆元年任。

督理蘇松常鎮四府糧儲道

其職分管漕務，巡視運河。康熙二十一年，以分巡蘇松道事務裁併兼轄。雍正二年，陞太倉爲直隸州，仍設分巡道一員，蘇松糧道專管四府一州漕運事務。雍正五年，添設庫大使一員。

王　懩　直隸人，貢生，順治二年任。

徐逢時　奉天人，順治五年任。

步文政　乾州人，進士，順治七年任。

張懋忠　奉天人，順治八年任。

宋　杞　大興人，進士，順治十年任。

陳啓泰　奉天人，貢生，順治十二年任。

張懋勳　雄縣人，舉人，順治十三年任。

王添貴　奉天人，順治十四年任。

石在閶　陝西人，貢生，順治十四年任。

李來泰　臨川人，進士，順治十七年任。

盧　紘　蘄州人，進士，順治十八年任。

李實秀　汲縣人，進士，康熙七年任。

遲日震　奉天人，貢生，康熙九年任。

劉　鼎　正白旗人，廕生，康熙十八年任。

佟成年　正藍旗人，貢生，康熙二十六年任。

錢　捷　寧波人，進士，康熙二十七年任。

王舜年　掖縣人，進士，康熙二十八年任。
劉懋藻　全州人，舉人，康熙二十九年任。
史起賢　浙江人，康熙三十一年任。
劉殿邦　正紅旗人，康熙三十六年任。
劉德芳　正紅旗人，康熙三十八年任。
王　繻　睢州人，康熙三十九年任。
馬逸姿　武功人，康熙四十一年任。
賈　樸　故城人，康熙四十六年任。
臧大受　壽張人，康熙四十九年任。
王　英　浙江人，康熙五十一年任。
李　馥　福清人，舉人，康熙五十五年任。
楊本植　正黃旗人，康熙五十七年任。
趙向奎　聞喜人，舉人，雍正五年任。
馮景夏　桐鄉人，舉人，雍正六年任。
甘汝來　奉新人，雍正十年任。
劉　柏　鑲白旗人，舉人，雍正十年任。

姚孔鈵　桐城人，廩生，保舉，雍正十三年任。

分巡蘇松兵備道

順治間原設分巡兵備道，駐劄太倉。康熙二年，歸併常鎮道，又將鎮江一府歸併江寧道，改爲分守蘇松常道，移駐蘇州。康熙六年裁省。九年，復設蘇松守道。二十二年，復行裁併，歸蘇松糧道兼管，常州府守道事歸江鎮道兼管。雍正二年，復設蘇松巡道。八年，移駐上海。九年，加兵備銜。

王之晋　河内人①，進士，順治二年任。

趙福星　奉天人，順治三年任。

金一鳳　奉天人，順治四年任。

胡以弘　順治五年任。

張獻捷　奉天人，歲貢，順治八年任。

張基遠　汾州人，廕生，順治十二年任。

宫家璧　前屯人，拔貢，順治十四年任。

王　紀　沁水人，進士，順治十六年任。

---

① 康熙《江南通志》卷二十六作「河南人」。

孫丕承　奉天人，順治十七年任。

以上係分巡蘇松道。

陳　彩　廣東人，進士，康熙二年任。

安世鼎　奉天人，康熙□〔四〕①年任。

李來泰　臨川人，進士，康熙六年任。八月奉裁。

以上係分守蘇松常道。

韓佐周　陝西人，康熙九年任。是年復設。

方國棟　大興人，舉人，康熙十二年任。

單務嘉　高密人，進士，康熙十七年任。

祖澤深　奉天人，貢生，康熙十八年任。二十二年奉裁。

以上係蘇松守道。

朱一鳳　涿州人，進士，雍正三年任。是年復設。

蔡永清　鑲白旗人，貢生，雍正四年任。

孔毓璞　曲阜人，貢生，雍正四年任。

① 據《四庫》本補，康熙《江南通志》卷二十六作「康熙三年」。

魏　觀　獲鹿人，進士，雍正五年任。

王澄慧　睢州人，進士，雍正七年任。

禮　山　正白旗人，監生，雍正十三年署任。

崔　琳　永濟人，進士，雍正十三年任。

分巡常鎮道

原設分守江寧道，駐省城，與分巡江寧道並設。順治十三年，裁汰驛鹽道，歸併江寧守、巡二道。後巡道奉裁，歸併守道，遂爲江寧兵備道。十八年，裁去兵備銜。康熙二年，將鎮江一府歸併江寧，駐省城，改爲分守江鎮道。康熙六年裁。十三年，復設〔江〕①鎮道，駐京口。康熙二十一年又裁。時督臣于成龍、撫臣余國柱，以鎮江水陸之衝，特請留江鎮道員，將蘇松常道裁常州一府，併江鎮道管理，改爲分守江常鎮道。雍正八年，將江寧一府巡道事歸併驛鹽道，本道止轄常、鎮二府，並鎮江一衛，改爲分巡常鎮道。

張天璣　蘭陽人，進士，順治二年任。

林天擎　奉天人，廩貢，順治五年任。

① 據《四庫》本補。

張爾素　陽城人，進士，順治十一年任。
楊　瓚　宛平人，進士，順治十二年任。
王化淳　靈寶人，生員，順治十二年任。
梁鳳鳴　正白旗人，順治十三年任。
吴逢春　正黄旗人，順治十四年任，兼兵備。
李翀霄　山西人，貢生，順治十四年任，兼兵備。
王紹隆　海寧人，進士，順治十五年任，兼兵備。
武攀龍　交城人，進士，順治十八年任，兼兵備。

以上江寧道。

胡昇猷　浙江人，進士，康熙二年任。
劉　通　大興人，貢生，康熙四年任。
杜　濲　濱州人，進士，康熙五年任。
高恒豫　静海人，官生，康熙十三年任。
石　珍　正白旗人，廕生，康熙□□〔十九〕①年任。

① 據《四庫》本補。

以上江鎮道。

孔興洪　曲阜人，廕生，康熙二十年任。

劉　梅　故城人，康熙二十三年任。

連國注　奉天人，康熙二十八年任。

楊　嘉　聞喜人，康熙二十九年任。

施朝輔　鑲紅旗人，康熙三十五年任。

祝兆熊　鑲紅旗人，康熙三十五年任。

陳良弼　正藍旗人，康熙四十四年任。

賈　樸　故城人，康熙四十六年任。

許廷試　鑲黃旗人，康熙四十六年任。

馬國楨　鑲紅旗人，康熙四十九年任。

魏荔彤　柏鄉人，康熙五十五年任。

王　璣　錢塘人，雍正元年任。

以上江常鎮道。

王之錡　湘陰人，雍正五年任。

分巡太通兵備道

雍正八年，添設太通道一員，統轄太倉、通州二屬，駐劄崇明，彈壓兵、民。其太、通二州倉庫舊隸蘇松、淮揚兩道者，悉歸新道查盤。續於九年加兵備銜。

包　括　錢塘人，進士，雍正九年任。

張鳴鈞　烏程人，進士，雍正十一年任。

禮　山　正白旗人，雍正十二年任。

管理江南河庫道

河庫錢糧自康熙三十九年以後屬淮徐道兼理。雍正七年，復設河庫道一員，專司支收出納。

康弘勳　陝西人，雍正八年任。

張師載　儀封人，舉人，雍正九年任。

分管漕務督理安徽寧池太道

國初有分巡徽寧道，又有分巡安池太道，俱於康熙二十一年奉裁。雍正十一年，復設督理五府一員，駐蕪湖。

梁霈杞　正白旗人，監生，雍正十一年任。

分巡盧鳳道

順治初設安慶道。七年，歸併安廬道，駐劄廬州府。尋改爲廬六道，康熙五年奉裁。九年，復設廬鳳道，駐劄鳳陽府。

夏繼虞　順治三年任。安慶道。

石振國　黄梅人，舉人，順治四年任。

羅志儒　山東人，進士。

趙震業　山東人，進士。

丁允元　山東人，進士。

陳顯忠　奉天人。

以上安廬道。

崔應弘　長垣人，進士。

陳　襄　文安人，舉人，康熙元年任。

王　琛　膠州人，進士，康熙□〔三〕①年任。
孫　籀　嘉興人，進士，康熙五年任。
以上盧六道。
范時秀　奉天人，貢生，康熙九年任。
孫　蘭　奉天人，廕生，康熙十七年任。
張　璿　永城人，進士，康熙二十三年任。
楊　嘉　聞喜人，進士，康熙二十六年任。
傅作楫　正白旗人，康熙二十九年任。
盧崇義　漢軍，康熙三十二年任。
佟毓秀　正藍旗人，康熙三十七年任。
李鍾麟　武定人，廕生，康熙三十八年任。
孫文光　紹興人，監生，康熙四十年任。
鮑　鈐　正紅旗人，副榜，康熙五十一年任。
吴應鳳　莆田人，舉人，康熙六十一年任。

① 據《四庫》本補。

李天祥　鑲紅旗人，監生，雍正四年任。

何宗韓　文縣人，進士，雍正五年任。

李如蘭　陽曲人，歲貢，雍正十年任。

范　燦　秀水籍，吴江人，進士，雍正十二年任。

分巡淮揚海道

舊設揚州道駐泰州，淮海道駐淮安，淮徐道駐徐州。康熙二年，裁揚州道，併驛鹽道管理；裁淮徐道，並淮海道管理。康熙九年，改淮海道爲淮揚道。雍正九年，以添設太通道，割通州以屬之。復改淮揚道爲分巡淮揚海道。

范鳴珂　順治二年任。

李丕著　參議，順治二年任。

李政修　參議，順治三年任。

卞三元　奉天人，參議，順治三年①任。

陳素抱　僉事，順治十一年任。

① 「順治三年」，康熙《江南通志》卷二十六作「順治五年」。

李士邵　僉事，順治十一年任。

祝文震　僉事，順治十三年任。

霍　炳　青城人，進士，順治十五年任。

張　尚　參議，順治十六年任。

杜　溗　濱州人，進士，順治十七年任。

佟國（楨）〔禎〕①　奉天人，貢生，康熙二年任。

祖澤深　奉天人，參領，康熙三年任。

張萬春　奉天人，監生，康熙九年任。

張登選　奉天人，進士，康熙十年任。

黄　桂　奉天人，官生，康熙十四年任。

佟康年　正藍旗人，佐領，康熙十六年任。

劉國靖　奉天人，筆帖式，康熙十八年任。

多弘安　阜城人，拔貢，康熙二十一年任。

高成美　康熙二十四年任。

① 據康熙《江南通志》卷二十六改。當爲避清世宗胤禎諱追改。

魯　超　康熙二十五年任。

胡國佐　康熙二十六年任。

張天覺　康熙二十八年任。

劉憲邦　康熙二十八年任。

薛　晋　康熙三十六年任。

常維正　康熙三十八年任。

王　謙　康熙三十九年任。

李　梅　康熙四十二年任。

張聖鐸　康熙四十四年任。

王英謀　康熙四十六年任。

吴　順　康熙五十一年任。

傅澤洪　鑲紅旗人，康熙五十六年任。

白鍾山　正藍旗人，雍正五年任。

夏建德　正紅旗人，監生，雍正九年任。

朱定元　貴州人，舉人，雍正十三年署任。

分巡淮徐道

原駐徐州，自康熙二年奉裁，歸併淮海道管理，九年復設。康熙十五年，兼轄夏鎮工部分司。十六年，並管中河分司鈔税河工事務，移駐宿遷。三十九年，兼理河庫錢糧，移駐清江浦。雍正七年，復設河庫道，始兼理河工事務。其所轄有徐屬邳睢、宿、虹、桃源四廳係黄河，及宿桃中河一廳係運河。

趙福星　參政。

蕭時彦　參議。

張兆羆　參議。

劉明英①　參議。

張　斌　參政。

胡廷佐　僉事。

李浴日　僉事。

李世洽　僉事。

①「英」，《四庫》本作「偀」。

張錫䕃　奉天人，貢生，順治十七年任。
戴聖聰　奉天人，貢生，康熙九年任。
吴　煒　大興人，舉人，康熙十七年任。
司　琨　内黄人，䕃生，康熙十九年任。
劉元勳　咸陽人，進士，康熙二十年任。
常君恩　定海人，恩貢，康熙二十三年任。
劉　瞠　順天人，康熙三十一年任。
蘇昌臣　直隸人，康熙三十四年任。
徐　麗　奉天人，康熙三十五年任。
郭文煜　奉天人，康熙三十六年任。
施世綸　鑲黄旗人，䕃生，康熙三十八年任。
張　弼　山西人，康熙四十一年任。
李　梅　奉天人，康熙四十四年任。
蔣陳錫　常熟人，進士，康熙四十四年任。
劉廷機　奉天人，康熙四十五年任。
潘尚智　烏程人，康熙五十五年任。

張其仁　山西人，雍正元年任。

康弘勳　陝西人，雍正四年任。

吕維炳　鑲藍旗人，監生，雍正八年任。

分巡鹽務道

舊以江寧同知移駐三江營，監察鹽務。雍正十年，添設分巡鹽務僉事道一員，管緝揚州府屬之江都、甘泉、儀（徵）〔真〕、高郵、寶應、興化、泰州，淮安府屬之鹽城，常州府屬之靖江，及通州、如皋、泰興各州縣鹽務。雍正十三年，題准移駐泰垻。

曾弘緒　南昌人，監生，雍正十年任。

高士鑰　正白旗人，例監，雍正十三年署任。

徐大枚　正藍旗人，進士，雍正十三年任。

兩淮都轉鹽運使

其屬有經歷一員，知事一員，廣盈庫大使分司運判三員，壩上巡檢一員，三十場鹽課大使二十七員。詳見《鹽法志》。

周亮工　金谿人，進士，順治二年任。

朱延慶　奉天人，内院，順治三年任。
夏時芳　奉天人，監生，順治四年任。
白本質　奉天人，監生，順治五年任。
孫永盛　奉天人，監生，順治六年任。
陸登甲　奉天人，生員，順治七年任。
梁鳳鳴　正白旗人，監生，順治九年任。
方　策　正紅旗人，生員，順治十三年任。
馬　元　正藍旗人，貢生，順治十五年任。
梁知先　鄒平人，進士，順治十七年任。
朱之瑞　奉天人，貢生，康熙元年任。
李月桂　鑲白旗人，貢生，康熙七年任。
王維新　鑲白旗人，貢生，康熙九年任。
張應瑞　正白旗人，進士，康熙十四年任。
羅文瑜　奉天人，進士，康熙十六年任。
龔其裕　閩縣人，貢生，康熙二十一年任。
崔　華　平山人，進士，康熙二十三年任。

趙世顯　奉天人，廕生，康熙三十二年任。
劉德芳　正紅旗人，監生，康熙三十三年任。
石佳彝　遼陽人，監生，康熙三十八年任。
梁世勳　陝西人，廕生，康熙三十九年任。
遲　炘　正白旗人，監生，康熙四十二年任。
李　燦　正紅旗人，廕生，康熙四十三年任。
李斯銓　長山人，廕生，康熙四十五年任。
李陳常　秀水人，進士，康熙五十年任。
張應詔　湖廣人，舉人，康熙五十四年任。
劉之潁　鑲藍旗人，歲貢，康熙五十七年任。
何　順　滿洲人，監生，康熙六十一年任。
何世堪　山東人，進士，雍正二年任。
張坦麟　漢陽人，舉人，雍正四年任。
張　璨　綏德人，進士，雍正五年任。
朱一鳳　涿州人，進士，雍正六年任。
高　淳　朔州人，歲貢，雍正七年任。

范廷謀　鄞縣人，軍功，雍正九年任。

尹會一　博野人，進士，雍正十一年任。

歷年裁汰衙門

操江都御史

原駐省城，繼駐池州。順治七年，巡撫歸併操江，移駐安慶，轄安徽五府一州。康熙元年，操江軍務歸併總督，安慶專設巡撫，操江衙門於是年奉裁，其姓名已見安撫，不另列。

巡撫鳳陽都御史

原駐泰州。順治六年，因調撫標入粵奉裁，歸併漕督兼理。至十六年復設。又於康熙五年奉裁，歸併江、安二巡撫。

陳芝龍

王一品

林起龍

張尚賢

巡按監察御史

廬鳳淮揚滁徐和監察御史一員。順治二年，仍明舊制，駐節泗州。七年，歸併江南巡撫。

蘇松常鎮監察御史一員，順治六年裁。九年復差，添入淮、揚、徐二府一州，並將領屯田等銜。

江安徽寧池太廣監察御史一員，于順治七年廬鳳巡按奉裁後，添轄廬、鳳、滁、和二府二州。順治十八年，各直省巡按事務交撫臣，江安、蘇松二巡按俱奉裁併。

姜金印　山東人，進士，順治三年任。

宋調元　洪洞人，進士，順治四年任。

李印嵒　永城人，進士，順治五年任。

張　護　山東人，進士，順治六年任。

以上係盧鳳。

毛九華　山東人，進士，順治二年任。

竇　蔚　山東人，進士，順治四年任。

陳顯忠　奉天人，進士，順治六年任。

上官鉉　山西人，進士，順治七年任。

鍾有鳴　奉天人，郎中，順治九年任。

林起宗　進士，順治十年任。

劉宗涵①　直隸人，進士，順治十三年任。

衛貞元　山西人，進士，順治十五年任。

何可化　直隸人，進士，順治十七年任。

以上係江安。

趙弘文　泰安州人，進士，順治二年任。

盧　傳　晋州人，舉人，順治三年任。

金元徵　順治五年任。

梁應龍　進士，順治六年任。

張慎學　進士，順治六年任。

秦世徵　奉天人，生員，順治八年任。

李成紀　奉天人，順治十年任。

孔應樾　宛平人，進士，順治十二年任。

李森先　平度州人，進士，順治十四年任。

① 「涵」，康熙《江南通志》卷二十六作「韓」。

王秉衡　奉天人，順治十五年任。
馬騰陞　奉天人，順治十六年任。
張鳳起　翼城人，進士，順治十七年任。
以上係蘇松。

巡漕監察御史

康熙十五年六月奉裁。
劉明英　順治二年任。
匡蘭兆　順治三年任。
裴希度　順治四年任。
馮右京　順治五年任。六年至八年停差。
張中元　順治九年任。
朱紱　順治十年任。
牟文龍　順治十一年任。
周上世　順治十二年任。
侯于唐　順治十三年任。

賨遴奇　順治十四年任。

巡江監察御史

本隸操江，康熙二年以操江已併總督，將巡江事務統歸督臣，遂奉裁併。其姓氏今無考。

江南都使司

其屬舊有屯田，有操捕。順治十二年奉裁，其捕務悉屬有司，屯務歸併掌篆。雍正三年，令本司所有管轄屯糧事務，分隸上、下兩江藩司糧道兼理，刑名歸上、下兩江臬司兼理，其都司員缺奉裁，所遺都司、經歷，續於雍正四年裁省。

危列宿
許壯衍
徐　烶
高師文
胡世舉
李雲龍
文培世

王永吉

分守常鎮道

國初駐劄江陰縣，後奉裁。

張　健　順治二年任。

陳服遠　順治三年任。

原毓宗　陝西人，進士，順治七年任。

胡　亶　仁和人，進士，順治十年任。

陳　彩　廣東人，進士，順治十八年任。

分巡揚州道

康熙二年裁。

劉漢式　山東人，順治二年任。

周亮工　金谿人，進士，順治三年任。

卞三元　奉天人，順治四年任。

王爾禄　黄陂人，進士，順治四年任。

胡　江　湖廣人，進士，順治五年任。

陳一理　奉天人，順治六年任。

劉興漢　遼陽人，順治七年任。

李培真　河南人，進士，順治十年任。

高光夔　直隸人，進士，順治十四年任。

牟廷選　奉天人，順治十七年任。

杜　溹　濱州人，進士，順治十八年任。

羅　森　大興人，康熙二年以驛鹽兼任。

分巡徽寧道

順治二年治宣城，七年治旌德。康熙六年省，十年復設，二十一年奉裁。

莊則敬　河南人，進士，順治二年任。

張文衡　順治三年任。

盧世揚　河南人，進士，順治五年任。

郝　璧　山西人，舉人，順治六年任。

袁仲魁　奉天人，順治七年任。

孫登第　奉天人，順治十年任。
申偉抱　奉天人，順治十四年任。
孫蔭裕　河南人，進士，順治十六年任。
王添貴　奉天人，順治十八年任。
竇遴奇　大名人，進士，康熙四年任。
沈　𤈽　浙江人，進士，康熙六年任。
吕正音　新昌人，進士，康熙十年任。
王緒祖　康熙十三年任。
黄懷玉　錢塘人，拔貢，康熙十九年任。

分巡池太道

原駐蕪湖。康熙三年，併安慶一府入池太道，移駐池州。六年，以兼領關榷事，仍駐蕪湖，隨奉裁。二十一年，以分巡池太事務歸並江安糧道管理。

高岐鳳　凉州人，貢生，順治二年任。
袁廓宇　富平人，貢生，順治四年任。
吴崇宗　奉天人，生員，順治七年任。

吴允謙　内江人，進士，順治十一年任。

周體觀　遵化人，進士，順治十三年任。

張文光　祥符人，進士，順治十七年任。

宋之屏　開平衛人，進士，康熙元年任。

劉三章　景州人，進士，康熙三年任，兼轄安慶。

申偉抱　奉天人，康熙四年任。

温如玉　成安人，進士，康熙五年任。

整飭潁州兵備道

前明弘治四年設，康熙二年奉裁。

李藻然　綏德人，舉人，順治二年任。

金辰良　無考。

沈秉公　奉天人，貢生，順治十年任。

趙曰熿　樂平人，進士，順治□□〔十二〕①年任。

① 據《四庫》本補。

劉孔中　順治十五年任。

竇遴奇　直隸人，進士，順治□□〔十八〕①年任。

鳳泗兵備道

前明懷宗②十六年設，順治五年奉裁。

王相業　榆林人，貢生，順治二年任。

劉奇遇　奉天人，生員，順治四年任。

鳳宿兵備道

順治八年設，康熙三年裁。尋又改爲分巡鳳陽道，旋於本年奉裁。

楊所修　四川人，舉人。

王一驥　山東人，進士。

李實秀　河南人，進士。

---

① 據《四庫》本補。

② 黄之雋《唐堂集》卷二十一《詹言下篇》「江南通志」條：「崇禎，本朝謚莊烈，而仍福王所謚爲懷宗。」

以上鳳宿。

方開鐸　福建人，進士。

任長慶　陝西人，貢生。

以上鳳陽。

鳳廬等處興屯道

順治十一年設，駐泗州。十一年奉裁。

覃楚大　長陽人，貢生，順治十一年任。

揚州工部管河分司

順治初，差漢司官一員，三年更代。康熙九年，添差滿司官一員。十七年奉裁，分歸淮揚、淮徐二道管理。

李若星　寧陵人，舉人，順治二年任。

高　明　河内人，進士，順治五年任。

王開基　諸城人，舉人，順治八年任。

王維誠　直隸人，舉人，順治十一年任。

楊西狩　南昌人，進士，順治十四年任。

陳天清　柘城人，進士，順治十七年任。

吴　煒　大興人，舉人，順治十八年任。

廖元發　東平人，進士，康熙三年任。

王　鼐　林縣人，進士，康熙七年任。

胡鶴翥　餘姚人，舉人，康熙八年任。

馬　飌　固原人，貢生，康熙九年任。

蘇赫德　滿洲人，康熙九年任。

吴養浩　蒲田人，康熙九年任。

勒德禮　滿洲人，康熙十二年任。

王自修　新鄉人，康熙十二年任。

督理清江漕船工部分司

明永樂間設，順治中裁。

劉芳烈　順天人，官生。

王泰交　山東人，進士。

馮達道　長洲人，進士。
張安茂　松江人，進士，順治八年任。
李允楨　德州人，進士，順治八年任。
胡尚衡　池州人，進士。
吴宗孟
徐致章　廬州人，進士。

徐州倉户部分司

康熙四年裁，其倉務分歸淮安倉及徐州管理，税務併淮揚道兼理。
陳嘉應　東平人，舉人，順治二年任。
王維屏　山西人，舉人。
邊維隆　河南人，舉人。
姚元瑛　杭州人，進士。
張雲翼　洛陽人，進士，順治九年任。
賈益謙　順治十年任。
谷應泰　豐潤人，進士，順治十一年任。

馬翰如　隴州人，舉人，順治十二年任。
賈　壯　河南人，順治十三年任。
丁裕初　順治十四年任。
吴愈聖　順治十五年任。
徐謂第　順治十六年任。
鍾　琇　康熙二年任。
孫象賢　山西人，康熙三年任。
王斗樞　康熙四年任。

吕梁洪工部分司

舊稱中河分司。康熙五年，鈔務歸併淮陽道兼理。七年，歸徐屬河務同知管理。八年，復歸本司。十七年，歸併淮徐道，本司奉裁。

谷明登　鹿邑人，舉人，順治初年任。
沈浣先　蘇州人，舉人。
郭　浩　無考。
甯之鳳　寧陽人，進士。

李本晟　蘄州人，進士，順治十一年任。

佟弘器　奉天人。

楊西狩　南昌人，進士。

包元臣　康熙二年任。

金達喇漢　滿洲人，康熙三年任。

夏鎮工部分司

康熙十六年奉裁。

楊天祥　順治初年任。

高鵬南　無考。

狄　敬　溧陽人，進士。

常錫應　鄢陵人，順治十一年任。

顧大申　華亭人，進士，順治十四年任。

騧　漢　滿洲人。

戴錫綸

江南通志卷一百七

職官志

文職　九

江、蘇、松、常四府

國朝　分轄

江寧府

知府一員。順治二年，改應天府尹爲江寧知府，改治中爲同知。

江防同知一員。康熙五十六年，移駐揚州三江營，監巡鹽務。

管糧同知一員。

理事同知一員。原有馬政同知，順治七年裁。督鑄同知，康熙十三年裁。船政同知，雍正二年裁。

北捕通判一員。

南捕通判一員。舊有鹽捕、西捕、水利、管糧、督捕、查鹽等通判，俱於順治十五年奉裁。又各府推官一員，俱於康熙六年奉裁。此係諸府所同，以後不備載。

經歷一員，照磨一員。

檢校一員。知事裁。

儒學教授一員，復設訓導一員。康熙三年，裁減教職。十六年，照舊復設。各府州縣同。

都税司大使一員，宣課司大使一員，龍江關大使一員，龍江關宣課司大使一員。批驗(茶)〔茶〕引所大使一員，龍江遞運所大使一員，秣陵鎮巡檢一員，江東司巡檢一員，江淮司巡檢一員。朝陽門分司、龍江裏外河泊所、司獄司司獄，俱奉裁。

江東驛驛丞一員。舊有金陵驛，今歸併本驛。

陰陽學正術一員，醫學正科一員。

僧綱司都綱一員，副都綱一員。

道紀司都紀一員，副都紀一員。四屬之設，各府同。

知府

李正茂　宛平人，拔貢，順治二年任。
林天擎　奉天人，拔貢，順治四年任。
張　錦　翼城人，舉人，順治六年任。
邊維隆　任(邱)〔丘〕人，舉人，順治九年任。
李　持　江津人，順治十年任。
孟　元　祥符人，恩貢，順治十一年任。
何中舉　瀋陽人，貢生，順治十二年任。
李　雋　永年人，舉人，順治十四年任。
高培元　肅寧人，生員，順治十六年任。
徐　恭　鐵嶺衛人，廕生，順治十七年任。
張羽明　奉天人，舉人，順治十八年任。
陳開虞　西安人，生員，康熙二年任。
張際龍　蕭山人，拔貢，康熙八年任。
孫　芳　奉天人，康熙十三年任。

陳龍巖　福建人，康熙十八年任。
于成龍　奉天人，廕生，康熙二十一年任。
郭　恒　蒲城人，康熙二十六年任。
高向台　翼城人，康熙二十八年任。
趙世顯　奉天人，康熙二十八年任。
施世綸　鑲黄旗人，廕生，康熙三十二年任。
王光謨　鑲黄旗人，康熙三十五年任。
劉　琰　陽穀人，康熙四十年任。
陳鵬年　湘潭人，進士，康熙四十二年任。
陳如升　豐潤人，康熙四十五年任。
劉　涵　涇陽人，康熙四十七年任。
衛　淇　高平人，康熙五十一年任。
吴應鳳　蒲田人，康熙五十七年任。
郭汝梗　正白旗人，康熙六十一年任。
李如蘭　陽曲人，歲貢，雍正五年任。
郭朝端　鑲紅旗人，監生，雍正十年任。

王　霔　正紅旗人，監生，雍正十二年署任。

范　燦　秀水籍，吴江人，進士，雍正十二年任。

張華年　景州人，歲貢，雍正十二年署任。

汪會正　休寧人，舉人，雍正十三年調。

盧見曾　德州人，進士，雍正十三年任。

張華年　雍正十三年任。

上元縣

知縣一員。

縣丞一員。主簿裁。

典史一員。

儒學教諭一員，復設訓導一員。

淳化鎮巡檢一員。

知　縣

黄應諶　大興人，内院供事，順治二年任。

王自成　烏程人，貢生，順治三年任。
張育葵　陜州人，生員，順治四年任。
郭士賢　奉天人，貢生，順治六年任。
姜廷槐①　會稽人，拔貢，順治十年任。
張鴻基　永年人，進士，順治十三年任。
王登②善　黄縣人，官監，順治十五年任。
張希聲　沙河人，舉人，順治十七年任。
白崇周　奉天人，貢生，康熙元年任。
李乾生　閬中人，舉人，康熙七年任。
李如鼎　安福人，舉人，康熙十年任。
唐嗣昌　康熙十年任。
徐培基　康熙十年任。
于述統　奉天人，貢生，康熙十八年任。

① 「槐」，嘉慶《重刊江寧府志》卷二十二作「櫆」。
② 「登」，嘉慶《重刊江寧府志》卷二十二作「敦」。

金以謀　浙江人，貢生，康熙二十七年任。

戴　銘　康熙二十七年任。

李元森　廣西人，舉人，康熙三十三年任。

蔣　玥　河南人，貢生，康熙三十四年任。

徐克昌　雲南人，舉人，康熙三十九年任。

劉德至　河南人，貢生，康熙四十年任。

趙聯捷　陝西人，貢生，康熙四十六年任。

王遐祚　浙江人，進士，康熙五十一年任。

曹　鉉　（康）〔廣〕①西人，舉人，康熙五十三年任。

唐開陶　四川人，歲貢，康熙五十五年任。

刁承祖　祁州人，進士，雍正三年任。

唐際運　沈（邱）〔丘〕人，舉人，雍正五年任。

袁淑鶴　曹縣人，貢生，雍正七年任。

穆健行　合江人，舉人，雍正八年任。

① 據《四庫》本改。

陳齊東　臨桂人，舉人，雍正九年任。

姚日昇　仁和人，進士，雍正十一年任。

江寧縣

知縣一員。

縣丞一員。舊有清軍、城捕二丞。康熙五年，清軍奉裁，存城捕，今改爲糧捕水利縣丞。又原設主簿裁。

典史一員。

儒學教諭一員，復設訓導一員。

江寧驛驛丞一員。原有大勝驛驛丞，今裁。

知　縣

袁懋齡　豐城人，舉人，順治二年任。

李呈芬　江夏人，舉人，順治三年任。

邵　擢　武城人，進士，順治四年任。

吕朝輔　正黄旗人，貢生，順治六年任。

杜來鳳　武鄉人，進士，順治七年任。

崔詔之　平度人，拔貢，順治十年任。
葛攀桂　武功人，拔貢，順治十一年任。
馮紱來　浙江人，拔貢，順治十三年任。
陳永吉　奉天人，官生，順治十五年任。
周永清　奉天人，廕生，康熙四年任。
愈滋慧　新會人，舉人，康熙七年任。
吴汝亮　濱州人，舉人，康熙九年任。
吕夢琦　南海人，舉人，康熙十一年任。
崔登華　永平人，官貢，康熙十二年任。
方殿元　番禺人，進士，康熙十三年任。
王朝鼒　奉天人，監生，康熙十五年任。
孫起綸　安(邱)〔丘〕人，進士，康熙十六年任。
陳殿邦　長樂人，舉人，康熙十七年任。
胥錫祚　濰縣人，監生，康熙十八年任。
崔岳宗　鑲黄旗人，蔭生，康熙十九年任。
佟世燕　正藍旗人，官生，康熙二十一年任。

蔣毓祥　全州人，康熙二十五年任。
葉永清　平和人，康熙二十七年任。
徐闢寶　鑲白旗人，康熙二十八年任。
陳九睦　鑲黃旗人，例監，康熙三十六年任。
譚有年　秀水人，康熙四十五年任。
蘇　壎　南安人，康熙四十九年任。
臧長源　長興人，康熙五十四年任。
黃光夏　德化人，舉人，雍正元年任。
孔毓珠　曲阜人，雍正五年任。
王　錫　海鹽人，舉人，雍正六年任。
吴湘皋　會昌人，舉人，雍正八年任。
王仁錫　海寧人，雍正九年任。
唐如柏　浙江人，舉人，雍正十年任。
郎大成　昌平人，拔貢，雍正十二年署任。
張嘉論　海寧人，監生，雍正十三年署任。

句容縣

知縣一員。

縣丞一員。

典史一員。主簿裁。

儒學教諭一員，復設訓導一員。

龍潭驛驛丞一員。舊有龍潭巡檢司，與驛丞並設，後巡檢奉裁，龍潭驛丞兼攝巡檢事。又有稅課司大使、雲亭驛驛丞，今俱裁。

陰陽學訓術一員，醫學訓科一員，僧會司僧會一員，道會司道會一員。四屬官惟附郭之縣統攝於府，不另設，餘縣並置如右，後不復詳載。

知縣

傅觀光　曹縣人，廩生，順治二年任。

馬瑾　長子人，進士，順治三年任。

方鑾　汝寧人，舉人，順治四年任。

姜輔周　奉天人，貢生，順治五年任。

葛翊宸　上虞人，拔貢，順治十年任。
叢大爲　文登人，進士，順治十三年任。
王玉汝　河内人，拔貢，順治十三年任。
韓有卓　大興人，進士，順治十四年任。
何歷颺　晋江人，貢生，康熙元年任。
巢逵翔　涇陽人，舉人，康熙二年任。
周歷長　汀州人，舉人，康熙七年任。
林　最　潮州人，副榜教習，康熙十一年任。
温而厲　清原人，拔貢，康熙十七年任。
董元俊　華陰人，進士，康熙十八年任。
陳協濬　富平人，拔貢，康熙二十一年任。
白良琯　鑲黄旗人，監生，康熙二十四年任。
張聯芳　正白旗人，監生，康熙四十二年任。
胡啓敏　鑲黄旗人，監生，康熙四十六年任。
王曰俞　營山人，進士，康熙四十八年任。
方　矩　福清人，舉人，康熙五十一年任。

賈澤潤　鑲藍旗人，監生，康熙五十八年任。
施廷瓚　閩縣人，監生，康熙六十一年任。
王　坦　交河人，進士，雍正五年任。
趙元慧①　閩縣人，舉人，雍正六年任。
胡爲籀　文水人，舉人，雍正七年任。
魯弘瑜　大興人，貢生，雍正十年任。
張秉仁　陜西人，舉人，雍正十二年署任。

溧水縣

知縣一員。
縣丞一員。主簿裁。
典史一員。
儒學復設教諭一員，訓導一員。
原有税課局大使一員，今裁。

① 嘉慶《重刊江寧府志》卷二十二趙元慧、胡爲籀之間尚有吴學濂。

知　縣

羅佳士　直隸人，貢生，順治二年任。

楊國貞　錦州人，貢生，順治三年任。

王鼎(印)〔胤〕① 溜州人，進士，順治四年任。

安應晬　奉天人，生員，順治五年任。

閔派魯　祥符人，拔貢，順治九年任。

車　輅　滄州人，舉人，順治十四年任。

饒應元　蘄水人，舉人，順治十五年任。

馮泰運　撫寧人，拔貢，康熙元年任。

李作楫　東莞人，進士，康熙八年任。

劉登科　舉人，康熙十二年任。

徐　傑　漢軍，康熙二十三年任。

王毓美　漢軍，康熙〔二〕②十六年任。

① 嘉慶《重刊江寧府志》卷二十二作「王鼎允」，光緒《溧水縣志》卷五作「王鼎潁」，皆避雍正帝諱而改。

② 據《四庫》本補。

陳六謙　仁和人，監生，康熙二十八年任。
周師望　漢軍，康熙三十三年任。
談宇濟　漢軍，康熙四十二年任。
劉企向　西安人，監生，康熙四十七年任。
閻　坊　歸德人，監生，康熙四十七年①任。
趙向奎　聞喜人，舉人，康熙六十一年任。
王士鏞　漢軍，雍正二年任。
孔毓珠　曲阜人，舉人，雍正四年任。
孔毓洙　汶上人，貢生，雍正五年任。②
張思閎　杭州人，貢生，雍正六年任。
周大律　河南人，進士，雍正七年任。
陳繼祖　旗員，雍正八年任。
吴廷賢　廣東人，舉人，雍正九年任。

---

① 「四十七年」，光緒《溧水縣志》卷五作康熙五十一年。
② 嘉慶《重刊江寧府志》卷二十二孔毓珠和孔毓洙籍貫、功名、仕履互異。

吴湘皋　江西人，舉人，雍正十年任。

方士賢　普寧人，監生，雍正十二年署任。

蕭　泳　南平人，舉人，雍正十三年任。

江浦縣

知縣一員。主簿裁。

典史一員。

儒學復設教諭一員，訓導一員。順治十三年，裁去訓導。康熙三年，改裁教諭，復設訓導。十六年，並復①。

東葛驛驛丞一員。原有江淮驛驛丞，雍正九年裁併知縣兼管。又有浦子口税課局大使，今裁。

知　縣

沈之瀾　烏程人，貢生，順治二年任。

高　爽　東昌人，進士，順治三年任。

① 「復」，《四庫》本作「設」。

劉天澤　奉天人，貢生，順治六年任。
閻宗尼　直隸人，進士，順治十年任。
齊敬修　漢中人，貢生，順治十一年任。
許立達　武昌人，貢生，順治十六年任。
程　瑞　南昌人，舉人，順治十七年任。
徐龍光　東昌人，貢生，康熙三年任。
王舟瑶　餘杭人，舉人，康熙十三年任。
洪承龍　康熙十四年任。
郭廷泰　仁和人，例監，康熙二十二年任。
陳君恩　海豐人，舉人，康熙二十七年任。
甘國埏　正藍旗人，監生，康熙二十九年任。
董志建　汾陽人，歲貢，康熙四十四年任。
梁允章　直隸人，歲貢，康熙五十一年任。
賈之屏　商(邱)〔丘〕人，進士，康熙五十四年任。
項維正　嘉興人，舉人，康熙五十六年任。
趙作霖　蘇州人，舉人，雍正六年任。

蔡增勤　南安人，舉人，雍正十一年任。

葉存仁　江夏人，監生，雍正十二年署任。

李　高　高密人，進士，雍正十二年任。

六合縣

知縣一員。丞、簿並不設。

典史一員。

儒學復設教諭一員，訓導一員。

税課局大使一員。舊有三汊河泊所官，奉裁，後歸併税課局帶管。

瓜埠司巡檢一員。原有棠邑驛驛丞，今裁併。

知　縣

曾淳化　金谿人，舉人，順治二年任。

劉慶運　延慶人，恩貢，順治二年任。

婁維嵩　直隸人，進士，順治四年任。

陳　事　奉天人，貢生，順治五年任。

李大生　永清人，貢生，順治十年任。
劉廣譽　正紅旗人，進士，順治十二年任。
冀北哲　大同人，拔貢，順治十六年任。
羅紹虞　南昌人，舉人，順治十六年任。
常　在　高平人，舉人，康熙十年任。
黄　任　大名人，進士，康熙十六年任。
洪　煒　樂平人，進士，康熙二十年任。
宋一曠　新建人，例監，康熙二十八年任。
吴仲光　高陵人，拔貢，康熙三十一年任。
趙羽清　四川人，進士，康熙四十四年任。
李長昂　鄆城人，拔貢，康熙四十八年任。
魏世泰　柏鄉人，進士，康熙五十一年任。
喻弘林　内江人，舉人，康熙五十六年任。
楊　紹　武陵人，進士，康熙六十一年任。
萬世良　漢陽人，舉人，雍正元年任。
蘇作睿　永新人，進士，雍正六年任。

周士适　山東人，舉人，雍正十年任。
洪淳瑛　同安人，舉人，雍正十三年署任。
董廷揺　鑲白旗人，乾隆元年任。

高淳縣

知縣一員。主簿久經裁省。縣丞一員，亦於順治十六年裁。
典史一員。
儒學復設教諭一員，訓導一員。
廣通鎮巡檢一員。

知　縣

吕福生　浙江人，貢生，順治二年任。
丁啓泰　永城人，功貢，順治三年任。
崔掄奇　夏邑人，進士，順治四年任。
紀聖訓　寧津人，拔貢，順治十年任。
孟復生　滄州人，歲貢，順治十七年任。

葉自燦　義烏人，儒士，康熙二年任。
張大垣　三原人，進士，康熙六年任。
劉澤嗣　吴橋人，廪生，康熙十三年任。
李斯佺　長山人，廕生，康熙二十年任。
張象翀　四川人，進士，康熙二十三年任。
高世瑋　鑲白旗人，監生，康熙二十七年任。
游禄宜　福建人，舉人，康熙三十一年任。
陳國柱　福建人，舉人，康熙四十四年任。
趙　暐　四川人，進士，康熙五十七年任。
叢元燦　山東人，進士，雍正元年任。
趙泗應　廣西人，舉人，雍正二年任。
金友蘭　雲南人，舉人，雍正七年任。
李襲祖　夏邑人，歲貢，雍正十一年署任。

蘇州府

知府一員。

督糧水利同知一員。督糧同知，順治六年裁。水利同知，順治七年裁。順治十八年，復設督糧同知，兼管水利事務。

總捕同知一員。雍正四年奉裁，歸併管糧通判，八年復設。

海防同知一員。順治十八年，移駐常熟福山。雍正四年裁，海防歸併督糧，駐劄府治。雍正八年，復設海防同知。九年，仍移駐福山地方。

太湖水利同知一員。雍正八年添設，駐劄吴江縣同里鎮。

管糧通判一員。

經歷一員。

知事一員。

照磨一員。

儒學教授一員，復設訓導一員。

姑蘇驛驛丞一員。豐盈庫副使、織染大使，今裁。

知府

王　鏌　孟津人，生員，順治二年任。

丁允元　日照人，進士，順治二年任。

陳服遠　滿洲人，監生，順治三年任。
吴崇宗　滿洲人，監生，順治四年任。
徐應台　奉天人，監生，順治五年任。
王光晋　奉天人，貢生，順治七年任。
高文芳　奉天人，貢生，順治十年任。
張學曾　會稽人，副榜，順治十二年任。
吴一位　滿洲人，貢生，順治十二年任。
鄒藴賢　奉天人，貢生，順治十四年任。
余廉徵　遂安人，進士，順治十七年任。
武弘祖　奉天人，貢生，順治十八年任。
吴道煌　宛平人，進士，康熙二年任。
曹　鼎　祥符人，恩貢，康熙六年任。
郭四維　猗氏人，進士，康熙八年任。
甯雲鵬　奉天人，生員，康熙十一年任。
高　暐　襄陵人，進士，康熙十三年任。
曹首望　豐潤人，拔貢，康熙十七年任。

陳常夏　陜西人，廕生，康熙二十年任。
趙禄星　正白旗人，監生，康熙二十二年任。
胡世威　正藍旗人，官生，康熙二十四年任。
盧騰龍　鑲白旗人，歲貢，康熙二十九年任。
石文焯　正白旗人，監生，康熙三十八年任。
吴中立　正黄旗人，監生，康熙四十四年任。
賈　樸　故城人，歲貢，康熙四十五年任。
李玉堂　建昌人，監生，康熙四十六年任。
陳鵬年　湘潭人，進士，康熙四十七年任。
孟光宗　鑲紅旗人，監生，康熙五十年任。
梁　穆　直隸人，拔貢，康熙五十五年任。
高　浚　大同人，監生，康熙六十年任。
蔡永清　正白旗人，廕生，雍正元年任。
温而遜　宣化人，貢生，雍正四年任。

徐永祐　漢陵人①，進士，雍正七年任。
童　華　會稽人，貢生，雍正七年任。
周夢錦　寧化人，舉人，雍正九年任。
于本宏　直隸人，進士，雍正十年任。
姚孔鈵　桐城人，生員，雍正十一年任。
李正邦　正紅旗人，監生，雍正十三年署任。
汪會正　休寧人，舉人，雍正十三年任。
李正邦　雍正十三年復署任。
徐大枚　正藍旗人，進士，雍正十三年任。

長洲縣

知縣一員。
縣丞一員。康熙二年添設一員，共二員，今一員撥屬元和縣。
管糧主簿一員。順治四年裁，九年復設。

---

① 「漢陵人」，道光《蘇州府志》卷五十六作「武陵人」。

典史一員。

儒學教諭一員。訓導分屬元和。

吴塔司巡檢一員。

知　縣

沈以曦　臨湘人，進士，順治二年任。

田本沛　富平人，進士，順治三年任。

趙　瑾　陽曲人，進士，順治四年任。

郭經邦　奉天人，生員，順治五年任。

李廷秀　奉天人，生員，順治八年任。

宋聚奎　耀州人，拔貢，順治十年任。

王　任　奉天人，拔貢，順治十一年任。

(邱)〔丘〕應鰲　鍾祥人，恩貢，順治十二年任。

周仲達　萊陽人，拔貢，順治十四年任。

孫　繼　德州人，進士，順治十六年任。

劉令聞　大興人，貢生，順治十七年任。

蘇　仁　蒲城人，舉人，順治十八年任。

周明珥　武定人，恩貢，康熙元年任。

董定國　奉天人，廕生，康熙二年任。

彭士奇　蠡縣人，拔貢，康熙四年任。

金　巽　宛平人，歲貢，康熙六年任。

蔡時光　晋江人，進士，康熙八年任。

沈思舉　連城人，舉人，康熙十年任。

任　俊　祥符人，貢生，康熙十一年任。

薛泰飏　上虞人，貢生，康熙十三年任。

李敬修　奉天人，監生，康熙十三年任。

劉興漢　德州人，貢生，康熙十八年任。

鮑積朝　陝西人，監生，康熙十九年任。

祝聖培　應城人，監生，康熙二十一年任。

徐弘炯　嘉興人，監生，康熙二十三年任。

劉　玢　安邑人，例監，康熙二十七年任。

梁廷桂　奉天人，監生，康熙二十九年任。

杜　溥　歷城人，康熙三十年任。

李敬勝　正黄旗人，監生，康熙三十二年任。

(邱)〔丘〕琳　連州人，貢生，康熙三十六年任。

祖興乾　正黄旗人，監生，康熙三十七年任。

高　怡　武康人，進士，康熙四十年任。

陳治策　正黄旗人，貢生，康熙四十一年任。

吴　玥　鑲紅旗人，進士，康熙四十三年任。

嚴　雲　侯官人，舉人，康熙四十五年任。

鹿永鋐　福山人，監生，康熙四十八年任。

陳勤宣　古田人，舉人，康熙五十一年任。

許　遇　侯官人，監生，康熙五十三年任。

鮑學沛　滕縣人，康熙五十九年任。

蔣丕琮　陜西人，監生，康熙六十年任。

薛仁錫　大興人，貢生，雍正二年任。

劉發華　高安人，舉人，雍正五年任。

羅繼洪　吉水人，舉人，雍正五年任。

董　湧　盧龍人，貢生，雍正六年任。
沈光曾　秀水人，監生，雍正十年任。
丁　銓　大興人，舉人，雍正十二年署任。
胡映葵　息縣人，廪生，雍正十二年署任。
沈光曾　雍正十三年回任。

元和縣

添設知縣一員。
縣丞一員。係長洲縣分撥。
典史一員。添設。
儒學復設訓導一員。係長洲縣分撥。
陳墓司巡檢一員。

知　縣
張福昶　南靖人，舉人，雍正三年任。
江之煒　晋江人，舉人，雍正四年任。

郝　霱　霸州人，教習，雍正六年任。
朱奎揚　浙江人，雍正八年任。
李世金　鑲（監）〔藍〕①旗人，監生，雍正十年任。
張若㦤　桐城人，監生，雍正十二年任。

吴　縣

知縣一員。
縣丞一員。
管糧主簿一員。順治四年裁，九年復。
典史一員。
儒學教諭一員，復設訓導一員。
木瀆司巡檢一員，用頭司巡檢一員，東山司巡檢一員。

① 據《四庫》本改。

知縣

薛應琦　大興人，貢監，順治二年任。

汪爚南　麻城人，舉人，順治二年任。

王麟標　綏德人，進士，順治四年任。

毛　侃　掖縣人，貢生，順治十年任。

吴明相　長治人，歲貢，順治十二年任。

屠思忠　興安人，拔貢，順治十四年任。

任惟初　石樓人，選貢，順治十七年任。

張　叙　蘭陽人，進士，順治十八年任。

孫啓元　萊陽人，舉人，康熙元年任。

何　模　鎮海人，舉人，康熙二年任。

金夢蛟　大興人，恩貢，康熙五年任。

陳沖漢　固城人，進士，康熙六年任。

韓敬所　鄒平人，進士，康熙九年任。

吴存仁　奉天人，廕生，康熙十一年任。

邵懷棠　會稽人，進士，康熙十三年任。

吴愚公　天津衛人，舉人，康熙十四年任。
郭弘化　濰縣人，貢監，康熙十八年任。
王　霖　清流人，拔貢，康熙十九年任。
劉　滋　任縣人，進士，康熙二十二年任。
宋晋聲　會稽人，例監，康熙二十五年任。
張　嶐　濱州人，進士，康熙二十七年任。
徐廣先　臨汾人，康熙三十三年任。
洪岱齡　彭澤人，康熙三十七年任。
鮑　栻　餘杭人，康熙四十年任。
梁鳳翔　咸寧人，康熙四十一年任。
王廷燦　錢塘人，康熙四十二年任。
張廷弼　鑲白旗人，康熙四十三年任。
廖冀亨　永定人，康熙四十七年任。
杜學林　普安人，康熙五十年任。
楊　棠　萬縣人，康熙五十五年任。
劉承裔　大興人，康熙五十九年任。

蔡永清　正白旗人，廕生，康熙六十一年任。
楊　紹　武陵人，雍正元年任。
冉　琪　貴筑人，雍正三年任。
蔡益仁　蕭山人，雍正四年任。
羅繼洪　吉水人，雍正五年任。
蔡益仁　雍正五年再任。
楊士昌　歷城人，雍正六年任。
吴　楝　浙江人，雍正七年任。
江之翰　寧夏人，舉人，雍正十一年署任。
張嘉論　海寧人，監生，雍正十二年署任。
李正邦　正紅旗人，監生，雍正十二年署任。
胡映葵　息縣人，拔貢，雍正十三年署任。

吴江縣

知縣一員。
縣丞一員。康熙二年添設一員，共二員。今一員撥屬震澤縣。

管糧主簿一員。順治四年裁，九年復設。

典史一員。

儒學教諭一員。訓導分屬震澤。

同里司巡檢一員，汾湖司巡檢一員。原設簡村巡檢一員，雍正四年裁。

平望驛驛丞一員。

知　縣

孔(印)〔胤〕祖　曲阜人，貢生，順治二年任。

李承尹　三原人，進士，順治三年任。

楊九萬　陵川人，歲貢，順治五年任。

李德淳　奉天人，歲貢，順治六年任。

唐　增　奉天人，貢生，順治八年任。

吴就恒　太谷人，貢監，順治十年任。

雷　琎　井研人，舉人，順治十三年任。

塗應旂　奉天人，貢生，順治十五年任。

毛漪秀　掖縣人，進士，順治十七年任。

趙子三　乾州人，舉人，順治十八年任。
王名世　涇陽人，舉人，康熙二年任。
劉定國　奉天人，廕生，康熙三年任。
邵士梅　濟寧人，進士，康熙七年任。
趙國宣　奉天人，廕生，康熙八年任。
張　亨　武平人，舉人，康熙十年任。
金國柱　奉天人，舉人，康熙十二年任。
霍　勛　清苑人，進士，康熙十四年任。
張　恪　涇陽人，舉人，康熙十五年任。
郭　琇　即墨人，進士，康熙十八年任。
趙　琳　涇陽人，舉人，康熙二十五年任。
祖允焜　奉天人，監生，康熙二十七年任。
李淑楫　正藍旗人，例監，康熙三十一年任。
朱國梓　鑲藍旗人，例監，康熙三十六年任。
張元振　濰縣人，例監，康熙四十一年任。
陳九睦　鑲黃旗人，例監，康熙四十四年任。

張壽峒　平凉人，進士，康熙四十七年任。
李繼燕　廣東人，貢生，康熙五十一年任。
徐祖望　順天人，歲貢，康熙五十二年任。
張　琮　鉅野人，進士，康熙五十三年任。
石拱極　光州人，進士，康熙五十五年任。
葉　前　大興人，舉人，康熙五十七年任。
徐永祐　漢陽人，進士，雍正元年任。
陳兆翺　湖廣人，舉人，雍正七年任。
趙軒臨　宛平人，吏員，雍正九年任。
項　喻　漢陽人，監生，雍正十三年署任。
陳王言　清苑人，吏員，雍正十三年署任。

震澤縣

添設知縣一員。
縣丞一員。係吴江縣分撥。
典史一員。添設。

儒學復設訓導一員。係吴江縣分撥。

震澤司巡檢一員，平望司巡檢一員。

知縣

吴興 鑲黄旗人，監生，雍正三年任。

彭鎔 遂寧人，舉人，雍正四年任。

鄭金 上虞人，監生，雍正五年任。

伍斯瓆 新建人，舉人，雍正五年任。

王坦 交河人，進士，雍正六年任。

馬功顯 惠來人，舉人，雍正六年任。

王宸儁 錢塘人，監生，雍正七年任。

鄧圭 巴陵人，歲貢，雍正七年任。

陳嵩 繁昌人，拔貢，雍正十二年署任。

羅士瓚 東莞人，歲貢，雍正十三年署任。

李鏻 諸城人，貢生，雍正十三年署任。

常熟縣

知縣一員。

縣丞一員。原有主簿一員，順治四年裁，九年復設。今撥屬昭文縣。

典史一員。

儒學教諭一員。訓導分屬昭文。

黃泗浦港巡檢一員。原設滸浦港巡檢一員，雍正四年裁。

知　縣

洪一緯　直隸人，舉人，順治二年任。

瞿四達　河南人，進士，順治四年任。

湯家相　趙城人，進士，順治八年任。

郭保之　吳橋人，拔貢，順治十年任。

鍾人鏡　歸安人，貢生，順治十二年任。

魏允升　宣府人，進士，順治十三年任。

陸　錫　烏程人，貢監，順治十四年任。

周　敏　武康人，拔貢，順治十五年任。
張　燮　大興人，拔貢，順治十七年任。
張燦然　直隸人，拔貢，順治十八年任。
趙育博　沁水人，舉人，康熙元年任。
李　璞　閬中人，舉人，康熙三年任。
于宗堯　奉天人，廕生，康熙七年任。
張紹戩　西安人，舉人，康熙十一年任。
林象祖　晋江人，進士，康熙十三年任。
劉毓琦　金谿人，舉人，康熙二十年任。
高士鷴　灤州人，貢生，康熙二十一年任。
高登先　鍾祥人，進士，康熙二十四年任。
楊振藻　永平人，進士，康熙二十四年任。
趙　濬　山西人，進士，康熙二十六年任。
陶　澴　會稽人，貢生，康熙三十二年任。
黎龍若　廣東人，舉人，康熙四十一年任。
林華昌　福建人，舉人，康熙四十七年任。

章曾印　會稽人，貢生，康熙四十八年任。
彭子將　河南人，貢生，康熙五十二年任。
馬　暹　奉天人，貢監，康熙五十六年任。
王　珙　順天人，例捐，康熙五十九年任。
陳守創　江西人，進士，康熙六十年任。
袁步雲　福建人，舉人，康熙六十年任。
李斯讓　山東人，舉人，康熙六十一年任。
成之英　浙江人，監生，雍正元年任。
喻宗楏　江西人，歲貢，雍正二年任。
李惟一　山東人，舉人，雍正六年任。
張嘉論　浙江人，例捐，雍正八年任。
張爾德　葭州人，進士，雍正十二年署任。
石　杰　桐鄉人，進士，雍正十二年署任。
劉　華　定州人，監生，雍正十三年署任。
余家璜　鎮遠人，歲貢，雍正十三年署任。
劉　華　雍正十三年復署任。

昭文縣

添設知縣一員。

管糧主簿一員。係常熟縣分撥。

典史一員。添設。

儒學復設訓導一員。係常熟縣分撥。

白茅港巡檢一員。

知　縣

勞必達　漢陽人，進士，雍正四年任。

韓　桐　河南人，拔貢，雍正十二年任。

昆山縣

知縣一員。

縣丞一員。康熙二年添設一員，共二員。今一員撥屬新陽縣。

管糧主簿一員。順治四年裁，九年復設。

典史一員。

儒學教諭一員。訓導分屬新陽。

石浦司巡檢一員。

知　縣

王　鑨　孟津人，貢監，順治二年任。

胡之佑　浙江人，恩貢，順治五年任。

鄧秉恒　東昌人，進士，順治七年任。

張靖之　深澤人，拔貢，順治十年任。

師人門　安肅人，拔貢，順治十一年任。

徐邦俊　河南人，舉人，順治十四年任。

郭文雄　文水人，拔貢，順治十五年任。

王　簡　撫寧人，拔貢，順治十六年任。

王見龍　四川人，舉人，順治十七年任。

李鄰仙　建陽人，舉人，順治十八年任。

馬文駿　濬縣人，拔貢，康熙元年任。

李開先　任（邱）〔丘〕人，拔貢，康熙二年任。

王仲槐　浙江人，吏員，康熙四年任。

魏　熙　漢陽人，拔貢，康熙六年任。

董正位　直隸人，拔貢，康熙九年任。

曾榮科　廣東人，進士，康熙十四年任。

王大年　章（邱）〔丘〕人，進士，康熙十六年任。

王基弘　鑲白旗人，筆帖式，康熙十七年任。

杭　佳　上虞人，監生，康熙二十二年任。

童式度　湖廣人，貢監，康熙二十七年任。

仇士俊　直隸人，康熙三十年任。

祝文郁　直隸人，康熙三十一年任。

金　潮　侯官人，康熙三十五年任。

李　喆　武安人，康熙三十七年任。

金世純　正黄旗人，康熙三十九年任。

程大復　景陵人，康熙四十一年任。

湛　浩　河源人，康熙四十五年任。

程大復　康熙四十五年再任。

李洽光　壽光人，康熙五十年任。

李世德　正黄旗人，康熙五十三年任。

趙光謨　鑲黄旗人，康熙五十六年任。

熊肅鎮　南昌人，康熙五十九年任。

王溯維　嵩縣人，進士，雍正二年任。

吕大雅　正紅旗人，監生，雍正四年任。

朱　紘　新興人，雍正六年任。

丁　銓　大興人，雍正八年任。

沈光曾　秀水人，監生，雍正十二年署任。

劉　鶚　陳留人，貢生，雍正十三年任。

新陽縣

添設知縣一員。

縣丞一員。係昆山縣分撥。

典史一員。添設。

儒學復設訓導一員。係昆山縣分撥。

巴城司巡檢一員。

知　縣

王士仕　登州人，雍正三年任。

陳昌朝　廣州人，雍正六年任。

李惟一　鉅野人，雍正六年任。

朱奎陽　紹興人，雍正六年任。

高廷獻　大名人，雍正八年任。

程光鏞　漢陽人，雍正八年任。

仲尚奇　濟寧人，雍正九年任。

趙　瑄　城都人，舉人，雍正十年任。

吳學濂　高安人，貢生，雍正十三年署任。

松江府

知府一員。

董漕同知一員。順治四年裁，康熙元年復設，雍正四年再奉裁併，雍正八年又復設。

海防同知一員。駐奉賢縣柘林地方。

水利通判一員。順治七年裁，十二年復設，續於雍正四年再奉裁併，雍正八年又復設。

糧捕通判一員。

經歷一員。

知事一員。

照磨一員。

金山衛經歷一員。

儒學教授一員。原置，復設訓導一員，從前署理金山衛學，於雍正三年改爲金山縣學訓導。

永豐庫副使一員，司獄司司獄一員，俱奉裁。

知府

張　銚　偃師人，舉人，順治二年任。

傅世烈　滿洲人，順治三年任。

林永盛　奉天人，監生，順治四年任。

盧士俊　錦州人，監生，順治五年任。

廖文元　錦州人，貢生，順治七年任。
李正華　獻縣人，拔貢，順治十年任。
郭起鳳　奉天人，拔貢，順治十四年任。
祖永勳　正黄旗人，貢生，順治十四年任。
于汝翼　奉天人，貢生，順治十七年任。
劉洪宗　灤州人，拔貢，順治十七年任。
郭廷弼　鑲白旗人，貢生，順治十八年任。
張羽明　奉天人，舉人，康熙三年任。
陳繼訓　廕生，康熙九年任。
劉　檈　安邑人，廕生，康熙十三年任。
劉名標　奉天人，監生，康熙十四年任。
魯　超　會稽人，康熙十五年任。
朱　雯　浙江人，進士，康熙二十五年任。
趙　寧　浙江人，監生，康熙二十七年任。
李元瑨　德州人，貢生，康熙二十九年任。
龔　嶸　閩縣人，監生，康熙三十一年任。

丁克昌　鑲黄旗人，廕生，康熙三十六年任。
祝鍾俊　鑲黄旗人，監生，康熙三十八年任。
董慶祚　正白旗人，貢生，康熙四十一年任。
朱廷植　鑲白旗人，監生，康熙四十六年任。
喬光先　朔州人，監生，康熙四十九年任。
胡克寬　鍾祥人，舉人，康熙五十三年①任。
李文淵　正紅旗人，監生，康熙五十三年任。
王廷實　會稽人，監生，康熙五十七年任。
周錞元　正白旗人，監生，康熙六十一年任。
楊　紹　武陵人，進士，雍正二年任。
周中鋐　浙江人，監生，雍正四年任。
張文英　正黄旗，舉人，雍正六年任。
王喬林　錢塘人，進士，雍正九年任。
吴節民　南安人，廩貢，雍正十年任。

① 「五十三年」，《四庫》本作「五十二年」。

汪德馨　夏邑人，例監，雍正十一年任。

華亭縣

知縣一員。

管糧縣丞一員。係康熙元年添設。其原置縣丞一員，今分屬奉賢縣。

管糧主簿一員。

典史一員。

儒學教諭一員。訓導分屬奉賢。

金山司巡檢一員。

知　縣

陳　鑑　蒲田人，解元，順治二年任。

潘必鏡　直隸人，進士，順治三年任。

張廷琦　錦州人，進士，順治五年任。

廖志奎　鑲黄旗人，貢生，順治六年任。

周世昌　安(邱)〔丘〕人，進士，順治八年任。

劉成龍　奉天人，貢生，順治九年任。

張天麟　大興人，拔貢，順治十年任。

鄭明良　山西人，進士，順治十三年任。

張　超　桐鄉人，進士，順治十四年任。

楊必貞　晋江人，順治十七年任。

嚴士騎　孝感人，進士，順治十八年任。

馮　賡　大興人，拔貢，康熙元年任。

南夢班　蘄水人，例監，康熙十六年任。

楊瓊枝　五臺人，進士，康熙二十六年任。

朱騰蛟　上虞人，例監，康熙二十七年任。

曹　鼎　錢塘人，例監，康熙(二)〔三〕①十一年任。

衛　璠　滄州人，進士，康熙三十六年任。

李應蛟　江陵人，監生，康熙三十七年任。

苟鴻儒　成都人，舉人，康熙四十年任。

① 據《四庫》本改。

关梁朝　鬱林人，舉人，康熙四十五年任。
魏昊　廣昌人，舉人，康熙四十九年任。
方苞　感恩人，歲貢，康熙五十一年任。
何瑞　直隸人，進士，康熙五十二年任。
姜鵬　鑲紅旗人，康熙五十三年任。
林鑛　慈谿人，進士，康熙五十六年任。
李源長　廣安人，舉人，康熙五十八年任。
李峻德　正黄旗人，歲貢，康熙五十九年任。
梁植　孟縣人，進士，康熙六十年任。
周中鋐　浙江人，例監，康熙六十一年任。
陸廷樞　錢塘人，例監，雍正四年任。
劉夢楫　慶雲人，舉人，雍正七年任。
朱元豐　桐鄉人，舉人，雍正十年任。
賈又正　曲周人，拔貢，雍正十三年署任。
陳志偉　石埭人，拔貢，雍正十三年署任。

奉賢縣

添設知縣一員。

縣丞一員。係華亭縣分撥。

典史一員。添設。

儒學復設訓導一員。係華亭縣分撥。

南橋鎮巡檢一員。

知縣

張蔭圻　嵩縣人，進士，雍正四年任。

黄光旦　龍南人，舉人，雍正五年任。

舒慕芬　靖安人，生員，雍正六年任。

徐必昌　仁和人，舉人，雍正九年任。

馬國錞　綏德人，監生，雍正十一年任。

王世勳　鑲藍旗人，廕生，雍正十二年任。

施士箴　晋江人，貢生，雍正十三年署任。

王企堂　雄縣人，舉人，雍正十三年署任。

婁縣

知縣一員。

縣丞一員。順治十三年，原設縣丞一員。康熙元年，添設董漕縣丞一員，共二員。今一員分屬金山縣。

管糧主簿一員。

典史一員。

儒學教諭一員。順治十三年，止設教諭，原不設訓導，其訓導事以華亭訓導分管。

小蒸司巡檢一員。

知縣

李浣　元氏人，進士，順治十三年任。

王有極　直隸人，拔貢，順治十四年任。

王建鐸　商(邱)〔丘〕人，舉人，順治十六年任。

田紹前　陽城人，舉人，順治十七年任。

胡思虞　浙江人，拔貢，順治十八年任。

張顧恒　韓城人，舉人，康熙二年任。
史　彬　天津衛人，吏員，康熙十六年任。
廖慶辰　龍巖人，舉人，康熙二十一年任。
秦　至　黄安人，舉人，康熙三十一年任。
李遇陛　豐城人，舉人，康熙三十五年任。
鄭昆璋　文水人，舉人，康熙四十一年任。
陳又良　安陽人，進士，康熙四十二年任。
劉　翥　應城人，舉人，康熙五十年任。
楊士瑾　壽光人，舉人，康熙五十二年任。
李　灝　鄆城人，進士，康熙五十五年任。
陳堯信　仁和人，監生，康熙五十七年任。
劉文彬　安福人，舉人，康熙五十九年任。
王毓德　正紅旗人，監生，雍正四年任。
蕭廷瑞　德州人，舉人，雍正五年任。
黄　獻　蒲田人，舉人，雍正七年任。
沈維垣　浙江人，雍正八年任。

王士瑾　山東人，舉人，雍正十二年任。

金山縣

添設知縣一員。

縣丞一員。係婁縣分撥。

典史一員。添設。

儒學復設訓導一員。雍正三年，以府學訓導改授。

泖橋司巡檢一員。

知　縣

湯之晸　睢州人，舉人，雍正四年任。

張安國　秀水人，監生，雍正四年任。

黄鳴鶴　郫縣人，舉人，雍正五年任。

高澤萊　静海人，歲貢，雍正八年任。

王道福　海澄人，歲貢，雍正十年任。

劉紹周　鑲紅旗人，舉人，雍正十一年任。

張　鈞　秀水人，進士，雍正十三年署任。

陳學山　建昌人，進士，雍正十三年署任。

上海縣

知縣一員。

縣丞一員。康熙元年，添設董漕縣丞一員，共二員。今一員分屬南匯縣。

主簿一員。

典史一員。

儒學教諭一員。訓導分屬南匯。

黄浦司巡檢一員，吴淞江巡檢一員。

知　縣

孫　鵬　陜西人，進士，順治二年任。

高維乾　奉天人，貢生，順治五年任。

姚修蔚　南昌人，舉人，順治八年任。

閻紹慶　魯山人，拔貢，順治十年任。

商顯仁　淳安人，進士，順治十四年任。
陸宗贄　臨清人，拔貢，順治十五年任。
涂　贄　豐城人，舉人，順治十七年任。
王孫蘭　陝西人，拔貢，順治十八年任。
陳以恪　嶧縣人，舉人，康熙元年任。
鄒　弘　廬陵人，進士，康熙二年任。
朱光輝　奉天人，廕生，康熙七年任。
康文長　吉安人，舉人，康熙十年任。
陳之佐　故城人，進士，康熙十一年任。
任辰旦　蕭山人，進士，康熙十四年任。
史　彩　會稽人，例監，康熙二十年任。
王　錟　柘城人，康熙二十五年任。
朱萬錦　通山人，康熙二十七年任。
董鼎祥①　正白旗人，康熙二十八年任。

① 「祥」，《四庫》本及同治《上海縣志》卷十三作「祚」。

梁以楠　廣東人，康熙三十年任。
陳　善　晋江人，康熙三十二年任。
李發枝　浙江人，康熙四十一年任。
許士貞　虞城人，康熙四十五年任。
鄭廷璧　大冶人，康熙五十年任。
劉　洴　翼城人，康熙五十一年任。
尚崇安　鑲黄旗人，康熙五十四年任。
陳　錡　鑲黄旗人，康熙五十六年任。
何自懋　潛江人，康熙五十八年任。
傅之詮　涇陽人，康熙六十一年任。
全乾象　沂州人，雍正三年任。
李　玫　山西人，雍正四年任。
于本宏　大興人，雍正六年任。
秦士顒　沔陽人，進士，雍正九年任。
魏蒼佩　柏鄉人，廪生，雍正十二年署任。
褚菊書　秀水人，舉人，雍正十三年署任。

南匯縣

添設知縣一員。

縣丞一員。係上海縣分撥。

典史一員。添設。

儒學復設訓導一員。係上海分撥。

三林莊巡檢一員。

知縣

欽 璉 長興人，進士，雍正四年任。

施 霈 宛平人，雍正六年任。

馬 任 雄縣人，雍正七年任。

姚之珂 武昌人，雍正八年任。

(邱)〔丘〕聞詩 仁和人，雍正八年任。

徐日烱 益陽人，雍正九年任。

欽 璉 烏程人，進士，雍正十一年署任。

楊玒天　安陽人，拔貢，雍正十二年署任。
裘嚴生　錢塘人，監生，雍正十三年署任。

青浦縣

知縣一員。
縣丞一員。康熙元年，添設董漕縣丞一員，共二員。今一員分屬福泉縣。
管糧主簿一員。
典史一員。
儒學教諭一員。訓導分屬福泉。

知　縣

李躍夔　奉天人，貢生，順治二年任。
王　璘　山東人，進士，順治四年任。
唐　瑾　光州人，進士，順治八年任。
高光宇　陝西人，拔貢，順治十年任。
婁維嵩　真定人，進士，順治十三年任。

任肇坤　介休人，舉人，順治十四年任。
王有仁　奉天人，貢生，順治十五年任。
李　瑄　陝西人，拔貢，順治十七年任。
殷大體　河南人，歲貢，順治十八年任。
潘嗣德　歸安人，進士，康熙元年任。
房拱極　山東人，貢生，康熙三年任。
張文斗　景州人，貢生，康熙五年任。
魏　球　建安人，舉人，康熙六年任。
王士麟　嘉興人，進士，康熙八年任。
李　曦　太原人，舉人，康熙十一年任。
連國棟　正藍旗人，康熙十二年任。
陳國祝　康熙十四年任。
劉廷諫　正黄旗人，康熙十五年任。
藺友芳[①]　宛平人，監生，康熙十八年任。

① 「芳」，《四庫》本作「光」。

霍輔漢　錢塘人，監生，康熙(三)〔二〕①十一年任。
張　庚　惠來人，舉人，康熙二十七年任。
李若元　太原人，舉人，康熙二十九年任。
王允玫　鑲藍旗人，康熙三十二年任。
董名弼　順天人，康熙三十六年任。
朱宣恒　錢塘人，副榜，康熙四十一年任。
許昭來　石屏人，舉人，康熙四十五年任。
鮑學沛　滕縣人，監生，康熙四十六年任。
李　賓　長山人，貢生，康熙四十九年任。
洪亮采　貴州人，舉人，康熙五十二年任。
王溯維　嵩縣人，進士，康熙五十六年任。
甘國雄　鑲藍旗人，監生，康熙五十六年任。
吴弘助　萬泉人，進士，康熙六十一年任。
張繼詠　湖廣人，進士，雍正二年任。

① 據《四庫》本及光緒《青浦縣志》卷十三改。

馬謙益　安邑人，舉人，雍正五年任。
楊鳳然　淦縣人，進士，雍正六年任。
魯弘璋　會稽人，監生，雍正八年任。
呂　瑛　長垣人，舉人，雍正十年任。
李倪昱　晋江人，舉人，雍正十一年任。

福泉縣

添設知縣一員。
縣丞一員。係青浦縣分撥。
典史一員。添設。
儒學復設訓導一員。係青浦縣分撥。
新涇司巡檢一員。

知　縣
王　琮　正白旗人，舉人，雍正四年任。
胡　振　涇縣人，貢生，雍正六年任。

沈煜如　桐鄉人，舉人，雍正十一年署任。
裘嚴生　錢塘人，監生，雍正十二年署任。
劉雲翻　蘭州人，進士，雍正十二年任。
蔡　澍　高宛人，進士，雍正十三年署任。
戴仁行　濟寧人，進士，雍正十三年任。

常州府

知府一員。
海防同知一員。原駐江陰。雍正四年，裁總捕通判，改爲總捕海防同知，移回府治。八年，復設總捕通判。九年，海防仍駐江陰。
總捕通判一員。雍正四年裁，八年復設。
水利通判一員。雍正四年，裁水利歸併督糧通判，八年復設。
督糧通判一員。
經歷一員。
知事一員。
照磨一員。

檢校一員。

儒學教授一員，復設訓導一員。

豐積庫副使一員，司獄司司獄一員，並奉裁。

知府

宗灝　江都人，進士，順治二年任。

蕭起元　奉天人，順治二年任。

夏一鶚　奉天人，順治三年任。

佟達　奉天人，順治四年任。

祖重光　奉天人，順治七年任。

宋之普　沂州人，進士，順治九年任。

崔宗泰　奉天人，順治十二年任。

趙琪　宛平人，舉人，順治十四年任。

陳翼鶚　奉天人，順治十八年任。

王吉人　清源人，康熙三年任。

駱鍾麟　臨安人，舉人，康熙八年任。

紀堯典　奉天人，康熙十年任。
單務嘉　高密人，進士，康熙十三年任。
吕應奎　蓋州人，廕生，康熙十七年任。
何中舉　廣寧人，貢生，康熙十八年任。
孟宗舜　天津衛人，進士，康熙十九年任。
盧崇義　廣寧人，廕生，康熙二十一年任。
祖進朝　奉天人，廕生，康熙二十三年任。
周元宰　金州衛人，廕生，康熙二十七年任。
于　琨　大興人，康熙二十九年任。
秦邦英　宛平人，監生，康熙三十九年任。
章文鑛　會稽人，監生，康熙四十四年任。
李廷徵　景州人，拔貢，康熙五十一年任。
王嗣衍　修文人，進士，康熙五十五年任。
劉元標　大興人，監生，康熙五十七年任。
胡增耀　會稽人，監生，康熙五十九年任。
張汝憬　延津人，歲貢，康熙六十年任。

葉　前　黄岡人，舉人，雍正二年任。
包　括　錢塘人，進士，雍正四年任。
魏化麟　南昌人，歲貢，雍正九年任。
李　震　宛平人，歲貢，雍正十年任。
王　霔　正藍旗人，監生，雍正十三年署任。
徐宗奭　仁壽人，歲貢，雍正十三年任。

武進縣

知縣一員。
縣丞一員。原有主簿一員，今分屬陽湖縣。
典史一員。
儒學教諭一員。訓導分屬陽湖。
奔牛司巡檢一員，小河司巡檢一員。
毘陵驛驛丞一員。

知　縣

孫振先　泗州人，歲貢，順治二年任。

張國樞　景州人，進士，順治二年任。

姜良性　奉天人，順治五年任。

馬　驥　聊城人，歲貢，順治十年任。

孔永洪　曲阜人，恩貢，順治十二年任。

馬揚明　建德人，拔貢，順治十三年任。

尚　昂　寧津人，貢監，順治十五年任。

張熙岳　高密人，進士，順治十八年任。

党　文　太原人，舉人，康熙二年任。

劉蓀芳　信陽人，貢生，康熙三年任。

張令望　汾陽人，舉人，康熙九年任。

張養蒙　祥符人，舉人，康熙十一年任。

佟吉年　奉天人，舉人，康熙十二年任。

郭　萃　上杭人，副榜，康熙十三年任。

王弘譽　山東人，監生，康熙十九年任。

武　俊　汾陽人，監生，康熙二十一年任。
袁良楷　東莞人，舉人，康熙二十三年任。
賈國棟　正藍旗人，廕生，康熙二十四年任。
羅國珍　揭陽人，舉人，康熙二十七年任。
王元烜　長垣人，舉人，康熙二十九年任。
劉喬齡　安邑人，進士，康熙三十七年任。
謝清裁　侯官人，舉人，康熙四十三年任。
殷元福　新鄉人，進士，康熙四十八年任。
孫　讜　滄州人，進士，康熙五十五年任。
宜思榮　正白旗人，歲貢，康熙五十九年任。
牟　慤　棲霞人，進士，雍正元年任。
郭朝弼　鑲紅旗人，監生，雍正元年任。
季咸寧　清苑人，吏員，雍正四年任。
任　壽　石屏人，舉人，雍正八年任。
李育焘　鑲藍旗人，監生，雍正十年任。
郭　純　兩當人，貢生，雍正十二年任。

王　槼　諸城人，舉人，雍正十三年署任。

陽湖縣

添設知縣一員。

管糧主簿一員。係武進縣分撥。

典史一員。添設。

儒學復設訓導一員。係武進縣分撥。

戚墅司巡檢一員。即舊設湶港司巡檢，雍正三年奉部改名。

知　縣

胡朝鼎　彝陵州人，雍正三年任。

甯承謨　（滎）〔滎〕陽人，雍正六年任。

汪文旦　會稽人，雍正七年任。

李　魏　永城人，拔貢，雍正十一年署任。

無錫縣

知縣一員。

縣丞一員。原有主簿一員，今分屬金匱。

典史一員。

儒學教諭一員。訓導分屬金匱。

高橋司巡檢一員。原有錫山驛驛丞，今裁。

知　縣

喬　昌　孟津人，舉人，順治二年任。

宗良弼　滎澤人，進士，順治三年任。

李　訥　大名人，舉人，順治五年任。

郭如儼　涇陽人，進士，順治八年任。

陳國鼎　宛平人，廕生，順治九年任。

黄之蔚　濟寧人，貢監，順治十五年任。

陳泰和　建德人，舉人，順治十八年任。

吴興祚　奉天人，康熙二年任。

韓文琨　康熙十四年任。

曾子駒　康熙十九年任。

徐永言　浙江人，監生，康熙二十二年任[①]。

李繼善　鑲紅旗人，康熙三十六年任。

林　濤　惠來人，康熙五十年任。

涂鍾俊　德化人，康熙五十二年任。

章　頤　貴筑人，康熙五十六年任。

張　璨　湘潭人，康熙五十九年任。

徐日炯　湖廣人，康熙六十年任。

武承謨　盂縣人，雍正元年任。

李　玫　臨縣人，雍正二年任。

江之瀚　寧夏人，雍正四年任。

李德炳　廣東人，雍正五年任。

① 嘉慶《無錫金匱縣志》卷十四徐永言之下尚有何振一人。

江日容　旌德人，雍正六年任。
胡廷琦　大興人，雍正九年任。
吴翌祖　湘陰人，拔貢，雍正十一年任。

金匱縣

添設知縣一員。
管糧主簿一員。係無錫縣分撥。
典史一員。添設。
儒學復設訓導一員。係無錫縣分撥。
望亭司巡檢一員。

知　縣

王喬林　錢塘人，進士，雍正四年任。
吴鶚峙　霑化人，雍正五年任。
王符震　祥符人，雍正五年任。
王个臣　鍾祥人，雍正九年任。

胡　慎　餘慶人，舉人，雍正九年署任。
張若𤏡　桐城人，監生，雍正十二年署任。
王允謙　深澤人，拔貢，雍正十二年署任。

江陰縣

知縣一員。
縣丞一員。
管糧主簿一員。
典史一員。
儒學教諭一員，復設訓導一員。
石頭港巡檢一員。舊有利港司巡檢一員，雍正四年奉裁。

知　縣

方　亨　河南人，順治二年任。
劉景綽　内江人，進士，順治三年任。
李長秀　玉田人，進士，順治四年任。

武茂周　杏山人，順治九年任。
馮皋彊　滿洲①人，進士，順治十五年任。
何爾彬　於潛人，拔貢，順治十八年任。
冀爾公　永年人，拔貢，康熙五年任。
周瑞岐　蒼溪人，舉人，康熙七年任。
龔之怡　澧州人，拔貢，康熙十一年任。
何且純　錢塘人，舉人，康熙十五年任。
王敏資　沁水人，監生，康熙十九年任。
沈清世　新建人，康熙二十二年任。
陸次雲　錢塘人，例監，康熙二十四年任。
梁殿柏　懷集人，舉人，康熙二十八年任。
劉喬齡　山西人，進士，康熙三十一年任。
劉光夔　奉天人，例監，康熙三十二年任。
耿　慶　虞城人，歲貢，康熙三十五年任。

① 「滿洲」，光緒《江陰縣志》卷十二作「蒲州」。

陶　彝　大興人，進士，康熙四十一年任。

黄和中　鑲紅旗人，歲貢，康熙四十七年任。

陳協哲　富平人，歲貢，康熙五十二年任。

葉紹芳　閩縣人，進士，康熙五十八年任。

祁文瀚　壽陽人，進士，雍正二年任。

陳陛誠　孝感人，舉人，雍正五年任。

張　經　正白旗人，生員，雍正六年任。

魏化麟　南昌人，歲貢，雍正七年任。

郝之芳　汾陽人，歲貢，雍正九年任。

蕭廷瑞　德州人，舉人，雍正九年任。

郭　純　兩當人，廪貢，雍正十年任。

鄭　金　上虞人，監生，雍正十二年署任。

郭　純　雍正十三年回任。

蔡　澍　高苑人，進士，雍正十三年署任。

宜興縣

知縣一員。

縣丞一員。原不設主簿。雍正三年，請分大縣，各邑分撥縣佐。部議宜興事减，無庸置，故荆溪無佐貳。

典史一員。

儒學教諭一員。訓導分屬荆溪。

鍾溪司巡檢一員，下邾司巡檢一員。

知　縣

熊訥敬　清江人，恩貢，順治二年任。

王　勸　諸城人，進士，順治四年任。

張得用　奉天人，貢生，順治六年任。

劉國進　奉天人，貢生，順治七年任。

張世則　安邑人，舉人，順治九年任。

王元士　臨潼人，進士，順治十年任。

吴一鯤　榆林人，拔貢，順治十三年任。

劉芳顯　京山人，副榜，順治十四年任。
謝九錫　魚臺人，貢生，順治十五年任。
王震亨　稷山人，進士，順治十六年任。
徐日藻　臨川人，舉人，順治十八年任。
李元華　南昌人，舉人，康熙二年任。
蒲薦馨　南部人，舉人，康熙三年任。
高　標　滿城人，進士，康熙七年任。
童　雯　仁和人，舉人，康熙九年任。
史宗堯　清苑人，生員，康熙十年任。
劉啓和　江陵人，進士，康熙十四年任。
張含瑾　蒲州人，進士，康熙十八年任。
姚景崇　奉天人，康熙十九年任。
胡　巴　正白旗人，廕生，康熙二十二年任。
蔡司霑　龍溪人，舉人，康熙二十三年任。
李先榮　房山人，貢監，康熙二十四年任。
文超靈　東莞人，康熙二十七年任。

趙　觀　翼城人，康熙三十一年任。
張　玥　陽信人，康熙三十四年任。
蔣尚緝　全州人，康熙三十八年任。
胡鳳翬　鑲白旗人，康熙四十五年任。
陳智先　騰越人，康熙四十九年任。
顧爾敏　浙江人，康熙五十一年任。
趙　祁　盂縣人，康熙五十三年任。
彭耀祖　正白旗人，康熙五十七年任。
魏元琦　龍溪人，康熙五十八年任。
鮑　楹　餘杭人，康熙六十一年任。
王時瑞　仁和人，雍正二年任。
李　維　正藍旗人，雍正四年任。
高式矩　洪洞人，雍正六年署任。
裘印生　錢塘人，雍正六年任。
鄭士奇　文水人，雍正八年署任。
吴湘皋　會昌人，雍正八年署任。

馮　瀚　保定人，雍正八年任。
趙錫禮　蘭谿人，進士，雍正十一年署任。

荆溪縣

添設知縣一員。丞、簿無。
典史一員。添設。
儒學復設訓導一員。係宜興縣分撥。
湖汊司巡檢一員，張渚司巡檢一員。

知　縣

李　端　程鄉人，進士，雍正三年任。
王喬林　錢塘人，進士，雍正六年任。
高式矩　洪洞人，歲貢，雍正六年任。
王企堂　雄縣人，舉人，雍正七年任。
魯弘瑜　會稽人，附貢，雍正八年任。
張　彬　武强人，歲貢，雍正八年任。

袁　安　平湖人，進士，雍正十一年署任。
萬紹炳　晋江人，監生，雍正十二年任。
戴仁行　濟寧人，進士，雍正十二年署任。
班　聯　曹縣人，進士，雍正十三年任。

靖江縣

知縣一員。
縣丞一員。原設主簿一員，順治三年奉裁。
典史一員。
儒學教諭一員，復設訓導一員。
馬馱沙新港巡檢一員。

知　縣

潘元龍　仁和人，貢生，順治二年任。
南宫選　安邑人，恩貢，順治三年任。
高攀龍　奉天人，貢生，順治五年任。

延遐齡　平定州人，拔貢，順治十一年任。
郭嶷然　朝邑人，舉人，順治十二年任。
程萬里　錦州人，貢生，順治十五年任。
王永禩　彝陵人，舉人，順治十八年任。
鄭　重　建安人，進士，康熙二年任。
夏光虞　蔚州人，康熙十三年任。
朱敦厚　大興人，進士，康熙十三年任。
胡必藩　孝感人，舉人，康熙十八年任。
黄起詔　古田人，監生，康熙二十五年任。
張元復　昌黎人，舉人，康熙二十八年任。
馬之驪　鑲黄旗人，監生，康熙三十三年任。
李　埂　侯官人，康熙三十六年任。
單疇書　高密人，進士，康熙四十一年任。
吕曰宫　陝西人，監生，康熙四十六年任。
王　道　貴州人，舉人，康熙五十年任。
鄭　榮　雲南人，舉人，康熙五十四年任。

高汝斐　萊陽人，舉人，康熙六十一年任。
丁應蕙　諸城人，舉人，雍正元年任。
舒　香　進賢人，拔貢，雍正七年任。
吴學濂　高安人，貢生，雍正十二年署任。
楊應堜　原武人，拔貢，雍正十三年署任。

江南通志卷一百八

職官志

文職 十

鎮、淮、揚、徐四府　太、海、通三州

國朝　分轄

鎮江府

知府一員。

海防理事同知一員。康熙九年，以工部條奏增設船政同知一員，後奉裁。

糧捕水利通判一員。原設通判二員，今裁一員。
經歷一員。
知事一員。
照磨一員。
儒學教授一員，復設訓導一員。
炭渚驛驛丞一員。原有京口驛驛丞一員，今裁。

知府

趙廷楨　奉天人，順治二年任。
塗　廓　奉天人，順治二年任。
李芝茂　奉天人，順治四年任。
趙士冕　山東人，順治五年任。
劉芳烈　濱州人，官生，順治七年任。
高來鳳　陝西人，順治十二年任。
郝應第　新樂人，順治十三年任。
李　楨　山東人，貢生，順治十五年任。

戴可進　奉天人，順治十六年任。
劉進禮　奉天人，順治十七年任。
孔貞來　曲阜人，康熙二年任。
錢　升　順天人，進士，康熙四年任。
劉元輔　奉天人，康熙八年任。
高得貴　瀋陽人，監生，康熙十年任。
劉　鼎　滿洲人，廕生，康熙十三年任。
于紀龍　順慶人，舉人，康熙十七年任。
蔣　燦　廣寧人，廕生，康熙十八年任。
高龍光　福建人，進士，康熙十九年任。
王　燕　宛平人，康熙二十四年任。
張乃英　正黄旗人，康熙三十二年任。
談允誠　烏程人，康熙三十五年任。
王　祝　臨潼人，康熙四十一年任。
黄承茂　曲阜人，康熙四十三年任。
馮庭棠　涿州人，康熙四十七年任。

陳士鑛　秀水人，康熙五十年任。
張定策　正黄旗人，康熙五十八年任。
許　鈺　浙江人，康熙六十年任。
葉　前　黄岡人，舉人，雍正元年任。
魏　觀　獲鹿人，雍正二年任。
毛德琦　鄞縣人，恩貢，雍正五年任。
黄鶴鳴　建水人，進士，雍正十一年任。
甘士瑞　正藍旗人，監生，雍正十三年署任。
鍾　昭　宛平人，監生，雍正十三年任。
甘士瑞　雍正十三年復署任。

丹徒縣

知縣一員。
縣丞一員。
主簿一員。
典史一員。

儒學教諭一員，復設訓導一員。

安港司巡檢一員，丹徒鎮巡檢一員，高資鎮巡檢一員。

知縣

唐虞世　大興人，順治二年任。

劉自清　奉天人，順治四年任。

李先春　昌黎人，貢生，順治八年任。

陳經筵　河間人，拔貢，順治十年任。

張　晋　狄道人，進士，順治十二年任。

趙奮霄　鹽山人，進士，順治十五年任。

蕭維樞　奉天人，官生，順治十六年任。

鄒儀周　延平人，舉人，順治十八年任。

尚廷輔　奉天人，廕生，康熙三年任。

陳　彪　保定人，歲貢，康熙六年任。

倪庚先　侯官人，舉人，康熙九年任。

馮開運　順慶人，舉人，康熙十年任。

王子京 陜西人，進士，康熙十一年任。
姚祖顓 陜西人，貢監，康熙十五年任。
李 晛 潛江人，舉人，康熙十六年任。
徐煒仁 會稽人，吏員，康熙十八年任。
鮑天鍾 奉天人，官生，康熙二十二年任。
毛定周 香山人，舉人，康熙二十四年任。
朱 城 浙江人，例監，康熙二十五年任。
王 軒 黄陂人，舉人，康熙二十九年任。
李鎮國 鑲藍旗人，康熙三十七年任。
陳 敦 浙江人，例監，康熙四十三年任。
李成樑 鑲紅旗人，康熙四十六年任。
夏炘永 益陽人，舉人，康熙五十二年任。
任作舟 河津人，歲貢，康熙五十九年任。
馮 詠 南昌人，例監，雍正二年任。
張廷煌 晋江人，進士，雍正四年任。
方士堯 孝感人，拔貢，雍正九年任。

郝大倫　任（邱）〔丘〕人，雍正十一年署任。

胡　慎　餘慶人，舉人，雍正十二年署任。

顏紹怡　宛平人，舉人，雍正十三年署任。

丹陽縣

知縣一員。

縣丞一員。

主簿一員。

典史一員。

儒學教諭一員，復設訓導一員。

包港鎮巡檢一員，吕城鎮巡檢一員。

雲陽驛驛丞一員。

知　縣

許　宸

王廷璣　岐山人，進士。

吴之鏌　彰德人，進士。
王大化　永嘉人，貢生。
劉廷桂　潁州人，進士。
賀應旌　肥鄉人，舉人。
王用六　孟津人，順治十六年任。
靳　煜　蔚州人，貢生。
張調鼐　大名人，貢生。
路望重　南宫人，進士。
胡光瑗　廣東人，進士，康熙八年任。
周　紳　福州人，舉人，康熙十一年任。
王化成　懷柔人，貢生，康熙十二年任。
王命申　鄒平人，拔貢，康熙十三年任。
管承基　奉天人，監生，康熙十三年任。
張　琳　廣寧人，廕生，康熙十六年任。
卞三錫　奉天人，監生，康熙十八年任。
鮑如鵬　奉天人，監生，康熙十九年任。

吴之彦　奉天人，監生，康熙二十一年任。
朱丕承　蔭生，康熙二十二年任。
竇重光　山東人。
白良琯　奉天人。
高　聯　文水人，康熙二十八年任。
謝亦驥　福建人，康熙三十年任。
馬光裕　正白旗人，康熙三十二年任。
袁開聖　四川人，康熙三十七年任。
張　經　正黄旗人，康熙三十九年任。
張志學　德化人，康熙四十四年任。
楊弘績　正黄旗人，康熙四十七年任。
曹蓼莪　浙江人，康熙五十年任。
王時昌　荆門人，康熙五十二年任。
范　琇　虞城人，康熙五十七年任。
徐永祐　武陵人，進士，康熙六十一年任。
魏化麟　南昌人，雍正元年任。

吴　楝　浙江人，雍正六年任。
甯承謨　滎陽人，雍正七年任。
仲尚錡　濟寧人，監生，雍正十年署任。
李從坦　汲縣人，監生，雍正十二年署任。
魏蒼佩　柏鄉人，廪生，雍正十三年署任。

溧陽縣

知縣一員。
縣丞一員。原有主簿一員，順治二年裁。
典史一員。
儒學教諭一員，復設訓導一員。
税課局大使一員，今裁。

知　縣

朱正色　山陰人，監生，順治二年任。
吴元玠　仁和人，生員，順治五年任。

尚　德　奉天人，順治九年任。

(邱)〔丘〕貢瀛　南豐人，舉人，順治十年任。

林文煇　侯官人，進士，順治十三年任。

趙　熛　安東衛人，貢生，順治十六年任。

方期星　龍泉人，貢生，順治十七年任。

崔光嵩　山西人，貢生，順治十八年任。

張　瓚　武定人，貢生，順治十八年任。

徐一經　江陵人，舉人，康熙三年任。

楊應標　餘姚人，進士，康熙八年任。

王錫琯　永嘉人，進士，康熙十年任。

成懋勳　長垣人，康熙二十二年任。

何惟藻　南海人，康熙二十四年任。

冉　德　四川人，康熙二十七年任。

同化麟　華州人，康熙二十八年任。

嚴師曾　南城人，康熙三十一年任。

戢爾庶　漢軍，康熙三十三年任。

張士琬　陽穀人，康熙三十六年任。
張　燕　正黄旗人，康熙四十二年任。
黄文焰　平樂人，康熙四十六年任。
吕曰正　山東人，康熙四十七年任。
鄔　柳　建寧人，康熙四十九年任。
武二酉　南靖人，康熙五十二年任。
何得麟　鑲藍旗人，康熙五十五年任。
宋必漢　星子人，康熙五十八年任。
嚴啓漢　德化人，雍正元年任。
邵錫光　仁和人，雍正元年任。
張曾禔　海寧人，雍正五年任。
高廷獻　直隸人，雍正七年任。
劉　華　定州人，雍正八年任。
鄒廷模　仁和人，監生，雍正九年任。
韓　桐　武安人，雍正九年任。

金壇縣

知縣一員。
縣丞一員。
主簿一員。順治三年裁，十二年復設。
典史一員。
儒學教諭一員，復設訓導一員。
湖溪司巡檢一員。

知　縣

胡延年　光州人，拔貢，順治二年任。
金　鍜　錦州人，順治五年任。
趙　介　高平人，進士。
朱　菬　大興人，進士，順治十三年任。
任體坤　山西人，貢生，順治十五年任。
劉登瀛　奉天人，貢生，順治十七年任。

李士澤　舉人，順治十八年任。
高种之　膠東人，進士，康熙三年任。
王　鏡　遼州人，貢生，康熙七年任。
康萬寧　奉天人，康熙八年任。
李　瞬　汲縣人，廕生。
閔子才　錦州人，監生。
周　臣　内江人，舉人。
郭毓秀　耀州人，舉人。
劉茂位　鑲黄旗人，康熙二十三年任。
董爾弘　慈谿人，進士，康熙二十五年任。
賈　瑚　蔚州人，貢生，康熙二十八年任。
賈國棟　正藍旗人，康熙三十二年任。
胡天授　陝西人，康熙三十九年任。
魯一睿　奉天人，康熙四十二年任。
戴宗聖　安肅人，歲貢，康熙四十五年任。
陳　捷　蕭山人，歲貢，康熙四十八年任。

竇爾坦　陝西人，舉人，康熙五十一年任。
楊澤沛　大興人，康熙五十二年任。
武廷輔　鑲紅旗人，康熙五十五年任。
邵之旭　大興人，進士，康熙五十九年任。
馮同憲　慈谿人，舉人，康熙六十一年任。
嚴　接　廣東人，歲貢，雍正二年任。
王廷枚　劍州人，進士，雍正三年任。
孔尚鑑　曲阜人，舉人，雍正五年任。
郝　震　霸州人，舉人，雍正六年任。
趙守誠　彭縣人，舉人，雍正九年任。
華　度　餘姚人，監生，雍正十年署任。
高式矩　洪洞人，貢生，雍正十三年署任。
朱元豐　桐鄉人，舉人，雍正十三年任。

淮安府

知府一員。

山清外河同知一員。原是山清河務同知，康熙十五年改爲山盱河務同知，十七年奉裁。十九年復設，改爲山清外河同知，駐清江浦。

山安南岸河務海防同知一員。原銜係海防河務同知，駐劄山陽縣廟灣地方。雍正九年奉文改銜，移駐山陽童家營地方。

山安河務海防同知一員。康熙十一年添設安海河務同知，十七年奉裁，十九年復設，改爲山安河務同知，駐安東縣。

桃源河務同知一員。康熙二十三年添設。

海贛同知一員。

山清裏河同知一員。原設清軍同知，康熙三年奉文清軍事務歸併捕廳，又裁去原設東河船政同知，改清軍爲管東西船政同知。雍正二年，裁去船政同知，以原設清江理事同知兼管。雍正三年，又裁理事同知。六年，奉文清江裏河同知兼管理事同知事務，今駐清江浦。

又船政同知所屬營繕所丞一員，亦于雍正四年奉裁。

康熙九年，設宿桃歸仁堤同知。二十三年，奉文改爲宿虹河務同知，駐宿遷縣。又原設邳宿河務同知，康熙二十年奉文改爲邳睢靈璧河務同知，駐邳州。

二員於雍正十二年題准，改歸徐州府轄。

高堰河務通判一員。駐清江浦。

山盱河務通判一員。駐山陽周家橋。

軍捕通判一員。駐山陽縣。

桃源安清中河通判一員。

宿遷運河通判一員。康熙三十二年，題設宿桃清安中河通判一員。三十五年，于請併廳員案内題裁，歸併宿、虹、桃外河，山安四廳分管。三十八年，添設安清中河通判、宿桃中河通判各一員。雍正九年，改安清中河爲桃源安清中河通判，改宿桃中河爲宿遷運河通判，一駐清江浦，一駐宿遷。

經歷一員。

照磨一員。

檢校一員。知事裁。

儒學教授一員，復設訓導一員。

批驗所大使一員。

大軍倉大使一員。

税課司大使一員。常盈倉大使、高堰管堤大使、淮陰驛驛丞，並奉裁併。

知府

張文衡　滿洲人，廪生，順治二年任。

謝　道　奉天人，順治三年任。

索榮衮　洛陽人，舉人，順治三年任。
牟廷選　奉天人，監生，順治五年任。
李廷梅　奉天人，貢生，順治十年任。
任長慶　石樓人，拔貢，順治十二年任。
高象樞　奉天人，貢生，順治十七年任。
韓昌祉　禹城人，監生，康熙元年任。
張　瑄　永寧人，拔貢，康熙元年任。
張行生　浙江人，恩貢，康熙三年任。
董期生　會稽人，舉人，康熙六年任。
張萬春　奉天人，監生，康熙八年任。
曹得爵　奉天人，歲貢，康熙十年任。
馮源泗　涿州人，監生，康熙十三年任。
徐　欐　奉天人，康熙十五年任。
戚崇進　山東人，拔貢，康熙十九年任。
高成美　奉天人，康熙二十一年任。
朱國祥　鑲黄旗人，官生，康熙二十五年任。

單務孜　高密人，進士，康熙二十五年任。
王穀韋　會稽人，進士，康熙二十九年任。
李經政　正藍旗人，廕生，康熙三十二年任。
王盛周　鑲紅旗人，監生，康熙三十九年任。
楊朝麟　正白旗人，監生，康熙四十三年任。
張建烈　鑲紅旗人，監生，康熙四十四年任。
姚　陶　會稽人，監生，康熙四十七年任。
梁星煜　介休人，歲貢，康熙五十一年任。
程　懋　永寧人，廩貢，康熙五十五年任。
祖秉圭　正白旗人，雍正元年任。
王國相　鑲黃旗人，雍正三年任。
劉之頊　鑲藍旗人，雍正四年任。
申程章　直隸人，雍正五年任。
于本宏　大興人，進士，雍正八年任。
朱奎揚　山陰人，監生，雍正十年署任。
朱定元　貴州人，舉人，雍正十三年任。

甘士瑞　正藍旗人，監生，雍正十三年署任。
揚①應瑶　正白旗人，監生，雍正十三年任。

山陽縣

知縣一員。
裹河縣丞一員，外河縣丞一員。
高良澗主簿一員，管河主簿一員，外河主簿一員。原設丞、簿各一員，其一丞二簿俱係添設。
典史一員。
儒學教諭一員，復設訓導一員。
馬邏鄉巡檢一員，羊寨鄉巡檢一員。
龍江閘閘官一員。

知　縣

黄　瑶　重慶人，順治二年任。

---

① 「揚」，《四庫》本作「楊」。

王文棟　鹽山人，順治三年任。
王　佐　錦州人，順治五年任。
宋士俊　高密人，順治八年任。
許重華　太康人，順治九年任。
李祥光　翼城人，順治十一年任。
張世鍈　武康人，順治十五年任。
谷元亨　豐潤人，順治十六年任。
朱禹錫　山陰人，順治十八年任。
劉五龍　吉州人，康熙五年任。
邵　士　蕭山人，康熙八年任。
王汝欽　閿清人，康熙十一年任。
柳天貞　奉天人，康熙十四年任。
薛雲奇　南安人，康熙十六年任。
趙昌文　廣西人，康熙二十一年任。
王命選　武昌人，康熙二十三年任。
李拱垣　鑲白旗人，康熙二十五年任。

崔　靖　山西人，康熙二十七年任。
朱文瑞　浙江人，康熙二十九年任。
鄭　鈛　浙江人，康熙三十一年任。
劉作梅　福建人，康熙三十五年任。
顧名揚　浙江人，康熙三十七年任。
孫式恂　山東人，康熙四十年任。
陳鵬年　湘潭人，康熙四十一年任。
武柱國　鑲黄旗人，康熙四十二年任。
陳永貞　浙江人，康熙四十六年任。
方　名　湖廣人，康熙四十八年任。
解以敬　江西人，康熙五十一年任。
韓　煒　山西人，康熙五十二年任。
徐　恕　山東人，康熙五十五年任。
馮仲焞　直隸人，康熙五十八年任。
董鍾豫　山西人，康熙六十一年任。
羅　珮　浙江人，雍正元年任。

黄　寅　山東人，雍正五年任。
程廷儼　浙江人，雍正六年任。
蔡　璠　鑲紅旗人，雍正七年任。
傅　宇　浙江人，雍正九年任。
汪鳳英　歸安人，歲貢，雍正十一年任。
饒萬鑑　長沙人，廪貢，雍正十二年署任。
金祖端　嘉興人，監生，雍正十二年署任。
焦育龍　長安人，例貢，雍正十三年署任。

阜寧縣

添設知縣一員。
糧河縣丞一員。雍正九年添設。
高家堰主簿一員。
典史一員。添設。
儒學復設訓導一員。係鹽城縣分撥。
草堰口巡檢一員。即原設廟灣大套巡檢，雍正九年奉文移駐。

廟灣鹽場大使一員。

知　縣

楊大勳　歷城人，拔貢，雍正九年任。

廖曜　閬中人，雍正十一年任。

鹽城縣

知縣一員。

縣丞一員。原設主簿，順治四年裁。

典史一員。

儒學教諭一員。訓導分屬阜寧。

沙溝司巡檢一員，上岡司巡檢一員。即原設清溝司巡檢，雍正九年奉文移駐。

又永積倉大使一員，今裁。

知　縣

連擅場　永康人，進士，順治二年任。

王我字　邢臺人，恩貢，順治三年任。
于學政　鑲白旗人，監生，順治五年任。
徐鳴珮　單縣人，貢生，順治八年任。
賈國泰　奉天人，貢生，順治九年任。
劉駿春　侯官人，貢監，順治十六年任。
仇鳳翀　曲沃人，進士，順治十八年任。
張弘美　鑲紅旗人，生員，康熙元年任。
徐　超　夏津人，歲貢，康熙三年任。
杜多珽　涇陽人，進士，康熙七年任。
陳繼美　滄州人，舉人，康熙十年任。
馮　昱　大同人，拔貢，康熙十八年任。
徐斯連　龍川人，舉人，康熙十九年任。
蔣荷坤　全州人，舉人，康熙二十二年任。
王賜璵　山西人，監生，康熙二十八年任。
武　韓　真定人，監生，康熙三十五年任。
曾昌進　福清人，進士，康熙三十五年任。

鄭　鼐　永平人，貢生，康熙三十六年任。
羅　俊　濟寧人，舉人，康熙四十二年任。
馬化蛟　正藍旗人，監生，康熙四十六年任。
陸　勳　平湖人，舉人，康熙五十年任。
魯宗懋　正紅旗人，舉人，康熙五十三年任。
高　鎬　鑲黃旗人，監生，康熙五十六年任。
張　謐　山西人，舉人，康熙五十九年任。
周錫疇　潞安人，舉人，康熙六十年任。
于本宏　大興人，進士，雍正元年任。
孫蔭孫　霑化人，舉人，雍正六年任。
崔　昭　山西人，雍正九年任。
衛哲治　河南人，拔貢，雍正十年任。

清河縣

知縣一員。
縣丞一員。康熙十九年添設。

管河主簿一員。

中河主簿一員。原設一員，康熙三十一年復設一員。

典史一員。

儒學復設教諭一員，訓導一員。

馬頭司巡檢一員。

清口驛驛丞一員。

康濟閘閘官一員，廣濟閘閘官一員。

知縣

蔡見龍　沛縣人，順治二年任。

李用質　濟寧人，進士，順治三年任。

康永福　奉天人，順治六年任。

閔三元　奉天人，順治八年任。

楊必昌　沔陽人，順治十一年任。

唐佑臣　汶上人，順治十六年任。

劉漢藜　鄢陵人，順治十八年任。

李振秀　原縣人，康熙二年任。
楊　爗　射洪人，舉人，康熙三年任。
于登俊　豐縣人，進士，康熙四年任。
周世璉　義烏人，康熙五年任。
楊　蕃　諸城人，進士，康熙八年任。
鄒興相　博羅人，舉人，康熙十一年任。
劉光業　正黄旗人，廕生，康熙十四年任。
王登龍　鑲紅旗人，官監，康熙十七年任。
馬　元　宣府人，貢生，康熙二十年任。
左清漣　廣東人，進士，康熙二十四年任。
榮　鉅　臨川人，康熙二十六年任。
金啓瑞　懷柔人，康熙三十八年任。
杜學林　貴州人，舉人，康熙四十二年。
韓　壂　高陽人，舉人，康熙四十三年任。
涂　璋　南昌人，康熙四十六年任。
喻之暹　漢陽人，康熙五十二年任。

伍　質　安福人，康熙五十四年任。
許　遂　番禺人，舉人，康熙五十四年任。
郎　燦　鑲黄旗人，康熙五十九年任。
張　愷　正白旗人，康熙六十一年任。
齊淑倫　雞澤人，進士，雍正三年任。
戴　晣　馬平人，舉人，雍正九年任。
許逢源　益都人，監生，雍正十年任。

安東縣

知縣一員。
縣丞一員。明嘉靖中裁，康熙十二年復設。
主簿一員。
典史一員。
儒學復設教諭一員，訓導一員。
長樂司巡檢一員，五港灌口巡檢一員。

知縣

李　湛　定興人，拔貢，順治二年任。

劉性成　蓬萊人，舉人，順治四年任。

周　冕　新寧人，拔貢，順治五年任。

吴尚禮　奉天人，順治七年任。

張世澤　河南人，拔貢，順治十年任。

夏時正　奉天人，順治十一年任。

楊巽鼎　福建人，歲貢，康熙五年任。

王道鳳　山東人，例貢，康熙六年任。

吴　軫　廣西人，進士，康熙八年任。

戴祚冕　山東人，舉人，康熙十年任。

李　儀　山東人，恩廕，康熙十四年任。

許同文　奉天人，例監，康熙二十五年任。

喬弘德　山西人，進士，康熙二十九年任。

彭　銘　莆田人，舉人，康熙四十年任。

文忠楝　全州人，舉人，康熙四十三年任。

伍　質　安福人，副榜，康熙五十三年任。
余光祖　犍爲人，進士，雍正二年任。
蔡　璠　奉天人，例監，雍正六年任。
程廷儼　浙江人，例監，雍正七年任。
孫顯武　奉天人，拔貢，雍正八年任。
王允謙　深澤人，拔貢，雍正九年任。
張若宗　桐城人，附貢生，雍正十一年任。

桃源縣

知縣一員。
縣丞一員。
北岸主簿一員，南岸主簿一員，中河主簿一員。原設主簿一員，後添設一員，分爲南、北兩岸。康熙三十一年，將盱眙縣主簿題裁，改調桃源縣，名爲中河主簿。
典史一員。
儒學復設教諭一員，訓導一員。
三義鎮巡檢一員。

古田驛驛丞一員。原設古城巡檢一員，康熙二十年，併歸仁堤巡檢缺奉裁。

知縣

劉鎡　廣西人，舉人，順治二年任。

曹五典　旗員，順治五年任。

符永年　旗員，順治六年任。

馬應祥　旗員，順治七年任。

鄭牧民　鑲藍旗人，貢生，順治七年任。

吕祚光　歲貢，順治十年任。

黄中明　浙江人，副榜，順治十八年任。

朱承煜　江南人，副榜，康熙二年任。

蔣秉德　鑲黄旗人，廕生，康熙三年任。

王章燦　山西人，進士，康熙六年任。

魏裔訥　柏鄉人，進士，康熙七年任。

葛鼎元　江西人，進士，康熙九年任。

沈仲寅　餘杭人，進士，康熙十一年任。

王嘉言　順天人，歲貢，康熙十六年任。

萬　謙　豐城人，進士，康熙十七年任。

吴世貢　浙江人，恩貢，康熙十九年任。

何　勳　福建人，監生，康熙二十一年任。

蕭文蔚　福山人，舉人，康熙二十五年任。

朱　瑛　漢陽人，康熙三十五年任。

王　玥　灤州人，康熙三十六年任。

杜學林　貴州人，康熙四十年任。

劉夢貞　武城人，康熙四十四年任。

葉開運　上思人，康熙四十八年任。

田養民　鑲紅旗人，康熙五十一年任。

薛弘良　安溪人，康熙六十一年任。

王之臣　蠡縣人，雍正二年任。

江之瀚　寧夏人，雍正三年任。

吴希陵　易門人，雍正四年任。

王惟恭　浙江人，雍正五年任。

方應泰　慈谿人，雍正六年任。

何鍾瑞　榆次人，雍正七年任。

眭文焕　零陵人，拔貢，雍正十年任。

揚州府

知府一員。

清軍捕盜同知一員。

江防同知一員。雍正九年改爲揚河江防河務同知，駐劄瓜洲鎮。

水利同知一員。雍正八年添設，駐劄泰州東一場。又原設船政同知一員，康熙元年奉裁。

揚河通判一員。康熙三十一年分，駐高郵州。

糧河通判一員。本督糧通判，康熙三十五年分下河通判一員，管轄興、泰、如、通四州縣河道，串場河、范公堤等處工程，以揚州督糧通判兼攝，移駐泰州，今改糧河通判。

監製鹽務通判一員。雍正十二年題設，駐儀(徵)〔真〕。

經歷一員。

照磨一員。

檢校一員。知事裁。

儒學教授一員，復設訓導一員。

軍儲倉大使、税課司大使，俱於康熙五十五年奉裁。

知府

胡蘄忠　江南人，順治二年任。

卞三元　蓋州人，順治三年任。

劉奇遇　蓋州人，順治三年任。

王宇春　奉天人，順治四年任。

金應選　奉天人，生員，順治六年任。

張元璘　奉天人，順治八年任。

蕭　琯　雲南人，舉人，順治十年任。

羅大猷　南昌人，進士，順治十二年任。

傅登榮　奉天人，順治十四年任。

蔣文燦　直隸人，舉人，順治十五年任。

戈時雍　直隸人，貢生，順治十六年任。

雷應元　奉天人，廕生，順治十七年任。

陳祚昌　仁和人，進士，康熙三年任。
毛賡南　南鄭人，拔貢，康熙五年任。
趙良相　錦州人，康熙七年任。
金　鎮　浙江人，舉人，康熙十二年任。
佟國勳　奉天人，廕生，康熙十四年任。
高得貴　瀋陽人，監生，康熙十六年任。
崔　華　平山人，進士，康熙十九年任。
張萬壽　浮山人，拔貢，康熙二十四年任。
高承爵　奉天人，廕生，康熙二十五年任。
施世綸　鑲黄旗人，康熙二十八年任。
傅澤弘　鑲紅旗人，康熙三十二年任。
劉　涵　涇陽人，康熙三十八年任。
左必蕃　廣東人，康熙四十一年任。
趙弘煜　寧夏人，康熙四十七年任。
馮　肅　益都人，康熙五十三年任。
孔毓璞　曲阜人，康熙五十八年任。

呂大雲　正紅旗人，雍正四年任。

楊繼椿　臨汾人，雍正六年任。

陳弘謀　全州人，進士，雍正七年任。

張師載　儀封人，雍正九年任。

李　震　宛平人，雍正九年任。

〔尹會一　博野人，進士，雍正十年任。〕①

蔣嘉年　鑲藍旗人，監生，雍正十一年任。

劉重選　文登人，進士，雍正十二年署任。

高士鑰　正白旗人，例監，雍正十三年任。

江都縣

知縣一員。

縣丞一員。原有主簿一員，今分屬甘泉縣。

典史一員。

① 據《四庫》本補。

儒學教諭一員。訓導分屬甘泉。

瓜洲鎮巡檢一員，萬壽司巡檢一員。

廣陵驛驛丞一員。

瓜洲閘閘官一員。

知縣

宋澤　襄城人，貢生，順治二年任。

聶炌　蒲城人，進士，順治三年任。

郭知遜　濰縣人，進士，順治四年任。

謝承惠　奉天人，貢生，順治六年任。

管大勳　奉天人，貢生，順治九年任。

劉玉瓚　大興人，進士，順治十年任。

卜昌運　永平人，拔貢，順治十一年任。

司守麟　真定人，歲貢，順治十三年任。

何翊漢　陝西人，舉人，順治十五年任。

馮應麒　奉天人，生員，順治十七年任。

熊明遂　豐城人，舉人，順治十八年任。
梁　舟　安塞人，進士，康熙二年任。
羅國紳　陜西人，貢生，康熙四年任。
軒轅允　山東人，進士，康熙六年任。
熊　僎　豐城人，進士，康熙八年任。
林逢震　晋江人，貢生，康熙十年任。
李時燦　寶雞人，舉人，康熙十一年任。
文　謨　錦州人，舉人，康熙十二年任。
駱　雲　海鹽人，進士，康熙十三年任。
李　起　平安人，進士，康熙十四年任。
張應臯　鄞縣人，康熙十五年任。
劉豫祥　蠡縣人，進士，康熙十八年任。
王維翰　奉天人，康熙二十二年任。
劉　濤　涇陽人，貢生，康熙二十三年任。
朱爾殿　義烏人，舉人，康熙二十五年任。
熊開楚　石首人，進士，康熙二十六年任。

耿　慶　虞城人，歲貢，康熙三十三年任。
劉光夔　奉天人，康熙三十五年任。
張　瑀　無極人，進士，康熙三十六年任。
晋　璿　長治人，舉人，康熙四十年任。
李世賢　鑲藍旗人，康熙四十六年任。
王　銑　祥符人，舉人，康熙四十八年任。
李　蘇　荆門人，進士，康熙五十三年任。
項維聰　嘉興人，舉人，康熙五十七年任。
沈　奎　大同人，舉人，康熙六十年任。
趙復普　泰和人，舉人，雍正元年任。
蔣鶴鳴　秀水人，舉人，雍正二年任。
王元穉　錢塘人，進士，雍正三年任。
張有觀　大興人，舉人，雍正四年任。
陸朝璣　平湖人，雍正六年任。
胡仁濟　大興人，貢生，雍正八年任。
錢　樾　嘉興人，監生，雍正十一年署任。

朱　輝　福建人，監生，雍正十二年任。

甘泉縣

添設知縣一員。

管河主簿一員。係江都縣分撥。

典史一員。添設。

儒學復設訓導一員。係江都縣分撥。

邵伯司巡檢一員，上官橋巡檢一員。

邵伯驛驛丞一員。

知　縣

龔　鑑　錢塘人，拔貢，雍正十年任。

泰　州

知州一員。

州同知一員。

州判一員。

吏目一員。

儒學學正一員，復設訓導一員。

西溪司巡檢一員，海安司巡檢一員，寧鄉司巡檢一員。

原設稅課局大使一員，雍正五年稅課事歸併本府大使，奉裁。

知州

劉孔中　山東人，官生，順治二年任。

錢履吉　浙江人，貢生，順治四年任。

趙　汲　錦州人，貢生，順治八年任。

鍾人鏡　浙江人，貢生，順治十三年任。

田作澤　商（邱）〔丘〕人，貢生，順治十四年任。

王基鴻　杏山人，貢生，順治十六年任。

劉　佑　曲周人，貢生，康熙元年任。

邵汝賢　餘姚人，貢生，康熙二年任。

方樹程　於潛人，貢生，康熙八年任。

傅奇檜　奉天人，廕生，康熙九年任。
嚴　愈　沔縣人，廕生，康熙十年任。
段振蛟　濟源人，拔貢，康熙二十一年任。
郭　傑　滿洲人，監生，康熙二十三年任。
施世綸　鑲黄旗人，康熙二十四年任。
王光培　陜西人，康熙二十八年任。
高士朗　正藍旗人，康熙三十一年任。
白光輝　正黄旗人，康熙三十六年任。
柯榮庚　太原人，康熙四十年任。
武柱國　鑲黄旗人，康熙四十六年任。
高澤寰　河間人，康熙五十一年任。
武柱國　康熙五十二年再任。
魏錫祚　萊蕪人，康熙五十三年任。
褚世暄　宣化人，雍正五年任。
石　杰　桐鄉人，雍正七年任。
江日容　旌德人，雍正九年任。

李必成　耒陽人，舉人，雍正十一年署任。
遲之鐵　正白旗人，監生，雍正十二年署任。
李從坦　汲縣人，監生，雍正十三年署任。
劉　琠　咸寧人，監生，雍正十三年署任。
唐如柏　桐鄉人，舉人，乾隆元年署任。

高郵州

知州一員。
州同知一員。
州判一員。
吏目一員。
儒學學正一員，復設訓導一員。
時堡司巡檢一員。
界首驛驛丞一員。廣儲倉大使、陸漫閘閘官今並奉裁省。
陰陽學訓術一員。

醫學訓科一員。
僧正司一員。
道正司一員。
此各州所同，以後不備載。

知州

閔依聖　孝感人，舉人，順治二年任。
龔蕃錫　密雲人，拔貢，順治五年任。
張士望　大興人，貢生，順治九年任。
吴之俊　奉天人，貢生，順治十二年任。
曾懋蔚　古田人，貢生，康熙元年任。
李應祖　奉天人，廕生，康熙三年任。
吴之俊　康熙五年再任。
佟有信　奉天人，康熙六年任。
吴良謨　奉天人，廕生，康熙十年任。
莊振繖　侯官人，舉人，康熙十三年任。

馬雲階　奉天人，廕生，康熙十五年任。
蔡芝生　良鄉人，拔貢，康熙十七年任。
白登明　鑲白旗人，貢生，康熙十八年任。
李培茂　商（邱）〔丘〕人，進士，康熙二十年任。
劉顯爵　奉天人，廕生，康熙二十五年任。
謝廷瑞　奉天人，廕生，康熙二十九年任。
李之檀　静樂人，貢生，康熙四十六年任。
焦獻猷　榆林人，貢生，康熙五十四年任。
張德盛　青縣人，貢生，康熙五十七年任。
李如蘭　陽曲人，雍正四年任。
黄廷銓　鑲紅旗人，貢生，雍正五年任。
傅　椿　鑲黄旗人，監生，雍正九年任。

儀（徵）〔真〕縣

知縣一員。
縣丞一員。主簿裁。

典史一員。

儒學教諭一員，復設訓導一員。

舊江口巡檢一員。

清江閘閘官一員。

税課局大使一員。

批驗所大使一員。儀（徵）〔真〕驛驛丞今奉裁併。

知　縣

李濟春　江西人，順治二年任。

連擅場　永年人，進士，順治三年任。

張奎昂　安邑人，進士，順治五年任。

劉宗孟　奉天人，順治七年任。

牟文龍　奉天人，貢生，順治九年任。

（邱）〔丘〕時中　濟寧人，進士，順治十七年任。

童欽承　會稽人，進士，順治十八年任。

陳興邦　福清人，舉人，康熙元年任。

胡崇倫　山陰人，吏員，康熙三年任。
汪時泰　漢川人，進士，康熙七年任。
張英華　元氏人，舉人，康熙十年任。
許維祚　廣寧人，生員，康熙十二年任。
馬雲升　奉天人，監生，康熙二十年任。
馬玉章　會稽人，康熙二十六年任。
崔岳宗　奉天人，康熙三十二年任。
彭象晋　蘭陽人，康熙三十八年任。
許承澎　同安人，康熙四十一年任。
袁斯恭　四川人，舉人，康熙五十一年任。
陸　師　歸安人，進士，康熙五十六年任。
李昭治　西充人，舉人，康熙五十七年任。
郭　純　兩當人，貢生，雍正元年任。
吕大雅　正紅旗人，監生，雍正四年任。
葉大楷　莆田人，進士，雍正四年任。

徐亨①時 錢塘人，監生，雍正六年任。
夏慶譽 孝感人，舉人，雍正九年任。
孫琰 大興人，貢生，雍正九年任。
許惟模② 海寧人，雍正十二年任。
戴仁行 濟寧人，進士，雍正十三年署任。
金秉祚 當陽人，拔貢，雍正十三年署任。

興化縣

知縣一員。
縣丞一員。主簿裁。
典史一員。
儒學教諭一員，復設訓導一員。
安豐司巡檢一員。

① 「亨」，《四庫》本作「享」。
② 《四庫》本作「許惟謨」，道光《重修儀（徵）〔真〕縣志》卷二十四作「許惟枚」，并作雍正十年任。

知縣

黄湛如　舉人，順治二年任。

孫鍾皋　進士，順治二年任。

白本直　奉天人，生員，順治三年任。

賀運清　湖廣人，進士，順治五年任。

張　暝　直隸人，進士，順治九年任。

任登級　直隸人，貢生，順治十三年任。

楊　標　大名人，進士，順治十七年任。

張洪印　山西人，舉人，順治十八年任。

趙　璠　麟遊人，貢生，康熙五年任。

陳洪諫　德州人，進士，康熙七年任。

程起鵬　高陵人，貢生，康熙十年任。

張可立　鑲黄旗人，進士，康熙十六年任。

李昌齡　直隸人，拔貢，康熙二十四年任。

金世貞　正黄旗人，康熙二十七年任。

陳又新　保定人，康熙二十八年任。

王文焕　鑲白旗人，康熙三十三年任。
許鍾英　程鄉人，康熙三十六年任。
王渭鼎　武昌人，康熙三十九年任。
喻宗奎　南昌人，康熙四十四年任。
盛弘邃　浙江人，康熙五十五年任。
孫　超　安邑人，康熙五十八年任。
張文英　正黄旗人，康熙六十一年任。
馬世正　會稽人，雍正元年任。
鄭黄燦　莆田人，雍正三年任。
盧　杰　番禺人，雍正六年任。
郝　震　霸州人，雍正七年任。
蔡　澍　高苑人，雍正八年任。
汪芳藻　休寧人，雍正九年任。
艾元復　懷來人，監生，雍正十二年署任。
袁　安　平湖人，進士，雍正十二年任。
劉　華　定州人，監生，雍正十二年署任。

陸　炘　烏程人，進士，雍正十三年任。

寶應縣

知縣一員。

縣丞一員。

管河主簿一員。

典史一員。

儒學復設教諭一員，訓導一員。

衡陽鎮巡檢一員，槐樓司巡檢一員。

安平驛驛丞今奉裁併。

知　縣

李　楷　朝邑人，舉人，順治二年任。

靳龍光　大興人，進士，順治六年任。

寇萬年　蓋州人，貢生，順治九年任。

祁登第　奉天人，舉人，順治十一年任。

王仝春　蘭州人，拔貢，順治十二年任。
郎秉中　奉天人，舉人，康熙三年任。
孫　蕙　淄川人，進士，康熙八年任。
葉　燮　嘉興人，進士，康熙十四年任。
王之舜　浙江人，吏員，康熙十六年任。
楊廷棟　海鹽人，舉人，康熙二十年任。
張　哲　翼城人，康熙三十年任。
張　增　宛平人，康熙三十六年任。
王　穎　宛平人，康熙四十三年任。
劉顯功　鑲黄旗人，康熙四十九年任。
徐志嚴　德清人，康熙五十九年任。
吴之珽　隴西人，康熙六十年任。
王宸儁　錢塘人，雍正元年任。
李松泰　大興人，監生，雍正十年任。
錢　樾　嘉興人，廪監，雍正十二年署任。
張懋恭　遂寧人，雍正十二年署任。

王　槩　諸城人，舉人，雍正十三年任。
宋成立　蘭山人，監生，雍正十三年署任。

徐州府

知府一員。雍正十一年陞爲府。
河務同知一員。
宿虹河務同知一員。
邳睢靈璧河務同知一員。
以上二員原屬淮安府，雍正十二年題歸府轄。
糧鹽捕通判一員。
宿遷運河通判一員。原屬淮安府，雍正十二年題歸府轄。
經歷一員。
儒學教授一員。訓導分管銅山。

知　州

王自成　浙江人，順治二年任。

馮　叡　涿州人，舉人，順治二年任。
趙文星　錦州人。
佟遵道　奉天人。
余志明　奉天人，貢生，順治十一年任。
潘天植　正藍旗人，順治十三年任。
王所善　陽城人，舉人，順治十五年任。
和　羹　内（邱）〔丘〕人，貢生，康熙元年任。
張嗣賢　鑲黄旗人，教習，康熙三年任。
高鴻飛　河南人，康熙五年任。
陳鍾斗　古田人，貢生，康熙七年任。
江雁卿　江西人，貢生，康熙八年任。
孫枝蕃　三原人，會副，康熙十二年任。
王　紀　浙江人，廕生，康熙十七年任。
趙維城　順天人，廕生，康熙十九年任。
臧興祖　正紅旗人，康熙二十三年任。
遲　熇　正白旗人，康熙二十五年任。

王永清　黄陂人，進士，康熙二十七年任。

李經邦　奉天人，廕生，康熙二十九年任。

孔毓珣　曲阜人，康熙三十二年任。

佟國弼　奉天人，廕生，康熙三十九年任。

卞之鈞　奉天人，監生，康熙四十七年任。

姜　焯　昌邑人，廪貢，康熙五十一年任。

孫　詔　武威人，進士，雍正二年任。

張　昕　保安人，雍正五年任。

張文英　正黄旗人，雍正六年任。

白　潔　鑲白旗人，雍正七年任。

石　杰　桐鄉人，雍正九年任。

以上知州。

知　府

李根雲　趙州人，進士，雍正十一年任。

銅山縣

添設知縣一員。

縣丞一員。

南岸主簿一員。

北岸主簿一員。

典史一員。

儒學訓導一員。係府學分撥。

吕梁洪巡檢一員。

東岸驛驛丞一員，利國驛驛丞一員，桃山驛驛丞一員。

夏鎮閘閘官一員，楊莊閘閘官一員，梁境閘閘官一員。

彭城驛驛丞一員，雍正十三年奉裁。

知　縣

朱　紘　新興人，舉人，雍正十一年署任。

葉存仁　江夏人，監生，雍正十二年任。

蕭縣

知縣一員。

主簿一員。縣丞裁。

典史一員。

儒學復設教諭一員，訓導一員。

張山店巡檢一員。原設趙家圈巡檢，康熙三十年移駐張山店，因改名。

知縣

李聯芳　武定人，生員，順治二年任。

楊春和　興濟人，貢生，順治三年任。

陳啓南　襄陽人，貢生，順治四年任。

祖永勳　奉天人，貢生，順治五年任。

丁體仁　山東人，貢生，順治十一年任。

甯　坪　大興人，教習，順治十三年任。

蔡印隆　秀水人，貢生，順治十六年任。

趙忠仔　東陽人，貢生，順治十七年任。

沈大觀　海寧人，舉人，康熙元年任。

梁邦英　襄陵人，拔貢，康熙六年任。

陳　膺　莆田人，舉人，康熙十年任。

喬啓佑　孟津人，進士，康熙十三年任。

邵　瑗　大興人，監生，康熙十八年任。

閻允吉　盧龍人，舉人，康熙二十年任。

王錫命　郃陽人，進士，康熙二十年任。

張　勉　南和人，舉人，康熙二十七年任。

徐京瑋　安義人，監生，康熙三十一年任。

喻天祥　正藍旗人，廕生，康熙三十四年任。

紀邁宜　文安人，進士，康熙三十八年任。

徐大生　武陟人，舉人，康熙四十四年任。

羅　濬　廣東人，進士，康熙五十六年任。

吴大成　石門人，監生，康熙六十年任。

四　格　正白旗人，雍正五年任。

李　琮　玉田人，雍正六年任。
甯基丕　河間人，雍正八年任。
温長發　三原人，雍正十一年任。
夏建寅　正紅旗人，監生，雍正十二年署任。

碭山縣

知縣一員。
管河主簿一員。
典史一員。
儒學復設教諭一員，訓導一員。

知　縣
劉養性　順治二年任。
黄廷諍
趙啓建
夏以牧　順治十一年任。

曾爲履　順治十四年任。

鄺奕垣　廣東人，進士，康熙元年任。

柴國賓　山東人。

梁心恒　嘉祥人，進士，康熙十七年任。

佟朝彬　萊陽人，歲貢，康熙二十三年任。

沈永裕　德清人，進士，康熙二十六年任。

郭威鑑　鑲白旗人，監生，康熙二十九年任。

查嗣欽　海寧人，恩貢，康熙三十年任。

柴爾皓　高陽人，進士，康熙三十二年任。

馬羲浩　定番人，舉人，康熙三十七年任。

黄華衮　邵武人，舉人，康熙四十年任。

楊維庚　海寧人，歲貢，康熙四十九年任。

黄大均　貴州人，舉人，康熙五十六年任。

王　晋　大興人，歲貢，康熙五十七年任。

王百藻　奉新人，歲貢，雍正元年任。

談繼文　孝感人，例監，雍正四年任。

張楚材　宣化人，歲貢，雍正六年任。
郭耕禮　涇陽人，雍正九年任。
馬汝寬　直隸人，貢生，雍正十一年任。
陸國樞　蕭山人，雍正十三年署任。

豐　縣

知縣一員。
管河主簿一員。
典史一員。
儒學復設教諭一員，訓導一員。

知　縣

李允正　德州人，舉人，順治二年任。
閻　玿　太原人，進士，順治三年任。
胡應淳　浙江人，貢生，順治十四年任。
陳祖焕　處州人，貢生，順治十六年任。

嚴登庸　閩縣人，舉人，順治十八年任。
何　廣　汶上人，進士，康熙六年任。
王之俊　河間人，舉人，康熙十年任。
段文彩　陝西人，進士，康熙十三年任。
佟吉年　正黄旗人，舉人，康熙十五年任。
孫毓璘　奉天人，康熙十七年任。
符　冏　翼城人，貢生，康熙二十一年任。
李　振　臨邑人，生員，康熙二十四年任。
劉珙徵　清江人，進士，康熙二十八年任。
盧世德　正黄旗人，康熙三十九年任。
王初集　光州人，舉人，康熙四十三年任。
朱龍御　楚雄人，舉人，康熙五十一年任。
魏學謐　蔚州人，雍正三年任。
王　錫　海鹽人，舉人，雍正八年任。
魏升叙　柏鄉人，拔貢，雍正九年任。
王詔賓　濟寧人，監生，乾隆元年署任。

沛縣

知縣一員。

管河主簿一員。縣丞裁。

典史一員。

儒學復設教諭一員，訓導一員。

泗亭驛驛丞一員。舊廢，康熙二年復設。

夏鎮楊莊珠梅閘官一員。原屬徐州，雍正十二年題歸縣轄。

知縣

徐大可　陝西人，拔貢，順治二年任。

王克生　陽城人，進士，順治三年任。

趙世貞　奉天人，貢生，順治七年任。

郭維新　順治十一年任。

李芝鳳　奉天人，康熙四年任。

徐懋昭　鄞縣人，進士，康熙十二年任。

程萬圻　保定人，監生，康熙二十年任。
梁文炳　正白旗人，監生，康熙二十二年任。
方曰璉　建安人，進士，康熙二十九年任。
鄧宏芳　四川人，舉人，康熙三十一年任。
佟　錕　奉天人，監生，康熙三十四年任。
葉光龍　東莞人，舉人，康熙三十七年任。
楊弘績　正黄旗人，歲貢，康熙三十九年任。
蔡　瑚　正白旗人，監生，康熙四十七年任。
黄　甲　海陽人，歲貢，康熙五十一年任。
沈瑞鶴　葉縣人，進士，康熙五十三年任。
佟世集　鑲黄旗人，監生，康熙五十五年任。
梁甲第　山西人，拔貢，康熙六十年任。
朱　紘　新興人，舉人，康熙六十一年任。
周之準　正白旗人，監生，雍正六年任。
張嘉論　海寧人，雍正七年署任。
張登倬　大興人，雍正八年署任。

施　霈　宛平人，雍正九年任。

謝綸音　餘姚人，監生，雍正十一年任。

李　棠　山東人，監生，雍正十二年署任。

邳　州

知州一員。雍正三年改爲直隸知州，雍正十一年又改屬徐州府。

管河州同知一員。前明原設漕糧同知一員，天啓間裁併。康熙十八年復設，專理河務，改爲管河州同。雍正四年，又改爲緝捕河務州同。十二年，題改管河同知。

州判一員。

吏目一員。

儒學學正一員，復設訓導一員。

直河司巡檢一員，新安司巡檢一員。

趙村夾溝驛驛丞一員。

知　州

朱克配　寧陽人，生員，順治二年任。

張孕美　掖縣人，貢生，順治三年任。
楊均之　安邑人，貢生，順治四年任。
董一成　奉天人，順治五年任。
程　璧　奉天人，順治七年任。
李成楝　奉天人，順治十一年任。
杭如蘇　奉天人，順治十三年任。
馬應祥　奉天人，順治十五年任。
蕭如蕙　寶坻人，貢生，順治十七年任。
何之圖　會稽人，官監，康熙元年任。
賈士遴　大興人，拔貢，康熙三年任。
郭堯京　高陵人，舉人，康熙四年任。
孫文燦　三原人，舉人，康熙七年任。
孫家楝　安（邱）〔丘〕人，進士，康熙九年任。
蔣　瓚　奉天人，廕生，康熙十二年任。
李纘宗　奉天人，廕生，康熙十六年任。
胡良弼　奉天人，康熙二十年任。

黄日焕　永定人，進士，康熙二十二年任。

孫居湜　大興人，監生，康熙二十六年任。

馬驤雲　奉天人，監生，康熙三十二年任。

以後據册申雍正八年被水漂没，無憑開造。

吕大雅　正紅旗人，監生，雍正六年任。

王詔賓　濟寧人，監生，雍正十二年署任。

石　杰　桐鄉人，進士，雍正十三年署任。

宿遷縣

知縣一員。

縣丞一員。

中河縣丞一員。康熙三十一年，將原設贛榆縣縣丞題裁改設。

北岸主簿一員，南岸主簿一員，運河主簿一員。

典史一員。

儒學復設教諭一員，訓導一員。

劉馬莊巡檢一員，歸仁堤巡檢一員。添設。

鍾吾驛驛丞一員。

知縣

李起元　順天人，貢生，順治二年任。
毛搏霄　曲阜人，貢生，順治三年任。
張元鎮　單縣人，進士，順治四年任。
劉邦相　奉天人，貢生，順治五年任。
王元勳　奉天人，貢生，順治七年任。
焦文華　趙州人，貢生，順治九年任。
周祚永　臨潼人，舉人，順治十一年任。
王如春　金華人，拔貢，順治十三年任。
魏鉉衡　遂平人，貢生，順治十六年任。
鄭應兆　浦江人，恩貢，順治十七年任。
郭一鵬　萊州人，貢生，順治十八年任。
吕正音　山西滎河人，貢生，康熙元年任。
胡宗鼎　永城人，進士，康熙三年任。

李經臣　聊城人，恩貢，康熙六年任。
(邱)〔丘〕三捷　延平人，舉人，康熙十年任。
王振先　鄞縣人，康熙十二年任。
李　燦　奉天人，康熙十四年任。
尚登岸　京山人，進士，康熙十六年任。
趙良臣　奉天人，監生，康熙十九年任。
胡天龍　奉天人，康熙二十一年任。
林昆翰　黄岡人，舉人，康熙二十二年任。
鄒　琬　麻城人，進士，康熙二十三年任。
祖寅亮　順天人，廕生，康熙二十六年任。
李遇桂　奉天人，監生，康熙二十八年任。
郭世光　西安人，進士，康熙三十一年任。
胡三俊　德清人，例監，康熙三十五年任。
劉正遠①　臨朐人，進士，康熙六十一年任。

① 劉正遠上至胡三俊之間疑有脱漏。

以前隸淮安府，以後屬邳州。

徐　清　宛平人，生員，雍正六年任。

錢朝模　會稽人，監生，雍正十年任。

睢寧縣

知縣一員。

縣丞一員。明末裁，康熙二十三年復設。

主簿一員。

典史一員。

儒學復設教諭一員，訓導一員。

知　縣

殷　岳　雞澤人，舉人，順治二年任。

扈文杰　蓋州人，貢生，順治五年任。

陳君錫　奉天人，貢生，順治八年任。

魏　翰　奉天人，舉人，順治十年任。

李粹質　鄭州人，拔貢，順治十三年任。
王家瑞　臨汾人，舉人，順治十四年任。
郭士賢　奉天人，貢生，順治十五年任。
劉朝鑰　曲江人，舉人，順治十八年任。
馮應麒　奉天人，生員，康熙元年任。
石之玫　甘泉人，進士，康熙三年任。
陳鴻績　鄞縣人，舉人，康熙十五年任。
劉登樞　萊州人，進士，康熙十八年任。
葛之莫　鑲黄旗人，例監，康熙二十二年任。
郭允屏　高陵人，進士，康熙二十五年任。
盧信鴻　懷集人，舉人，康熙二十七年任。
劉公裕　濟寧人，監生，康熙二十九年任。
丁　昱　日照人，舉人，康熙三十一年任。
郎應室　鑲黄旗人，康熙三十三年任。
謝乃實　福山人，進士，康熙三十四年任。
章之瑶　會稽人，監生，康熙三十六年任。

周鳳鳴　正藍旗人，康熙三十九年任。

殷仔文　簡州人，舉人，康熙四十二年任。

羅　英　四川人，舉人，康熙四十四年任。

王廷梅　資陽人，舉人，康熙四十六年任。

劉如晏　臨桂人，舉人，康熙五十三年任。

郭朝弼　鑲紅旗人，監生，康熙六十年任。

牟　愨　棲霞人，進士，雍正元年任。

以前隸淮安府，以後屬邳州。

楊聖謨　貴州人，舉人，雍正四年任。

高連登　沅陵人，貢生，雍正七年任。

馬國錞　綏德人，監生，雍正七年任。

郎大成　昌平人，生員，雍正九年任。

楊曾敏　開化人，監生，雍正十一年任。

太倉州

知州一員。雍正二年改爲直隸知州。

州同知一員。原設州判一員，今管鎮洋縣丞事。

吏目一員。

儒學學正一員。訓導分屬鎮洋縣。

甘草司巡檢一員。

知州

李作楹　孝感人，舉人，順治二年任。

陳之翰　昌平人，恩貢，順治五年任。

白登明　蓋州人，貢生，順治十年任。

吕時興　瀋陽人，生員，順治十六年任。

陳國珍　金華人，貢監，康熙元年任。

劉　楷　直隸人，拔貢，康熙七年任。

蕭應聘　洛陽人，舉人，康熙十年任。

張良庚　奉天人，廕生，康熙十一年任。

李文敏　會寧人，拔貢，康熙十一年任。

朱士華　奉天人，廕生，康熙十七年任。

顏堯揆　永春人，貢監，康熙十七年任。
鍾有聞　鐵嶺人，廕生，康熙十九年任。
余瑞國　惠安人，舉人，康熙二十三年任。
甘應泰　瀋陽人，廕生，康熙二十七年任。
韓文煜　正藍旗人，康熙三十一年任。
茹之增　錢塘人，康熙三十九年任。
李颺廷　鑲藍旗人，康熙四十五年任。
羅　鍹　正白旗人，康熙四十八年任。
方曰定　南海人，康熙五十年任。
李世倬　正藍旗人，康熙五十一年任。
余肇松　歷城人，康熙五十四年任。
李　玨　大興人，康熙五十七年任。
張思閎　海寧人，康熙六十年任。
以上屬蘇州府，以後改爲直隸。
温而遜　宣化人，雍正三年任。
王溯維　嵩縣人，雍正四年任。

翁甫生　仁和人，雍正六年任。
黄廷銓　鑲紅旗人，雍正九年任。
江之煒　晋江人，舉人，雍正十一年任。

鎮洋縣

添設知縣一員。
縣丞一員。即太倉州州判改管。
典史一員。添設。
儒學復設訓導一員。係太倉州分撥。

知　縣

陶士僙　寧鄉人，進士，雍正四年任。
唐尊堯　龍里人，舉人，雍正七年任。
王惟恭　江山人，貢生，雍正十一年署任。
陳王言　清苑人，雍正十二年署任。
平其政　會稽人，舉人，雍正十三年署任。

崇明縣

知縣一員。

縣丞一員。主簿裁。

典史一員。

儒學復設教諭一員，訓導一員。

半洋沙巡檢一員。原設三沙巡檢一員，因三沙坍廢久，將巡檢裁汰。雍正八年復設，改爲半洋沙巡檢。原設西沙巡檢一員，因坍塌移駐縣城，雍正八年改駐大安鎮，名大安司巡檢。十二年裁汰，其大安沙歸併半洋巡檢。

知縣

盧崇德　奉天人，貢生，順治二年任。

劉緯　歷城人，進士，順治四年任。

陳慎　文安人，貢生，順治十年任。

龔榜　四川人，舉人，順治十八年任。

趙民帥　瀋陽人，廕生，康熙三年任。

王恭先　臨晋人，進士，康熙七年任。

沈尚仁　浙江人，進士，康熙十四年任。
朱衣點　遂寧人，舉人，康熙十八年任。
解　銘　蒲縣人，監生，康熙三十一年任。
汪文煜　鑲黄旗人，康熙三十七年任。
曹鐸嗣　登州人，康熙四十四年任。
王廷燦　錢塘人，舉人，康熙四十八年任。
周　薇　莆田人，舉人，康熙五十二年任。
王文煜　掖縣人，貢生，康熙五十二年任。
史弘坦　稷山人，舉人，康熙五十五年任。
朱穎蕃　印州人，舉人，康熙五十七年任。
王廷燦　康熙五十八年再任。
以前隸蘇州府，以後屬太倉州。
張文英
祖秉震　正白旗人，監生，雍正七年任。
高國楹　正黄旗人，監生，雍正九年署任。
蕭　澍　青縣人，貢生，雍正九年署任。

高國楹　雍正十年回任。

支本固　靈(邱)〔丘〕人，歲貢，雍正十二年署任。

沈運泰　靈壁人，拔貢，雍正十三年署任。

嘉定縣

知縣一員。

縣丞一員。原有管糧主簿一員，順治四年奉裁，九年復設，今分屬寶山縣。

典史一員。

儒學教諭一員。訓導分屬寶山。

南翔司巡檢一員。原設江灣司巡檢改設。

知　縣

楊之賦　應山人，貢生，順治二年任。

唐　瑾　光州人，進士，順治三年任。

隨登雲　奉天人，生員，順治五年任。

查逢盛　奉天人，貢生，順治九年任。

劉弘德　奉天人，貢生，順治十一年任。
宋爾瑜　孟縣人，舉人，順治十三年任。
張令儀　欒城人，舉人，順治十六年任。
吕奇齡　平定人，舉人，順治十七年任。
潘師質　宜春人，舉人，順治十八年任。
王相如　萊蕪人，貢監，康熙元年任。
余　敏　宛平人，康熙三年任。
趙　昕　餘杭人，進士，康熙八年任。
陸隴其　平湖人，進士，康熙十四年任。
馬雲會　奉天人，監生，康熙十六年任。
聞在上　山陰人，吏員，康熙二十一年任。
鄧天羽　延平人，舉人，康熙二十八年任。
周　仁　奉天人，監生，康熙二十九年任。
許鍾英　程鄉人，舉人，康熙三十四年任。
王文焕　鑲白旗人，監生，康熙三十六年任。
王　檑　黄平人，進士，康熙四十二年任。

黄洽選　新會人，舉人，康熙四十四年任。
馮聯芳　徐溝人，監生，康熙四十六年任。
許　雲　新會人，舉人，康熙四十八年任。
程伊起　莆田人，副榜，康熙四十九年任。
袁弘益　鄞縣人，舉人，康熙五十一年任。
劉文燦　寶坻人，貢生，康熙五十二年任。
李可材　雄縣人，舉人，康熙五十四年任。
李士甄　鄭縣人，貢生，康熙五十六年任。
張　寅　河間人，舉人，康熙五十八年任。
劉昆溍　安福人，舉人，康熙五十九年任。
胡學成　清流人，監生，康熙六十一年任。
趙向奎　聞喜人，舉人，雍正元年任。
以前隸蘇州府，以後屬太倉州。
朱爾介　單縣人，貢生，雍正五年任。
江之煒　晋江人，舉人，雍正七年任。
程國棟　烏程人，舉人，雍正十一年署任。

寶山縣

添設知縣一員。

主簿一員。係嘉定縣分撥。

典史一員。添設。

儒學復設訓導一員。係嘉定縣分撥。

顧涇司巡檢一員。

知　縣

孔毓珠　曲阜人，雍正三年任。

趙向奎　山西人，雍正四年任。

唐彦龍　奉天人，雍正四年任。

祖秉震　正白旗人，雍正五年任。

饒嗣玉　福建人，貢生，雍正五年任。

高式矩　洪洞人，雍正六年任。

魏蒼佩　柏鄉人，雍正六年任。

嚴　接　廣東人，雍正七年任。
褚菊書　秀水人，雍正七年任。
江之翰　寧夏人，雍正七年任。
傅景奕　會稽人，雍正八年任。
薛仁錫　大興人，雍正十年任。
文　鐸　江夏人，監生，雍正十一年署任。
胡仁濟　大典人，貢生，雍正十二年署任。

海　州

知州一員。雍正二年改爲直隸知州。
州同知一員。
吏目一員。
儒學學正一員，復設訓導一員。
高橋司巡檢一員，惠澤司巡檢一員。東海巡檢裁。

知州

陳培基　奉天人，貢生，順治二年任。
陳爾靖　奉天人，順治五年任。
任三奇　山西人，舉人，順治八年任。
龐宗聖　山西人，貢生，順治十三年任。
劉兆龍　安阜人，貢生，順治十六年任。
劉瑞遠　順天人，舉人，順治十七年任。
顏充秀　曲阜人，康熙元年任。
夏一鳳　奉天人，康熙三年任。
馬中矩　保定人，拔貢，康熙四年任。
畢　秀　新城人，進士，康熙六年任。
胡芳先　汾州人，恩廕，康熙十年任。
孫明忠　正紅旗人，廕生，康熙十三年任。
夏惟賢　正白旗人，廕生，康熙十九年任。
趙之鼎　正白旗人，廕生，康熙二十一年任。

陳一化　正白旗人，康熙二十六年任。

王帝臣　正白旗人，康熙二十八年任。

萬蕭裔　鑲白旗人，康熙三十二年任。

劉天寧　宛平人，康熙三十六年任。

張建烈　鑲紅旗人，康熙三十九年任。

陳鵬年　湘潭人，康熙四十一年任。

馬雲會　鑲藍旗人，康熙四十二年任。

楊宗禮　鑲白旗人，康熙四十九年任。

馮　超　泰州人，康熙五十一年任。

焦獻猷　白河人，康熙五十九年任。

李　震　宛平人，雍正三年任。

以前隸淮安府，以後改爲直隸。

楊士昌　歷城人，雍正九年任。

鄭　謙　錢塘人，監生，雍正十一年任。

贛榆縣

知縣一員。

原設縣丞一員，康熙三十一年裁改宿遷縣丞。

典史一員。

儒學復設教諭一員，訓導一員。

荻水鎮巡檢一員。臨洪鎮巡檢裁。①

知縣

吴道隆　延慶人，貢生，順治二年任。

穆爾謨　奉天人，進士，順治四年任。

張奇英　交城人，拔貢，順治十四年任。

劉國欽　奉天人，生員，順治十八年任。

王連璧　興平人，舉人，康熙元年任。

① 此句凡六字《四庫》本無。

徐　翀　順天人，進士，康熙七年任。

俞廷瑞　奉化人，進士，康熙九年任。

王之旦　曲沃人，進士，康熙十三年任。

彭士質　龍陽人，例監，康熙十五年任。

盧化龍　瀋陽人，康熙十七年任。

柴應辰　奉天人，舉人，康熙二十三年任。

趙嗣萬　鄞縣人，舉人，康熙二十七年任。

王　旦　蘭陽人，進士，康熙三十二年任。

王甲士　長安人，進士，康熙三十九年任。

董仕岳　惠安人，舉人，康熙四十四年任。

李俊有　漢陽人，貢生，康熙四十七年任。

單疇書　高密人，進士，康熙五十四年任。

尹爲憲　長壽人，舉人，康熙六十年任。

以前隸淮安府，以後屬海州。

楊士昌　歷城人，監生，雍正八年任。

衛哲治　濟源人，貢生，雍正九年任。

方士賢　普寧人，監生，雍正十三年署任。

沭陽縣

知縣一員。
主簿一員裁。
典史一員。
儒學復設教諭一員，訓導一員。

知　縣

韓昌邦　禹城人，貢生，順治二年任。
史可大　直隸人，歲貢，順治二年任。
段上彩　陽城人，進士，順治四年任。
王國泰　奉天人，順治八年任。
米壽都　順天人，歲貢，順治十五年任。
魏正心　懷仁人，歲貢，順治十七年任。
梁文焕　乾州人，康熙元年任。

林桂馨　侯官人，歲貢，康熙七年任。
張奇抱　蓋平人，貢生，康熙十二年任。
邵岳斗　鄞縣人，進士，康熙十四年任。
姚　艮　寧遠人，廪監，康熙十七年任。
馬　班　武功人，進士，康熙二十年任。
車萬備　邵陽人，舉人，康熙二十二年任。
時　發　大興人，康熙二十五年任。
張一恒　蓬萊人，康熙二十九年任。
胡英傑　涇陽人，康熙三十一年任。
孟　桓　延津人，康熙三十三年任。
傅夢熊　汾州人，康熙四十年任。
黄于高　鄞縣人，康熙四十五年任。
姚世璠　歸安人，康熙四十七年任。
黄騰冠　安溪人，康熙五十五年任。
趙國輔　萊陽人，雍正元年任。
以前隸淮安府，以後屬海州。

鄭顯正　建昌人，雍正六年任。
劉浚明　霸州人，雍正八年任。
林　瑛　直隸人，歲貢，雍正十年任。
王國輔　虞鄉人，監生，雍正十二年署任。
錢　壘　嘉善人，進士，雍正十三年任。

通　州

知州一員。雍正二年改爲直隸知州。
糧捕州同知一員。雍正十二年，將崇明一十六沙改隸通州，題准添設，駐河基鎮。
州判一員。
吏目一員。
儒學學正一員，復設訓導一員。
税課局大使一員。
白塔河巡檢一員。原設狼山巡檢一員，今奉裁併。三角等九沙巡檢一員。雍正十二年，題准崇明等沙改隸通州，設三角等九沙巡檢，駐官河鎮。

知　州

李　喬　奉天人，舉人，順治二年任。
唐虞泰　奉天人，順治二年任。
黑　星　滿洲人，順治三年任。
鄭　賢　奉天人，順治三年任。
夏日炎　滿洲人，生員，順治四年任。
孫之大　滿洲人，貢生，順治五年任。
錢國琦　鑲黄旗人，貢生，順治八年任。
彭士聖　正白旗人，舉人，順治十三年任。
畢際有　淄川人，貢監，順治十八年任。
楊永春　鑲白旗人，廕生，康熙二年任。
王廷機　岐山人，進士，康熙七年任。
王宜亨　華陰人，進士，康熙九年任。
成泰慎　大名人，廕生，康熙十七年任。
邊聲揚　奉天人，官生，康熙二十四年任。

周思湯　奉天人，監生，康熙二十九年任。
施其禮　奉天人，監生，康熙四十一年任。
徐石麟　奉天人，監生，康熙五十一年任。
劉士麒　奉天人，監生，康熙五十二年任。
馬世龍　奉天人，廕生，康熙五十八年任。
談繼文　湖廣人，監生，康熙六十一年任。
白映棠　奉天人，副榜，雍正元年任。
以前隸揚州府，以後改爲直隸。
李世裔　奉天人，監生，雍正五年任。
胡廷琦　大興人，歲貢，雍正十一年署任。
張　桐　桐城人，舉人，雍正十三年任。

如皋縣

知縣一員。
管河縣丞一員。康熙三十二年由泰興縣縣丞撥置。
主簿一員。原設主簿，順治四年裁，雍正九年復設，駐劄掘港。

典史一員。

儒學復設教諭一員，訓導一員。

西場司巡檢一員，石莊司巡檢一員。

知縣

馬御輦　陝西人，舉人，順治二年任。

朱邦政　宿遷人，順治二年任。

殷應寅　滕縣人，貢生，順治三年任。

陳秉彝　奉天人，貢生，順治五年任。

李　樸　景陵人，貢生，順治十年任。

崔鳳賓　香河人，貢生，順治十三年任。

李振奇　商水人，貢生，順治十六年任。

范承先　奉天人，貢生，康熙元年任。

李文秀　易州人，貢生，康熙八年任。

高　瑚　奉天人，廕生，康熙十二年任。

趙弘化　壽陽人，進士，康熙十八年任。

盧　綎　黄安人，進士，康熙二十年任。
董廷榮　鑲黄旗人，康熙二十四年任。
王所諏　四川人，舉人，康熙二十八年任。
崔繩武　蒲州人，舉人，康熙三十年任。
趙昌標　浙江人，康熙三十五年任。
周鼎鑑　鑲紅旗人，康熙三十七年任。
陳文海①　永安人，康熙五十七年任。
蔣依錦　灌陽人，舉人，雍正元年任。
以前隸揚州府，以後屬通州。
曹　樞　桐鄉人，進士，雍正二年任。
丁　銓　大興人，舉人，雍正四年任。
彭履仁　孝感人，生員，雍正七年任。
馮國祺　會稽人，監生，雍正十一年署任。
丁元正　衡陽人，拔貢，雍正十三年署任。

① 陳文海上至周鼎鑑之間疑有脱漏。

泰興縣

知縣一員。

原設縣丞一員，康熙三十二年撥改如皋縣管河縣丞。又主簿一員，順治間奉裁。

典史一員。

儒學教諭一員，復設訓導一員。

黄橋司巡檢一員，印莊司巡檢一員，口岸司巡檢一員。

知縣

陳棐　光州人，進士，順治二年任。

石榮　奉天人，貢生，順治五年任。

王調羹　北通州人，貢生，順治九年任。

唐章　陝西人，舉人，順治十六年任。

劉有逢　湖廣人，貢生，順治十七年任。

李馨　建寧人，進士，康熙三年任。

李蜚英　陝西人，舉人，康熙十一年任。

張　溶　祥符人，進士，康熙十三年任。

張　恂　景州人，進士，康熙十五年任。

錢見龍　奉天人，廕生，康熙二十年任。

（邱）〔丘〕凌臺　代州人，貢生，康熙二十二年任。

吴　樸　温縣人，貢生，康熙二十五年任。

趙世卿　鑲紅旗人，監生，康熙二十八年任。

張　經　奉天人，貢生，康熙三十二年任。

袁開聖　峨眉人，舉人，康熙三十九年任。

宋　生　固始人，舉人，康熙五十年任。

王　慎　鑲紅旗人，監生，康熙五十七年任。

吴昭上　永定人，監生，雍正三年任。

以前隸揚州府，以後屬通州。

林　嶸　棲霞人，進士，雍正四年任。

趙鑑遠　齊東人，進士，雍正八年任。

孫顯武　正黄旗人，拔貢，雍正十二年署任。

劉　蘄　寶坻人，舉人，雍正十三年任。

江南通志卷一百九

職官志

文職　十一

安、徽、寧、池、太五府

國朝　分轄

安慶府

知府一員。

同知一員。

通判一員。

經歷一員。

照磨一員。知事順治十六年裁。

儒學教授一員，訓導一員。

倉大使一員，順治十二年裁。司獄一員，康熙三十一年裁，獄事歸併照磨。同安驛驛丞一員，順治十六年裁，驛務歸併經歷。

知府

楊起鳳　江寧人，順治二年任。

桑開第　玉田人，順治三年任。

王廷賓　錦州人，順治五年任。

李士楨　昌邑人，貢生，順治六年任。

張茁　嘉善人，進士，順治十四年任。

楊桂英　甘肅人，貢生，順治十五年任。

趙世楨　開原人，貢生，順治十七年任。

姚琅　浙江人，貢生，康熙九年任。

劉國靖　奉天人，康熙十四年任。
劉　槽　山西人，廕生，康熙十七年任。
周　疆　仁和人，歲貢，康熙二十五年任。
劉五瓏　吉州人，副榜，康熙二十九年任。
傅天祥　鑲黃旗人，廕生，康熙三十四年任。
張　慎　奉天人，監生，康熙三十五年任。
何　鼎　靖州人，舉人，康熙三十九年任。
張芝眉　景州人，廩生，康熙五十年任。
張　楷　正藍旗人，舉人，康熙五十二年任。
章曾邠　會稽人，監生，雍正元年任。
徐士林　（支）〔文〕①登人，進士，雍正五年任。
范　燦　秀水籍，吴江人，進士，雍正十一年任。
郭朝端　鑲紅旗人，監生，雍正十二年任。

① 據《四庫》本改。

懷寧縣

知縣一員。

縣丞一員。主簿一員，順治四年裁。

典史一員。

儒學教諭一員，復設訓導一員。

長楓夾鎮巡檢一員。

練潭驛驛丞一員。康熙十五年添設。

知　縣

謝　郁　青陽人，順治二年任。

賈　壯　襄城人，進士，順治四年任。

張聖運　會稽人，舉人，順治十年任。

劉士模　翼城人，貢生，順治十一年任。

周　霖　太原人，進士，順治十二年任。

馬　剛　睢州人，進士，順治十六年任。

段鼎臣　奉天人，廕生，康熙八年任。
崔　宦　奉天人，貢生，康熙十四年任。
崔維衡　奉天人，監生，康熙二十年任。
張君弼　襄陵人，舉人，康熙二十四年任。
王聯桂　黄縣人，舉人，康熙二十六年任。
劉效曾　潛江人，歲貢，康熙二十九年任。
王清圖　正黄旗人，康熙三十七年任。
張懋誠　遂寧人，舉人，康熙四十二年任。
梁國英　武陵人，舉人，康熙五十四年任。
張廷琮　永清人，監生，康熙五十七年任。
三　格　正黄旗人，進士，雍正元年任。
嚴昌盛　奉新人，進士，雍正三年任。
詹宜倫　贛縣人，舉人，雍正五年任。
李元祥　長陽人，貢生，雍正八年任。
李國柱　蘭陽人，舉人，雍正十二年署任。
陶士僙　寧鄉人，進士，雍正十三年署任。

李元祥　雍正十三年回任。

桐城縣

知縣一員。

縣丞一員。主簿順治二年裁。

典史一員。

儒學教諭一員，復設訓導一員。

六百丈巡檢一員。

吕亭驛驛丞一員，陶冲驛驛丞一員。

知　縣

高　陽　文安人，舉人，順治二年任。

袁秉華　豐城人，貢生，順治三年任。

王家賓　瀋陽人，貢生，順治三年任。

龔景運　永城人，進士，順治□〔五〕①年任。
張拱極　香山人，貢生，順治八年任。
石　朗　三原人，舉人。
葉桂祖　淅江人，貢生。
鄔汝楫　江夏人，進士，順治□□〔十一〕②年任。
胡必選　孝感人，進士，順治□□〔十五〕③年任。
李文雄　魚臺人，廕生，康熙十四年任。
王凝命　陽信人，舉人，康熙二十年任。
高攀桂　錢塘人，舉人。
李允秀　長垣人，進士。
錢啓鏊　紹興人，例監。
白　璿　清澗人，貢生。
祖秉圭　奉天人，貢生，康熙五十二年任。
廖士賢　封川人，舉人，康熙五十八年任。

①②③　據《四庫》本補。

翁甫生　錢塘人，貢生，雍正□〔元〕①年任。
倪大成　餘姚人，監生，雍正□〔四〕②年任。
李肯堂　江夏人，舉人，雍正九年任。
汪振甲　錢塘人，進士，雍正十三年署任。

潛山縣

知縣一員。
縣丞一員。主簿順治四年裁。
典史一員。
儒學復設教諭一員，訓導一員。
天堂寨巡檢一員。
青口驛驛丞一員。雍正三年裁，八年復設。

①② 據《四庫》本補。

知　縣

胡繩祖　大冶人，舉人，順治二年任。

周盛時　奉天人，順治五年任。

鄭遹元　密雲人，進士，順治七年任。

何中行　郟縣人，恩貢，順治十五年任。

常大忠　山西人，進士，順治十六年任。

周克友　公安人，貢生，康熙三年①任。

王敬先　蒲城人，貢生，康熙十七年任。

劉芳輝　奉天人，監生，康熙十八年任。

郭廷彩　奉天人，監生，康熙二十三年任。

項文樫　浙江人，貢監。

吕騰龍　奉天人，監生，康熙三十二年任。

張　塏　直隸人，例監，康熙三十三年任。

張步瀛　河南人，進士，康熙三十七年任。

① 「三年」，《四庫》本作「二年」。

段　舒　太康人，進士，康熙四十四年任。
胡　瑄　大興人，軍功，康熙六十年任。
魏其藻　直隸人，舉人，雍正九年任。
任　鐸　四川人，舉人，雍正十年任。
王　康　蘇州人，進士，雍正十一年任。
朱之溥　海鹽人，舉人，雍正十二年署任。
徐　欽　錢塘人，監生，雍正十三年任。

太湖縣

知縣一員。
縣丞一員，雍正三年裁。主簿一員，順治四年裁。
典史一員。
儒學復設教諭一員，訓導一員。
後部司巡檢一員，白沙司巡檢一員。原設小池驛驛丞一員，雍正三年裁。

知　縣

饒崇秩　撫州人，舉人，順治二年任。

朱時熙　德平人，貢生，順治三年任。

李世洽　東鹿人，進士，順治□〔八〕①年任。

王廷舉　奉天人，貢生。

鄭應錫　蒲圻人，舉人。

羅　綺　福清人，舉人。

王崇曾　直隸人，進士。

方人龍　奉天人，舉人，康熙十八年任。

章時化　會稽人，例監，康熙十九年任。

王　庭　漢川人，例監。

高登瀛　鑲紅旗人，廕生。

段標麟　雲南人，舉人。

詹養貞　汲縣人，歲貢，康熙四十年任。

① 據《四庫》本補。

胡　暐　富平人，歲貢，康熙五十四年任。
朱穎蕃　印州人，舉人，康熙六十年任。
胡國楷　浙江人，進士，雍正四年任。
黃萃南　雲南人，舉人，雍正五年任。
李佳士　寶應人，生員，雍正七年任。
李　賁　德化人，進士，雍正九年任。
李弘儒　順天人，舉人，雍正十二年任。

宿松縣

知縣一員。
縣丞一員。主簿一員，順治三年裁。
典史一員。
儒學復設教諭一員，訓導一員。
小姑山巡檢一員，涇江口巡檢一員。
楓香驛驛丞一員。歸林灘巡檢一員，雍正四年裁。

知縣

孟瑄　濟寧人，舉人，順治二年任。

盧肇治　烏程人，拔貢。

孫繼文　奉天人，貢生。

于有麟　清苑人，舉人。

王民皞　臨川人，貢生，順治十五年任。

朱維高　閬中人，舉人。

胡永昌　奉天人。

朱卷　莆田人，舉人。

唐宗聖　廣西人，舉人。

王玠　邢臺人，舉人。

曾鰲　江西人，舉人。

李主恭　大興人，監生。

李泰　清苑人，吏員，康熙五十六年任。

丁勺曾　日照人，進士，雍正元年任。

魯曾　山東人，進士，雍正四年任。

劉　華　定州人，監生，雍正五年任。
劉　泰　蘭州人，監生，雍正七年任。
管景廉　武進人，監生，雍正十年任。

望江縣

知縣一員。丞、簿並裁。
典史一員。
儒學復設教諭一員，訓導一員。
華陽司巡檢一員。原設楊灣口巡檢，雍正四年移駐改銜；雷港驛驛丞一員，康熙十五年裁。

知　縣
趙汝璽　岳陽人，歲貢。
王世〔印〕〔胤〕　瀋陽人，歲貢，順治五年任。
劉登芳　奉天人，歲貢。
王澤龍　安平人，恩貢。
吴美秀　蠡縣人，進士，順治十八年任。

劉天維　東莞人，舉人，康熙十年任。

陳沛祚　平越人，舉人，康熙十四年任。

伊　巘　山東人，進士，康熙二十年任。

吳　都　莆田人，康熙二十一年任。

張欲昌　新鄉人，例監，康熙二十八年任。

傅光運　仁和人，進士，康熙三十一年任。

史　誌　鄱陽人，拔貢，康熙三十五年任。

李國榮　真定人，康熙三十五年任。

俞玉韜　永康人，舉人，康熙四十年任。

宋鍾美　恩縣人，拔貢，康熙四十二年任。

黄夢弼　岐山人，舉人，康熙四十八年任。

劉匡世　太原左衛人，康熙四十九年任。

張仙枝　大興人，康熙五十一年任。

馬　駿　安州人，進士，康熙五十二年任。

章　節　貴筑人，舉人，康熙五十六年任。

賀方來　秀水人，進士，康熙六十年任。

黄鶴鳴　建水人，進士，雍正四年任。
杜增煜　曲沃人，舉人，雍正十年任。
范駿聲　陜西人，舉人，雍正十一年任。

徽州府

知府一員。
同知一員。
通判一員。
經歷一員。知事一員，順治十六年裁。照磨一員，雍正三年裁。
儒學教授一員，復設訓導一員。
永豐倉大使、司獄司司獄並裁。

知府

張學聖　滿洲人，順治二年任。
文　焕　廣寧人，監生，順治四年任。
祖建衡　鑲黄旗人，生員，順治五年任。

李如桂　金州人，貢生，順治十年任。
吴晋昌　固始人，貢生，順治十一年任。
藺一元　松山人，貢生，順治十三年任。
鄭永春　鑲藍旗人，貢生，順治十八年任。
龔蕃錫　密雲人，拔貢，康熙四年任。
曹鼎望　豐潤人，進士，康熙六年任。
張登舉　奉天人，進士，康熙十三年任。
姚　櫨　平遠人，貢生，康熙十六年任。
林國柱　大興人，廕生，康熙十九年任。
陳王紀　猗氏人，舉人，康熙二十三年任。
亢從時　臨汾人，歲貢，康熙二十四年任。
朱廷梅　奉天人，廕生，康熙二十六年任。
丁廷楗　安邑人，進士，康熙三十三年任。
范惟霖　郃陽人，舉人，康熙三十五年任。
盧　詢　鑲紅旗人，監生，康熙三十八年任。
章履成　會稽人，吏員，康熙四十年任。

羅　鈐　正白旗人，監生，康熙四十一年任。
蔣　擢　大興人，廕生，康熙五十一年任。
郭晋熙　新鄉人，進士，康熙五十三年任。
常弘祖　正白旗人，監生，康熙六十年任。
沈一葵　詔安人，進士，雍正四年任。
竇容恂　柘城人，進士，雍正七年任。
鄭　嶹　五臺人，進士，雍正十一年任。
李國相　咸陽人，進士，雍正十二年署任。
王　純　諸羅人，貢生，雍正十二年署任。
楊雲服　南昌人，進士，雍正十三年任。

歙　縣

知縣一員。
縣丞一員。主簿順治四年裁。
典史一員。
儒學教諭一員，復設訓導一員。

黄山司巡檢一員，街口司巡檢一員，王干寨巡檢一員。

知　縣

宋希肅　奉天人，廪貢，順治二年任。
晋淑悦　洪洞人，順治四年任。
高宗玥　浙江人，恩貢，順治六年任。
劉源清　高密人，進士，順治八年任。
張　箴　順義人，官貢，順治十年任。
葉楚槐　南漳人，舉人，順治十二年任。
張　涵　陽曲人，舉人，順治十四年任。
吴維世　洵陽人，舉人，康熙元年任。
吕應端　濰縣人，副榜，康熙二年任。
王廷憲　安義人，舉人，康熙三年任。
孫繼佳　確山人，生員，康熙八年任。
朱之生　沂水人，舉人，康熙十四年任。
靳治荆　奉天人，廕生，康熙二十一年任。

李國統　順天人，監生，康熙三十一年任。
祝兆驥　奉天人，官監，康熙三十四年任。
鄭元綬　鑲黄旗人，監生，康熙四十二年任。
邵鳳起　桐鄉人，舉人，康熙四十九年任。
魯宗思　正紅旗人，監生，康熙五十二年任。
蔣振先　全州人，舉人，康熙五十五年任。
汪文昛　會稽人，監生，雍正四年任。
杜　瑍　直隸新安人，歲貢，雍正七年任。
戴　昕　馬平人，舉人，雍正十一年署任。
陳　恂　海寧人，舉人，雍正十二年任。
趙　本　山東人，貢生，雍正十三年任。

休寧縣

知縣一員。
縣丞一員。主簿順治四年裁。
典史一員。

儒學教諭一員，復設訓導一員。

垯厦司巡檢一員。

知縣

徐憲伊　上饒人，舉人，順治三年任。

佟應魁　奉天人，生員，順治四年任。

翁人龍　襄陽人，拔貢，順治五年任。

張天成　奉天人，貢生，順治九年任。

傅維模　靈壽人，貢生，順治十四年任。

洪泮洙　遂溪人，進士，康熙三年任。

梁士濟　直隸人，舉人，康熙七年任。

隋之秀　高密人，舉人，康熙十二年任。

管仲璉　錦州人，監生，康熙十四年任。

畢紹昌　蘄水人，拔貢，康熙十七年任。

羅異秀　臨洮人，拔貢，康熙十八年任。

俞　獻　慈溪人，吏員，康熙十九年任。

汪起昆　浙江人，附監，康熙二十五年任。
廖騰煃　將樂人，舉人，康熙二十八年任。
鈕　鈺　紹興人，監生，康熙三十三年任。
習佩璜　同官人，教習，康熙三十五年任。
蘇　琠　交河人，進士，康熙三十九年任。
金廷對　鑲黄旗人，歲貢，康熙四十年任。
何斌臨　番禺人，進士，康熙四十五年任。
張　韜　海寧人，廪貢，康熙四十七年任。
莊　嚴　新會人，舉人，康熙四十九年任。
趙國用　正藍旗人，康熙五十三年任。
李　怡　山西人，舉人，康熙六十年任。
朱　鷺　保安人，舉人，雍正三年任。
李友絳　祁州人，進士，雍正六年任。
丁　斌　常熟人，進士，雍正九年任。
朱履仁　長興人，舉人，雍正十一年任。
趙錫疇　膠州人，舉人，雍正十三年署任。

高廷獻　元城人，舉人，乾隆元年任。

婺源縣

知縣一員。

縣丞一員。主簿順治四年裁。

典史一員。

儒學教諭一員，復設訓導一員。

太白司巡檢一員，項村司巡檢一員，大鏞嶺巡檢一員。

知　縣

曹士琦　奉天人，恩貢，順治二年任。

馬　元　直隸人，恩貢，順治五年任。

張弘美　奉天人，生員，順治十年任。

李脱凡　陳州人，拔貢，順治十八年任。

周天建　奉天人，舉人，康熙元年任。

徐鳴珮　單縣人，恩貢，康熙四年任。

劉光宿　奉天人，康熙五年任。
陳六承　渠縣人，舉人，康熙十年任。
王　晟　五臺人，監生，康熙十四年任。
龔弘毅　潛江人，舉人，康熙十七年任。
劉繼儒　天津衛人，例貢，康熙十九年任。
賈　璋　平山人，舉人，康熙二十二年任。
張廷元　東平州人，例監，康熙二十八年任。
王英謀　浙江人，例監，康熙三十一年任。
祖良楨　奉天人，例監，康熙三十二年任。
張　綬　遼陽人，貢生，康熙三十二年任。
蔣國祚　鑲藍旗人，貢生，康熙四十二年任。
竇祖禹　富平人，進士，康熙五十六年任。
張天俊　滎河人，拔貢，康熙六十年任。
李世敦　孝感人，舉人，雍正四年任。
張　璐　正白旗人，舉人，雍正七年任。
吴之挺　隴西人，拔貢，雍正九年任。

朱　鷺　保安人，舉人，雍正十二年署任。

郭　錞　滎河人，拔貢，雍正十三年任。

祁門縣

知縣一員。丞、簿並裁。

典史一員。

儒學復設教諭一員，訓導一員。

大洪嶺巡檢一員。原設良禾司巡檢，今裁併。

知　縣

王廷論　陝西人，舉人，順治二年任。

郭啓鳳　奉天人，貢生，順治五年任。

張大受　奉天人，貢生，順治九年任。

陳　法　鄆城人，貢生，順治十五年任。

聶耳順　固始人，貢生，順治十六年任。

張之純　全州人，舉人，順治十七年任。

余聖衡　廣東人，舉人，康熙元年任。
何　縉　梁山人，進士，康熙七年任。
聶世榮　江陵人，康熙十五年任。
陳之辰　錢塘人，貢生，康熙二十三年任。
葛殿楨　杭州人。
暢兆泰　新鄉人，進士。
祝兆驥　康熙三十一年任。
李國統　康熙三十四年任。
魏　郊　利津人，進士，康熙三十五年任。
黄　圖　宛平人，監生，康熙四十七年任。
陳維素　仁和人，監生，康熙五十一年任。
陳　詩　廣東人，舉人，康熙五十三年任。
陸錦文　秀水人，監生，康熙五十七年任。
姚攀龍　贛縣人，貢生，康熙五十九年任。
常丙圖　猗氏人，舉人，雍正二年任。
朱作元　平陰人，進士，雍正五年任。

王啓源　奉天人，舉人，雍正七年任。
于凝祺　静海人，進士，雍正八年任。
任大鵬　陜西人，舉人，雍正九年任。
蔡維義　鑲白旗人，舉人，雍正十年任。
伊景嶸　寧化人，貢生，雍正十二年署任。
毛豸繡　高安人，舉人，雍正十三年任。

黟縣

知縣一員。丞、簿並裁。
典史一員。
儒學復設教諭一員，訓導一員。

知　縣

張維光　廣寧人，貢生。
曹之錦　進士。
徐萬掄

竇士範　蒲城人，進士。

廖吉人　廣東人，舉人。

張士縉　邵武人，貢生。

江既入　貴溪人，貢生。

曹振邦　濟南人，進士。

杜　弘　洛陽人，舉人。

藺佳選　奉天人。

王景曾　奉天人，例監，康熙二十二年任。

周鼎元　淮安人，拔貢，康熙三十一年任。

甘國璽　奉天人，例監，康熙三十二年任。

李登龍　陝西人，拔貢，康熙四十一年任。

林可遵　福清人，舉人，康熙五十二年任。

顔光佇　湖廣人，進士，康熙五十九年任。

饒有斐　延慶人，舉人，雍正元年任。

秦士顒　沔陽人，進士，雍正二年任。

田茂莆　昌樂人，舉人，雍正四年任。

趙嗣美　滿城人，拔貢，雍正四年任。
周　璠　成都人，舉人，雍正六年任。
商基中　貴州人，舉人，雍正七年任。
李子吟　黄陂人，進士，雍正八年任。
黄家甲　河南人，進士，雍正十一年任。

績溪縣

知縣一員。丞、簿並裁。
典史一員。
儒學復設教諭一員，訓導一員。
濠寨司巡檢一員。

知　縣

侯憲武　永城人，拔貢，順治二年任。
宋聯芳　山東人，舉人，順治三年任。
郭四維　猗氏人，進士，順治四年任。

朱國傑　臨潼人，舉人，順治十年任。
孟述緒　宜都人，進士，順治十三年任。
李之韡　銅梁人，舉人，順治十五年任。
魯文鵬　豐潤人，貢生，康熙元年任。
王祚葵　縉雲人，貢生，康熙三年任。
蘇霍祚　廣東人，舉人，康熙五年任。
劉　滋　任縣人，進士。
趙世德
蔡廷弼　鑲白旗人，監生，康熙二十二年任。
史　譯　天津衛人，監生，康熙二十五年任。
王之旦　鑲白旗人，監生，康熙二十八年任。
李　滋　輝縣人，拔貢，康熙三十二年任。
陳　璋　順天人，康熙三十五年任。
高孝本　秀水人，進士，康熙四十年任。
耿存恩　正黄旗人，舉人，康熙四十三年任。
雷　恒　渭南人，進士，康熙四十八年任。

范龍威　會稽人，歲貢，康熙六十年任。
王啓源　奉天人，舉人，雍正四年任。
李世敦　孝感人，舉人，雍正七年任。
張文煜　大興人，舉人，雍正八年任。
蔣翥魯　重慶人，舉人，雍正九年任。
黄國麟　貴筑人，舉人，雍正十一年任。
易　醇　蒼梧人，舉人，雍正十二年署任。
潘文湘　内江人，舉人，雍正十二年任。
朱懋焯　崇慶人，拔貢，雍正十三年署任。
王錫蕃　海城人，舉人，雍正十三年任。

寧國府

知府一員。
總捕同知一員。
管糧通判一員。
經歷一員。

照磨一員。

儒學教授一員，復設訓導一員。

軍儲倉大使、司獄司司獄並裁。

知府

陳周政　四川人，進士，順治二年任。

周日宣　奉天人，生員，順治四年任。

管起鳳　錦州人，生員，順治五年任。

秦宗堯　奉天人，順治九年任。

遲日豫　廣寧人，貢生，順治十三年任。

焦名世　奉天人，廕生，順治十五年任。

張獻素　奉天人，貢生，順治十六年任。

高　選　餘姚人，貢生，康熙元年任。

龔　鯤　鍾祥人，進士，康熙二年任。

孔貞來　曲阜人，貢生，康熙六年任。

莊泰弘　奉天人，貢生，康熙七年任。

劉光榮　錦州人，官生，康熙十六年任。

王國柱　奉天人，康熙十八年任。

張綏遠　鑲黄旗人，監生，康熙三十三年任。

佟鸚彩　正藍旗人，廕生，康熙三十六年任。

許廷試　鑲黄旗人，廕生，康熙四十年任。

張雲翰　長安人，軍功，康熙四十六年任。

佟賦偉　正藍旗人，監生，康熙四十八年任。

黄叔琪　宛平人，舉人，康熙五十九年任。

鄭　嶠　五臺人，進士，雍正十一年任。

張勤望　遂寧人，廕生，雍正十一年任。

祝　宣　海鹽人，監生，雍正十二年署任。

張勤望　雍正十二年復任。

祝　宣　乾隆元年再署任。

宣城縣

知縣一員。

縣丞一員。
主簿一員。順治三年裁，康熙十七年復設。
典史一員。
儒學教諭一員，復設訓導一員。
水陽司巡檢一員，黃池鎮巡檢一員。

知縣

俞璧　山東人，進士，順治二年任。
陳正中　大興人，内院辦事，順治四年任。
王同春　沁水人，進士，順治七年任。
李楝朝　鄒平人，進士，順治十五年任。
周光祚　唐縣人，貢生，順治十七年任。
張如芹　信陽州人，貢生，康熙二年任。
李文敏　陝西人，貢生，康熙三年任。
胥琬　濰縣人，進士，康熙十四年任。
鄧性　南昌人，進士，康熙十五年任。

裘朝選　上高人，例監，康熙二十一年任。
翟蒙孔　東莞人，舉人，康熙二十八年任。
薛景瑄　蒼溪人，例監，康熙三十年任。
莫元貞　廣西人，舉人，康熙四十四年任。
馬雲衢　鑲藍旗人，監生，康熙四十六年任。
馬　翰　扶風人，舉人，康熙五十一年任。
杜　濱　平陸人，進士，康熙五十四年任。
劉蘭叢　壽張人，歲貢，康熙六十年任。
賈　權　汾陽人，生員，雍正六年任。
馮大山　海寧人，進士，雍正十一年任。
張坦驄　漢陽人，副榜，雍正十三年署任。
吴飛九　丹徒人，舉人，雍正十三年任。

南陵縣

知縣一員。
縣丞一員。主簿裁。

典史一員。

儒學復設教諭一員，訓導一員。

峨嶺司巡檢一員。

知縣

聶玠　蒲州人，進士，順治二年任。

宋朝儒　奉天人，貢生，順治七年任。

楊必達　奉天人，貢生，順治九年任。

蔣汝賢　玉田人，貢生，順治十四年任。

劉承允　上津人，貢生，順治十五年任。

姚自泓　南昌人，進士，順治十七年任。

屈升瀛　通江人，舉人，康熙七年任。

杜源　大興人，康熙二十年任。

馬國雄　奉天人，監生，康熙二十七年任。

趙臺憲　盂縣人，進士，康熙三十一年任。

王寅　大興人，貢生，康熙三十五年任。

康五瑞　江西人，進士，康熙四十二年任。

方震煒　東莞人，舉人，康熙四十八年任。

宋廷佐　奉天人，康熙五十一年任。

龔朝偉　肇慶人，廪貢，雍正六年任。

何　普　貴州人，舉人，雍正九年任。

婁起鎬　浙江人，雍正九年任。

俞鴻勳　海鹽人，副榜，雍正十年任。

蕭廷瑞　德州衛人，舉人，乾隆元年署任。

涇　縣

知縣一員。

縣丞一員。

主簿一員。順治三年裁，十七年復設。

典史一員。

儒學教諭一員，復設訓導一員。

茹麻嶺巡檢一員。

知縣

熊　烈　四川人，順治二年任。

李日楹　黄縣人，貢生，順治三年任。

孔延禧　錦州人，貢生，順治五年任。

習全史　同官人，進士，順治九年任。

銀文燦　奉天人，進士，順治十三年任。

劉鴻磐　韓城人，舉人，順治十五年任。

婁維岑　晋州人，進士，順治十七年任。

侯世漼　龍溪人，舉人，康熙二年任。

何開藻　襄陽人，舉人，康熙十年任。

鄧琪棻　廣西人，舉人，康熙十三年任。

蔣雲翼　錢塘人，康熙二十年任。

孫　瑚　山東人，康熙二十年任。

王來舉　康熙二十三年任。

傅澤洪　奉天人，康熙二十八年任。

蕭宸翰　福建人，進士，康熙三十二年任。

高孝本　秀水人，進士，康熙三十五年任。
傅九鼎　奉天人，舉人，康熙三十六年任。
聞人樫　會稽人，康熙三十七年任。
孔毓培　曲阜人，康熙四十一年任。
洗攀龍　廣東人，舉人，康熙四十五年任。
王沛憬　山東人，舉人，康熙四十九年任。
陳天立　長樂人，舉人，康熙四十九年任。
賈　鎔　臨汾人，康熙五十一年任。
葉　勳　濟寧人，康熙五十六年任。
任　晟　湖廣人，康熙六十一年任。
李　玫　山西人，康熙六十一年任。
王丕振　三原人，舉人，雍正元年任。
吴啓文　仁和人，雍正五年任。
張允煦　宣化人，雍正六年任。
劉　韓　嘉定人，進士，雍正七年任。
竇　仁　直隸人，俊秀，雍正九年任。

阮　彩　大興人，歲貢，雍正十二年任。

寧國縣

知縣一員。丞、簿俱係前明裁減。

典史一員。

儒學復設教諭一員，訓導一員。

岳山司巡檢一員，湖樂司巡檢一員。

知　縣

楊名遠　蒲州人，貢生，順治二年任。

詹鼎元　常山人，貢生，順治五年任。

胡　豫　奉天人，貢生，順治七年任。

劉國欽　奉天人，生員，順治十年任。

張秉恒　大興人，貢生，順治十四年任。

劉思鉉　新城人，舉人，順治十六年任。

梁山金　鄱陽人，貢生，順治十七年任。

李昌（印）〔胤〕　滎澤人，貢生，康熙五年任。
蕭　澍　龍溪人，舉人，康熙六年任。
馬　光　山東人，進士，康熙十三年任。
陳主策　靈寶人，舉人，康熙二十年任。
李　錦　正黄旗人，監生，康熙二十九年任。
杜時禧　江西人，舉人，康熙三十五年任。
蘇　琠　交河人，進士，康熙四十三年任。
陳養元　武陵人，舉人，康熙四十八年任。
王右弼　登封人，舉人，康熙六十年任。
胡士僑　南昌人，進士，康熙六十一年任。
劉　鑑　陝西人，進士，雍正五年任。
余士依　浙江人，進士，雍正七年任。
董瀛秀　德興人，舉人，雍正八年任。
張　斌　汾陽人，舉人，雍正九年任。
鄧本立　江夏人，附生，雍正十二年署任。
陳　恂　宛平人，供事，雍正十二年署任。

吴飛九　丹徒人，舉人，雍正十二年任。
麻廷瓛　盧陵人，監生，雍正十三年任。

旌德縣

知縣一員。
典史一員。
儒學復設教諭一員，訓導一員。
三溪司巡檢一員。

知　縣

黄　琮　江寧人，生員，順治二年任。
李滋發　河南人，順治五年任。
門維新　奉天人，生員，順治六年任。
周一熊　鍾祥人，進士，順治九年任。
王　融　安邑人，貢生，順治十二年任。
茹鄂侯　宛平人，舉人，順治十六年任。

李士竑　雲夢人，進士，康熙七年任。
閻　洞　太原人，進士，康熙十二年任。
戎式弘　鄞縣人，貢生，康熙二十三年任。
（邱）〔丘〕淑文　濟寧人，舉人，康熙二十九年任。
夏文炳　定番人，舉人，康熙三十八年任。
勞啓鑑　浙江人，貢生，康熙四十六年任。
周　昆　漢陽人，貢生，康熙五十四年任。
王滿川　黄陂人，貢生，康熙六十一年任。
鄧士鐸　南城人，舉人，雍正五年任。
紀　咸　文安人，舉人，雍正七年任。
陶士僙　寧鄉人，進士，雍正十二年署任。
紀　咸　雍正十二年回任。
陳陛誠　孝感人，舉人，雍正十三年署任。
紀　咸　雍正十三年回任。

太平縣

知縣一員。原設縣丞一員，康熙十四年奉裁。

典史一員。

儒學復設教諭一員，訓導一員。

宏潭司巡檢一員。

知　縣

唐萃亨　河南人，貢生，順治二年任。

鹿兆圖　福山人，貢生，順治三年任。

杜自盛　奉天人，貢生，順治六年任。

陳善政　永平人，貢生，順治十年任。

王　慎　高陽人，貢生，順治十四年任。

任　道　會稽人，貢生，順治十六年任。

陳　恭　侯官人，貢生，順治十六年任。

傅大業　南豐人，進士，康熙八年任。

陳汝昌　營山人，舉人，康熙十一年任。

賈有福　奉天人，康熙二十二年任。

陳九陛　鑲黄旗人，康熙二十三年任。

張進籙　宣化人，康熙三十一年任。

翟　垣　汾西人，康熙三十五年任。

郭嶕之　介休人，康熙三十九年任。

朱　良　真定人，康熙四十七年任。

王簡臣　正紅旗人，康熙四十八年任。

陳永宗　大興人，康熙五十二年任。

袁起濤　袁州人，進士，雍正二年任。

萬禮祖　黄州人，雍正六年任。

岳　順　四川人，舉人，雍正十二年任。

李文毓　正紅旗人，監生，雍正十三年署任。

閆于君　遵化人，拔貢，雍正十三年署任。

邊方寧　鍾祥人，監生，雍正十三年任。

池州府

知府一員。

同知一員。

管糧通判一員。

經歷一員。知事一員，順治年間裁。照磨一員，雍正三年裁。

儒學教授一員，復設訓導一員。

司獄司司獄一員裁。

知府

馬弘長　昌平州人，順治二年任。

宋鶴慶　奉天人，順治四年任。

梁應元　奉天人，順治六年任。

顏　敏　宛平人，進士，順治十一年任。

柴　望　仁和人，進士，順治十四年任。

解元才　山西人，順治十六年任。

張瑞午　奉天人，順治十七年任。
郭世純　晋江人，進士，康熙三年任。
樸懷玉　奉天人，康熙十年任。
周夢熊　正定人，貢生，康熙十四年任。
喻成龍　奉天人，廕生，康熙十七年任。
李　燦　正紅旗人，廕生，康熙二十五年任。
馬世永　鑲紅旗人，廕生，康熙四十四年任。
李　英　大興人，廕生，康熙五十二年任。
吴節民　南安人，廪貢，康熙六十一年任。
王　書　鑲黄旗人，貢生，雍正二年任。
于其珣　文登人，歲貢，雍正四年任。
李士傑　安陸人，進士，雍正六年任。
李　瞕①　静樂人，舉人，雍正十一年任。

① 「瞕」，《四庫》本作「瞕」。

貴池縣

知縣一員。

縣丞一員。主簿順治三年裁。

典史一員。

儒學復設教諭一員，訓導一員。

李陽河巡檢一員。李陽驛驛丞裁，池口驛驛丞雍正三年裁。

知縣

官撫烝　黄州人，順治二年任。

陳益修　濟寧人，進士。

李愈昌　鹽山人，貢生。

甯弘猷　奉天人，貢生。

竇復禧　沁水人，舉人。

王環冲　長垣人，官生，康熙二年任。

岳　申　汭縣人，舉人，康熙三年任。

張應薇　閬中人，舉人，康熙七年任。
劉光美　奉天人，筆帖式，康熙十四年任。
周　鼎　福建人，舉人，康熙二十年任。
羅　鎔　奉天人，監生，康熙二十一年任。
趙　衍　東陽人，進士，康熙二十四年任。
梁國標　奉天人，監生，康熙二十九年任。
吴　儀　金鄉人，舉人，康熙三十七年任。
王　鈞　山東人，貢生，康熙四十三年任。
吴天錫　河南人，進士，康熙五十一年任。
汪　枚　南雄人，舉人，康熙五十五年任。
魏學謐　山西人，舉人，康熙五十八年任。
李　燾　夏邑人，貢生，康熙五十九年任。
張其赤　洪雅人，舉人，康熙六十一年任。
趙濟美　保定人，歲貢，雍正三年任。
黄良慶　泉州人，進士，雍正五年任。
鄧澤永　東昌人，進士，雍正六年任。

蔣敦廉　桂林人，舉人，雍正七年任。
唐　梅　麻城人，舉人，雍正九年任。
陳　瑺　順天人，進士，雍正十年任。
張鳴鐸　麻城人，生員，雍正十一年任。
曹　徵　大興人，供事，雍正十二年署任。
劉曾明　直隸人，舉人，雍正十三年任。
高國楹　正黄旗人，監生，雍正十三年署任。
李文毓　正紅旗人，監生，雍正十三年署任。
陳景渟①　秀水人，貢生，乾隆元年署任。

青陽縣

知縣一員。原不設丞、簿。
典史一員。
儒學復設教諭一員，訓導一員。

①「渟」，《四庫》本作「淳」。

知　縣

萬谷暘　四川人，舉人，順治二年任。
史　編　滎陽人，進士。
閻天祐　奉天人，進士。
楊夢鯉　莆田人，進士。
張　邃　直隸人，貢生。
李呈秀　直隸人，貢生，康熙三年任。
李景孝　奉天人，康熙六年任。
孫鴻業　奉天人，舉人，康熙十二年任。
吴國柱　奉天人，監生，康熙十六年任。
張鼎新　大名人，進士，康熙二十四年任。
宋景時　昌黎人，舉人，康熙二十五年任。
劉孟易　宛平人，歲貢，康熙二十七年任。
李　楨　奉天人，監生，康熙二十八年任。
張　容　滎縣人，舉人，康熙四十五年任。
張永裔　江西人，歲貢，康熙五十年任。

秦　楝　山西人，歲貢，康熙五十一年任。
王　樞　泰安人，貢監，康熙五十二年任。
郎　鋐　鑲黄旗人，監生，雍正三年任。
焦獻猷　興安人，貢生，雍正五年任。
陳慰祖　磁州人，進士，雍正七年任。
戚振鷺　德清人，進士，雍正十一年任。

銅陵縣

知縣一員。原不設丞、簿。
典史一員。
儒學復設教諭一員，訓導一員。
大通鎮巡檢一員。

知　縣
蔣應仔　浙江人，貢生，順治二年任。
陳儲賢　奉天人，生員，順治五年任。

劉曰義　奉天人，貢生，順治七年任。
高光龍　膚施人，貢生，順治十三年任。
侯思芹　永嘉人，貢生，順治十七年任。
裴國熙　海州衛人，貢生，康熙七年任。
馬得貞　介休人，康熙二十一年任。
趙　璉　山陰人，貢生，康熙二十五年任。
孫維震　廣寧人，監生，康熙二十七年任。
孫兆元　浦城人，貢生，康熙三十二年任。
勞心吾　順德人，舉人，康熙四十二年任。
姚德憲　烏程人，廕生，康熙四十八年任。
孫仲樞　莘縣人，例監，康熙五十六年任。
李維直　永平人，舉人，康熙五十八年任。
官守仁　蒙自人，舉人，康熙六十一年任。
陳文炳　正紅旗人，筆帖式，雍正元年任。
王楫山　成武人，進士，雍正三年任。
杜之正　高要人，舉人，雍正五年任。

朱岳楷　上海人，監生，雍正八年任。
冉　瑾　高陽人，進士，雍正九年任。
陳　恂　宛平人，供事，雍正十二年署任。
李庚星　仁和人，廩生，雍正十三年署任。
伍斯瓆　新建人，舉人，雍正十三年任。
張安國　秀水人，監生，乾隆元年署任。

石埭縣

知縣一員。原不設丞、簿。
典史一員。
儒學復設教諭一員，訓導一員。

知　縣
楊可建　宜興人，貢生，順治二年任。
刁　昇　即墨人，進士，順治四年任。
史宗良　順治五年任。

陳秉化　海州人，順治六年任。
高駿升　海鹽人，舉人，順治十四年任。
王太初　真定人，貢生，順治十六年任。
沈天職　義烏人，吏員，康熙三年任。
姚子莊　歸善人，舉人，康熙五年任。
翁必達　仁和人，康熙十八年任。
趙承烈　錢塘人，進士，康熙二十四年任。
佟世道　奉天人，例監，康熙三十二年任。
郎　賓　奉天人，例監，康熙四十年任。
史完節　餘姚人，監生，康熙四十六年任。
劉朝珍　奉天人，康熙四十九年任。
李　頌　山東人，進士，康熙五十年任。
朱　瑛　安寧人，舉人，康熙五十二年任。
楊　枚　金鄉人，舉人，康熙五十九年任。
蔣振芝　桂林人，舉人，雍正四年任。
郭如岐　歸德人，進士，雍正五年任。

陳兆翺　長沙人，舉人，雍正五年任。
蔡廷翰　湖州人，舉人，雍正七年任。
盧百朋　廣州人，舉人，雍正九年任。
易　醇　蒼梧人，舉人，雍正十二年署任。
張　玨　河陰人，拔貢，雍正十三年任。

建德縣

知縣一員。原不設丞、簿。
典史一員。
儒學復設教諭一員，訓導一員。

知　縣

武宏世　磁州人，貢生，順治四年任。
孫　蘭　奉天人，貢生，順治五年任。
劉培印　三原人，舉人，順治十年任。
李爲極　光州人，貢生，順治十一年任。

嚴　鋐　歸安人，貢生，順治十三年任。
王懋禧　定州人，貢生，順治十五年任。
李中傑　柏鄉人，貢生，順治十六年任。
高　寅　任（邱）〔丘〕人，進士，順治十七年任。
李瑛黄　沁水人，拔貢，康熙三年任。
喻成龍　奉天人，廕生，康熙五年任。
張登進　奉天人，廕生，康熙十四年任。
張大力　盧陵人，舉人，康熙二十年任。
李震龍　陝西人，舉人，康熙二十二年任。
馬　光　東光人，拔貢，康熙二十五年任。
宋若祁　隆平人，貢生，康熙二十七年任。
汪聖孫　錢塘人，例監，康熙二十九年任。
韓則裕　澄城人，舉人，康熙三十年任。
黎日昇　霑白人，進士，康熙三十一年任。
何　濂　德慶人，舉人，康熙三十二年任。
陰本隲　江陵人，例監，康熙三十三年任。

裘君弼　新建人，進士，康熙四十一年任。
張素履　陽武人，進士，康熙四十八年任。
許彦桓　鑲藍旗人，康熙五十四年任。
董大吕　鄞縣人，貢生，雍正二年任。
張騰鳳　林縣人，舉人，雍正五年任。
高玉芬　分水人，進士，雍正六年任。
艾朝璽　濟陽人，監生，雍正九年任。
盛支炳　浙江人，舉人，雍正十一年任。
伊訓湯　成都人，拔貢，雍正十二年署任。
朱汝琳　上元人，監生，雍正十三年署任。
黄　鑑　聞喜人，舉人，雍正十三年任。

東流縣

知縣一員。原不設丞、簿。
典史一員。
儒學復設教諭一員，訓導一員。

吉陽鎮巡檢一員。

知　縣

鄧繼球　全州人，順治二年任。

倪粹然　富陽人，順治五年任。

蘇弘謨　奉天人，貢生，順治六年任。

劉克望　陝西人，貢生，順治十三年任。

黄瑞煃　晋江人，副榜，順治十八年任。

蔣文印　大興人，教習，康熙二年任。

孫（印）〔胤〕光　蘭陽人，進士，康熙五年任。

蔡司霑　龍谿人，舉人，康熙十一年任。

侯之垣　奉天人，康熙十四年任。

楊廷薰　黄陂人，貢監，康熙二十二年任。

陳如升　豐潤人，例監，康熙二十四年任。

郭鴻文　直隸人，舉人，康熙二十八年任。

張　璲　介休人，貢生，康熙三十七年任。

譚闓言　廣東人，貢生，康熙五十年任。
郭志道　漢陽人，貢生，康熙五十三年任。
李天柱　善化人，舉人，康熙五十八年任。
解又楊　膚施人，舉人，雍正四年任。
陸　培　平湖人，進士，雍正七年任。
盛支炳　秀水人，舉人，雍正十二年署任。
毛兆鏌　江山人，舉人，雍正十二年署任。
武紹周　偃師人，進士，雍正十三年任。
温　熥　程鄉人，監生，乾隆元年署任。

太平府

知府一員。
同知一員。駐劄蕪湖。
通判一員。
經歷一員。照磨一員，雍正三年裁。
儒學教授一員，復設訓導一員。

司獄司司獄一員裁。

知府

王　鏌　孟津人，拔貢，順治二年任。
鍾　鼎　嘉興人，進士，順治三年任。
袁　聲　荆州人，順治六年任。
王以約　大興人，進士，順治八年任。
林文薦　掖縣人，順治十年任。
張文學　奉天人，順治十三年任。
李之英　奉天人，順治十五年任。
胡季瀛　海鹽人，貢生，順治十七年任。
徐士振　奉天人，生員，康熙三年任。
黄　桂　正黄旗人，官生，康熙十年任。
馮萼舒　浙江人，進士，康熙十四年任。
楊　霖　安福人，進士，康熙十五年任。
吴延壽　正紅旗人，廕生，康熙二十二年任。

董昭祚　正白旗人，監生，康熙二十五年任。

任之琦　河津人，舉人，康熙二十六年任。

張　獻　宛平人，歲貢，康熙三十一年任。

郝士鈺　霸州人，廕生，康熙三十九年任。

李敏迪　高陽人，廕生，康熙四十年任。

周全功　鑲白旗人，監生，康熙五十八年任。

王克端　宛平人，歲貢，康熙五十九年任。

刁承祖　祁州人，進士，雍正五年任。

李　暲　静樂人，舉人，雍正六年任。

李士傑　安陸人，進士，雍正十一年任。

楊大勳　歷城人，貢生，雍正十二年署任。

熊同仁　黄岡人，歲貢，雍正十二年任。

當塗縣

知縣一員。

縣丞一員。主簿順治初年裁。

采石司巡檢一員，大信司巡檢一員。

儒學復設教諭一員，訓導一員。

典史一員。

知縣

張京　順治二年任。

王國璋　順治十一年任。

顏爾健　順治十七年任。

葛元福　順治十八年任。

寇明允　應城人，舉人，康熙十一年任。

韓燁玗　晉州人，舉人，康熙十三年任。

高起龍　奉天人，廕生，康熙十四年任。

王斗樞　華陰人，貢生，康熙十八年任。

劉世禩　河南人，進士，康熙二十七年任。

藍應象　廣濟人，舉人，康熙二十九年任。

祝元敏　山東人，貢生，康熙三十一年任。

王紹聞　康熙四十年任。
成文運　康熙四十三年任。
程璞　康熙四十八年任。
柯朝　康熙五十二年任。
王巨源　康熙五十七年任。
林縉　康熙六十年任。
郭鍈　雍正三年任。
陳銓　雍正四年任。
顧麒錫　雍正七年任。
婁起鎬　會稽人，監生，雍正十年任。
趙本　汶上人，廩生，雍正十二年署任。
尤拔世　正黃旗人，監生，雍正十二年署任。
葉本　青浦人，監生，雍正十三年署任。
荆逌韓　猗氏人，舉人，雍正十三年任。

蕪湖縣

知縣一員。
縣丞一員。主簿順治初年裁。
典史一員。
儒學復設教諭一員，訓導一員。
河口鎮巡檢一員。
澛港驛驛丞一員。

知　縣

賈一奇　順治二年任。
張邦奇　順治五年任。
趙煥然　順治十年任。
李元素　順治十一年任。
許時化　天台人，貢生，順治十四年任。
李　濬　永平人，舉人，順治十五年任。

黄　裳　香山人，舉人，順治十七年任。
張　奎　康熙元年任。
段文彬　臨汾人，貢生，康熙九年任。
馬汝驍　奉天人，廕生，康熙十年任。
劉　惺　直隸人，康熙二十三年任。
王　楨　曲周人，監生，康熙二十四年任。
郭孝思　長安人，監生，康熙二十九年任。
紀　統　鑲藍旗人，監生，康熙三十二年任。
熊　琮　豐城人，貢生，康熙四十四年任。
劉　瑜　滑縣人，貢生，康熙四十七年任。
孟光廷　鑲紅旗人，監生，康熙五十五年任。
王希曾　正紅旗人，舉人，康熙五十六年任。
于　泓　河間人，監生，雍正二年任。
張　鷟　陝州人，舉人，雍正五年任。
陳良襄　正藍旗人，監生，雍正七年任。
朱文昭　大興人，舉人，雍正八年任。

薛清來　孟縣人，拔貢，雍正十三年署任。

王式璧　睢州人，貢生，乾隆元年任。

繁昌縣

知縣一員。原不設丞、簿。

典史一員。

儒學復設教諭一員，訓導一員。

荻港司巡檢一員，三山司巡檢一員。原設荻港驛驛丞一員，雍正三年裁，併荻港巡檢兼管。

知　縣

范爲憲　順治三年任。

張德賁　山東人，貢生，順治四年任。

趙應楨　正紅旗人，順治六年任。

許起鳳　鑲黃旗人，順治九年任。

張　橬　山東人，進士，順治十年任。

劉震龍　順治十七年任。

郭衛城　奉天人，康熙三年任。
吴升東　黄岡人，康熙十年任。
梁延年　奉天人，康熙十二年任。
柯貞乾　鑲藍旗人，廕生，康熙二十年任。
李　臨　鑲白旗人，康熙二十三年任。
劉首拔　廬陵人，舉人，康熙二十五年任。
盧　化　永定人，舉人，康熙二十六年任。
朱　砉　陳州人，貢生，康熙三十四年任。
王廷臣　華州人，進士，康熙五十一年任。
劉育德　永城人，監生，康熙五十一年任。
鄒祖頊　光澤人，舉人，康熙六十一年任。
任　壽　石屏人，舉人，雍正五年任。
馬振先　隆安人，貢生，雍正七年任。
江允溥　山東人，進士，雍正八年任。
許　平　石屏人，進士，雍正九年任。
陳大經　廣西人，舉人，雍正十年任。

任大鵬　臨潼人，舉人，雍正十二年署任。

何　讜　宛平人，監生，雍正十三年任。

江南通志卷一百十

職官志

文職　十二

盧、鳳、潁三府　滁、和、廣、六、泗五州

國朝　分轄

盧州府

知府一員。
同知一員。

通判一員。

經歷一員。

照磨一員。知事、檢校順治初年裁。

儒學教授一員，復設訓導一員。

常積庫大使、司獄司司獄並裁。

知　府

趙允光　大興人，貢生，順治三年任。

蔣文運　進士。

張之英　登封人。

吴允昇　奉天人。

胡鳳閣　直隸人。

黄承運

韓威宣　山西人，舉人。

王業興　奉天人。

王　階　景州人，進士。

胡獻珍　錦州人，貢生。
聶　源　宣府人，舉人。
劉道著　奉天人，貢生。
薛之佐　四川人，舉人，康熙十九年任。
杜立本　寶坻人，廕生，康熙二十二年任。
張純修　正白旗人，貢生，康熙三十二年任。
馬雲從　鑲黄旗人，監生，康熙四十六年任。
姚　漁　鑲紅旗人，監生，康熙五十三年任。
陳廷綸　平樂人，進士，康熙五十九年任。
吴節民　泉州人，廪貢，雍正二年任。
孔興誥　曲阜人，監生，雍正二年任。
趙向奎　聞喜人，舉人，雍正四年任。
馮景夏　桐鄉人，舉人，雍正五年任。
于其珣　文登人，歲貢，雍正六年任。
徐大枚　正藍旗人，進士，雍正六年任。
盧見曽　德州人，進士，雍正十三年任。

高　越　鑲黃旗人，監生，雍正十三年任。

合肥縣

知縣一員。

縣丞一員。主簿裁。

典史一員。

儒學復設教諭一員，訓導一員。

石梁鎮巡檢一員。

派河驛驛丞一員，護城驛驛丞一員，店埠驛驛丞一員。

知　縣

藺完瑝　陝西人，進士。

張鯤翔　陝西人，進士。

司　南　河南人，貢生。

呂鳴燕　直隸人，舉人。

岳呈祥　直隸人，貢生。

朱治隆　貢生。
楊世滋　貢生。
張九鼒　直隸人，舉人。
方象瑛　嚴州人，進士。
萬　盛　江西人，舉人。
瞿戴仁　達州人，舉人。
雷動聲　奉天人，筆帖式。
曾光龍　廣平人，進士。
范時著　奉天人，監生。
熊一栻　南昌人，監生。
季惠毛　四川人，舉人。
沙　渭　山東人，拔貢。
葉永隆　大興人，歲貢。
賈　暉　正紅旗人。
王文焕　鑲白旗人，康熙四十四年任。
陸登選　甌寧人，舉人，康熙五十四年任。

王作梅　河内人，進士，康熙五十七年任。
李月槎　奉天人，監生，康熙六十年任。
馬　倬　睢州人，進士，雍正三年任。
馬振先　隆安人，拔貢，雍正五年任。
趙良墅　考城人，歲貢，雍正七年任。
戴　昕　馬平人，舉人，雍正十二年署任。
張　潮　山陽人，舉人，雍正十三年任。
張　吉　掖縣人，監生，雍正十三年署任。
陶士僙　寧鄉人，進士，乾隆元年署任。

廬江縣

知縣一員。丞、簿俱裁。
典史一員。
儒學復設教諭一員，訓導一員。
冷水關巡檢一員。

知　縣

周迓祚　翼城人，舉人，順治二年任。

陳所聞　鄭州人，生員，順治四年任。

孫弘喆　樂安人，進士，順治七年任。

祁文友　廣東人，進士，順治十八年任。

孟述乾　南和人，康熙四年任。

許長庚　湘潭人，舉人，康熙七年任。

王弘聲　奉天人，康熙八年任。

耿光祖　山東人，貢生，康熙九年任。

崔　晃　安平人，舉人，康熙十年任。

劉爾成　通州人，教習，康熙十一年任。

孫承麟　臨海人，舉人，康熙十二年任。

盧均天　應山人，副榜，康熙十五年任。

馬　光　東光人，貢生，康熙二十年任。

李衍芳　鶴慶人，舉人，康熙二十三年任。

王仁深　儀封人，舉人，康熙二十六年任。

吴賓彦　錢塘人，吏員，康熙三十五年任。
孫承祚　滿州人，筆帖式，康熙四十五年任。
何洪先　涪州人，舉人，康熙五十四年任。
馬洪遂　閬中人，舉人，康熙六十年任。
鄔廷幽　陽朔人，舉人，雍正四年任。
陳慶門　盩厔人，進士，雍正七年任。
熊郢昌　雲南人，舉人，雍正十二年任。
陳景淳　秀水人，貢生，雍正十三年署任。
李長發　西華人，歲貢，雍正十三年任。
高式矩　洪洞人，歲貢，乾隆元年署任。

舒城縣

知縣一員。丞、簿俱裁。
典史一員。
儒學復設教諭一員，訓導一員。
梅心驛驛丞一員，三溝驛驛丞一員。

知　縣

于應昌　恩縣人，貢生。

丁時陞　奉天人。

趙來鳴　禹州人，進士。

陸秉忠　奉天人。

王宗聖　奉天人。

周敬先　漢陽人，貢生。

龔　勳　浙江人，進士。

張若煌　膠州人，貢生。

劉茂桂　山西人，貢生。

張可捷　大同人，舉人。

蔡其珍　營山人，舉人。

何朝聘　奉天人，廕生。

張文炳　臨川人，舉人。

張開新　直隸人，貢生。

周國柱　奉天人，官生。

董守義　奉天人。

張　傑　陜西人，舉人。

李其藩　高明人，舉人。

朱　振　嘉興人，進士。

王朝瑞　長山人，歲貢。

沈以栻　嘉興人，貢生。

周振舉　祥符人，進士。

張廷標　鐵嶺人，進士。

李光埏　興安人，舉人。

蔣鶴鳴　秀水人，舉人。

趙復普　雲南人，舉人。

趙良墅　考城人，貢生。

陳守仁　石屏人，進士。

鄧本立　武昌人，舉人，雍正十年任。

陳洪猷　廣東人，舉人，雍正十一年任。

郭　鑲　大名人，廩生，雍正十三年署任。

黎超凡　華陽人，舉人，雍正十三年任。

無爲州

知州一員。

州同知一員。州判裁。

吏目一員。奉裁，今復設。

儒學學正一員，復設訓導一員。

土橋河巡檢一員，奥龍河巡檢一員，泥汊河巡檢一員，黄雒河巡檢一員。

知　州

孟孔傳　東平人，拔貢，順治二年任。

方安民　奉天人，貢生，順治五年任。

佟國楨　奉天人，貢生，順治七年任。

喻　珩　南昌人，進士，順治十二年任。

劉顯第　奉天人，貢生，順治十五年任。

孟登雲　趙州人，官監，順治十七年任。

李祐之　長山人，恩貢，康熙二年任。

顔堯揆　永春人，拔貢，康熙六年任。

楊奇烈　奉天人，貢生，康熙十四年任。

孟述緒　奉天人，進士，康熙十五年任。

王國輔　正黃旗人，廕生，康熙十八年任。

韓淑文　項城人，進士，康熙二十五年任。

張國楨　寶坻人，監生，康熙二十七年任。

李　璋　正白旗人，監生，康熙三十三年任。

孫成已　益都人，拔貢，康熙四十三年任。

胡良佐　奉天人，廕生，康熙四十五年任。

韓開藩　會稽人，監生，康熙四十八年任。

李廷焕　鑲藍旗人，監生，康熙五十三年任。

韓繼先　易州人，監生，康熙六十年任。

姚宗先　山西人，歲貢，雍正三年任。

張　鏻　鍾祥人，歲貢，雍正七年任。

翁是平　常熟人，監生，雍正十一年任。

丁士龍　河内人，歲貢，雍正十二年署任。
何其昱　宜賓人，舉人，雍正十二年署任。
程　雲　貴州人，舉人，雍正十三年任。
范從徹　鄞縣人，監生，乾隆元年任。

巢　縣

知縣一員。原設主簿一員，裁。
典史一員。
儒學復設教諭一員，訓導一員。
焦湖司巡檢一員。

知　縣

段爾發　東明人，歲貢，順治三年任。
程萬鵬　正紅旗人。
陳自明　奉天人，順治六年任。
趙　熿　無極人，貢生，順治十五年任。

龔庚昕　隨州人，貢生，順治十七年任。
聶　芳　建寧人，歲貢。
于覺世　山東人，進士，康熙七年任。
吕　振　永城人，進士。
王　錫　高平人，舉人。
斐振元　正白旗人，監生。
楊　極　奉天人，例監，康熙二十一年任。
馬　璉　秀水人，歲貢，康熙三十七年任。
張振嗣　大興人，進士，康熙四十三年任。
韓天翥　高陽人，進士，康熙四十八年任。
孫芝芳　磁州人，監生，康熙五十三年任。
黄光復　上高人，舉人，康熙五十九年任。
趙世績　奉天人，副榜，康熙五十九年任。
李襲祖　夏邑人，教習，雍正二年任。
鄒　瑆　滎縣人，舉人，雍正七年任。
朱　諶　平凉人，舉人，雍正十一年任。

楊狃天　安陽人，拔貢，雍正十三年署任。

李汝楫　曲周人，舉人，乾隆元年任。

鳳陽府

知府一員。

同知一員。

通判一員。駐正陽鎮。

經歷一員。照磨、檢校各一員，並於雍正三年裁。

儒學教授一員，復設訓導一員。

税課司大使一員。永盈庫大使一員，濠梁驛驛丞一員，並奉裁併。

知　府

張以謙　山西人，拔貢，順治二年任。

金一鳳　奉天人，生員。

史記功　奉天人，貢生。

李世璉　奉天人，生員。

王曰都　奉天人，生員。
李以易　山東人，舉人。
周　標　陝西人，舉人。
戴　斌　湖廣人，進士，康熙元年任。
陳　寅　直隸人，貢生，康熙六年任。
塗騰茂　直隸人，貢生，康熙八年任。
劉應中　井陘人，貢生，康熙九年任。
章欽文　富陽人，貢生，康熙十一年任。
高必大　襄陽人，拔貢，康熙十四年任。
耿繼志　奉天人，廕生，康熙十八年任。
楊緒爵　西鄉人，廕生，康熙二十四年任。
時騰蛟　宛平人，康熙二十七年任。
丁廷楗　安邑人，進士，康熙二十八年任。
丁克懋　鑲黄旗人，貢生，康熙二十九年任。
沈　進　仁和人，貢生，康熙三十一年任。
王宣人　滄州人，貢生，康熙三十九年任。

李陳常　秀水人，進士，康熙四十九年任。
蔣國正　鑲藍旗人，監生，康熙五十年任。
費金吾　烏程人，舉人，康熙五十九年任。
林逢都　晋江人，貢生，雍正元年任。
朱鴻緒　陳州人，歲貢，雍正三年任。
刁承祖　祁州人，進士，雍正五年任。
葉　夷　上海人，廕生，雍正八年任。
張學林　丹徒人，貢生，雍正九年任。
汪文咀　會稽人，監生，雍正十二年署任。
吴同仁　商(邱)〔丘〕人，生員，雍正十二年任。
盧見曾　德州人，進士，雍正十三年署任。
張華年　景州人，貢生，雍正十三年署任。
吴同仁　雍正十三年回任。
史曾期　荆溪人，舉人，雍正十三年署任。

鳳陽縣

知縣一員。

縣丞一員。

典史一員。

儒學教諭一員，復設訓導一員。

王莊驛驛丞一員。

知　縣

張啓泰　進士。

柯汝芝

林方飇　福建人，拔貢。

吴之鏌　河南人，進士。

楊鴻潤　福建人，舉人。

劉　賡　江西人，舉人。

景貞運　大興人，舉人，康熙十二年任。

金國琮　奉天人，監生，康熙十四年任。
朱世緯　固始人，舉人，康熙十六年任。
丁耀祖　奉天人，監生，康熙十八年任。
史昭傳　浙江人，例監，康熙二十三年任。
李　瑨　成都人，舉人，康熙二十六年任。
梅慰宗　江西人，監生，康熙二十八年任。
張　宣　山東人，進士，康熙三十一年任。
黄　簡　莆田人，舉人，康熙三十六年任。
陸　韜　江夏人，進士，康熙四十二年任。
吴錫照　東平人，進士，康熙五十年任。
袁式宏　祥符人，舉人，康熙五十八年任。
胡仁濟　直隸人，貢生，雍正六年任。
徐亨時　錢塘人，貢監，雍正九年任。
黄　衍　邵武人，舉人，雍正十年任。
李唐英　南平人，生員，雍正十二年署任。
馮世榮　清豐人，生員，雍正十三年任。

臨淮縣

知縣一員。

縣丞一員。原設主簿順治三年裁。

典史一員。

儒學教諭一員，訓導一員。

紅心驛驛丞一員。

知　縣

李　豔　梓潼人，恩貢，順治二年任。

徐必進　奉天人，貢生，順治五年任。

安洪嗣　垣曲人，副榜，順治十年任。

周邦楨　鄱陽人，恩貢，順治十三年任。

藍　深　即墨人，恩貢，順治十六年任。

程定國　秀水人，貢生，順治十八年任。

甯　林　郃陽人，進士，康熙元年任。

孫纘祖　奉天人，廕生，康熙三年任。
魏宗衡　廣昌人，進士，康熙九年任。
袁　綽　淄川人，進士，康熙十三年任。
班　銑　廣寧人，官監，康熙十四年任。
陳宗夔　冀州人，進士，康熙十八年任。
李蔭春　鑲紅旗人，康熙二十六年任。
趙士驥　永城人，進士，康熙三十一年任。
孫道盛　即墨人，進士，康熙三十六年任。
高天挺　昌黎人，進士，康熙三十九年任。
袁　翺　洪縣人，舉人，康熙四十五年任。
王　紘　膠州人，進士，康熙四十七年任。
楊　塤　商〔邱〕〔丘〕人，監生，康熙五十年任。
蔡維翰　成都人，貢生，康熙五十三年任。
戴　澐　德州人，歲貢，康熙五十九年任。
李惟一　鉅野人，舉人，雍正二年任。
段允持　濟源人，歲貢，雍正六年任。

阮兆麒　崇仁人，廪生，雍正七年任。
傅爾英　扶溝人，舉人，雍正九年任。
王之檪　正白旗人，舉人，雍正十一年任。
言士紳　仁和人，進士，雍正十二年任。

懷遠縣

知縣一員。
主簿一員。順治四年奉裁，十七年復設。
典史一員。
儒學復設教諭一員，訓導一員。

知　縣

潘登貴　嘉定州人，進士，順治二年任。
袁　調　潛江人，拔貢，順治四年任。
傅鎮國　奉天人，拔貢，順治六年任。
甯澤廣　阜城人，拔貢，順治十四年任。

張至善　博平人，舉人，順治十七年任。
原合瑾　蒲城人，舉人，順治十八年任。
管天申　永豐人，舉人，康熙二年任。
趙憲鼎　聞喜人，進士，康熙六年任。
于鴻漸　營山人，舉人，康熙十年任。
莫松齡　連州人，貢生，康熙十四年任。
閻　羹　霑化人，進士，康熙十九年任。
馬汝驌　奉天人，例監，康熙十九年任。
孔毓德　舉人，康熙二十二年任。
黄啓祚　應城人，舉人，康熙二十八年任。
劉克昌　宛平人，例監，康熙三十一年任。
林逢濟　晋江人，舉人，康熙三十六年任。
李和吉　商(邱)〔丘〕人，進士，康熙三十八年任。
張夢熊　山西人，進士，康熙三十八年任。
沈應銓　仁和人，例貢，康熙四十三年任。
許明儒　淶水人，例監，康熙四十六年任。

王　澤　山西人，貢生，康熙五十一年任。
錢　鑑　龍游人，舉人，康熙五十二年任。
劉　鑑　楚雄人，舉人，康熙五十五年任。
唐　暄　全州人，舉人，康熙五十九年任。
金大亮　廣順人，雍正五年任。
楊化光　内江人，雍正六年任。
李　經　南昌人，雍正九年任。
賈　健　山西人，進士，雍正十年任。
侯　封　掖縣人，進士，雍正十二年署任。
馮　原　鑲紅旗人，監生，雍正十三年署任。
張國綱　鑲紅旗人，舉人，雍正十三年署任。

定遠縣

知縣一員。
主簿一員。順治四年奉裁，十七年復設。
典史一員。

儒學復設教諭一員，訓導一員。

張橋驛驛丞一員，池河驛驛丞一員，定遠驛驛丞一員。定遠驛丞係康熙十三年設。

知縣

尹志烶　嵊縣人，舉人，順治二年任。

李人龍　滄州人，進士，順治四年任。

高萬仞　奉天人，生員，順治十一年任。

周敏政　河間人，進士，順治十三年任。

徐三善　寧州人，拔貢，順治十六年任。

徐玗　蓬萊人，進士，康熙元年任。

聶士貞　荆州人，康熙七年任。

岳徵珽　宣府人，康熙十年任。

祖良器　奉天人，廕生，康熙十四年任。

曲震　奉天人，進士，康熙十九年任。

孟楫　鄒縣人，舉人，康熙三十年任。

楊國璽　順天人，監生，康熙三十二年任。

朱　繹　鑲藍旗人，進士，康熙三十七年任。

任　重　潼川人，舉人，康熙四十二年任。

林應春　福清人，進士，康熙四十五年任。

張景蔚　鑲藍旗人，康熙四十九年任。

李伯貞　開化人，舉人，康熙五十二年任。

高大田　鑲黄旗人，監生，康熙五十五年任。

高澤弘　河間人，進士，雍正元年任。

郭兆夢　武强人，歲貢，雍正二年任。

尤拔世　正藍旗人，監生，雍正四年任。

李　珩　陝西人，拔貢，雍正八年任。

鄒克昌　京山人，進士，雍正九年任。

戴　昕　馬平人，舉人，雍正十三年署任。

黄　閣　永新人，舉人，雍正十三年任。

虹　縣

知縣一員。原不設丞、簿。

典史一員。

儒學復設教諭一員，訓導一員。

知縣

張爾翮　富平人，順治二年任。

李養麟　奉天人，貢生，順治六年任。

孫枝豐　掖縣人，貢生，順治十四年任。

劉慶藻　滄州人，進士，順治十五年任。

陳　愚　山陽人，舉人，康熙元年任。

陶大章　蓬萊人，貢生，康熙元年任。

趙弘覽　劍州人，進士，康熙四年任。

張永庚　鑲黄旗人，貢生，康熙九年任。

龔起翬　義烏人，舉人，康熙十年任。

彭翼宸　蘭陽人，進士，康熙十五年任。

高士郎　奉天人，筆帖式，康熙十九年任。

李　玨　翼城人，監生，康熙二十二年任。

韓　章　洪洞人，監生，康熙三十三年任。
段　縉　晉寧人，舉人，康熙五十年任。
李　維　正藍旗人，監生，康熙五十一年任。
楊大勳　歷城人，貢生，雍正元年任。
高廷獻　元城人，舉人，雍正九年任。
朱汝琳　上元人，監生，雍正十三年任。
鹿聖基　輝縣人，舉人，乾隆元年署任。

壽　州

知州一員。
州同知一員。
吏目一員。
儒學學正一員。訓導分管鳳臺。
北爐橋巡檢一員。

知州

胡永善　江寧人，恩貢，順治二年任。

劉士瑜　奉天人，恩貢，順治二年任。

王　棐　山東人，恩貢，順治三年任。

王　業　直隸人，恩貢，順治四年任。

于三躍　奉天人，拔貢，順治八年任。

李大升　山西人，進士，順治十年任。

裘　組　浙江人，舉人，順治十五年任。

劉裴印　陝西人，舉人，順治十七年任。

黎士毅　福建人，拔貢，康熙二年任。

張希召　山東人，歲貢，康熙七年任。

沈顯貴　鑲藍旗人，廕生，康熙十七年任。

甯養氣　正黃旗人，監生，康熙二十一年任。

王治國　奉天人，廕生，康熙二十二年任。

佟山年　正藍旗人，監生，康熙二十六年任。

黃汝鈺　正黃旗人，監生，康熙三十三年任。

王永俠　福建人，貢生，康熙三十四年任。
傅君錫　福建人，恩貢，康熙三十六年任。
王帝臣　正白旗人，監生，康熙三十九年任。
徐國璽　正黄旗人，監生，康熙四十八年任。
祝鍾儁　奉天人，監生，康熙四十九年任。
謝亮揆　宛平人，監生，康熙五十一年任。
李孔嘉　宛平人，監生，康熙五十四年任。
鮑學灝　濟寧人，監生，康熙六十一年任。
姚宗先　朔平人，附貢，雍正七年任。
饒荷禧　武平人，舉人，雍正八年任。
王　瓚　鑲黄旗人，監生，雍正九年任。
張毓珂　正紅旗人，官生，雍正十年任。
唐際運　沈（邱）〔丘〕人，舉人，雍正十年署任。
周之晋　會稽人，副榜，雍正十二年署任。
馮　原　鑲紅旗人，監生，雍正十二年任。
段元文　濟源人，生員，雍正十三年署任。

鳳臺縣

知縣一員。雍正十一年添設。

典史一員。添設。

儒學復設訓導一員。係壽州分撥。

知　縣

周之晋　會稽人，副榜，雍正十一年任。

宿　州

知州一員。

州同知一員。駐劄徐溪口。

吏目一員。

儒學學正一員，復設訓導一員。

睢陽驛驛丞一員，大店驛驛丞一員，夾溝驛驛丞一員。原百善驛驛丞，今奉裁，歸併本州。

知州

沈鍾秀　興濟人，貢生，順治二年任。

方隆治　奉天人，貢生。

李棲鵬　奉天人，貢生，順治七年任。

劉名世　奉天人，貢生，康熙元年任。

盛啓方　廣寧人，貢生，康熙五年任。

吕雲英　蓋平人，廕生，康熙十年任。

盛彦　陽曲人，舉人，康熙十三年任。

石芝麟　奉天人，廕生，康熙十五年任。

唐國器　奉天人，廕生，康熙二十一年任。

高其佩　鐵嶺人，廕生，康熙二十一年任。

黄允亮　奉天人，康熙三十二年任。

王懋　奉天人，康熙三十六年任。

臧憲祖　奉天人，康熙三十六年任。

俞慎　會稽人，康熙四十四年任。

王鍇　奉天人，康熙五十年任。

董鴻圖　會稽人，康熙五十三年任。
竇　仁　宛平人，雍正三年任。
鮑學灝　濟寧人，監生，雍正七年任。
董　柴　介休人，歲貢，雍正八年任。
劉夢楫　慶雲人，舉人，雍正十年任。
陳慰祖　磁州人，進士，雍正十二年署任。
王文焕　華州人，副榜，雍正十二年署任。
王祖晋　華亭人，監生，雍正十二年署任。
馮應詔　金壇人，監生，雍正十二年任。
尤拔世　正藍旗人，監生，雍正十三年任。

靈璧縣

知縣一員。
管河主簿一員。原設縣丞一員，順治十六年裁。
典史一員。
儒學復設教諭一員，訓導一員。

固鎮巡檢一員。

固鎮驛驛丞一員。

知縣

黄廷柏　生員，順治二年任。

曹時敏　遷安人，貢生，順治四年任。

苑芝　奉天人，貢生，順治八年任。

劉秬　霸州人，官生，順治十年任。

汪彪　黄巖人，貢生，順治十三年任。

余延脉　交河人，貢生，順治十六年任。

王鳴琦　湖廣人，貢生，順治十七年任。

張拱辰　陽城人，進士，順治十八年任。

晋淑召　洪洞人，貢生，康熙元年任。

黄寶鼎　洛陽人，廕生，康熙三年任。

馬驌　鄒平人，進士，康熙八年任。

吴嵩　内江人，進士，康熙十二年任。

高士朗　奉天人，筆帖式，康熙十四年任。

姜　玉　奉天人，筆帖式，康熙十五年任。

顧勤墉　嘉善人，例監，康熙十九年任。

葉惟琳　會稽人，監生，康熙二十年任。

張勰美　海澄人，舉人，康熙二十一年任。

梁　偉　奉天人，監生，康熙二十三①年任。

劉振儒　盂縣人，進士，康熙二十五年任。

李　澍　鉅野人，舉人，康熙二十七年任。

薛兆麒　襄陵人，進士，康熙二十八年任。

荆益祉　洪洞人，歲貢，康熙三十年任。

單私淑　廣東人，舉人，康熙三十二年任。

劉廷理　大同人，進士，康熙三十五年任。

賈龍文　蒲州人，歲貢，康熙三十八年任。

朱成美　正黃旗人，歲貢，康熙四十年任。

①　「二十三」，《四庫》本作「二十二」。

馬佩韋　鄒平人，歲貢，康熙四十六年任。
王奕宣　鑲紅旗人，監生，康熙五十一年任。
于元吉　汶上人，進士，康熙五十四年任。
宋　鈐　商(邱)〔丘〕人，廪貢，康熙六十一年任。
謝重燦　惠安人，進士，雍正四年任。
郭世藩　渭南人，監生，雍正六年任。
俞　珖　上虞人，監生，雍正十年任。
吴之綱　華亭人，貢生，雍正十年任。
阮　彩　大興人，上元籍，供事，雍正十年署任。
王祖晋　華亭人，監生，雍正十二年任。

潁州府

知府一員。雍正二年改潁州爲直隸州，十三年陞爲府。
糧捕通判一員。雍正十三年設。
經歷一員。
儒學教授一員。訓導分管阜陽。

知州

趙玥　貴州人，舉人，順治二年任。

李大受　奉天人，生員，順治三年任。

馬首魁　陝西人，貢生，順治四年任。

孫可成　奉天人，貢生，順治七年任。

王天民　奉天人，貢生，順治九年任。

徐治國　奉天人，拔貢，順治十四年任。

王國泰　奉天人，貢生，順治十五年任。

胡璞玉　陝西人，拔貢，順治十八年任。

喻三畏　奉天人，拔貢，康熙五年任。

傅天祥　奉天人，廕生，康熙九年任。

鄭廷俊　奉天人，廕生，康熙二十二年任。

馬之驊　正藍旗人，康熙二十五年任。

陳九陛　奉天人，康熙三十一年任。

孫寅　杭州人，康熙三十八年任。

王盛文　鑲紅旗人，康熙四十七年任。

張　鈁　大興人，康熙五十四年任。

王承勳　正紅旗人，康熙五十七年任。

李丕煜　灤州人，康熙六十年任。

吴廷祚　魚台人，康熙六十一①年任。

趙嗣美　保定人，雍正二年任。

李月槎　正白旗人，雍正三年任。

袁式宏　祥符人，雍正六年任。

毛　貢　掖縣人，舉人，雍正九年任。

以上知州。

知　府

盧見曾　德州人，進士，雍正十三年任。

① 「六十一」，乾隆《潁州府志》卷五作「六十」。

阜陽縣

知縣一員。雍正十三年添設。

縣丞一員。

典史一員。添設。

儒學訓導一員。係府學改撥。

沈(邱)〔丘〕鎮巡檢一員。

知縣

劉夢楫　慶雲人，舉人，雍正十二年署任。

高淑曾　沂水人，生員，雍正十二年署任。

紀　咸　文安人，舉人，雍正十二年署任。

高淑曾　雍正十二年復署任。

李元祥　長陽人，貢生，雍正十三年署任。

張　潮　山陽人，舉人，雍正十三年署任。

楊　墳　朝城人，貢生，乾隆元年任。

潁上縣

知縣一員。丞、簿並不設。

典史一員。

儒學復設教諭一員，訓導一員。

知　縣

朱之勤　上元人，拔貢，順治二年任。

史　煒　成安人，舉人，順治二年任。

鮑弘仁　奉天人，貢生，順治六年任。

羅正冕　大興人，拔貢，順治十一年任。

翟乃慎　宛平人，拔貢，順治十二年任。

劉凝鼎　安定人，舉人，順治十五年任。

勞俶印　石門人，舉人，順治十八年任。

張翼飛　閩縣人，進士，康熙七年任。

林鼎偉　莆田人，舉人，康熙十年任。

李賡明　侯官人，拔貢，康熙十三年任。
常翼聖　鄢陵人，進士，康熙十七年任。
沈緒曾　歸安人，舉人，康熙二十三年①任。
董繼祚　正白旗人，康熙二十六年任。
劉廷譓　廣東人，舉人，康熙三十一年任。
劉顯烈　鑲藍旗人，康熙三十五年任。
孟　汧　太康人，舉人，康熙五十三年任。
趙　蕃　濟寧人，進士，康熙五十七年任。
邵錫光　仁和人，進士，康熙六十一年任。
嚴啓漢　德化人，進士，雍正元年任。
楊弘俊　開化人，舉人，雍正三年任。
張志亨　三水人，進士，雍正五年任。
周　璠　成都人，舉人，雍正九年任。
(邱)〔丘〕齊衡　山西人，舉人，雍正十年任。

① 「二十三年」，《四庫》本作「二十二年」。

汪鯤躍　黄梅人，監生，雍正十二年署任。
蔡元成　南安人，舉人，雍正十三年任。

霍(邱)〔丘〕縣

知縣一員。原設主簿，順治十一年裁。
典史一員。
儒學復設教諭一員，訓導一員。
開順鎮巡檢一員。

知　縣

蔣甲先　泉州人，舉人，順治三年任。
龐　禔　河津人，進士，順治四年任。
吴國用　奉天人，貢生，順治六年任。
蔣明良　奉天人，生員，順治七年任。
管抒素　咸寧人，進士，順治八年任。
戴治盛　江夏人，進士，順治十年任。

李道純　滎澤人，拔貢，順治十三年任。

王逢年　莆田人，舉人，順治十四年任。

王道弘　商（邱）〔丘〕人，恩貢，順治十六年任。

楊顯德　澧州人，歲貢，康熙元年任。

王九吉　任（邱）〔丘〕人，吏部供事，康熙二年任。

張懋德　蠡縣人，進士，康熙三年任。

姬之篚　偃師人，進士，康熙六年任。

高去怠　寧晋人，進士，康熙十七年任。

譚觀成　石門人，舉人，康熙十八年任。

劉佐世　曲沃人，進士，康熙十九年任。

查詩繼　浙江人，舉人，康熙二十一年任。

周　賓　□□〔鑲藍〕①旗人，康熙二十五年任。

蔣　燦　□□〔鑲藍〕②旗人，康熙二十九年任。

① 據雍正《四川通志》卷三十一補。

② 據同治《霍丘縣志》卷八補。

孫毓英　□□〔正白〕①旗人，康熙三十二年任。
袁士雲　雲南人，舉人，康熙三十六年任。
張庚光　湖廣人，舉人，康熙四十八年任。
王　佳　□□〔鑲黄〕②旗人，康熙四十九年任。
鄢廷棟　湖廣人，例監，康熙五十三年任。
馬　昺　□□〔鑲黄〕③旗人，康熙五十七年任。
王用懋　□□〔鑲黄〕④旗人，康熙五十九年任。
焦世爵　陝西人，例監，康熙六十一年任。
陳守仁　石屏人，進士，雍正四年任。
張　鷟　陝州人，舉人，雍正七年任。
李　烒　陸川人，舉人，雍正十年任。
趙錫疇　膠州人，舉人，雍正十二年署任。
鍾文奎　安遠人，舉人，雍正十二年任。

①②③④　據同治《霍丘縣志》卷八補。

陳惟謙　漢州人，舉人，雍正十三年署〔任〕①。

張敦睦　大興人，舉人，雍正十三年任。

亳州

知州一員。雍正二年改爲直隸州。十三年，潁州陞府，州併屬。

州同知一員。

吏目一員。

儒學學正一員，復設訓導一員。

知州

張昌期　蒲州人。

祕應奇　順天人，舉人。

亢發祥　崞縣人，貢生。

嚴自泰　尤溪人，進士。

① 據《四庫》本補。

劉澤溥　華州人，進士。
李惟翰　奉天人，貢生。
孫　棨　嘉興人，舉人。
何　暹　曹州人，拔貢。
林環昌　晋江人，拔貢。
郝爾瞻　平山人，舉人。
吴世英　奉天人，貢生。
楊國著　奉天人，監生。
唐翰弼　正黄旗人，廕生，康熙十七年任。
張　珩　奉天人，廕生，康熙二十二年任。
馬雄俊　奉天人，康熙二十五年任。
張聖典　奉天人，康熙二十九年任。
朱之璉　奉天人，康熙三十一①年任。
李　鈺　奉天人，康熙三十六年任。

① 《四庫》本「一」字缺文。

朱之璉　康熙三十七年再任。
蘇　灝　直隸人，康熙四十六年任。
余之璇　沔陽人，雍正四年任。
盧　焯　奉天人，雍正六年任。
余光祖　犍爲人，雍正六年任。
尤拔世　正藍旗人，監生，雍正八年任。
陳慶門　盩厔人，進士，雍正十一年署任。
盧見曾　德州人，進士，雍正十二年任。
張安國　秀水人，監生，雍正十三年署任。
華　度　餘姚人，監生，雍正十三年任。

太和縣

知縣一員。丞、簿並不設。
典史一員。
儒學復設教諭一員，訓導一員。
洪山司巡檢一員。

知　縣

李　傑　滿州人，順治二年任。

李淑孕　安（邱）〔丘〕人，貢生，順治二年任。

劉源濬　滑縣人，進士，順治三年任。

滿守德　奉天人，貢生，順治六年任。

夏雲從　奉天人，貢生，順治七年任。

陳大綸　定興人，拔貢，順治十四年任。

劉迪穀　安邑人，進士，順治十八年任。

王元翰　慈谿人，廕生，康熙元年任。

楊（印）〔胤〕麟　高陵人，進士，康熙五年任。

陳虞化　東莞人，舉人，康熙九年任。

李元直　濮州人，進士，康熙十三年任。

魯承侯　大同人，附監，康熙十八年任。

朱　紘　秀水人，附監，康熙二十三年任。

劉中碩　奉天人，監生，康熙二十七年任。

蔣培基　鑲白旗人，監生，康熙五十年任。

張文傑　大興人，監生，康熙六十一年任。
張景濂　德興人，進士，雍正五年任。
馬光學　翼城人，進士，雍正七年任。
黄　熺　海陽人，舉人，雍正十一年任。
趙錫疇　膠州人，舉人，雍正十二年署任。
鄧元標　沙縣人，舉人，雍正十三年任。

蒙城縣

知縣一員。原設縣丞一員，順治十六年裁。
典史一員。
儒學復設教諭一員，訓導一員。

知　縣

蔣録楚　永州人，舉人，順治二年任。
范敏俊　棗强人，貢生，順治五年任。
田本沛　富平人，進士，順治七年任。

黄遂昇　河間人，貢生，順治十四年任。
孫啓烈　解州人，進士，順治十八年任。
陳援世　涪州人，貢生，康熙六年任。
竹緑猗　涇陽人，進士，康熙八年任。
陳民懷　應城人，進士，康熙十年任。
趙裔昌　大興人，舉人，康熙十三年任。
史必顯　孟縣人，舉人，康熙二十三年任。
劉達選　孟縣人，進士，康熙二十五年任。
管三輔　鄞縣人，舉人，康熙二十六年任。
范佩成　鄞縣人，貢生，康熙二十九年任。
莫弘濟　增城人，康熙三十三年任。
劉天成　江夏人，監生，康熙三十六年任。
柏之謨　奉天人，監生，康熙三十七年任。
蕭名俊　大興人，進士，康熙四十一年任。
黄天簡　同安人，舉人，康熙五十一年任。
徐誠身　武安人，進士，康熙六十一年任。

王大經　孝感人，舉人，雍正三年任。
盧見曾　德州人，進士，雍正八年任。
高淑曾　沂水人，進士，雍正九年任。
齊錫智　陽信人，進士，雍正十二年署任。
易　醇　蒼梧人，舉人，雍正十三年任。

滁　州

知州一員。原設州判一員，康熙六年奉裁。
吏目一員。
儒學學正一員，復設訓導一員。
大槍嶺巡檢一員。
大柳樹驛驛丞一員。原設滁陽驛驛丞一員，今奉裁併。又永盈倉大使一員，今裁。

知　州

蕭　琯　孝感人，舉人，順治二年任。

王嘉賓　滿州①人，貢生，順治五年任。

李嘉猷　奉天人，貢生，順治六年任。

楊鳳岐　滿州②人，貢生，順治九年任。

甯鳴玉　奉天人，拔貢，順治十四年任。

顔育鶴　武昌人，拔貢，順治十七年任。

鄭邦相　咸寧人，進士，康熙六年任。

余國檣　大冶人，拔貢，康熙八年任。

趙清楨　奉天人，廕生，康熙十四年任。

王賜魁　奉天人，官生，康熙二十二年任。

金世卿　正黄旗人，生員，康熙二十五年任。

王夢翼　三原人，貢生，康熙三十七年任。

鄭愛民　鑲藍旗人，監生，康熙三十八年任。

申奇彩　鑲藍旗人，監生，康熙四十一年任。

温而遜　宣化人，貢生，康熙四十三年任。

①② 「滿州」，疑爲「滿洲」。

石登峨　正白旗人，監生，康熙五十二年任。
朱爾融　單縣人，貢生，雍正二年任。
趙良堉　考城人，貢生，雍正五年任。
萬世良　漢陽人，舉人，雍正六年任。
楊正笏　開化人，舉人，雍正九年任。
楊大勳　歷城人，教習，雍正十年任。

全椒縣

知縣一員。丞、簿並不設。
典史一員。
儒學復設教諭一員，訓導一員。

知　縣

劉惟謙　奉天人，拔貢，順治二年任。
楊宏功　棗陽人，生員，順治四年任。

趙鼎立　滿州①人，貢生，順治五年任。
白惺涵　河間人，進士，順治八年任。
范開文　蘭谿人，貢監，順治十六年任。
徐邦顯　浙江山陰人，吏員，康熙五年任。
藍學鑑　上杭人，舉人，康熙七年任。
王作舟　直隸人，進士，康熙十七年任。
高　藩　浙江人，監生，康熙二十八年任。
袁家麟　四川人，舉人，康熙四十二年任。
王廷桂　浙江人，監生，康熙四十三年任。
張　松　會稽人，吏員，康熙四十五年任。
汪兆熊　浮梁人，進士，康熙五十二年任。
江天泰　南豐人，進士，雍正六年任。
楊　燧　廣順人，貢生，雍正六年任。
丁　銘　武進人，舉人，雍正八年任。

① 「滿州」，疑爲「滿洲」。

李庚星　仁和人，廩生，雍正十二年署任。
鄭　珊　莆田人，舉人，雍正十三年任。

來安縣

知縣一員。丞、簿並不設。
典史一員。
儒學復設教諭一員，訓導一員。

知　縣

劉芳譽　鄭州人，進士，順治三年任。
湯九圍　順治八年任。
張光耀　宛平人，貢生，順治十六年任。
趙文傑　山東人，貢生，順治十七年任。
楊宗昌　直隸人，進士，康熙二年任。
田可大　大名人，進士，康熙四年任。
周孚先　襄垣人，貢生，康熙四年任。

王廷瑞　南鄭人，進士，康熙六年任。
黄世臣　西充人，舉人，康熙十一年任。
周家柱　奉天人，廕生，康熙十五年任。
喬　嵩　大興人，例監，康熙二十年任。
胡成銓　臨清人，監生，康熙二十五年任。
嵇　釴　山西人，拔貢，康熙二十六年任。
孫之芳　直隸人，監生，康熙二十七年任。
劉之昂　鑲藍旗人，監生，康熙二十九年任。
馬雲衢　鑲藍旗人，筆帖式，康熙三十九年任。
錢士峰　廣東人，進士，康熙四十六年任。
張　晋　直隸人，進士，康熙四十九年任。
祁文瀚　壽陽人，進士，康熙五十六年任。
馮文漢　貴州人，舉人，康熙六十一年任。
黄大均　貴筑人，舉人，雍正元年任。
黄金品　紹興人，監生，雍正三年任。
陳之遇　廣東人，進士，雍正四年任。

王文焕　華州人，貢生，雍正七年任。
伍斯璸　新建人，舉人，雍正八年任。
孔傳櫺　曲阜人，廪生，雍正十三年署任。
秦弘典　馬平人，舉人，乾隆元年任。

和州

知州一員。
州同知一員。州判裁。
吏目一員。
儒學學正一員，復設訓導一員。
牛屯河巡檢一員，裕溪河巡檢一員。

知州

盧汝鵑　新淦人，舉人，順治二年任。
丁時陞　奉天人，生員，順治三年任。
徐　萃　臨清人，舉人，順治七年任。

趙　健　奉天人，順治八年任。
李如蘭　考城人，舉人，順治十年任。
年仲隆　奉天人，進士，順治十五年任。
楊繼芳　南和人，拔貢，順治十七年任。
張省機　宛平人，康熙五年任。
夏　瑋　奉天人，康熙九年任。
王　瑄　三原人，廕生，康熙二十年任。
石　參　鑲紅旗人，監生，康熙二十八年任。
何　偉　鑲藍旗人，監生，康熙三十九年任。
李芳雲　鑲黄旗人，監生，康熙四十三年任。
衛　樞　澤州人，貢生，康熙四十六年任。
李振德　正黄旗人，監生，康熙四十九年任。
薰鴻圖　會稽人，監生，雍正三年任。
蘇　社　南安人，監生，雍正五年任。
嚴　錕　嘉興人，監生，雍正六年任。
張廷勳　鑲白旗人，監生，雍正八年任。

黄鶴鳴　建水人，進士，雍正九年任。
汪文坦　會稽人，監生，雍正十一年任。
朱文昭　大興人，監生，雍正十二年署任。
李元祥　長陽人，拔貢，雍正十二年署任。
唐如柏　桐鄉人，舉人，雍正十二年署任。
李　唐　孝義人，監生，雍正十三年任。
汪文坦　乾隆元年復署任。

含山縣

知縣一員。丞、簿並不設。
典史一員。
儒學復設教諭一員，訓導一員。

知　縣
朱長泰　德平人，進士，順治四年任。
黄　鼒　大興人，順治九年任。

蔣　彔　黄梅人，舉人，順治十七年任。
范　貞　會稽人，貢生，順治十八年任。
穆徵印　雅州人，舉人，康熙九年任。
葉爾茂　奉天人，生員，康熙十一年任。
劉祚全　清源人，舉人，康熙十二年任。
周元宰　奉天人，廕生，康熙十六年任。
趙　燦　博興人，舉人，康熙二十二年任。
楊奕紳　河内人，舉人，康熙二十九年任。
杜學林　□□〔普定〕①人，舉人，康熙三十七年任。
許士貞　虞城人，舉人，康熙四十年任。
戴大任　正黄旗人，康熙四十五年任。
趙宣進　杞縣人，貢生，康熙五十二年任。
劉懋暲　河池人，拔貢，康熙五十七年任。

① 據光緒《直隸和州志》卷十一補。

黄文成　盧陵人，舉人，雍正三年①任。
李　經　南昌人，例監，雍正五年任。
陳　銓　四川人，舉人，雍正七年任。
郭殿正　濬縣人，舉人，雍正十年任。

廣德州

知州一員。
州判一員。原設州同知一員，裁。
吏目一員。
儒學學正一員，訓導一員。
陳陽司巡檢一員，杭村司巡檢一員，廣安司巡檢一員。

知　州

閔以棟　湖廣人，貢生，順治二年任。

① 「三年」，光緒《直隸和州志》卷十一作「二年」。

崔成名　安肅人，貢生，順治五年任。
鄔仲元　奉天人，順治七年任。
塗應泰　鐵嶺衛人，恩生，順治八年任。
孟希舜　錦州人，順治十一年任。
秦　確　河南人，貢生，順治十三年任。
俞　灝　仁和人，進士，順治十五年任。
陸翔華　嘉善人，進士，順治十八年任。
楊　苞　應山人，廕生，康熙二年任。
高拱乾　榆林人，廕生，康熙八年任。
門可榮　奉天人，廕生，康熙十八年任。
朱國柱　鑲黄旗人，廕生，康熙二十三年任。
毛　渾　新昌人，拔貢，康熙二十八年任。
李　勳　正紅旗人，官生，康熙三十二年任。
陳祥裔　大興人，監生，康熙三十八年任。
朱德安　會稽人，監生，康熙四十二年任。

周在建① 祥符人，監生，康熙五十年任。

丁勺曾 日照人，進士，雍正三年任。

詹宜倫 贛縣人，舉人，雍正九年任。

李國相 咸陽人，進士，雍正十二年任。

建平縣

知縣一員。丞、簿俱順治年間裁。

典史一員。

儒學復設教諭一員，訓導一員。

梅渚鎮巡檢一員。

知　縣

祝啓庸 六安州人，進士，順治二年任。

張正中 湯陰人，貢生，順治三年任。

---

①「建」，《四庫》本作「健」。

彭長庚　奉天人，順治五年任。
陶爾性　陝西人，舉人，順治十年任。
鄭羽南　黄岡人，貢生，順治十四年任。
王天福　涉縣人，貢生，順治十五年任。
胡魁楚　廣濟人，貢生，順治十六年任。
柏肯堂　臨清人，進士，順治十八年任。
李景燦　義烏人，恩貢，康熙三年任。
高自遠　嘉魚人，舉人，康熙九年任。
張顧行　韓城人，進士，康熙十五年任。
嚴昌搆　仙遊人，舉人，康熙二十年任。
李龍翔　香山人，舉人，康熙二十八年任。
張文華　奉天人，廕生，康熙三十三年任。
胡擢標　湯溪人，舉人，康熙三十五年任。
茅成鳳　浙江人，監生，康熙三十七年任。
何應瑞　奉天人，貢生，康熙四十一年任。
蘇振芳　福建人，舉人，康熙四十七年任。

陸士渭　烏程人，進士，康熙四十九年任。

陳廷煒　秀水人，進士，康熙五十三年任。

王曾淑　安邑人，貢生，康熙五十五年任。

徐之愈　浙江人，監生，雍正元年任。

蘇　祉　南安人，監生，雍正二年任。

衛廷璞　番禺人，進士，雍正五年任。

六安州

知州一員。雍正二年改爲直隸知州。

州同知一員。州判裁。

吏目一員。

儒學學正一員，復設訓導一員。

和尚灘巡檢一員。

知　州

李浴日　掖縣人，貢生。

(邱)〔丘〕承緒　正黄旗人，貢生。

劉克孔　奉天人，拔貢。

吴毓珍　正黄旗人，進士。

王德明　直隸人，舉人。

吴世顯　正紅旗人，廕生。

余三朋　正白旗人，廕生。

王所善　陽城人，舉人。

陳　恭　侯官人，拔貢。

周　盛　奉天人，舉人。

王大麒　興國人，舉人。

臧弘祖　奉天人，例監。

柳滋溥　奉天人，廕監，康熙三十三年任。

王廷曾　會稽人，貢監，康熙三十三年任。

王朝瑞　長山人，貢生，康熙四十一年任。

傅而保　登封人，拔貢，康熙四十二年任。

張　璨　奉天人，康熙四十八年任。

楊恢基　洪洞人，貢生，康熙五十五年任。
李懋仁　南昌人，貢生，雍正四年任。
盧見曾　德州人，進士，雍正九年任。
高淑曾　沂水人，進士，雍正十二年署任。

英山縣

知縣一員。丞、簿俱裁。
典史一員。
儒學復設教諭一員，訓導一員。
七引店巡檢一員。

知　縣

申鍾霍　直隸人，舉人，順治二年任。
史良植　洛陽人，進士，順治三年任。
崔永祉　山西人，貢生。
王兆元　陝西人，舉人。

周維新　直隸人，吏員。

馮永璘　直隸人，生員。

陳震先　錢塘人，進士，康熙八年任。

楊　忭　沂州人。

張顧行　陝西人，進士。

劉五瓏　山西人，副榜。

于鵬翥　文登人，舉人。

王之勷　鄠縣人，舉人，康熙二十八年任。

李　澍　招遠人，舉人，康熙三十一年任。

林　弼　莆田人，拔貢，康熙三十九年任。

李廷壎　奉天人，監生，康熙四十八年任。

張顯遇　新會人，舉人，康熙五十五年任。

趙宗炅　平越人，舉人，雍正四年任。

伊景嶸　寧化人，貢生，乾隆元年署任。

鄭　重　高郵人，進士，乾隆元年任。

霍山縣

知縣一員。丞、簿俱裁。

典史一員。

儒學復設教諭一員，訓導一員。

千羅坂巡檢一員，上土市巡檢一員。

知縣

王培　鉅鹿人，舉人，順治三年任。

門毓英　瀋陽人，貢生，順治五年任。

唐彦裘　桐鄉人，進士，順治九年任。

盧世傳　長安人，舉人，順治十年任。

欒元魁　奉天人，生員，順治十一年任。

李居一　岐山人，拔貢，順治十六年任。

羅大美　閬中人，舉人。

趙之駿

高　稷　韓城人，監生。

戴君錫　薊州人，舉人。

蔡　楫　大興人，生員。

李　枬　蒲臺人，進士。

徐天德　豐城人，舉人，康熙三十九年任。

汪弘玨　錢塘人，監生，康熙四十五年任。

董振祖　介休人，拔貢，康熙五十一年任。

賴允元　永安人，舉人，康熙五十七年任。

鮑　梓　南宫人，進士，雍正五年任。

李崇楷　吴橋人，舉人，雍正七年任。

蔣　燧　全州人，舉人，雍正九年任。

陳　瑞　通州人，進士，雍正十一年任。

郭　鑲　大名人，拔貢，雍正十三年署任。

陳　瑞　乾隆元年復回任。

泗　州

知州一員。雍正二年改爲直隸知州。

州同知一員。

吏目一員。

儒學學正一員，復設訓導一員。

原設泗水驛驛丞一員，順治十六年裁。

知　州

廣①側〔侍〕②　河南人，生員，順治二年任。

張鑑衡　洛陽人，舉人，順治三年任。

景世英　正黃旗人，順治四年任。

胡貢明　奉天人，順治五年任。

---

① 「廣」，《四庫》本作「席」。

② 據康熙《泗州通志》卷十三、乾隆《泗州志》卷七改補。

薛時勉　奉天人，順治八年任。
宋德芳　開州人，貢生，順治十年任。
傅應薦　奉天人，舉人，順治十二年①任。
范三俊　太谷人，貢生，順治十八年任。
翁九鼎　福建人，舉人，康熙二年任。
王之賓　奉天人，廕生，康熙二年任。
張弘謨　奉天人，貢生，康熙四年任。
袁象乾　良鄉人，廕生，康熙五年任。
馬　璣　大城人，進士，康熙八年任。
李德耀②　奉天人，廕生，康熙十一年任。
魏三聘　奉天人，生員，康熙十四年任。
莫之翰　潛江人，進士，康熙二十二年任。
范時習　鑲黄旗人，廕生，康熙二十九年任。

① 「十二年」，康熙《泗州通志》卷十三作「十三年」。
② 「耀」，康熙《泗州通志》卷十三作「燿」。

左印儼　河間人，監生，康熙三十三年任。
潘聖俞　浙江人，監生，康熙三十六年①任。
尚崇震　鑲黄旗人，監生，康熙四十五年任。
梅　建　普定人，舉人，康熙四十七年任。
董弘圖　會稽人，監生，康熙四十九年任。
靳治徐　鑲黄旗人，監生，康熙五十年任。
張文炳　宛平人，康熙六十一年任。
郭兆夢　武强人，貢生，雍正五年任。
汪文煜　上元人，貢生，雍正十一年任。

盱眙縣

知縣一員。
縣丞一員。主簿順治四年裁，康熙十四年復設，今奉裁。
典史一員。

① 「三十六年」，乾隆《泗州志》卷七作「三十九年」。

儒學復設教諭一員，訓導一員。

原設舊縣巡檢一員，今裁。

知縣

郭彌昌　洛陽人，舉人，順治三年任。

柴　濬　臨汾人，進士，順治五年任。

吴國泰　奉天人，貢生，順治五年任。

孫昭錫　寧海人，進士，順治九年任。

劉　煒　歷城人，進士，順治十四年任。

張端錫　臨清人，貢生，順治十五年任。

黄若庸　閩縣人，貢生，順治十七年任。

李時茂　錦州人，貢生，順治十八年任。

朱弘祚　高唐人，舉人，康熙元年任。

田弘祖　陽城人，進士，康熙十四年任。

胡應麟　海寧人，監生，康熙十八年任。

倪　壇　會稽人，監生，康熙二十五年任。

李霖雨　安〔邱〕〔丘〕人，進士，康熙三十一年任。
袁　湛　三原人，舉人，康熙三十五年任。
周振舉　祥符人，進士，康熙三十九年任。
徐　發　會稽人，監生，康熙四十六年任。
楊　述　忻州人，進士，康熙四十八年任。
郁世翀　嘉善人，貢生，康熙五十年任。
金運溥　宛平人，康熙五十四年任。
程　杭　江津人，舉人，雍正二年任。
范國柱　宛平人，雍正六年任。
熊郢昌　雲南人，舉人，雍正九年任。
張紫極　永城人，歲貢，雍正十年任。
葉　本　青浦人，監生，雍正十三年署任。

天長縣

知縣一員。丞、簿自前明裁革後並不設。
典史一員。

儒學復設教諭一員，訓導一員。

城門鄉巡檢一員。

知　縣

李毓秀　河南人，貢生，順治二年任。

金　印　奉天人，貢生，順治五年任。

王　辛　直隸人，進士，順治七年任。

張大章　山西人，貢生，順治十八年任。

江映鯤　閬中人，舉人，康熙元年任。

楊作模　順天人，康熙二十三年任。

俞宗文　餘姚人，貢生，康熙二十七年任。

王之珂　晋江人，舉人，康熙二十八年任。

陳維樞　秀水人，監生，康熙三十年任。

佟世集　鑲黄旗人，監生，康熙三十四年任。

孫　丹　蒲城人，貢生，康熙四十七年任。

蔡　樾　揭陽人，舉人，康熙五十二年任。

潘兆遴　濟寧人，舉人，康熙五十二年任。
郭允中　鑲白旗人，監生。
孫蔭蓀　霑化人，舉人，雍正五年任。
毛　貢　掖縣人，舉人，雍正八年任。
王遥穀　孟津人，舉人，雍正九年任。
傅　詢　河南人，貢生，雍正十一年任。
張國綱　鑲紅旗人，舉人，雍正十二年署任。
侯　封　掖縣人，進士，雍正十三年署任。
李庚星　仁和人，廩生，雍正十三年署任。
陳　喆　嘉應人，舉人，乾隆元年任。

五河縣

知縣一員。丞、簿並不設。
典史一員。
儒學復設教諭一員，訓導一員。

知　縣

任宗尹　岐山人，拔貢。

丁浴初　獲鹿人，進士。

卓　聖　奉天人。

王建樞　益都人，進士，順治十一年任。

孫聖麟　大興人，舉人，順治十四年任。

林起英　福寧人，貢生，順治十七年任。

屠應守　孝感人，舉人，順治十八年任。

暢　溥　鞏縣人，貢生，康熙三年任。

侯執纁　河内人，進士，康熙六年任。

李雲景　晋江人，副榜，康熙九年任。

陳顯忠　大興人，康熙十三年任。

羅大初　蒲城人，進士，康熙十六年任。

黄錦心　順德人，舉人，康熙二十年任。

鄭　鼐　永平人，歲貢，康熙二十二年任。

萬　言　浙江人，貢生，康熙二十五年任。

丁啓益　山東人，貢生，康熙二十九年任。
郅　玠　山西人，康熙三十二年任。
李振璣　金鄉人，進士，康熙四十六年任。
靳治①岐　鑲黄旗人，進士，康熙五十年任。
尤拔世　正藍旗人，監生，雍正五年任。
伍斯瓆　江西人，舉人，雍正七年任。
王文焕　華州人，貢生，雍正十年任。
何大章　上虞人，吏員，雍正十年任。
汪振甲　錢塘人，進士，雍正十二年署任。
武　巚　曹縣人，進士，雍正十三年署任。

① 「治」，《四庫》本作「治」。

江南通志卷一百十一

職官志

武職

歷代武職沿革，詳見《武備志》，兹特列國朝人員姓名於左。

鎮守江南江寧等處滿洲將軍

巴山 滿洲人。

哈哈木 滿洲人。

額楚 滿洲人。

瓦岱 滿洲人，康熙二十二年任。

博　濟　鑲白旗人，康熙二十四年任。
苗齊納　鑲紅旗人，康熙三十一年任。
鄂羅舜　正藍旗人，康熙三十四年任。
達　嘉　鑲紅旗人，康熙四十四年任。
朱　滿　正白旗人，康熙四十五年任。
鄂克蓀　鑲黃旗人，康熙四十六年任。
岳吉納　鑲紅旗人，康熙五十七年任。
董吉納　正紅旗人，雍正三年任。
覺羅伊禮布　鑲藍旗人，雍正四年任。
何天培　正白旗人，雍正五年任。
拉　錫　正白旗人，雍正五年任。
來　穩　鑲黃旗人，雍正六年任。
鄂密達　鑲藍旗人，雍正七年任。
穆　森　鑲白旗人，雍正九年任。
吴納哈　鑲黃旗人，雍正十年任。

左翼副都統

朝克托　滿洲人。

莽吉兔　滿洲人。

胡　圖　滿洲人。

倭　黑　正白旗人，康熙二十二年任。

鄂羅舜　正藍旗人，康熙三十年任。

碩　色　鑲黄旗人，康熙三十四年任。

鄂齊力　鑲黄旗人，康熙三十八年任。

鄂克蓀　鑲黄旗人，康熙四十一年任。

達　拜　正白旗人，康熙四十六年任。

吴納哈　鑲黄旗人，康熙五十四年任。

立　柱　正白旗人，雍正二年任。

伍納策　正藍旗人，雍正九年任。

右翼副都統

尚吉圖　滿洲人。

穆成格　滿洲人。

禪　布　鑲紅旗人，康熙二十七年任。

克　齊　鑲紅旗人，康熙四十年任。

達爾化　正黄旗人，康熙四十二年任。

他　稗　鑲紅旗人，康熙四十六年任。

申　保　鑲紅旗人，康熙五十四年任。

德爾本　正紅旗人，雍正二年任。

阿克山　正白旗人，雍正八年任。

以上江寧將軍標。

鎮守京口等處漢軍將軍

劉之源　順治十六年任。

李顯貴　康熙三年任。

柯永蓁　康熙十年任。

王之鼎　康熙十二年任。

楊鳳翔　鑲藍旗人，康熙十八年任。

張思恭　鑲藍旗人，康熙二十九年任。

董元卿　鑲黄旗人，康熙二十九年任。

馬自德　正黄旗人，康熙三十七年任。

馬三奇　鑲黄旗人，康熙三十八年任。

何天培　正白旗人，康熙五十三年任。

李　杕　鑲藍旗人，雍正元年任。

金以坦　鑲藍旗人，雍正五年任。

祖秉衡　正白旗人，雍正六年任。

王　鈂　奉天人，雍正八年任。

左翼副都統

張元勳　正白旗人，順治十六年任。

張所養　康熙七年任。

董元卿　康熙二十八年任。

邵鳳翔　正白旗人，康熙二十九年任。

蔡毓茂　正白旗人，康熙三十八年任。

崔士英　鑲紅旗人，康熙四十六年任。

周良相　鑲黄旗人，康熙五十年任。

甘國培　正藍旗人，康熙五十六年任。

朱　炯　鑲藍旗人，雍正二年任。

張可用　正白旗人，雍正二年任。

劉汝霖　鑲黄旗人，雍正七年任。

高其伸　鑲黄旗人，雍正七年任。

吴如繹　正紅旗人，雍正七年任。

藺　炤　鑲黄旗人，雍正八年任。

朱廷桂　鑲黄旗人，雍正十年任。

右翼副都統

周維新　順治十六年任。

張思恭　鑲藍旗人，康熙九年任。
祖澤源　正黄旗人，康熙二十九年任。
柏天毓　正黄旗人，康熙三十三年任。
馬自德　正黄旗人，康熙三十六年任。
趙　玥　鑲紅旗人，康熙三十八年任。
許國柱　鑲藍旗人，康熙四十五年任。
黄象坤　正黄旗人，康熙四十七年任。
劉啓芳　鑲紅旗人，康熙五十年任。
張天植　正紅旗人，雍正元年任。
陳世璠　正紅旗人，雍正十年任。

左營

遊　擊

康　兆　鑲白旗人，順治十六年任。
繆　謨　鑲白旗人，順治十八年任。
王　進　康熙十二年任。

張中極　康熙十二年任。

副將

白允明　奉天人，康熙十四年任。
劉九禮　順天人，康熙十八年任。
安守正　陜西人，康熙十九年任。
陸文元　順天人，康熙二十三年任。
顧　隆　寧夏人，康熙二十七年任。
李得勝　京衛人，康熙三十六年任。
李　近　福建人，康熙四十四年任。
楊長春　鑲黄旗人，康熙四十四年任。
吴瑞麟　正藍旗人，康熙五十九年任。
楊　寅　陜西人，雍正三年任。
張漢傑　正黄旗人，雍正九年任。
杜　愷　陜西人，雍正十一年任。

右營

遊擊

宜太明　正白旗人，順治十六年任。

隨萬化　正白旗人，康熙元年任。

張洪範　正白旗人，康熙七年任。

滿進貴　涼州衛人，康熙十二年任。

張弘弼　濟南人，康熙十四年任。

桑鳳蛟　青州人，康熙十六年任。

李　迴　湖廣人，康熙十八年任。

黄天棟　江西人，康熙二十年任。

王際泰　山東人，康熙二十五年任。

宋振業　江南人，康熙三十八年任。

陳　略　陝西人，康熙四十年任。

林　達　福建人，康熙四十五年任。

馬　仁　陝西人，康熙四十八年任。

劉天寵　正白旗人，康熙五十六年任。
方應璋　陝西人，康熙六十年任。
張　紀　奉天人，雍正八年任。
改光宗　雍正十二年任。

前營

遊　擊

鄒　標　正黄旗人，順治十六年任。
包永才　正黄旗人，康熙七年任。
馬文璧　康熙十二年任。
張瑞徵　康熙十九年任。二十三年奉裁。

後營

遊　擊

鄭伯真　鑲藍旗人，順治十六年任。

松有德　鑲藍旗人，順治十七年任。
崔成名　鑲藍旗人，康熙七年任。
張文輝　鑲藍旗人，康熙十一年任。
戴進階　康熙十九年任。
二十三年奉裁。

京口左路水師

總　兵
張　杰　順治十六年任。
石國璽　陝西人，康熙元年任。
侯襲爵　廣寧人，康熙四年任。
劉選勝　湖廣人，康熙十七年任。
張光先　陝西人，康熙二十二年任。
陳　奇　陝西人，康熙二十三年任。
林本直　江南人，康熙三十年任。
三十六年奉裁。

副將

周洪昇　直隸人，康熙三十六年任。

李業鴻　直隸人，康熙三十七年任。

崔士英　康熙四十一年任。

李　近　福建人，康熙四十二年任。

張　緯　康熙四十五年任。

鄂　鼐　康熙四十八年任。

王政行　福建人，康熙五十六年任。

尚之瑨　康熙六十一年任。

鄧良臣　河南人，雍正二年任。

徐世龍　四川人，雍正七年任。

蔡　勇　福建人，雍正七年任。

杜　愷　陝西人，雍正十二年署任。

改光宗　雍正十二年署任。

潘林祚　雍正十三年任。

京口左營

遊　擊

李良臣　陝西人，康熙十三年任。

樊　英　陝西人，康熙十四年任。

馬從龍　山東人，康熙十七年任。

鮑邦俊　山東人，康熙十九年任。

張定國　海州人，康熙二十二年任。

馬　超　寧夏人，康熙三十六年任。

馬　虎　寧夏人，康熙四十五年任。

徐成德　康熙五十八年任。

馬　祚　陝西人，雍正三年任。

顧　賓　廣東人，雍正九年任。

高　灝　雍正十二年署任。

徐　潛　雍正十三年任。

京口右路水師

總　兵

石國璽　陜西人，順治十六年任。

麻蔭揚　山西人，康熙二年任。

張國勳　宣府人，康熙九年任。

李廷棟　奉天人，康熙十一年任。

董振國　奉天人，康熙十二年任。

蔡　元　福建人，康熙十九年任。

陳　華　福建人，康熙二十二年任。二十四年奉裁。

京口右營

遊　擊

王守正　陜西人，康熙二年任。

武　榮　山西人，康熙六年任。

朱之良　京衛人，康熙九年任。
佟淑年　奉天人，康熙十三年任。
吴六謹　河南人，康熙十八年任。
李重富　山東人，康熙二十一年任。
李應彪　山東人，康熙三十三年任。
陳　倖　福建人，康熙四十二年任。
潘承家　福建人，康熙五十一年任。
胡雲龍　鑲紅旗人，康熙五十五年任。
鮑大用　江南人，康熙六十一年任。
辛開元　湖廣人，雍正四年任。
周有貴　雍正十三年任。
以上京口將軍標。

總督江南江西軍務部院軍門

中營

副將

朱運亨 順治五年任。

王戎 順治八年任。

馮武卿 順治十三年任。

趙應奎 河南人，順治十七年任。

金抱一 京衛人，康熙十一年任。

党世昌 陝西人，康熙十五年任。

田萬侯 京衛人，康熙二十年任。

劉澤深 康熙二十三年任。

劉含高 康熙二十五年任。

黄燕贊 康熙二十九年任。

俞益謨 康熙三十二年任。

王國臣　康熙三十六年任。

王文雄　康熙三十八年任。

李乾龍　康熙四十二年任。

仇　璣　康熙四十四年任。

李　麟　康熙四十五年任。

楊弘基　鑲藍旗人，康熙四十九年任。

尚之瑨　鑲黄旗人，康熙五十七年任。

劉正禮　奉天人，康熙五十九年任。

楊國相　陜西人，康熙六十一年任。

王　英　陜西人，雍正三年任。

馬伏臣　陜西人，雍正九年任。

武進陞　陜西人，雍正九年任。

王三賓　歸德人，雍正十一年任。

左營

遊擊

王戎 順治五年任。

王璋 順治九年任。

白士元 順治十三年任。

李君秀 順治十七年任。

孔守義 康熙二年任。

陳有鳴 康熙九年任。

胡師龍 順天人，康熙十一年任。

張文舉 正紅旗人，康熙十四年任。

賀國維 真定人，康熙十八年任。

周復興 山東人，康熙二十四年任。

程定坤 浙江人，康熙二十九年任。

李智 福建人，康熙三十八年任。

錢鈺 浙江人，康熙三十九年任。

莊式金　浙江人，康熙四十五年任。
朱士植　陝西人，康熙四十六年任。
嚴廷訓　陝西人，康熙五十年任。
路　山　奉天人，康熙五十三年任。
程希演　直隸人，康熙五十八年任。
楊山柏　陝西人，雍正四年任。

安慶營

副　將

熊嘉夢　康熙六年任。
陳王勷　山西人，康熙十二年任。
胡師龍　順天人，康熙十四年任。
李大茂　奉天人，康熙十七年任。
陳萬策　奉天人，康熙十九年任。
郭文魁　順天人，康熙二十二年任。
韓世臣　順天人，康熙三十一年任。

金弘聲　正黄旗人，康熙四十六年任。
黄　德　福建人，康熙五十二年任。
程　璣　江南人，康熙五十六年任。
杜汝崙　四川人，康熙五十九年任。
興王政　正白旗人，康熙六十一年任。
唐際盛　四川人，雍正元年任。
沈天爵　浙江人，雍正六年任。
苗國琮　鑲白旗人，雍正六年任。
康華齡　正白旗人，雍正九年署任。
張興祖　正黄旗人，雍正十一年任。
鄭世興　山東人，雍正十二年署任。
高　鈺　鑲黄旗人，雍正十二年署任。
袁有明　陝西人，雍正十三年任。

遊兵營

遊　擊

袁　誠　順治二年任。

馬登科　順治八年任。

趙國治　順治十二年任。

馬之駿　順治十八年任。

霍時御　浙江人，康熙二年任。

程自明　陝西人，康熙十一年任。

張中極　臨淮人，康熙十五年任。

李昌祚　廣平人，康熙十九年任。

王顯光　江西人，康熙二十二年任。

林　拱　福建人，康熙二十五年任。

王榮壯　福建人，康熙四十三年任。

許大學　陝西人，康熙五十五年任。

閆　璥　山西人，雍正四年任。

以上督標。

江寧城守營

原設昂邦章京

張大猷　鑲黄旗人，順治三年任。

祖澤遠　鑲白旗人，順治九年任。

管效忠　鑲黄旗人，順治九年任。

改設總管

高明忠　鑲藍旗人，順治十七年任。

劉良佐　鑲黄旗人，順治十八年任。

改設總兵

趙宗科　鑲黄旗人，康熙元年任。

改設副將

張思達　陝西人，康熙七年任。

陳國柱　順天人，康熙十一年任。

趙光璧　河南人，康熙十四年任。

孔弘憲　保定人，康熙十五年任。

周於仁　順天人，康熙二十一年任。

曾　蘭　康熙二十三年任。

李雲龍　康熙二十四年任。

趙廷棟　康熙二十七年任。

劉國寵　寧夏人，康熙三十二年任。

汪一桂　江南人，康熙四十四年任。

許仕龍　康熙四十六年任。

段　玿　陝西人，康熙四十六年任。

陳天培　湖廣人，康熙五十二年任。

張玉金　陝西人，康熙五十九年任。

李　漣　直隸人，雍正九年任。

康華齡　正白旗人，雍正十一年任。

王三賓　歸德人，雍正十二年署任。

康華齡　雍正十三年回任。

左　營

遊　擊

葛萬錦　順治三年任。

高永義　順治六年任。

裘衷服　順治九年任。

盧鴻勳　順治十七年任。

胡師龍　順天人，康熙元年任。

謝來詔　順天人，康熙五年任。

陳大謨　順天人，康熙十三年任。

王　佐　正白旗人，康熙十三年任。

彭天福　江南人，康熙十八年任。

羅　煌　寧夏人，康熙二十二年任。

施而寬　福建人，康熙二十五年任。
晉　賦　康熙三十九年任。
苗之發　福建人，康熙四十一年任。
陳　棟　福建人，康熙四十七年任。
周　涵　山東人，康熙四十九年任。
高　玆　福建人，康熙五十五年任。
張　富　福建人，雍正元年任。
馬世勳　直隸人，雍正二年任。
辛光岱　山東人，雍正六年任。

右營

遊　擊

佟元年　奉天人，順治三年任。
左　慈　順治六年任。
王之印　順治九年任。
宋毓秀　順治十七年任。

房　才　康熙二年任。
趙嶽生　涇縣人，康熙十年任。
劉承廉　奉天人，康熙十九年任。
耿一培　直隸人，康熙二十二年任。
董自明　河南人，康熙二十九年任。
陳朝鼎　山東人，康熙三十三年任。
洪際昇　福建人，康熙四十二年任。
熊登雲　寧夏人，康熙四十四年任。
王　賓　雲南人，康熙五十三年任。
馬　乾　陝西人，康熙五十九年任。
馬應龍　四川人，雍正元年任。

改設都司

魏大學　寧夏人，雍正十年任。

奇兵營

遊　擊

趙國治　順治十六年任。

霍時御　順治十七年任。

顧尚忠　康熙元年任。

吴　蔭　福建人，康熙七年任。

張　垣　京衛人，康熙十二年任。

梁汝貴　山西人，康熙十八年任。

王國臣　山東人，康熙二十二年任。

薛夢蛟　山東人，康熙二十九年任。

周鳳麟　陝西人，康熙三十六年任。

施　璇　福建人，康熙三十八年任。

姚光憲　江西人，康熙四十三年任。

姚宗禹　山西人，康熙五十四年任。

許天榮　直隸人，康熙五十九年任。

鄭　瑄　河南人，康熙六十一年任。
王　貴　陝西人，雍正三年任。
金月輝　山西人，雍正八年任。
以上協標。

總督漕運部院軍門

左營

參　將

張承祖　大興人，順治二年任。
余士傑　歙縣人，順治五年任。

遊　擊

龔　澍　會稽人，順治九年任。
折自明　延安人，順治十三年任。
梁凝禔　漢中人，順治十七年任。

李化龍　懷集人，康熙四年任。

副將

許壯猷　江南人，康熙十一年任。

張英奇　深州人，康熙十七年任。

王成功　湖廣人，康熙三十五年任。

楊　琳　正紅旗人，康熙三十七年任。

王允昌　浙江人，康熙三十九年任。

李　勝　陝西人，康熙四十年任。

黄　英　福建人，康熙四十七年任。

李中月　陝西人，康熙五十三年任。

程　璣　徽州人，康熙五十九年任。

興王政　鑲黄旗人，雍正元年任。

郭魯藩　山東人，雍正五年任。

馬　義　陝西人，雍正六年任。

王邦寧　山西人，雍正九年任。

右營

遊擊

白進寶　奉天人，順治三年任。

王欽　河南人，順治六年任。

毛有倫　直隸人，順治十年任。

劉國玉　陝西人，順治十三年任。

薛保　榆林人，順治十五年任。

曹光肇　順天人，順治十八年任。

陳俎豆　通州人，康熙二年任。

潘瑀　河南人，康熙三年任。

趙完璽　密雲人，康熙九年任。

章紘　浙江人，康熙十六年任。

趙輝　河南人，康熙十七年任。

王佐　陝西人，康熙二十四年任。

馬得勝　江南人，康熙二十五年任。

郭　鳳　京衛人，康熙二十七年任。

李　勝　陝西人，康熙三十一年任。

謝　英　福建人，康熙四十年任。

李　彪　陝西人，康熙四十二年任。

戴良佐　湖廣人，康熙四十四年任。

李三豹　山東人，康熙五十五年任。

馬空北　河南人，雍正元年任。

烏麗珠　鑲黄旗人，雍正二年任。

劉問政　山西人，雍正四年任。

張　昺　正紅旗人，雍正十二年署任。

淮安城守營

參　將

康承祖　山東人，康熙三十七年任。

李　勝　山西人，康熙四十年任。

黄　英　福建人，康熙四十二年任。

陳　陞　福建人，康熙四十六年任。
任重遠　陝西人，康熙四十七年任。
馮廷輔　陝西人，康熙五十五年任。
張耀祖　雲南人，康熙六十年任。
董象台　鑲黄旗人，雍正元年任。
方文登　揚州人，雍正元年任。
烏麗珠　鑲黄旗人，雍正六年任。
張士俊　山西人，雍正七年任。

廟灣營

遊　擊

潘廷吉　順治二年任。
海時動　京衛人，順治五年任。
封　雄　陝西人，順治九年任。
佟養謨　奉天人，順治十三年任。
黄　甲　京衛人，順治十八年任。

張弘弼　山東人，康熙八年任。
鄭　玉　順天人，康熙十一年任。
周　奭　京衛人，康熙十六年任。
張廷貴　奉天人，康熙二十年任。
梁士治　真定人，康熙二十一年任。
李文舉　湖廣人，康熙三十二年任。
黄　仕　福建人，康熙三十九年任。
趙守信　湖廣人，康熙四十八年任。
劉維翰　順天人，康熙五十七年任。
徐天相　順天人，雍正元年任。
金題顯　鑲藍旗人，雍正六年任。
梁鳴鳳　雍正十二年任。

鹽城營

遊　擊

陳其瑚　直隸人，順治七年任。

徐　信　浙江人，順治八年任。

孫肇武　直隸人，順治十二年任。

楊雙鳳　四川人，康熙元年任。

姚弘信　奉天人，康熙八年任。

陳　鑄　山東人，康熙十四年任。

賈重俊　奉天人，康熙二十年任。

徐士琦　江南人，康熙二十三年任。

趙泰櫟　浙江人，康熙三十二年任。

馮清世　江南人，康熙四十二年任。

侯天爵　大興人，康熙五十二年任。

閃文繡　大名人，康熙五十八年任。

馮士進　福建人，雍正元年任。

陳應標　湖廣人，雍正四年任。

江　椒　浙江人，雍正八年任。

金世超　乾隆元年任。

海州營

副　將

楊武烈　直隸人，順治四年任。

王憲章　陝西人，順治八年任。

遊　擊

徐元正　真定人，順治十一年任。

張瑞麟　直隸人，順治十七年任。

李子儀　福建人，康熙二年任。

楊君禮　陝西人，康熙三年任。

謝鴻儒　陝西人，康熙八年任。

施大景　陝西人，康熙十三年任。

王振遠　浙江人，康熙十八年任。

黄　龍　福建人，康熙二十九年任。

(邱)〔丘〕得捷　福建人，康熙四十年任。

任重遠　陝西人，康熙四十四年任。

張子龍　陝西人，康熙四十七年任。

劉文元　正藍旗人，康熙五十一年任。

姚宗禹　山西人，康熙五十八年任。

王應元　湖廣人，雍正四年任。

俞躍瀚　桃源人，雍正十三年署任。

高　灝　山西人，雍正十三年任。

以上漕標。

總督江南河道部院軍門

中　營

副　將

王廷梅　大興人，雍正十一年署任。

孟紹先① 雍正十三年署任。

葛世雄 山西人，雍正十三年署任。

左營

總兵

王之綱 直隸人，順治二年任。

副將

周維墉 江南人，順治三年任。

陳一貫 奉天人，順治九年任。

劉朝輔 奉天人，順治十三年任。

周　貴 奉天人，順治十八年任。

賀國賢 山西人，康熙十年任。

楊三元 陝西人，康熙十八年任。

① 「先」，《四庫》本作「光」。

鄧君弼　陝西人，康熙二十一年任。
任世禄　河南人，康熙二十四年任。
侯　奇　山東人，康熙二十六年任。
許　青　福建人，康熙三十年任。
王子明　直隸人，康熙三十六年任。
劉體義　陝西人，康熙三十七年任。
鄭　章　直隸人，康熙三十八年任。
陳天培　湖廣人，康熙四十六年任。
王政行　福建人，康熙五十年任。
韓廷標　浙江人，康熙五十七年任。
閃文繡　大名人，雍正元年任。
郭魯藩　山東人，雍正六年任。
許大學　陝西人，雍正六年任。
葛世雄　山西人，雍正九年署任。
王永福　雍正十三年署任。
王雲鳦　正黄旗人，乾隆元年任。

右營

遊擊

沈應麟　紹興人，順治五年任。
高文舉　順天人，順治十一年任。
曹萬錫　京衛人，順治十六年任。
吴國棟　陝西人，順治十八年任。
單登龍　京衛人，康熙六年任。
丁際昌　京衛人，康熙十三年任。
李　耀　河南人，康熙十七年任。
陳　鑄　山東人，康熙二十年任。
張　紘　江寧人，康熙二十四年任。
羅光乾　山西人，康熙三十二年任。
張子龍　康熙四十二年任。
祁　映　凉州衛人，康熙四十七年任。
吴　進　陝西人，康熙五十年任。

馮廷輔　陝西人，康熙五十三年任。
張耀祖　陝西人，康熙五十五年任。
方文登　揚州人，康熙六十年任。
徐文芳　廣東人，雍正元年任。
白　舉　直隸人，雍正五年任。
黄正元　福建人，雍正八年任。

山清裏河上營

參　將

孫　峻　山東人，雍正六年任。
朱永凡　江南人，雍正九年任。

遊　擊

張朝輔　江寧人，雍正六年任。
胡　成　淮安人，雍正九年任。

邳睢河營

遊擊

彭鎮　歸德人，雍正十年任。

葦蕩營

參將

馬義　陝西人，雍正四年任。

劉延廣　應天人，雍正六年任。

黃正元　福建人，雍正十三年任。

以上河標。

巡撫江蘇等處地方軍門

左營

遊擊

楊國海　順治二年任。

周福　順治八年任。

白國泰　順治十一年任。

王天吉　順治十三年任。

李成功　順治十六年任。

胡定邦　康熙十三年任。

毛玉　京衛人，康熙十四年任。

劉邦棟　奉天人，康熙十九年任。

李虎　順天人，康熙二十二年任。

楊鉉　漳州人，康熙二十八年任。

謝君忠　襄陽人，康熙四十年任。

林　政　泉州人，康熙四十二年任。

宋　瑄　山西人，康熙四十七年任。

馬世勳　直隸人，康熙五十三年任。

黄　賢　常德人，康熙五十八年任。

武進陞　陝西人，雍正四年任。

參　將

王(二)〔三〕①賓　歸德人，雍正十年任。

右　營

遊　擊

周祚新　順治二年任。

楊國海　順治五年任。

劉德澤　順治十年任。

① 據《四庫》本改。

張連奎　順治十一年任。

孫攀桂　順治十六年任。

孔守義　順治十六年任。

劉邦棟　康熙十三年任。

楊玉春　山西人，康熙十八年任。

成登選　真定人，康熙十九年任。

張鴻元　京衛人，康熙三十年任。

郭虎威　山東人，康熙四十一年任。

穆廷弼　鑲黄旗人，康熙四十七年任。

聶尚斌　陝西人，康熙五十四年任。

王　才　陝西人，康熙六十年任。

惠　愷　陝西人，雍正三年①任。

李　瑄　陝西人，雍正三年任。

李月成　陝西人，雍正五年任。

① 「三年」，《四庫》本作「二年」。

王成誌　四川人，雍正七年任。

蘇州城守營

遊　擊

李成功　康熙元年任。
趙應貴　康熙七年任。
李長坤　康熙十一年任。
毛　玉　京衛人，康熙十三年任。
朱成格　瀋陽人，康熙十四年任。
楊汝登　京衛人，康熙二十年任。
陳宗魁　陜西人，康熙二十一年任。
趙弘印　陜西人，康熙二十七年任。
陳　昂　福建人，康熙三十八年任。
李日韜　江西人，康熙四十四年任。
王　偉　直隸人，康熙四十九年任。
何百禄　陜西人，康熙五十一年任。

汪作霖　湖廣人，康熙五十四年任。

李浤發　順天人，康熙五十五年任。

馬伏臣　陝西人，康熙五十九年任。

李士宏　江南人，雍正二年任。

賀　喜　陝西人，雍正五年任。

王三賓　歸德人，雍正八年任。

高　鈺　鑲黄旗人，雍正九年任。

吴　俊　江南人，雍正十年任。

以上江蘇撫標。

巡撫安徽等處地方軍門

左　營

遊　擊

甘成良　奉天人，康熙十三年任。

鄧　雄　山西人，康熙十八年任。

佘宗邦　湖廣人，康熙二十四年任。

陳　新　福建人，康熙三十二年任。

吕　燦　江南人，康熙三十九年任。

王　恩　揚州人，康熙四十二年任。

李浹發　順天人，康熙五十四年任。

沈　祥　四川人，康熙五十八年任。

董朝弼　陝西人，雍正四年任。

王　珽　山東人，雍正六年任。

右營

遊擊

康長保　奉天人，康熙十三年任。

李廷秀　順天人，康熙十八年任。

閆士玉　山東人，康熙二十二年任。

劉　仁　福建人，康熙二十九年任。

李士紳　徽州人，康熙三十二年任。

姜際龍　宣府人，康熙三十三年任。

吕　明　福建人，康熙三十八年任。

聶尚斌　陝西人，康熙四十九年任。

馮友玉　河南人，康熙五十四年任。

李應源　松江人，康熙六十一年任。

焦應林　陝西人，雍正三年任。

鄭世興　山東人，雍正五年任。

以上安徽撫標。

江南全省提督軍門

李廷棟　順治二年任。

吴勝兆　順治三年任。

張天禄　順治四年任。

馬逢知　順治十二年任。

梁化鳳　陝西人，進士，康熙元年任。

王之鼎　康熙十年任。

楊　捷　奉天人，康熙十二年任。

王永譽　奉天人，康熙十七年任。

楊　捷　康熙二十年再任。

金世榮　正黄旗人，康熙三十年任。

張　旺　山西老營堡人，康熙三十四年任。

張雲翼　陜西人，康熙三十五年任。

師懿德　寧夏人，康熙四十八年任。

穆廷栻　山海關人，康熙五十三年任。

杜呈泗　陜西人，康熙五十四年任。

趙　珀　鑲紅旗人，康熙五十七年任。

高其位　鑲黄旗人，康熙六十年任。

魏經國　正白旗人，雍正四年任。

柏之蕃　正黄旗人，雍正六年任。

王紹緒　四川人，雍正九年任。

南天祥　雲南人，雍正十一年任。

補　熙　鑲黄旗人，雍正十二年任。

南天祥　乾隆元年再任。

中營

副將

詹世勳

高謙

遊擊

愛音達禮

毛傑

洪進

王嘉會

參將

張光先　陝西人，康熙十年任。

齊人龍　陝西人，康熙十四年任。

阮欽爲　福建人，康熙二十八年任。

洪　範　福建人，康熙三十四年任。

高文熠　山東人，康熙三十六年任。

狄世俊①　陝西人，康熙三十九年任。

尚　嶲　陝西人，康熙四十三年任。

衛王建　山西人，康熙四十六年任。

楊國相　陝西人，康熙五十五年任。

馬世勳　直隸人，康熙五十九年任。

張君烈　陝西人，康熙六十一年任。

吴進義　陝西人，雍正元年任。

章　隆　福建人，雍正四年任。

周　寶　江南人，雍正五年任。

黄　欽　陝西人，雍正六年任。

① 「俊」，《四庫》本作「駿」。

左營

遊擊

張思達

呂士基

徐登第

王永正

張光先

李　回

周于仁

張一奉

韋元鼎　太平人，康熙二十一年任。

何國雲　江西人，康熙三十七年任。

顧從綸　陝西人，康熙四十年任。

袁　瑜　陝西人，康熙四十九年任。

張君烈　陝西人，康熙五十六年任。

侯宗周　陝西人，雍正元年任。

温元鳳　廣東人，雍正八年任。

右營

遊擊

許漢鼎

周應選

宋嘉賓

尹起莘

王嘉會

張國傑

崔天福

徐登雲

楊履道

郭四箴

杜昇　陝西人，康熙十八年任。

李朝臣　山東人，康熙二十三年任。
晋　賦　山西人，康熙四十年任。
黄尊周　浙江人，康熙四十六年任。
徐元勳　山東人，康熙五十一年任。
景　慧　陝西人，康熙五十二年任。
吴進義　陝西人，康熙五十八年任。
周騰鳳　河南人，雍正元年任。
葛世雄　山西人，雍正三年任。
王澤澄　山東人，雍正九年任。

前　營

遊　擊
劉應第
王應利
成國梃
楊履道

任九玉

吴鴻業　浙江人，康熙二十年任。

吕黄鍾　直隸人，康熙二十四年任。

廖國用　江西人，康熙二十九年任。

李　瑋　直隸人，康熙三十九年任。

喬起龍　河南人，康熙四十八年任。

冉起鳳　江南人，康熙五十四年任。

王三爵　直隸人，康熙五十六年任。

郝弘勳　正白旗人，康熙六十一年任。

馬　幾　陝西人，雍正元年任。

江　椒　浙江人，雍正七年任。

陳應標　湖廣人，雍正八年任。

後　營

遊　擊

劉一才

郭捍宸

武　灝

張念祖

王之熙

甘應科　直隸人，康熙十九年任。

常　太　陝西人，康熙二十四年任。

狄世俊　陝西人，康熙三十六年任。

杜長青　大名人，康熙三十九年任。

葛　寅　杭州人，康熙四十六年任。

楊國相　陝西人，康熙四十九年任。

鄧良臣　河南人，康熙五十五年任。

麥　桀　廣東人，雍正元年任。

劉志高　河南人，雍正三年任。

李　紀　福建人，雍正九年任。

松江城守營

遊　擊

張國俊　順治十八年任。

胡師龍　康熙八年任。

劉起龍　陝西人，康熙九年任。

皮大夔　上元人，康熙十八年任。

劉承廉　江西人，康熙二十八年任。

霍　峒　山東人，康熙三十九年任。

劉　昇　湖廣人，康熙五十五年任。

張存柱　陝西人，雍正二年任。

馬勇志　保定人，雍正五年任。

金山營

參　將

張道瀛　奉天人，順治二年任。

滕志善　奉天人，順治三年任。
李承印　江南人，順治三年任。
許漢鼎　陝西人，順治四年任。
楊文啓　奉天人，順治五年任。
李景陽　奉天人，順治七年任。
李　必　陝西人，順治八年任。
吴守祖　奉天人，順治九年任。
趙　亮　陝西人，順治十三年任。
李汝澤　江寧人，順治十五年任。
張瑞祥　陝西人，順治十六年任。
張國俊　河間人，順治十七年任。
徐登雲　奉天人，順治十八年任。
白可愛　陝西人，康熙十三年任。
鄧君弼　榆林人，康熙十八年任。
杜　昇　榆林人，康熙十八年任。
任世禄　浙江人，康熙二十二年任。

李遇芳　正藍旗人，康熙二十四年任。
林　允　福建人，康熙二十五年任。
徐　奎　寧波人，康熙三十年任。
王功建　山東人，康熙三十二年任。
王起龍　山東人，康熙四十二年任。
施定國　福建人，康熙四十四年任。
徐日昇　福建人，康熙四十八年任。
楊澤浤　順天人，康熙五十七年任。
興王政　鑲黄旗人，康熙六十年任。
劉　昇　湖廣人，康熙六十一年任。
鄧良臣　河南人，雍正元年任。
冉起鳳　江南人，雍正三年任。
劉永貴　陝西人，雍正四年任。
李必懋　浙江人，雍正五年任。
雷逢春　陝西人，雍正八年任。
葛世雄　山西人，雍正八年任。

王三賓　歸德人，雍正九年任。
李桂芳　山西人，雍正九年任。

川沙營

參　將

孔守義　康熙元年任。
惠正祥　康熙元年任。
任元禮　康熙十年任。
劉思玉　湖廣人，康熙十八年任。
湯三桂　湖廣人，康熙十八年任。
謝　智　福建人，康熙二十八年任。
韓祖蘄　浙江人，康熙三十五年任。
曹廷諫　江南人，康熙四十年任。
王政行　福建人，康熙四十五年任。
胡德麟　江南人，康熙五十一年任。
季成龍　江南人，康熙五十九年任。

王紹緒　四川人，雍正二年任。
周騰鳳　河南人，雍正三年任。
柳　圓　山東人，雍正五年任。
劉志高　河南人，雍正九年任。

劉河營

遊　擊

白賀朝　順治四年任。
高必昌　順治八年任。
曹如松　順治十二年任。
雷朝亭　順治十四年任。
韋　泰　順治十八年任。
仝光英　康熙四年任。
沈守才　康熙十二年任。
安應璧　京衛人，康熙十八年任。
楊懋紱　奉天人，康熙二十年任。

張仕傑　陝西人，康熙二十二年任。
施爲艮　福建人，康熙三十八年任。
李浹發　陝西人，康熙四十九年任。
李萬倉　陝西人，康熙五十五年任。
鄧良臣　河南人，雍正元年任。
張大福　浙江人，雍正二年任。
鄧起龍　福建人，雍正七年任。
牛　垸　直隸人，雍正九年任。

吴淞營

副　將

沈　豹　上元人，順治二年任。
趙光祖　京衛人。
熊嘉夢　奉天人，順治十七年任。

參　將

符必昭　京衛人，康熙六年任。

王永正　陝西人，康熙八年任。

孔守義　陝西人，康熙十三年任。

傅鵬翔　直隸人，康熙十九年任。

陳　雄　福建人，康熙二十五年任。

李業鴻　直隸人，康熙三十年任。

于　海　山東人，康熙三十八年任。

何國雲　江西人，康熙四十年任。

韓宗徵　江南人，康熙四十五年任。

路振揚　陝西人，康熙五十一年任。

趙　武　直隸人，康熙五十一年任。

李宗膺　陝西人，康熙六十年任。

紀廷璟　福建人，雍正二年任。

徐世龍　四川人，雍正五年任。

王安國　福建人，雍正七年任。

吴　勝　福建人，雍正七年任。

福山營

副　將

楊文啓　順治二年任。

遊　擊

李雲龍　順治四年任。

聶文臣　順治十四年任。

陳國隆　順治十五年任。

丁月桂　順治十七年任。

馬之駿　康熙二年任。

侯維漢　康熙四年任。

高士英　康熙七年任。

郭　豹　康熙十一年任。

張道瑞　康熙十九年任。

廖國用　康熙三十年任。
楊士珣　康熙三十一年任。
李　瑋　康熙四十年任。
李朝臣　康熙四十年任。
王起龍　康熙四十九年任。
劉孟龍　康熙五十六年任。
陳　昇　康熙五十七年任。
李　順　康熙五十七年任。
高顯揚　雍正五年任。
張雲龍　雍正五年任。
鄧起龍　雍正九年任。
張士孝　雍正九年任。

太湖營

遊　擊

英①長春　陝西人，康熙四年任。

高友諒　直隸人，康熙十年任。

馬起龍　京衛人，康熙十二年任。

姚世熙　陝西人，康熙十四年任。

向　龍　四川人，康熙十五年任。

李鳳翔　奉天人，康熙十七年任。

曹成章　江西人，康熙二十一年任。

羅光乾

胡宗明

楊廷桂

王奇奉

---

① 「英」，《四庫》本作「吴」。

王　琳

陳尊王

陳　奎

參　將

王紹緒　四川人，雍正二年任。

冉起鳳　江南人，雍正四年任。

周騰鳳　河南人，雍正五年任。

蔣麟經　福建人，雍正六年任。

常州營

遊　擊

趙嶽生　江南人，康熙十一年任。

李惟傑　順天人，康熙十一年任。

周家棟　奉天人，康熙十五年任。

孫世堯　陝西人，康熙十九年任。

芮夢龍　江南人，康熙二十年任。
李洪成　山東人，康熙二十二年任。
周斗光　徐州人，康熙二十四年任。
錢必秀　陝西人，康熙二十八年任。
單國統　江都人，康熙三十三年任。
施肇瓚　福建人，康熙三十五年任。
蔣元勳　正白旗人，康熙四十三年任。
王起龍　河南人，康熙四十六年任。
季咸瑛　順天人，康熙四十八年任。
房世淳　陝西人，康熙五十二年任。
侯宗周　陝西人，康熙五十九年任。
馬憲璧　陝西人，雍正元年任。
莊大受　廣東人，雍正六年任。
袁　魁　福建人，雍正七年任。
白　琦　山西人，雍正八年任。

江陰營

參　將

朱　鶯　濟寧人，順治二年任。

遊　擊

王家柱　鎮江人，順治二年任。

都　司

高志春　河南人，順治三年任。

楊　宇　陝西人，順治三年任。

參　將

王永爵　順天人，順治十八年任。

吴　標　廣東人，康熙二年任。

副將

張思達　陝西人，康熙四年任。

遊擊

胡師龍　京衛人，康熙七年任。

副將

徐自貴　奉天人，康熙八年任。

遊擊

汪浦明　陝西人，康熙十一年任。

周大生　浙江人，康熙十二年任。

辛性温　山西人，康熙十九年任。

韓世臣　宛平人，康熙二十二年任。

袁尚齡　直隸人，康熙二十七年任。

劉　喜　福建人，康熙三十六年任。

李時新　交河人，康熙四十五年任。

季成龍　太倉人，康熙五十三年任。

陳　昇　陝西人，康熙五十九年任。

高顯揚　河南人，雍正三年任。

張　昺　正紅旗人，乾隆元年任。

鎮江營

總　兵

劉　忠　順治二年任。

馬得功　順治二年任。

副　將

張承恩　順治二年任。

張文富　順治五年任。

張　誠　順治九年任。

楊廷機　順治十年任。

高　謙　順治十四年任。

張思達　康熙四年任。

參　將

吴　標　康熙四年任。

向文奇　河南人，康熙十一年任。

馬之駿　康熙十三年任。

李惟傑　康熙十五年任。

尹　震　順天人，康熙二十年任。

趙呈烜　陝西人，康熙二十四年任。

朱榮貴　福建人，康熙二十九年任。

盧士聯　山東人，康熙三十一年任。

黄明珠　福建人，康熙四十一年任。

薛士傑　山東人，康熙四十六年任。

朱士植　陝西人，康熙五十年任。

徐元勳　山東人，康熙五十二年任。

周一德　山東人，康熙五十七年任。

高世定　常州人，康熙六十年任。

陳　文　陝西人，雍正元年任。

沈天爵　浙江人，雍正三年任。

張雲翥　正黄旗人，雍正六年任。

黄元溥　湖廣人，雍正九年任。

潛山營

副　將

梁大用　順治二年任。

楊　虎　順治十五年任。

金抱一　京衛人，順治十七年任。

遊　擊

陳大用　康熙二年任。

任惟我　康熙六年任。

劉　才　康熙十一年任。

徐養義　奉天人，康熙十三年任。

趙嶽生　涇縣人，康熙十九年任。

苗世傑　河南人，康熙二十二年任。

謝　雄　陝西人，康熙三十四年任。

董　愷　永平人，康熙三十九年任。

管應凱　湖廣人，康熙四十七年任。

李　瑋　宣化人，康熙四十七年任。

王惟一　陝西人，康熙五十年任。

郝弘勳　正白旗人，康熙五十七年任。

楊鳳起　四川人，康熙六十一年任。

雷逢春　陝西人，雍正三年任。

董志奮　山西人，雍正八年任。

徽州營

總　兵

張天禄　陝西人，順治二年任。

胡茂楨　陝西人，順治四年任。

李仲興　順治十年任。

遊　擊

楊鳴鳳　順治十一年任。

卓自成　奉天人，順治十五年任。

田充國　京衛人，順治十八年任。

王　端　山西人，康熙五年任。

李惟傑　直隸人，康熙八年任。

參　將

胡呈祥　湖廣人，康熙十一年任。

副將

姚弘信　奉天人，康熙十三年任。

參將

吴德榮　河南人，康熙二十二年任。

周　奭　京衛人，康熙二十四年任。

趙　成　山東人，康熙二十八年任。

馬　玉　山東人，康熙三十六年任。

鄧玉印　湖廣人，康熙四十年任。

谷　鵬　順天人，康熙四十二年任。

戴良弼　湖廣人，康熙五十年任。

楊椿芳　湖廣人，康熙五十九年任。

譚躍龍　貴州人，雍正三年任。

黄永泰　陝西人，雍正五年任。

楊文成　正白旗人，雍正五年任。

寧國營

副　將

張鵬程　陝西人，順治四年任。

參　將

梁化龍　陝西人，順治十年任。

祖澤厚　奉天人，順治十一年任。

馬如松　陝西人，順治十六年任。

盛應魁　安慶人，康熙元年任。

劉光復　陝西人，康熙三年任。

韓自隆　陝西人，康熙十年任。

劉九禮　通州人，康熙十年任。

郎天祚　燕山右衛人，康熙十七年任。

王永臣　陝西人，康熙二十一年任。

蓋一鵬　陝西人，康熙二十三年任。

許士奇　寧夏人，康熙二十七年任。

黃光德　江西人，康熙三十四年任。

佟養裕　正藍旗人，康熙三十九年任。

許振聲　寧夏人，康熙四十五年任。

范維謨　鑲白旗人，康熙四十九年任。

馬　元　四川人，康熙五十六年任。

雷志禮　陝西人，雍正元年任。

張光玉　湖廣人，雍正四年任。

焦應林　陝西人，雍正五年任。

馬伏臣　陝西人，雍正七年任。

彭肇槐　江西人，雍正九年任。

王　玠

池州營

參　將

卜世龍　順治四年任。

梁化鳳　順治八年任。

遊　擊

常守才　順治十一年任。

張應楨　順治十二年任。

李應魁　順治十五年任。

王世昌　順治十七年任。

楊履道　康熙二年任。

楊　勝　福建人，康熙七年任。

王顒若　陝西人，康熙十二年任。

吴三捷　浙江人，康熙二十年任。

屈大壽　奉天人，康熙二十九年任。

尚　寯　陝西人，康熙三十九年任。

邢　德　陝西人，康熙四十三年任。

石佩玉　湖廣人，康熙四十六年任。

閔學孝　湖廣人，康熙五十三年任。

鐵雷雨　奉天人，康熙五十八年任。
王得功　山東人，雍正四年任。

蕪采營

總　兵

卜從善　陝西人，順治二年任。

參　將

卜世龍　陝西人，順治四年任。
梁化鳳　陝西人，順治八年任。

遊　擊

趙國祥　天津衛人，順治十一年任。
劉世賢　遵化人，順治十三年任。
吕英傑　山西人，順治十七年任。
劉大受　奉天人，康熙六年任。

高精白　奉天人，康熙八年任。
洪一維　歙縣人，康熙十二年任。
饒　彪　山西人，康熙二十一年任。
林　皋　福建人，康熙二十七年任。
李應科　江西人，康熙三十九年任。
黄甲選　直隸人，康熙四十四年任。
楊椿芳　湖廣人，康熙五十三年任。
馬　幾　陝西人，康熙五十九年任。
王　英　浙江人，雍正元年任。
王有才　順天人，雍正五年任。

廣德營

遊　擊
陳其仁　順治七年任。
卓天章　順治十年任。
王懷思　順治十二年任。

池鳳鳴　順治十五年任。

蔣　桐　順治十八年任。

李成龍　康熙元年任。

袁陞高　四川人，康熙十年①任。

張汝第　直隸人，康熙十八年任。

張念祖　順天人，康熙二十年任。

朱　鳳　河南人，康熙二十二年任。

胡國用　河南人，康熙二十八年任。

李伏茂　陝西人，康熙三十七年任。

孫天章　順天人，康熙三十九年任。

郭　鞏　順天人，康熙四十九年任。

黄廷瑞　大興人，康熙五十四年任。

張鳴鳳　貴州人，康熙五十五年任。

晋　賦　山西人，康熙五十九年任。

---

① 「十年」，《四庫》本作「十一年」。

劉天祐　奉天人，雍正四年任。

以上提標。

鎮守蘇州水師總兵官

總　兵

楊承祖　順治二年任。

王　燝　浙江人，順治十三年任。

梁化鳳　陝西人，順治十五年任。

張大治　奉天人，順治十七年任。

姚自强　奉天人，康熙十一年任。

劉兆麒　順天人，康熙十四年任。

總　鎮

傅　魁　鑲黄旗人，康熙二十四年任。

梁　鼐　陝西人，康熙二十七年任。

甯維周　正黄旗人，康熙四十一年任。

穆廷栻　直隸人，康熙四十二年任。
胡　駿　福建人，康熙五十三年任。
歐陽凱　福建人，康熙五十六年任。
魏經國　正白旗人，康熙五十七年任。
陳天培　湖廣人，康熙五十八年任。
林　秀　福建人，雍正八年任。
李　燦　山東人，雍正九年任。
葉應龍　湖廣人，雍正十年任。
杜　愷　陝西人，雍正十二年署任。
陳倫炯　福建人，雍正十三年任。

中營

遊　擊

李廷棟　奉天人，順治十五年任。
王　龍　陝西人，順治十八年任。
駱天選　四川人，康熙五年任。

黄　甲　順天人，康熙九年任。

參　將

黄　甲　康熙十五年任。

尚　宣　陝西人，康熙二十年任。

王三元　甘州人，康熙二十二年任。

遊　擊

帥國楨　正紅旗人，康熙二十四年任。

洪　初　福建人，康熙三十七年任。

劉漢鼎　陝西人，康熙三十九年任。

衛王建　山西人，康熙四十一年任。

吴方熹　浙江人，康熙四十八年任。

冉起鳳　鎮江人，康熙五十四年任。

柳　圓　山東人，雍正三年任。

倪鴻範　福建人，雍正五年任。

左營

遊擊

陳定　河南人，順治十五年任。

紀登雲　陝西人，順治十六年任。

楊龍　湖廣人，康熙二年任。

張撫民　河南人，康熙八年任。

孔守義　陝西人，康熙九年任。

陳大謨　順天人，康熙十三年任。

丁際昌　京衛人，康熙二十年任。

詹盛　福建人，康熙三十四年任。

劉漢鼎　陝西人，康熙三十八年任。

李弼　正白旗人，康熙三十九年任。

李智　福建人，康熙四十一年任。

董愷　直隸人，康熙四十七年任。

馬世勳　直隸人，康熙五十七年任。

岳　銓　福建人，康熙五十九年任。

林子龍　廣東人，雍正三年任。

王　進　福建人，雍正四年任。

袁　魁　福建人，雍正五年任。

莊大受　廣東人，雍正七年任。

右營

遊　擊

劉國玉　陝西人，順治十五年任。

史世科　奉天人，順治十六年任。

雷朝亭　湖廣人，順治十八年任。

劉成虎　奉天人，康熙九年任。

牛　宫　江寧人，康熙十七年任。

鄒　縉　浙江人，康熙二十七年任。

時爲焕　山東人，康熙四十六年任。

馬　順　陝西人，康熙五十六年任。

紀廷璟　福建人，雍正元年任。

顧金策　江南人，雍正二年任。

奇營

遊擊

楊懋經　山陰人，順治十六年任。

王　龍　陝西人，順治十七年任。

仝光英　山西人，順治十八年任。

李國寶　通州人，康熙四年任。

鮑邦俊　山東人，康熙九年任。

何天培　京衛人，康熙十七年任。

張三望　奉天人，康熙二十二年任。

史　芳　山西人，康熙二十四年任。

郭　龍　福建人，康熙二十九年任。

林　玫　福建人，康熙三十七年任。

李世馨　山西人，康熙四十二年任。

王良駿　盧州人，康熙四十三年任。
夏張琪　太倉人，康熙四十七年任。
徐世龍　四川人，康熙五十五年任。
盛天福　松江人，雍正五年任。
王文彪　廣東人，雍正九年任。
以上崇明鎮標。

鎮守江南江北狼山總兵官

副　將
劉世昌　山東人，順治二年任。
茅生蕙　順治三年任。
張德裕　直隸人，順治八年任。
馮武卿　浙江人，順治八年任。
鮑　虎　山西人，順治十四年任。

總　兵

柳同春　河南人，順治十八年任。

蔣登雷　陝西人，康熙七年任。

諸　邁　滿洲人，康熙八年任。

金世榮　正黄旗人，康熙十九年任。

姚　儀　鑲紅旗人，康熙二十二年任。

陳　昌　福建人，康熙二十四年任。

劉含高　奉天人，康熙二十七年任。

施而寬　福建人，康熙四十九年任。

楊國相　陝西人，雍正三年任。

王紹緒　四川人，雍正四年任。

郭　棋　陝西人，雍正五年任。

王安國　陝西人，雍正六年任。

許仕盛　陝西人，雍正十年任。

中營

遊擊

蕭永芳　奉天人，康熙元年任。

向文奇　河南人，康熙元年任。

尹　震　直隸人，康熙十一年任。

仇肇猷　江南人，康熙十七年任。

劉文縉　山西人，康熙二十二年任。

朱康泰　京衛人，康熙二十三年任。

杜友亮①　河南人，康熙二十七年任。

樓時玉　河南人，康熙二十九年任。

楊世遠　福建人，康熙三十四年任。

張應魁　直隸人，康熙四十一年任。

温如璋　陝西人，康熙五十四年任。

① 「亮」，《四庫》本作「諒」。

賀弘勳　湖廣人，康熙五十八年任。
劉若宰　鑲黄旗人，雍正元年任。
牛　焕　直隸人，雍正二年任。
鄧起龍　福建人，雍正九年任。
金聲聞　雍正十三年任。

左營

遊　擊

薛　保　陝西人，康熙元年任。
武　榮　山西人，康熙九年任。
吴六謹　河南人，康熙十四年任。
楊　亨　福建人，康熙十七年任。
陳化鵬　山西人，康熙二十年任。
張國龍　陝西人，康熙二十三年任。
王進禄　陝西人，康熙三十年任。
馬元禮　直隸人，康熙三十一年任。

馬起龍　順天人，康熙三十七年任。
曾　英　福建人，康熙三十九年任。
王　鑑　四川人，康熙四十七年任。
黄尊周　紹興人，康熙五十一年任。
路　山　直隸人，康熙五十八年任。
李維揚　浙江人，康熙六十年任。
蔣麟經　福建人，雍正三年任。
金介檜　浙江人，雍正六年任。
馬世英　陜西人，雍正七年任。
黄　瑄　順天人，雍正十一年任。

右營

遊　擊

胡呈祥　湖廣人，康熙二年任。
高顯位　陜西人，康熙十一年任。
傅登貴　鑲紅旗人，康熙十七年任。

王以翼　順天人，康熙十九年任。
程道明　直隸人，康熙三十五年任。
王國寶　陜西人，康熙四十三年任。
李元福　福建人，康熙四十九年任。
侯　裔　陜西人，康熙五十四年任。
陳　元　福建人，康熙五十九年任。
魏宗璠　浙江人，雍正七年任。
林　正　福建人，雍正十年任。

壽春營

副　將

毛　貴　滿洲人，順治三年任。
傅尚謙　永平人，順治七年任。
徐長春　萬縣人，順治十一年任。
周永祚　永寧人，順治十三年任。
李孟夏　祥符人，順治十七年任。

李廷楠　鐵嶺人，康熙六年任。
李孟夏　康熙十五年再任。
黄燕贊　奉天人，康熙十五年任。
楊元弼　宜川人，康熙二十一年任。
周　奭　京衛人，康熙二十八年任。
俞章言　浙江人，康熙三十一年任。
尚　寯　陝西人，康熙四十六年任。
程漢鵬　福建人，康熙四十九年任。
任重遠　陝西人，康熙五十五年任。
張應魁　浙江人，康熙五十六年任。
萬際瑞　福建人，康熙五十九年任。
惠延祖　陝西人，康熙六十年任。
申文星　山西人，康熙六十一年任。
王廷梅　大興人，雍正五年任。

吴　勝　福建人，雍正九年署①任。
王　玠　雍正十二年署任。
于文煇　雍正十三年任。

六安營

參　將
金　芝　順治五年任。
萬承選　順治七年任。
裴應暘　順治十一年任。
蔡　明　順治十六年任。
李洪楚　順治十八年任。
高景松　康熙九年任。
趙光璧　河南人，康熙十二年任。

① 《四庫》本無「署」字。

副將

祁勝明　奉天人，康熙十三年任。

周于仁　京衛人，康熙十八年任。

參將

郭守金　河南人，康熙二十二年任。

李自麟　陝西人，康熙二十六年任。

王樹美　真定人，康熙三十一年任。

施而寬　福建人，康熙三十九年任。

焦相聖　山東人，康熙四十一年任。

王家駟　浙江人，康熙四十九年任。

南天培　陝西人，康熙五十七年任。

蔡　瑄　陝西人，康熙五十八年任。

馮[1]傑　湖廣人，康熙六十一年任。

---

① 「馮」，《四庫》本作「馬」。

霍　昇　陝西人，雍正二年任。

張三讓　陝西人，雍正三年任。

張興祖　正黄旗人，雍正五年任。

葉　蓁　雍正十二年任。

揚州營

遊　擊

蕭鳴鳳　順治三年任。

任弘德　順治八年任。

佟元年　順治十一年任。

趙光熙　順治十七年任。

張　弘　康熙三年任。

楊滿廷　康熙六年任。

王自明　康熙九年任。

王　佐　六安人，康熙十一年任。

張才禄　直隸人，康熙十三年任。

羅太明　四川人，康熙二十年任。

謝　吉　福建人，康熙二十六年任。

何　順　福建人，康熙三十二年任。

李國翔　通州人，康熙三十六年任。

胡有亮　直隸人，康熙三十九年任。

顧從綸　陝西人，康熙四十九年任。

劉宗漢　湖廣人，康熙五十年任。

艾國朝　正白旗人，康熙五十三年任。

董志奮　山西人，雍正五年任。

李桂芳　山西人，雍正七年任。

泰州營

遊　擊

劉　福　直隸人，康熙十一年任。

錢　嘉　江南人，康熙二十一年任。

季文茂　陝西人，康熙二十七年任。

向騰蛟　浙江人，康熙三十三年任。

張　升　浙江人，康熙三十七年任。
李　智　福建人，康熙三十九年任。
李　弼　正黄旗人，康熙四十一年任。
李浹發　順天人，康熙四十七年任。
禹克俊　陝西人，康熙四十九年任。
鄭捧陽　福建人，康熙五十二年任。
寇良弼　正藍旗人，康熙五十四年任。
劉進功　福建人，康熙五十七年任。
岳　銓　福建人，雍正三年任。
魏　琨　正白旗人，雍正五年任。
張士俊　山西人，雍正六年任。
趙茂嗣　歸州人，雍正七年任。
張復元　陝西人，雍正九年任。
趙　陞　雍正十二年署任。
徐懷燕　雍正十三年任。
以上狼山鎮標。

江南通志卷一百十二

職官志

名宦 一

自邦之司憲，至於一命以上，有功德於民者，皆得祠於頖宫，長吏春秋有事焉。國家昭美報，勸來者，甚盛典也。然昔之稱循吏曰「所去見思」，又曰「悃愊無華」，豈非治實不治名，故令名益無窮歟？

江南藩翰之首，簿領殷繁，幸際盛隆之運，咸和兆民，聖聖纘承。軫念三吴，詳求理化，有虞咨十二牧，成周董正治官，兼而備之。然則仰奉德音，以實心爲實政之本，抑亦借前事爲後事之師歟。夫鄉有奉嘗，陂名愛敬，祥生白鹿之轓，香播桃花之米，治行風操，炳焕千載。若兹異等，固不乏人。其有犛舉興革，鑿鑿可見施行者，並詳著於篇，有所考鏡焉。

統部

周

孫叔敖，事楚莊王，稱賢相。嘗起芍陂，在今壽州安豐縣東，徑百里，灌田數萬頃。《後漢書·循吏·王景傳》註

黃歇，楚考烈王元年，以歇爲相，封春申君，賜淮北地。後請封江東，因城故吴墟居之。相楚八年，楚復强。《史記》本傳

漢

董仲舒，廣川人。元光元年舉賢良對策，以爲江都相。王素驕好勇，仲舒以禮誼匡正，王敬重焉。治國以《春秋》災異之變推陰陽所以錯行，故求雨閉諸陽，縱諸陰，其止雨反是，行之一國，未嘗不得所欲。《漢書》本傳

魏相，字弱翁，定陶人，昭帝時揚州刺史。考案守相，多所貶退，丙吉與書曰：「朝廷知弱翁治行，方大用。願慎事自重，藏器於身。」相善其言，爲霽威嚴。居部二歲，徵爲諫大夫。《漢書》本傳

黃霸，字次公，陽夏人，宣帝時爲揚州刺史。三歲，以賢良高第，詔爲潁州太守。居官賜車蓋，特

高一丈，别駕主簿車，緹油屏泥於軾前，以章有德。《漢書·循吏傳》

何武，字君公，郫縣人，宣帝時爲揚州刺史。二千石有罪，應時舉奏，其餘賢與不肖，敬之如一，是以郡國各重其守相，州中清平。行部必先即學宫見諸生，試其誦論，問以得失，然後入傳舍，出記問墾田頃畝、五穀美惡，已迺見二千石，以爲常。《漢書》本傳

鮑永，字君長，屯留人，光武初爲揚州牧。時多寇暴，永以傷痍之後，誅其强横，鎮撫其餘，百姓安之。《後漢書》本傳

歐陽歙，字正思，千乘人，建武中爲揚州牧。李憲餘黨淳于臨等聚衆數千，殺安豐令，歙討平之。《後漢書·儒林傳》

張禹，字伯達，襄國人，建初中爲揚州刺史。行部理察枉訟，郡邑深幽之處無不畢到，多所明舉。《後漢書》本傳

滕撫，字叔輔，北海人。順帝末，劇賊范容、徐鳳等爲江淮巨患，撫除九江都尉，擊破斬之。拜中郎將，督揚、徐二州事，又乘勝斬歷陽賊華孟，於是東南悉平。《後漢書》本傳

(馬)〔馮〕①緄，字鴻卿，巴郡人。少學《春秋》、《司馬兵法》。順帝末，持節督揚州諸郡軍事，與中郎將滕撫討破群賊。《後漢書》本傳

---

① 據《後漢書》卷三十八本傳改。

楊秉，字叔節，華陰人，太尉震中子。爲徐州刺史，計日受俸，以廉潔稱。《後漢書·楊震傳》

百里嵩，字景山，封（邱）〔丘〕人，爲徐州刺史。境内旱，嵩行部，所至甘雨隨注。《後漢記》

嚴遵，揚州刺史，行部，聞道旁女子哭聲不哀，繫問，果以淫殺夫者，按正其罪。《後漢記》

三國　魏

劉馥，字元穎，相人，建安中爲揚州刺史。單馬造合肥空城，建立州治，數年中恩化大行。立學校，廣屯田，興諸陂堨以溉稻田，官民有畜。又高城壘，積木石，編草苫，爲戰守備。《魏志》本傳

吕虔，字子恪，任城人，文帝時爲徐州刺史。辟王祥爲别駕，民事一以委之，世多其能任賢。討利城叛賊，斬獲有功。《魏志》本傳

滿寵，字伯寧，昌邑人，魏明帝時督揚州諸軍事。時孫權頻歲攻合肥，寵請移城西三十里，依險立城以守。誘寇入平地，而掎其歸路，遂連敗權兵。又權遣兵佃江北，寵伺其收獲時，擊破諸屯，盡焚穀物，詔美之。《魏志》本傳

孫禮，字叔達，涿郡人，魏嘉平中爲揚州刺史。吴兵侵境，禮勒兵禦之芍陂。自旦及暮，將士死傷過半，禮手秉枹鼓，奮不顧身，敵人始退。詔書慰勞，賜絹七百匹，禮盡付亡者家，無以入身。《魏志》本傳

晋

王渾，字（元）〔玄〕冲，太原人，武帝初爲徐州刺史。歲凶民飢，渾開倉賑贍，百姓賴之。歷都督揚州諸軍事，鎮壽春，陳兵東疆，察攻取之勢。及大舉伐吴，渾率師出横江。以平吴功進爵爲公，復鎮壽春。時吴人新附，渾撫循綏納，人情悦服。《晋書》本傳

胡威，壽春人，武帝時歷徐州刺史。勤於政術，風化大行。《晋書·良吏傳》

郗鑒，字道徽，金鄉人，明帝時拜兖州刺史、都督揚州江西諸軍，鎮合肥，謀滅王敦。遷都督徐兖青三州事、兖州刺史，鎮廣陵。蘇峻反，進都督揚州八郡軍事，率衆渡江，與陶侃會築大業、曲阿、庱亭三壘以拒賊，斬蘇逸，降男女萬餘口。又海寇抄東南諸縣，鑒城京口，復率衆平諸寇。《晋書》本傳

庾亮，字元規，鄢陵人，成帝時督豫州揚州諸軍事、豫州刺史，鎮蕪湖。將軍郭默據湓口叛，亮同太尉陶侃合軍討破之，不受爵賞。《晋書》本傳

蔡謨，字道明，考城人，成帝時都督諸軍事，領徐州刺史。聞石虎於青州造船掠緣海諸縣，謨遣將守中洲拒之。時謨所統七千餘人，置戍東至土山、西至江乘，城壘相望，隨宜防備，甚有算略。《晋書》本傳

卞壼，字望之，冤句人。蘇峻至東陵口，詔以壼都督大桁諸軍，時發背創猶未合，力疾轉戰死之。二子眕、盱相隨赴賊，同時見害。《晋書》本傳

謝安，字安石，陽夏人。太元中以太保出鎮廣陵，築新城。又築埭於城北，後人追思之，名曰召伯埭。《晉書》本傳

謝(元)〔玄〕，字幼度，安兄子。孝武時，苻堅屢寇邊境，朝命擇良將可禦北方者，安舉(元)〔玄〕應詔。拜兗州刺史，監江北諸軍事，鎮廣陵。進擊，屢破之，加領徐州刺史。及堅兵次項城，衆號百萬，(元)〔玄〕爲前鋒都督，以精鋭八千，大敗之於淝水南。尋進駐彭城。《晉書》本傳

南北朝　宋

王懿，字仲德，太原人。三臨徐州，威德著於彭城。《宋書》本傳

劉義欣，彭城人，宋長沙王道憐子。元嘉中，監豫司雍並四州諸軍、豫州刺史，鎮壽陽。于時土荒民散，城頽谿熾，義欣綱維補葺，隨時經理，境内畏服，道不拾遺，城府庫藏並皆充實，遂爲盛藩。又修芍陂通淠水，旱患由①是得除。《宋書·長沙景王道憐傳》

沈慶之，字弘先，武康人，宋孝武初，督南兗豫徐兗四州諸軍事、鎮軍將軍、南兗州刺史，鎮盱眙。還鎮廣陵，討魯爽有功。後又討平竟陵王誕。《宋書》本傳

宗慤，字元幹，南陽人，宋孝建中歷豫州刺史，監五州諸軍事。竟陵王誕據廣陵反，慤表求赴討，

① 「由」，《四庫》本作「猶」。

遂引軍平之。《宋書》本傳

吉翰，字休文，池陽人也。監徐兗二州、豫州之梁郡諸軍事、徐州刺史，其下畏服，莫敢犯禁。《宋書》本傳

檀道濟，金鄉人。宋高祖時，監南徐、兗之江北淮南諸郡軍事、鎮北將軍、南兗州刺史。救東陽，未至，虜走，還鎮廣陵。後又增督青州，徐州之淮陽、下邳、琅邪、東莞諸軍事，討謝晦，晦不戰自潰。《宋書》本傳

梁

蕭秀，字彦達，梁武帝弟。都督南徐兗二州諸軍事、南徐州刺史，京口累被兵革，人户流散，秀招懷撫納，惠愛大行。歲饑，以私財贍百姓，所濟甚衆。《梁書·太祖五王傳》

蕭景，字子昭，梁宗室。天監中，以安右將軍監揚州，稱明斷，符教嚴整。有田舍老姥嘗訴得符，還縣，吏未即發，姥語曰：「蕭監州符，火㶲汝手，何敢留之！」其爲人畏服如此。《梁書》本傳

韋叡，字懷文，京兆人。梁武帝時豫州刺史，領歷陽太守，魏來寇，擊走之。天監四年，都督諸軍進討，平合肥，遷豫州於合肥。後又大破魏軍於鍾離。《梁書》本傳

馮道根，字巨基，酇人。梁天監八年，督豫州諸軍、豫州刺史，布政清簡。十六年，復前任，豫部人皆喜悦，武帝每稱曰：「道根所在，能使朝廷不復憶有一州。」《梁書》本傳

裴邃，字深明，聞喜人，梁豫州刺史，加都督，鎮合肥。攻魏，拔甓城諸戍，又略地汝、潁，所在響應，大破魏兵於壽陽。邃爲政寬明，能得士心。居身方正有威重，將吏憚之。《梁書》本傳

陳

蕭濟，字孝康，蘭陵人。太建中爲揚州長史，高宗嘗敕取揚州曹事，躬自省覽，見濟條理詳悉，文無滯害，顧左右曰：「我本期蕭長史長於經傳，不圖①精練煩劇，乃至於此！」《陳書》本傳

北魏

王肅，字恭懿，臨沂人，孝文時歷都督、豫州刺史。以破齊將裴叔業功，加督四州。及叔業降附，兼督江西。復大敗齊兵，尋爲都督淮南諸軍事、揚州刺史。肅頻在邊，悉心撫馭，遠近歸附。自處儉約，家無餘財。《魏書》本傳

李崇，字繼長，頓（邱）〔丘〕人。魏宣武時，歷揚州刺史、督淮南江西諸軍事，屢決疑獄。壽陽大水入城，屋宇皆没，將佐勸崇棄州保北山，崇誓以死守，水退，州城獲全。崇沈深有將略，寬厚善御衆。在州十年，鄰境憚其威名，號曰「卧虎」。《魏書》本傳

① 「圖」，《陳書》卷三十本傳作「言」。

元顯和，魏宗室，爲徐州安東府長史。刺史元法僧叛，顯和與戰被執，法僧執手命坐，顯和叱之。及就刑，神色自若。《魏書·濟陰王小新（城）〔成〕①傳》

北齊

蘇瓊，字珍之，武强人也。皇極中，歷徐州行臺左丞，行徐州事。請弛渡淮之禁，淮南北先後告饑，兩境商販得互取糴，由是彼此兼濟。水陸之利，通於河北。《北齊書·循吏傳》

盧潛，范陽涿人，北齊揚州刺史。在淮南十三年，大樹風績，爲陳人所憚，陳主與邊將書曰：「盧潛在，卿宜深備之。」天統、武平中，江淮徵税煩雜，百姓騷然，潛隨事撫慰，兼行權略，境内以寧。後爲陳將吴明徹所獲，閉氣而絶。《北齊書》本傳

徐遠，字彦遐，石門人，仕北齊爲東楚州刺史。邑郭大火，遠躬自赴救，爲之流涕。仍爲經營，乃得安集。《北齊書》本傳

隋

元景山，字珤岳，洛陽人，後周亳州總管。率輕騎五百，追陳將樊毅等，一日一夜行三百餘里。

---

① 據《魏書》卷十九上《景穆十二王傳》改。

戰於滶口，二合皆剋，其城邑爲司馬消難所陷者悉平之。《隋書》本傳

賀若弼，字輔伯，洛陽人。開皇元年爲吴州總管，以平陳爲己任，獻十策。《隋書》本傳

盧昌衡，字子均，范陽人。爲徐州總管長史，甚有能名。吏部尚書蘇威考之曰：「德爲人表，行爲士則。」轉壽州總管長史，宇文述委以州務。《隋書》本傳

房兆，金州人，徐州總管，有勇略，以禦海寇著功。《北史》

唐

張鎮周，舒人，武德中壽州都督，移舒州。入舒，以其鄉里，就故宅，多市酒餚，召親戚與酣飲，散髮箕踞如其爲布衣時，凡十日。既而，分贈金帛，泣别曰：「今日鎮周猶得與故人歡飲，明日則舒州都督治百姓耳，諸公以禮隔，不得復爲交遊。」自是境内肅然。《唐書》本傳

狄仁傑，字懷英，太原人。高宗時，拜冬官侍郎、持節、江南巡撫使。吴楚俗多淫祠，仁傑一切毁之，止留夏禹、吴太伯、季札、伍員四祠。《唐書》本傳

顔真卿，字清臣，曲阜人，浙西節度使。時劉展有異謀，真卿選將訓卒爲水陸備。都統李峘以爲生事，密奏之。及展舉兵渡淮，峘敗走，論者始多真卿而咎峘。《唐書》本傳

李光弼，營州人。肅宗時，以河南副元帥兼淮南等五道節度事，出鎮泗州，諸大將皆憚服。《唐書》本傳

劉晏，字士安，曹州人。代宗時，歷江淮轉運租庸鹽鐵常平使。舊時由潤州陸運至揚子，由揚子至河陰，殊苦煩費。晏命囊米載舟爲歇艎支江船，每船受千斛，十船爲綱，減費數十倍。未十年，人習河險，轉粟無升斗溺者。又分官吏主丹陽湖，禁引溉，自是河漕不涸。《唐書·食貨志》

杜亞，字次公，京兆人。興元初，拜淮南節度使，治漕渠，引湖水入渠中，以通大舟，因得溉田，民食其利。《唐書》本傳

韓滉，字太冲，京兆人。建中初，歷鎮海軍節度使，綏輯百姓，均租調，不逾年境内稱治。德宗困奉天，淮、汴震騷，滉遣將擊破李希烈兵，漕路無梗，完靖東南，滉功最多。又頻調發錢帛，以濟朝廷，當時賴之。《唐書·韓休傳》

杜佑，字君卿，萬年人。建中中，歷淮南節度使。決雷陂以廣灌溉，海濱棄地盡爲良田，積米至五十萬，列營三十區，士馬整飭，四鄰畏焉。《唐書》本傳

崔衍，字著深，安平人，德宗時宣歙池觀察使。舊貢金錫十八品，皆倍置①市他州，民匱多逃去，衍蠲革之，以簡静爲百姓所懷。自奉儉約，禄入悉賙親族。《唐書》本傳

王緯，字文卿，太原人，德宗時浙西觀察使。初，州縣有韓滉特罰錢未入者十八萬緡，府史請哀爲進奉，緯上疏願蠲以紓民，詔聽之。《唐書》本傳

① 「置」，《新唐書》本傳作「直」。

張建封，字本立，南陽人。貞元四年，除徐濠泗節度使。地迫於寇，常困蹙不支，李泌請以建封代之，由是復爲雄鎮。性樂士，若韓愈、許孟容等，皆奏署幕府。《唐書》本傳

李鄘，字建侯。貞元中，徐州節度張建封卒，兵亂，迫建封子愔主軍務，帝以鄘剛敢，拜宣慰使。鄘持節直入軍中，諭以禍福，衆皆俯首，一軍以安。元和間，歷淮南節度使。王師討蔡，以兵二萬分壁鄆境，籍府庫，留一歲儲，餘盡納於朝。《唐書》本傳

李吉甫，字弘憲，趙人。元和中，自政府出爲淮南節度使，奏蠲逋賦數百萬。築富人、固本二塘，溉田萬頃。漕渠不能居水，乃築堤蓄泄。江淮旱，吉甫請分道賑之。尋復召秉政。《唐書・李栖筠傳》

盧坦，字保衡，洛陽人。元和中，拜宣歙池觀察使。時江淮旱，穀騰貴，或請抑其價，坦曰：「所部地狹，穀來他州，若直賤，穀不至矣，不如任之。」既而商以米坌至，市估遂平，民得不饑。《唐書》本傳

路應，字從衆，京兆人。元和中爲宣歙觀察使，至則出倉粟，下其估半以廩餓人。李錡將反，以聞，置鄉兵萬二千人。錡反，命將期以卒救湖、常，坐牢江東心，錡以無助敗縛。作響山亭，營軍於左右，權丞相善之，鑱其説響山石。韓愈《平陽路公神道碑銘》

崔從，字子義，齊州人。敬宗時，歷淮南節度使，蠲除苛政。及卒，下有封股以祭者。《唐書・崔融傳》

李德裕，字文饒，吉甫子。太和中，歷浙西觀察使。時潤州承王國清之亂，貲用空竭，德裕躬自

省約，以留州財贍兵，雖儉而均，故士無怨。初，南方信機祥，父母有惡疾，子棄不敢養。德裕諭以孝慈大倫，違者顯寘之法。數年，惡俗大變，毀淫祠，撤私邑山房千四百舍，寇無所廋蔽，天子下詔褒焉。《唐書》本傳

穆贊，字相明，懷州人。爲宣歙池觀察使，捐錢四十萬假民賦，故歲旱人不流。《唐書》本傳

王凝，字成庶，乾符間宣歙觀察使。時王仙芝黨屠建德，欲襲南陵，江南寰境皆盜區。凝用强努據采石，又遣别將馬潁解和州圍。明年，賊大至，凝益修戰備。會大星隕寢庭，術家勸託疾不視事，凝不從，誓與城相存亡，賊解去。尋卒，贈吏部尚書，謚曰「貞」。《唐書·王翊傳》

李珏，字待價，其先趙郡人，客居淮陰，宣宗時拜淮南節度使。江淮旱，發倉賑民，以軍羡儲粟，半價糶之。卒於鎮，淮南之人德之，叩闕下，乞立碑刻其遺愛。《唐書》本傳

薛温，河東人。武宗時宣歙池觀察使，有威重，所部無敢犯。舊史

杜審權，字殷衡，杜陵人，咸通中歷鎮海節度使。龐勛亂徐州，審權連師犄角，饋粟相銜，王師以濟。《唐書·杜如晦傳》

張延賞，蒲州人，爲淮南節度使。歲旱，民多轉徙，吏禁之，延賞曰：「食者民恃以活，拘此而斃，不如適彼而生。苟存吾人，何限焉？」乃具舟遣之，敕吏爲修室廬，寬逋責，歸者更增於舊。《唐書·張嘉貞傳》

五代

劉仁贍，彭城人，南唐清淮軍節度使。周世宗攻之百端，自正月至四月不能下。《五代史》本傳

盧絳，字晋卿，南昌人。南唐後主時，歷沿江諸營兵馬監押，嘗遮敗吴越兵於海門。及宋師深入，授沿江都部署，扼秦淮口拒之。又出援丹陽，大破吴越兵。復授宣帥，討平叛者。《南唐書》本傳

宋

曹彬，字國華，真定人。太祖伐江南，以彬爲昇州西南路馬步軍都部署，乘勝徑進，遂圍金陵。城垂克，彬忽稱疾不視事，諸將問疾，彬曰：「余之疾非藥石能痊，惟須諸公誠心自誓，克城之日，不妄殺一人，則自愈矣。」諸將許諾。明日城陷，士卒無敢肆者。《宋史》本傳

慕容德豐，字日新，太原人，昇州都監。市廛安静，澤國富饒。使者多裒聚金帛，德豐獨以廉潔聞。《宋史·慕容延釗傳》

喬惟嶽，字伯周，陳州人，雍熙中爲淮南轉運使。先是，建安北至淮澨總五堰，運舟皆卸糧而過。惟嶽命創二斗門於西河第三堰，相拒逾五十步，設懸門積水，俟潮平乃泄之，自是漕舟無滯。《宋史》本傳

葉清臣，字道卿，長洲人。景祐四年，出爲兩浙轉運副使。疏太湖盤龍匯、滬瀆港入於海，而民

賴其利。《東都事略》

趙賀，字餘慶，開封人，爲江淮發運使。時舊軍將分部漕船，主吏受賕不平，賀分爲三等，視其功過自裁定，吏巧不得施，歲漕米溢常數一百七十萬。蘇州太湖塘岸壞，並海支渠多湮廢，水浸民田，賀與兩浙發運使徐奭伐石築堤，流民歸業者二萬六千户。《宋史》本傳

王宗望，字磻叟，固始人，江淮發運使。楚州沿淮至漣州風濤險惡，宗望開支氏渠，引水入運河爲公私利。《宋史》本傳

李溥，河南人，淳化間制置江淮等路，兼發運使。高郵軍新開湖水散漫多風濤，溥令漕舟東下者還過泗州，載石輸湖中，積爲長堤，自是舟行無患。《宋史》本傳

薛奎，字宿藝，絳州人。真宗時江淮發運使，疏漕河，廢三堰，以便餉運。《宋史》本傳

盧秉，字仲甫，德清人，熙寧末提點兩浙淮東刑獄。上計①，神宗問曰：「聞滁民捕蝗而食，有諸？」對曰：「民誠饑甚，殍死相繼。」上惻然曰：「前此獨趙抃爲朕言之耳！」《宋史·盧革傳》

張綸，字公信，潁州人，太宗時江淮發運副使。奏除通、泰、楚三州鹽户宿負，官助其器用，鹽入優與之直。復置監場於杭、秀、海三州。居二歲，增上供米八十萬。又疏五渠以導太湖，開長蘆西河以避覆舟之患，築漕隄爲十磋以泄横流，修泰州捍海堰，復逋户二千六百。民利之，爲立生祠。《宋

① 「計」，《四庫》本誤作「訃」。

史·循吏傳》

張浚，字德遠，漢州人，判建康，兼行宫留守。高宗幸建康，浚迎拜道左，風采隱然，軍民皆倚以爲重。《宋史》本傳

吴中甫，江淮發運使。自洪澤鑿渠六十里，以避長淮漕運之險。《南畿志》

韓世忠，字良臣，延安人。建炎四年，以宣撫使駐鎮江。尋進屯大儀，連捷江口，論者以爲中興武功第一。六年，以宣撫處置使屯楚州。楚屢經兵革，世忠披草萊，立軍府，與士卒同力役，撫集流散，通商惠工，山陽遂爲重鎮。劉豫遣兵入寇，輒擊却之。《宋史》本傳

岳飛，字鵬舉，相州人。初以秉義郎隸留守宗澤。建炎四年頻捷，收復建康，遷通泰鎮撫使，兼知泰州。《宋史》本傳

張俊，字伯英，成紀人。屢爲浙西、江南、淮西諸路制置、招討、宣撫使，頻立戰功，與韓、岳並爲名將。《宋史》本傳

吕祉，字安老，建陽人。紹興七年，遷兵部尚書，陞督府參謀軍事，往淮西撫諭諸軍。時酈瓊與王德不協，德還建康，以軍隸督府，命祉往廬州節制之。密奏乞罷瓊，語泄，瓊叛執祉，祉罵不已，遇害。《宋史》本傳

虞允文，字彬甫，隆州人，紹興末參江淮督府軍事。敵兵四十萬，宋軍裁一萬八千，允文部分諸將，勉以忠義，大敗之於采石。《宋史》本傳

李顯忠，青澗人，隆興中拜淮西招撫使。自濠梁渡淮，與蕭琦鏖戰陡溝，大敗之，遂收復靈璧。入城宣布德意，不戮一人。《宋史》本傳

羅點，字春伯，崇仁人，淳熙中除浙西提舉。昆山、華亭之間有澱山湖泄諸水道，土豪占以爲田，水由是壅。點奏請開濬，溉田百萬。《南畿志》

真德秀，字景希，浦城人。嘉定八年，爲江東轉運副使，歲旱、蝗，大講荒政，以便宜發廪粟，使林庠賑給，竣事而還。百姓送至郊外，指道旁叢冢，泣曰：「此皆往歲饑死者，微公，我輩相隨入此矣！」《宋史》本傳

李道傳，字貫之，井研人。嘉定中，提舉江東，賑饑宣、池、徽三郡。隆冬行風雪中，遍歷村谷，全活甚衆。後攝宣州守，行朱熹社倉法，諸郡效之。《宋史》本傳

崔與之，字正子，廣州人。嘉定中，權發遣揚州〔事〕①、主管淮東安撫司〔公〕②事。既至，浚濠、開月河，置釣橋。州城與保砦城不相屬，舊築土夾城往來其中，爲易以甓。又因山林之阻創五砦，結忠義民兵，沿邊得附山自固。分强勇、鎮淮兩軍，月以三、八日習馬射，令所部兵皆放行之。浙東流民渡江，開門撫納，活萬餘。楚州叛卒給旗帖招之，分隸諸軍。後劉琸敗，與之亟修守戰備，遣精鋭，布要害，北軍深入無功。召爲祕書少監，軍民遮道垂涕。《宋史》本傳

①② 均據《宋史》卷四〇六本傳補。

趙范，字武仲，蒲圻人。紹定初，與弟葵殲李全於揚州，詔加淮東安撫副使。復進兵破全餘黨於淮安。《宋史·趙葵傳》

耿世安，淮東副總管。北兵至，制置使賈似道調往漣水。至漁溝，以三百騎奮擊，身被七創，猶能追殺潰兵，還走數里没。事聞，贈官立廟，賜謚「忠武」。《宋史·忠義傳》

趙善湘，字清臣，濮安懿王五世孫。紹定中，歷江淮制置使，平淮寇李全，復平閩寇，轉安撫使。尋以復泰州、淮安州、鹽城、淮陰縣四城，及策應京湖功，進端明殿學士。又復盱眙軍，泗、壽二州，進資政學士。《宋史》本傳

杜杲，字子昕，邵武人，江淮制置使李珏羅致幕下。滁州受兵，檄杲提偏師往援。民蔽野求入滁，守固拒，杲啓鑰納之，登陴中矢，益奮，卒全其城。辟監崇明鎮，與總領議不合，引去。辟廬州節度推官。浮光兵變，杲單騎往，誅其渠魁，守將争餉金帛，悉封反之。安豐戍將摇扇軍情，杲呼諭之，一軍帖然。知六安縣，部使者季衍覽所書牘，擊節曰：「九州三十三縣令之最也！」知定遠縣。李全犯邊，以杲習邊事，擢知濠州。制置大使趙善湘欲復盱眙，用其策成功。知安豐軍。元兵圍城，大戰，擢將作監。朝議帥淮西無如杜杲者，詔以安撫使兼廬州，進大府卿、淮西制置副使，兼轉運使。復與元兵戰，累擢刑、工二部尚書。以直學士奉祠，帝曰：「杜杲兩有守功，若脱兵權，使有後禍，朕何以使人？」乃起知太平州，俄擢華文閣學士、沿江制置使，知建康府、行宫留守，節制安慶、和、無爲諸郡。杲罷楊林堡，以其費備歷陽。淮民寓沙上者，護以師。首謁程顥

祠，置貢士莊，蠲民租二萬八千石。復與元兵戰真州，進敷文閣學士。《宋史》本傳

陳塏，字子爽，嘉興人。淳祐五年，知太平州，兼江東轉運副使。部内諸郡災傷，奏請蠲税，發公帑代三縣轉折絲帛錢五十萬九千三百六十餘貫。作浮淮書堂，以教淮士。《宋史》本傳。

姜才，濠州人。德祐初，歷通州副都統，善騎射，撫士卒有恩，至臨陣，軍律凜凜。敵攻揚州，才爲三疊陣逆之三里溝，戰有功。又戰揚子橋，所向辟易。《宋史·忠義傳》

趙淮，衡山人，丞相葵從子，歷官淮東轉運使。德祐中，戍銀樹壩，兵敗被執，阿术使招李庭芝降，啗以大官，淮佯諾。至揚州城下，大呼曰：「庭芝，男子死耳，毋降也！」阿术怒殺之。《宋史·忠義傳》

元

張晋亨，字進卿，南宫人，淄萊路總管。詔伐宋，晋亨在選，分道由安慶渡江。丞相伯顔①留之戍鎮江，兼預民事，以鎮静爲務。戰焦山、瓜洲皆有功。《元史》本傳

董士選，字舜卿，真定人，成宗時拜江南行御史臺中丞。廉威素著，不嚴而肅，凜然有大臣風。《元史·董文炳傳》

① 「伯顔」，《四庫》本作「巴延」。

高睿，河西人，江東道提刑按察使。部内草竊聲言圍宣城，睿命密治兵衛，司①開城門，聽民出入貿易自便。寇以有備，不敢進，遂討平之。《元史·高智耀傳》

郝彬，字景文，霸州人，擢揚州路治中。鄞縣賊聚衆海島，時出攻剽侵揚州，彬討擒之。泰興人有②被殺二年，賊不獲，吏誣平人，獄已具，彬疑讞之，獲真賊。御史薦彬同知淮西道宣慰司事，覈户版，理屯田，諸廢修舉。江淮財賦總管府掌東宫田賦，其官屬皆從詹事院，不隸中書，往往爲姦利。彬爲總管入見，請受憲司糾察，以革私弊，罷所隸六提舉司，以蘇民瘼，從之。兩淮鹽法日壞，以彬行户部尚書經理之。彬請度舟楫所通、道里所均，建六倉，煮鹽於場，運積之倉，歲首聽群商於轉運司探倉籌定其所，乃買券。又定河商江商市易之不如法者，著爲法。入爲工部尚書。《元史》本傳

鄧文原，字善之，綿州人。延祐五年，僉江南浙西道廉訪司事。平江僧憾府判官理熙，賄徒告臧，熙誣服，文原按問，杖僧而釋熙。吴興民夜歸，巡邏執繫亭下，遁去，追者刺其脅，仆地。有司問直初更者曰張福兒，械繫三年。文原得真殺人者，而釋福兒。桐廬人戴汝惟，夜有焚其廬者，文原得其妻與弟謀殺汝惟狀，人以爲神。移江東道。徽、寧、廣德三郡歲入茶課鈔三千錠，後增至十八萬，竭山谷所藏不能充其半，餘皆鑿空取民間。轉運司官聽鄉里豪黠，動以犯法誣民，文原請罷專司，俾

①「司」，《元史》卷一二五作「洞」。

②「人有」，《四庫》本作「有人」。

郡縣領之。徽民謝蘭家僮死，蘭侄回賂誣蘭，文原得其情，釋蘭而坐回。時久旱不雨，決獄乃雨。《元史》本傳

趙璉，字伯器，甘陵人。至正十三年，立淮南江北行省於揚州，以璉參知政事。會張士誠陷泰州、興化，命知府李齊招諭，士誠請降，因移璉鎮泰州。士誠夜縱火登城，璉力疾奮擊，被創墜地，瞋目大罵，遂死之。事聞賜鈔，仍官其子。《元史·忠義傳》

姚天福，字君祥，絳州人。至元十六年，授淮西道按察使，將吏有豪猾爲民害者，悉剷除之，民大悦。二十六年，復爲淮西按察使，按鉅姦一人，政化大行。《元史》本傳

福壽，唐兀①人，至正末爲淮南行省平章政事。是時濠、泗陷，師久無功。福壽至，督戰甚急，而上游賊勢甚洶湧，乃議築石頭斷江面，守禦有方，衆恃以爲固。遷江南行臺御史大夫。集慶援絶勢孤，人心震恐，且倉庫無蓄積，計未知所出，民願爲兵以自守。福壽因下令民多貲者助糧餉，激勵士衆，爲完守計。城破，百司奔潰，福壽獨據胡床坐鳳凰臺下，指麾左右。或勸之去，叱之，遂遇害。同時死者，達魯花赤達泥達思②、治書侍御史賀方。《元史》本傳

① 「唐兀」，《四庫》本作「唐古特」。

② 「達泥達思」，《四庫》本作「達年達薩」。

明

湯和，鳳陽人，洪武初封信國公。十八年，上曰：「日本屢擾東海上，卿雖老，强爲朕行視要地，築城增戍固守備。」和乃築海上城，起登萊，抵江浙，凡五十九城。民丁四調一爲戍兵。鄭曉《名臣記》

張德林，鳳陽人，明初以元帥守揚州。時兵火之餘，城中居民僅十餘家，德林招集流亡，户口日繁。威肅惠懷，軍民輯睦。《分省人物考》

王彬，字文質，東平州人。巡江淮，治揚州，靖難兵至，外禦内防，七日不解甲。爲千户徐政所縛，昇至城上投兵中，不屈死之。鄭曉《名臣記》

宋禮，字大本，永寧人，永樂二年工部尚書。修復會通河，浚黄河故道，自是挽漕京師，罷海運，禮功最大。鄭曉《名臣記》

陳遜，字必恭，浦城人。永樂間巡按吴中，平蘇、松劇盜，民賴以安。舊《通志》

陳瑄，字彦純，合肥人。永樂初，以平江伯充總兵都督帥舟師海運，又備倭閩海。海溢，江北岸崩，瑄起堤自海門，歷通、泰，北至鹽城，凡八百里。又役人二十萬，起高（邱）〔丘〕嘉定，爲海運表識，名寶山。後開會通河，罷海運，瑄議造淺艖二千艘，歲運二百萬石，後增至五百萬。疏清江浦，引水由管家湖入鴨陳口達淮，就管家湖築堤十里，以便引舟。浚儀真、瓜洲通湖，鑿吕梁、百步二洪石平水勢，開泰州白河通大江。築高郵湖堤，堤内鑿渠亘四十里。淮濱作常盈倉五十區，貯江南輸税。

徐、臨清、德州皆建倉便轉輸。河淺處輒膠舟，濱河置舍五百六十八所，舍置淺夫，俾導舟可行處。緣河隄鑿井樹木便人行。獻陵初，陳七事，其一言江南轉漕軍民並困，上覽之戚然，議寬恤。仍敕獎與世伯券。景陵時，鎮守淮安，兼督漕運，漕政益修。漕渠在江淮間者，瑄功爲大。瑄久祠清江浦，漕渠旁往往有瑄祠。鄭曉《名臣記》

夏原吉，字維喆，湘陰人，户部尚書。永樂元年，吴、浙大水，原吉行視水，言：「嘉定劉家港即古婁江，徑通大海，常熟白茆港徑入大江，皆廣川浚流，宜疏吴淞江南北兩岸安定等浦港，引太湖諸水入劉家、白茆二港，使直注海。又范家浜至南倉浦口可徑達海，宜浚令深闊，上接大黄浦以達泖湖之水。各置石閘，以時啓閉；常修圩岸，以禦暴流。」從之。原吉布衣徒步，日夜經畫，盛暑揮蓋去曰：「衆皆赤體暴日中，吾何忍！」歲饑，奏發粟三十萬石賑濟。二年還朝，復出治水。水泄，農田大利，吴人尸祝之。正統間，勢家奪水利，溝防盡壞，周尚書忱治之。景泰中李侍郎敏，弘治中徐侍郎貫，正德末李尚書充嗣皆治之。鄭曉《名臣記》

周忱，字恂如，吉水人，任蘇松巡撫二十二年。先是，胡概用法嚴刻，忱濟以寬。時蘇州逋税七百九十萬石，常、松亦然，忱創爲平米，官田、民田並加耗。蘇税額二百九十餘萬石，疏減八十餘萬。令縣立便民倉水次，推糧長收兩税，加耗不得過十一。又爲押運視遠近勞逸，支撥爲諸費，羨餘存縣倉，號餘米。米有餘，減耗，次年十六徵，又次年十五。更有羨，縣爲倉名預備。諸轉假至秋，抵斗還官，其爲農事不責償。又議奏裏河軍民舟至淮安或瓜洲，交兑江北衛所漕者出通關還繳加兑米，如舟未渡江，南京諸衛抵倉兑者加過江等米。馬草歲運費不貲，忱請通州草場立官庫折銀。職官俸糧皆支南京米，賤時銀一兩得米七八石，忱請以重額官田、極貧下户兩税，准折納銀，一兩米四石。又定蘇州官布不拘輕重，務在長闊如式。又令馬頭所領於田畝收米升九合，與糧俱徵。正統初，淮、揚災，鹽課虧。忱巡視，奏令蘇州等府撥剩餘米，縣一二萬石貯鹽場，准爲縣明年田租，聽竈户上私鹽給米，官得積鹽，民得食米，公私大濟。彩繪宫殿計牛膠萬餘觔，敕上供甚急，忱言京庫貯牛皮久朽腐，請出煎膠，以餘米市皮還庫。十四年，邊事急，工部索兵仗數百萬，忱出餘米造上，明盔者錫沃①，旬日畢辦。嘗至海鹽築捍海塘，令郡七縣合役萬夫，自七年正月至十一年，費萬計，皆出忱度支，海不爲患。每遇凶荒，輒便宜從事。凡百上供，及廨舍、學校、賢祠、古墓、橋梁、道路、溝渠修葺，一切取給餘米，歲不下萬計。施給僧道，問報餽遺，各得其歡心。江南之人愛戴如父母，没而尸祝，至今思周尚書也。鄭曉《名臣記》

羅汝敬，吉水人。宣德初，以工部侍郎奉使看詳蘇郡歲賦，舊額共二百二十餘萬，民間徵運不勝困弊，爲請於朝，得赦常賦三之一，自是民力稍紓。《南畿志》

王來，字元②之，慈谿人，宣德間巡按蘇、松。中官陳武奉太皇太后懿旨，出使路經江南，勢張

① 本句《明史》本傳作「忱計明盔浴鐵工多，令且沃錫」。
② 「元」，《明史》卷一七二本傳作「原」。

甚，獨爲來所折，歸訴之上，上因心識之。及代還，臨軒慰勞，賜宴光禄。《廣輿記》

曹弘，宣德間巡撫淮南、山東。時歲凶民饑，弘均徭儲粟，俵牛種，簡孳牧，殺婚禮，民德其施。舊《通志》

賈諒，正統二年巡視淮，濟賑活饑民十餘萬。築固安堤，功成而民不知勞。《廣輿記》

薛希璉，麗水人。正統八年，奉命清理鳳陽等處軍民田地，摘發奸伏，無敢欺隱，所造文册後人遵以爲式。舊《通志》

耿九疇，字禹範，盧氏人。正統二年，兩淮鹽法大弊，擢運司同知，性節儉嚴肅，尤慎交接，無毫髮私，吏胥豪商勢家凛凛不敢肆。嘗條奏鹽法便宜事，著令。内艱，鹽場數千人走闕下乞留。陞都轉運使，嘗坐水旁，童子曰：「水清，不若使君清。」已而被誣，得釋，又以都御史清理兩淮鹽法。景帝初，陞刑部侍郎，尋又出理鹽法，兼江北巡撫。歲凶盜起，拊循流民，復業者七萬家。敕録諸郡大辟囚冤，得釋者二十六人。鄭曉《名臣記》

孫鼎，字宜鉉，廬陵人。以御史督學南畿，課藝之外，更訓飭士子當以躬行爲本，一時感其德化，皆鏃礪文行無敗檢者。舊《通志》

王竑，字公度，江夏人，戍籍河州。景泰二年，總漕淮上。三年，兼巡撫清理鹽法賑濟，劾巡河御史貪淫謫戍。四年，上疏言災異，乞罷。上嘉納引咎，敕大臣修省，下災郡邑賑濟。竑疏言：饑民流徙就食，臣分遣屬吏，沿河每遇過舟，董令出米，爲粥分給，賴存活者一百八十五萬八千五百人。勸諭有力，出米麥穀粟二十五萬七千三百石、銀三千六百七十兩，錢綿布半之，量給被災者五十五萬七千四百七十九家。缺農具、種子七萬四千三百九十七家，亦以官物賑給。民流去撫來，復業者五千五百九十三家，他境流冗安輯者萬六百餘家。朝議謂竑心純政平，委曲調劑，弘濟民艱，況總督漕運，姦貪畏憚，兼理巡撫，兵民慕戴。陞副都御史，仍治淮安。鄭曉《名臣記》

陳泰，光澤人，景泰中巡撫應天。時富室田多輕額，而重者多在貧下，泰均之，令五升之田倍其賦，而官田之重者止取正額。澤均而賦不損，上下便之，而富者不怨。舊《通志》

鄒來學，字時敏，麻城人，景泰間巡撫應天。時吳中水旱頻仍，來學請以今歲額輸米三十萬石悉貸貧民，來秋償官，上從之。又言蘇、松等郡向俱軍兑輸京，後因邊警，調軍征守，歲役民十五萬自輸，民以重困。今邊陲寧謐，請仍舊。上可其奏，著爲令，吳民至今德之。舊《通志》

崔恭，字克讓，廣宗人。天順二年，巡撫蘇、松等郡，所至進耆老，詢利害，爲興革。會都督請浚儀真漕河，恭役夫六萬人，程工贍廩，民不告勞。又浚常、鎮河避江險。鄭曉《名臣記》

戴珊，字廷珍，浮梁人，成化間以御史視學南畿。珊剔歷中外，所至有聲績，學政尤著。鄭曉《名臣記》

劉孜，字顯孜，萬安人，天順中巡撫應天、松江。有荒田四千餘頃，賦額皆重，久廢不耕。孜請召民開佃，以田肥瘠定稅輕重，謂之官租，著爲定制，民歡趨之，蕪萊盡闢。舊《通志》

高明，字上達，貴溪人，天順間南京都御史。南京久弛縱，明振綱紀，劾罷諸貪殘吏。會淫雨，極言宜修省，以回災異。揚州鹽寇起，守兵失利，敕明剿捕。明造巨艦，榜籌亭，往來江南北督戰。又授方略，御史戴琥、顧以山擒賊九百餘人。並江置邏堡高山望候，賊出没露踪跡，不得逞。中官粥私鹽，縛儀真指揮，群卒大閧，明盡籍其鹽劾之。鄭曉《名臣記》

陳濂，鄞縣人。成化六年，督理漕運，立均徭之法，請免運船帶磚納鈔，軍民便之。《廣輿記》

李裕，成化中總督漕運，黜陟公明，所部肅然。張秋南旺湖、淮安西湖諸防，舊用樁木以捍衝激，屢修復壞，裕易以石，利垂永久。舊《通志》

李綱，長清人，成化時總督漕務。居官二十餘年，家無百金産。舊《通志》

陳選，字士賢，天台人。成化中，以御史督學南畿，力變浮華，以身律士，士多感化。舊《通志》

王恕，字宗貫，三原人。成化間巡撫江南，賑貧理冤，全活萬計。恕以貢獻太多，所在騷擾，疏乞崇儉，爲天下先。中官王敬乘傳至東南，大索奇玩，所在驚懼。恕疏極言敬苛暴久之，敬等收捕下獄，斬其黨，中外稱快。鄭曉《名臣記》

馬文升，字負圖，鈞州人。成化二十一年，總督漕運，兼江北巡撫，法令一新，綱紀大振。王世貞《史料》

婁謙，成化間以御史督學南畿，名其堂曰「畏天」。中官汪直新幸，銜謙不與通，使偵伺其短，竟莫能得。舊《通志》

彭韶，字鳳儀，莆田人。成化間巡撫江南，簡静持大體，不尚苛細。奏折兩京文武俸糧，省轉輸

費，公私便之。《廣輿記》

朱瑄，鄞縣人，弘治間巡撫應天。開三江下流以殺湖水，濬孟瀆等河以通漕運，築沙湖石堤以避其險。疏請立太倉州有六利，上從之。舊《通志》

李充嗣，字士修，内江人，正德間巡撫南畿。時東南水利久廢，充嗣隨宜濬治，三月功成，自是旱澇無患。舊《通志》

歐陽鐸，字崇道，泰和人，嘉靖中巡撫應天。嘗曰：「蘇郡地止一隅，而漕餉當天下半，吾不能減而能均。」乃請於上，權其輕重，立法均之。舊《通志》

雷應龍，嘉靖間以御史督兩淮鹺政，究官捕之倚法爲奸者，毁境内淫祠，置邪説惑衆者於法，輿論賢之。舊《通志》

鄭元韶，字善夫，侯官人，嘉靖中任松江同知。會巡撫林潤奏請履畝均糧，元韶以才望擢按察司僉事，賜敕專理。遍歷阡陌，區畫經界，繪形版籍，書其步積之數，乃量腴瘠，分上、中、下以定賦。復請以五年一編徭役，著爲令。自是民户一年力役，得五載休息焉。舊《通志》

董邦政，字克平，陽信人，嘉靖間以僉事專領海防，駐上海。時倭寇犯境，據高樓瞰城内，邦政登陴力戰，用神槍手擊却之。又與同知任環合剿於界嘴、西庵等處，屢有斬獲。舊《通志》

翁大立，字道生，餘姚人，嘉靖中巡撫應天。會倭寇聚三沙，兵部郎中唐順之來視師，因共設方略擊破之。總理河道，徐州水災，居民漂溺，疏請發粟賑濟。舊《通志》

李遂，字邦良，豐城人，嘉靖中巡撫淮、揚。時倭寇揚州，屯白蒲，諸將請擊之，遂曰：「賊氣方銳，驟攻之，如小挫，事敗矣。」及賊兵益進，遂曰：「賊過如皋必合，合則道有三：自泰、揚逼天長、鳳、泗，則陵寢震驚；自黃橋逼瓜、儀，則摇南都而梗漕；若從富安而東，海濱斥鹵，掠無所得，至廟灣滅之必矣。」部分諸將，遏賊毋得逾天長、瓜、儀，賊果趨廟灣。遂調兵設覆①待之，諸寇殲焉。以功遷兵部侍郎。舊《通志》

鄭曉，字窒甫，海鹽人，嘉靖間歷兵部侍郎、副都御史、總督漕運。時倭寇淮、揚，曉疏請造戰舸，築城堡，練兵將，積芻糗。廟灣諸海口皆增兵設候，屢敗倭，前後斬首九百餘級。今如皋、海門諸城，皆曉所築以禦倭者。王鴻緒《明史稿》

潘季馴，字時良，烏程人。嘉靖末及隆慶中，再以僉都御史總理河道，開新河，築塞邳州、睢寧決口。萬(歷)〔曆〕五年，歷刑部右侍郎。時河決崔鎮，黄水北流，全淮南徙，淮、揚、高、寶間皆成巨浸，首輔張居正薦季馴才，出爲河漕尚書。季馴以淮清河濁、淮弱河强，當藉淮之清，以刷河之濁，築高堰束淮入清口以敵河之强。詔從其議。逾年功成，累遷刑部尚書。十六年，復出總理河務。河水暴漲衝夏鎮，復築塞之。季馴凡四奉治河命，習知地形險易，增築設防，置官建閘，下及木石、樁埽，綜理纖悉。王世貞《史料》

① 「覆」，疑爲「伏」之誤。

徐節，臨汾人，任淮徐道。故事，驛馬辨自富室，斃則責其補償，節酌定上、中、下之值，聽各邑自買。尤嚴差役之序，民多稱便。又裁石山驛，開新河，皆節主其議。《廣輿記》

海瑞，字汝賢，瓊山人，穆宗初巡撫應天，風采嚴峻，所部凛然。平賦役，開水利，行條編法，遂爲永利。《廣輿記》

王宗沐，字新甫，臨海人。隆慶五年，歷右副都御史、總督漕運，兼巡撫鳳陽。故事，漕舟五月渡淮，宗沐請以正月起運，春末過淮。又以河決無常，運道慮梗，欲復海運，條上便宜七事，詔從之。遂以六年二月運米十一萬石，自淮入海，五月抵天津。叙功進秩，並賚金幣。《廣輿記》

周孔教，字宗尼，臨川人，萬(歷)〔曆〕中巡撫江南。時遣中使征榷，行旅苦之，户部議漕折徑輸邊鎮，孔教言其害，皆免。三十六年大水，條上荒政二十三事。又請改折漕米百五十萬，并留榷税及漁課諸色銀二十餘萬以賑。疏入未報，乃先發廩濟貸。又括公帑羨金，至荆襄市米，方舟相接，米價頓平。舊《通志》

劉東星，字子明，沁水人。萬(歷)〔曆〕二十六年，河決單縣，運道堙阻，東星以工部侍郎兼右僉都御史總理河漕。初，河臣潘季馴議開黄河上流，復元賈魯所浚故道，朝廷以費鉅未果。東星即其地開濬，起曲里鋪至三仙臺，抵徐州小浮橋。又濬漕渠自徐、邳至宿，計五閲月工竣，費僅十萬。叙功進本部尚書。復開泇河，引淮南北運艘，工已成十之三，會以疾卒。後李化龍循其遺法，與李三才共成之，漕永便焉。《行水金鑑》

丁賓，字廷禮，嘉善人，萬（歷）〔曆〕初爲句容令，著聲績。歷操江都御史，諸大利弊多所興革：覈三等九則之法，輸錢官募，題定税役事宜，坊厢踐更之累皆絶。《廣輿記》

馮叔吉，字汝迪。萬（歷）〔曆〕初，江上有警，設副使道於池州，叔吉莅任，即立池陽、荻港二營，列巡艦於江上，加築池州及東流、銅陵二邑城。守禦既嚴，盜警遂息。舊《通志》

李三才，字道甫，北通州人，萬（歷）〔曆〕中以僉都御史總督漕運，巡撫鳳陽諸府。三才豪邁有大略，在淮凡十三年，以折税監得民心。及淮、徐歲祲，請賑恤，蠲馬價。又誅翦徐、亳大盜趙吉元等，部内晏然。舊《通志》

李維貞，字本寧，京山人。萬（歷）〔曆〕中以兵備道駐壽州，修廢舉墜，綏靖地方，大著勞績，爲時所稱。舊《通志》

熊廷弼，字飛百，江夏人。萬（歷）〔曆〕間督學南畿，嚴明有聲。舊《通志》

陳玉輝，萬（歷）〔曆〕間屯馬御史，冰清自矢。去之日，行貲不辦，同官醵金助之。舊《通志》

周起元，字綿貞，海澄人，天啓間巡撫吴中，爲政簡静持大體。性剛介，織造内監李實怙魏忠賢勢，恣爲貪暴，起元疏劾之。忠賢怒，嗾實劾起元，與周順昌等六人同被逮，死獄中。《紀事本末》

鄭二陽，鄢陵人，崇（正）〔禎〕八年備兵維揚。時流寇告警，二陽簡飭士卒，戰守俱備。鹽政壞，竈丁欲爲亂，二陽扁舟諭之，皆流涕歸服。尋擢安撫。劇賊革裏眼等五營受撫至太湖，二陽移書戒監軍楊卓然勒兵以待，未幾果叛，皖以有備獲全，人服其先見。舊《通志》

倪元珙，字賦汝，上虞人，崇〔正〕〔禎〕時以御史督南畿學政。會奸人詣闕訐復社罪，欲盡陷一時清流，事下所司案問，元珙同兵備馮元飈申辨最力，忤權貴意，謫官。《紀事本末》

鄭昆貞，字十師，龍溪人，崇〔正〕〔禎〕時巡按應天。楚帥左良玉擅離本鎮，擁兵東下，去蕪湖二十里，遠近震恐。昆貞移書諭以順逆，良玉得書立還。又捐俸治黄山采石孔道，行旅便之，號鄭公堤。舊《通志》

史可法，字道鄰，宛平人。崇〔正〕〔禎〕時歷安池巡道，監江北諸軍，敗賊於潛山、桐城。擢撫安慶，立三大營以圖大舉，賊多避其鋒。歷總督漕運，劾罷糧道之不職者三人，又慎簡運官，盡祛諸蠹弊。後以樞輔督師死揚州。舊《通志》

張國維，字玉笥，東陽人，崇〔正〕〔禎〕時巡撫應天，寬惠得士大夫心。屬郡災傷，輒爲請命，多獲寬減。時流賊躪江北，國維引軍擊之，屢摧寇解圍。築太湖、繁昌二城，濬鎮江及江陰漕渠，並有成績。擢總理河道，歲旱水涸，國維浚治之，漕艘無阻。《廣輿記》

祁彪佳，字幼文，山陰人。崇〔正〕〔禎〕時巡按南畿，一日杖斃大猾七人，所部稱快。立易知由單，以清賦弊。捐俸置役田，以甦徭困，人稱真御史。後巡撫應天，威望尤著，一時分鎮大帥多敬憚之。《廣輿記》

黄希憲，字又生，宜春人，崇〔正〕〔禎〕時撫吴，廉静有守。時蘇民困於役，最重者爲白糧解户，其次則徵收地丁銀，謂之收頭。希憲請於朝，以白糧委縣佐，而收銀屬之吏，民困盡釋，其法至今不變。

《廣輿記》

淩義渠，字駿甫，烏程人，崇(正)〔禎〕時歷蘇松兵備，以清操著。吴俗好訟多詐，義渠每以片詞折之，人又服其明。舊《通志》

馮元颺，字爾馨，慈溪人。崇(正)〔禎〕時歷蘇松兵備，至則選材官，募勇士，别設一營號中權，軍威大振。舊《通志》

王象晋，字康宇，新城人。崇(正)〔禎〕時任揚州兵備，平海濱巨盜王虎子。又通州民變，焚劫諸巨室，象晋馳往擒其魁，立置之法。舊《通志》

路振飛，字見白，曲周人。崇(正)〔禎〕時任漕撫，訓練鄉兵，招集義勇，他郡多爲寇躪，而淮獨安堵。舊《通志》

袁繼咸，字臨侯，分宜人，崇(正)〔禎〕時歷揚州兵備。時中涓楊顯名銜命清理鹽漕，恃寵驕蹇，繼咸抗不爲禮，遂被誣劾。繼咸以廉惠得人心，去官日，士民扳轅遮留者以萬計。舊《通志》

國　朝

洪承疇，同安人。順治二年，以内院大學士經略招撫江南，拊循氓庶，著有綏靖之功。舊《通志》

李猶龍，字紫函，陝西人。順治二年，招撫安、池等郡，調度有方，反側歸附，平白雲、大溪諸寨尤有功。期年，改巡撫天津，皖人懷其德，立祠祀之。舊《通志》

趙福星，奉天人。順治二年，以都御史巡撫鳳、揚四郡，駐泰州，戡亂鋤奸，整飭吏治，申雪冤獄。又加意振興文教，修飭學宮，功績茂著。

周亮工①，字元亮，祥符人。順治二年，授兩淮運使，招徠衆商，鹺政具舉。尋遷海防兵備，時民間妄訟仇家，陷以不軌，亮工以無事靖之，境内帖然。

楊捷，字元凱，其先寶應人，世襲指揮，家遼左。順治初，由九江總兵移鎮揚州，提督山東、福建，屢樹戰功。後以原銜管江南提督事，世襲一等阿達哈哈番。卒贈少傅，謚「敏壯」。

張文衡，字巨烜，奉天人，順治三年徽寧兵備。莅治清嚴，待士以禮，繩豪胥以法。嘗自箴其前楹曰「戒怒」「省刑」，故人畏而愛之。遷江南按察使。舊《通志》

馬國柱，奉天人，順治四年總督三省。時江南八旗駐防兵與民不相習，國柱盡心撫戢，令行禁止，兵、民相安。舊《通志》

劉漢祚，奉天人。順治五年任左布政使，持正表率，才諝足理煩劇。

李日芃，字培原，奉天人。順治七年，擢安徽操江都御史。時大軍征粵、滇，道經安、池諸郡，日芃首嚴驛馬之禁，非軍行重務，不許擅索一騎。革除蠹吏，輕徭均税，釐定《經賦全書》，創立書院，獎訓士類。設江防營兵，五里一汛，江中群盜屏跡，行旅晏然。潛山奸民嘯聚，戮其渠魁，餘黨悉散歸

① 周亮工及後文的楊捷、張文衡、馬國柱凡四人，《四庫》本俱删。

農。又值海寇之警，日芃率師控扼京口，遣將截其歸路，擒馘功多。舊《通志》

李嵩陽，字元佩，封（邱）〔丘〕人。順治七年，以御史督學江南。時士人風尚相沿明季餘習，爲文多牽綴子書，不遵傳註。嵩陽取士以程朱理學爲宗，凡辭涉浮譎者不録，自是文體漸歸於正。舊《通志》

秦世（貞）〔禎〕，字瑞寰，廣寧人。順治八年，以御史按吴，首彈貪墨，收捕大蠹杖斃於市。斷獄明決，昭雪冤誣數十事。漕卒驕横，每米一石索加銀二三錢，世（貞）〔禎〕奏立五米五銀法，官爲給之，著爲令。舊《通志》

胡亶，字葆林，仁和人，分守常鎮道。凡賦税、獄訟事至立剖，以執法不阿見稱。舊《通志》

馮如京，振武衛人，順治十一年江南右布政使。持己率屬峻整，有豐采。尤能振興文教，立五經文會，訓勵多士，士皆習尚經學云。舊《通志》

馬鳴珮，奉天人，順治十二年總督江南，具幹濟才。遇事精明果斷，獎廉懲貪，靖山海巨寇，釋善良之囚繫者。

蔡士英，字伯彦，奉天人。順治十二年總督漕運，疏陳漕政五事、漕弊九事，又請定水次領兑之規及裁領運都司。十四年致仕，十六年復起原職。士英凡兩任督漕，多所振刷釐革，輓輸天庾，迄無虧額。舊《通志》

李來泰，字石臺，撫州人。順治十二年督學江南，尋督蘇松糧儲，復分守蘇松常道，歷官勤慎，皆

有政績。來泰文學該贍，於視學尤爲稱職云。舊《通志》

郎廷佐，字一柱，奉天人。順治十三年，由南贛巡撫陞兩江總督。十六年，海寇鄭成功入寇，廷佐督厲將士，調遣有方，令崇鎮梁化鳳大破賊兵於得勝門外，南土安堵。舊《通志》

哈哈木，滿洲人，江寧將軍。與總督郎廷佐同心殫力，殄除海寇。舊《通志》

石廷柱，滿洲人。順治十三年，以鎮海大將軍駐鎮江，嚴飭兵伍，綏乂百姓，民間稱爲石佛。舊《通志》

額楚，滿洲人，以都統鎮守江南，戢兵安民。滇、閩之亂，提兵援江右，所至約束甚嚴，閭閻無擾。舊《通志》

郎賽，滿洲人，以都統駐蘇州。時初設軍屯，賽軍紀嚴肅，廛市晏然。舊《通志》

李森先，字琳枝，平度人。順治十三年，以御史巡按江南，捕豪猾、胥吏倚官爲虐者十一人置諸法，又舉孝子、節婦以興民行。舊《通志》

姜圖南，字匯思，大興人，順治十三年視兩淮鹽政。時引滯課逋，奸僞滋弊，圖南疏通壅鹽，課入應時。又禁牟奪贏利、竄附綱名者，商人賴之。舊《通志》

陳培貞，字心盤，奉天人，順治十三年江南左布政使。時海寇犯江寧，城中居民多憂糧匱，培貞請開聚寶門，聽民運米入城，衆心始安。賊營環列城外，培貞建議潛開小東門，與崇明總兵官梁化鳳引兵突出繞賊營後，一戰破之。小東門者，城西北門之東偏小門也，久閉塞，忽出不意，賊大驚潰，遂

以捷聞。總督郎廷佐並上其功。舊《通志》

宫家璧，奉天人。順治十四年分巡蘇松道，裁决明敏，案無留牘。舊《通志》

梁化鳳，字翀天，榆林人，自寧國總兵官移鎮崇明。時海濱伏莽出没無時，平洋、平安、大安、聯福等沙聯爲窟穴，化鳳悉收復之。先是，鎮兵皆寄居民間，化鳳申請創建營房，兵、民稱便。順治十六年，海寇犯江寧，奉調赴援，衝圍入城，與城中兵合，悉力守禦。未幾，覘賊弛備，提鋭卒潛出，搗其中堅，遂殲群賊，克復鎮江。以功擢蘇松提督，予世廕。舊《通志》

周維新，奉天人，以副都統駐鎮江。居官簡静和易，鎮撫兵民歷八載，卒於官。舊《通志》

馬祜，字篤周，滿洲人。康熙八年，擢江蘇巡撫，下車首撤供帳，絶餽遺，正己率屬，不事苛細。江南舊多逋賦，有司率那移報完，前後相蒙，祜分别吏侵民欠，疏請銷追。又密疏奉特恩，蠲免康熙元年至八年逋賦一百九十餘萬。淮、揚、蘇、松、常、鎮六郡頻困水災，勘實奏請，咸邀捐賑。濬劉河、吴淞江以利蓄泄，清田畝以豁賠累，行官收、官兑以甦役困，修築南北塘以便兵旅，殲盜魁，雪沉獄，一時風俗清謐。會霪雨淹没田廬，憂惶成疾。臨終，自草遺疏，極陳水災民困，言不及私。舊《通志》

麻勒吉，滿洲人，康熙十年總督兩江。甫蒞任，值旱蝗，倣行古埋蝗之法。又捐俸買蝗，遠近負戴而至，量多寡授緡，蝗漸絶，歲不告饑。其爲治提綱挈領，務有所振起。凡藩臬、郡縣、學校、營衛、驛遞、場局、市井一切利弊宜罷行者，及舟車、往來、人物之數，各有品章條貫，芟繁核實，不苛不濫。士民掇其尤著者三十八條，鑱之於碑，立祠祀之。舊《通志》

王之鼎，字公定，瀋陽人。以世襲伯任松江提督，陞鎮海將軍，兵民愛之。後提督四川，吴逆叛，罵逆自刎死，松人立祠祀之。康熙四十六年，頒賜「純忠遺愛」四字額。

方國棟，字干霄，宛平人。康熙十二年分守蘇松常道，律己甚嚴，莫敢干以私。吴下濱湖，堤岸歲久頽圮，國棟躬率吏民，併力修築。又修沿海墩臺、橋梁，及吴淞、劉河兩閘，措辦工費不以擾民。舊《通志》

滿洲、蒙古兵暫駐蘇州，國棟請度城南隙地立營，糗芻之屬，無不預備，師旅如歸，民得安堵。舊《通志》

阿席熙，滿洲人。康熙十三年總督兩江，爲政清静畫一，吏民安之。會逆藩煽變，創建營房，修造戰艦，悉如期集事。南討大軍絡繹過境，席熙徵調供億，號令嚴明，所部安堵。及任滿還京，行槖蕭然，人服其操。舊《通志》

白允明，奉天人。康熙十四年，爲京口左營副將，均旗丁供役，嚴汛兵賞罰，禁放牧學宫旁地，鄉邑不擾。

張景仲，京口防禦，和輯兵民，禁飭旗厮不許入學宫。賑饑育嬰，尤孳孳樂善云。

慕天顔，字鶴鳴，静寧人，康熙十五年由江蘇布政使陞巡撫。天顔在藩司時，值水旱相仍，賑貸緩徵，開濬吴淞、劉河。尋入覲，凡七上疏，減賦除荒、治黄淮、寬涸田、調用守令，均田役最其大者。撫吴，復條上八疏。又疏請蠲被災田賦，請開濬白茆、孟河，並建閘蓄泄，爲東南之利。

丁思孔，鑲黄旗人，康熙十五年江蘇布政使，以剛方才幹著稱。

靳輔，字紫垣，奉天人，由翰林編修巡撫安徽，晋兵部尚書、總督河道。甫莅任，即大挑山、清、高、寶等四州縣運河，及清口以下至海口河道。詳審兩河全局，上陳經理河工事宜八疏，悉奉俞旨，大發帑金，專任委成。輔於是開濬引河，修築遥堤、縷堤，創立減壩、坦坡，大築高堰，堵塞翟壩，使淮水會河、河水入海，運道通行無阻。復請開中河三百餘里，令漕艘由仲家莊閘而上即入中河，避百八十里黄河湍悍之險，勞績茂著。輔嘗持議謂治下河當竟治上河，與衆議不符。自康熙十六年至三十一年，凡三膺簡命，聖祖有「實心任事」之褒。既老病寖劇，又疏陳兩河善後之策，請豁開河、築堤廢田之糧，並請清淤出地畝之賦。卒，賜祭葬，謚「文襄」。四十六年，奉旨：「沿淮軍民感頌靳輔治績，衆口如一，久而不衰，著贈太子太保，仍給世職，拜他喇布勒哈番，爲矢忠宣力者勸。」輔所著有《奏疏》八卷、《治河書》十二卷。雍正十二年，奉旨崇祀賢良祠。

郝浴，字冰滌，定州人，康熙十六年巡按兩淮鹽政。時三逆未平，鹺引壅滯，浴恤商裕課，措置有方，以稱職留差一年。尋擢左僉都御史。

劉選勝，湖廣人。康熙十七年爲京口總兵官，勤於訓練，尤嚴防戍賞罰，海氛寢息。更修學中講堂、射圃，以助興文教。

劉果，諸城人。康熙十八年督學江南，謝絶私交，釐正文體，委靡油滑之習爲之頓改。

孔興洪，曲阜人。康熙二十年，任江常鎮道，懲豪强，惠良民，獎勸孝友，樂育單寒，士民有去後之思。

于成龍，字北溟，汾陽人，康熙二十一年總督兩江。先是，巡撫直隸，風節著聞朝野。及兩江節制，貪墨吏望風解綬，豪猾皆潛徙境外，奢侈僭踰者亦皆斂戢。莅任即杜苞苴，禁加派，減火耗，嚴保甲，清營伍，除蠹胥，釐關政，平鹽價，凡有關國計民瘼者，次第舉行。成龍負經濟之學，於程朱源流素多發明，故尤以教育多士爲心。創立虹橋書院，檄取高才生課習其中，每親臨訓誨：士當先勵品行，爲國棟梁，勿爲稂莠。其所提獎陶成，後多貴顯。自奉儉薄，有寒素所不能堪者。以盡瘁遘疾，卒於位，贈太子太保，謚「清端」。卒之日，齠童耄叟，皆入弔哭。周身之具，麤布一衾而已。士民建祠，一在天妃宫側，一在雨花臺畔。雍正十二年，奉旨崇祀賢良祠。

湯斌，字孔伯，睢州人。康熙二十三年，由内閣學士擢江蘇巡撫。斌莅任初，悉屏供帳諸物，僚屬皆洗心供職。吴俗奢靡，裁之以禮，立嫁娶喪葬定式，申賽會、演劇、博戲、拳勇、掠販之禁。重農事以興本業，復社學以訓子弟，講《孝經》以敦人倫，表揚名宦以風厲來者，悉推誠感動，不徒條教虚文。又累疏陳吴民疾苦。會淮、揚水災，斌倡屬捐濟，每口百日給米五斗，令無流播。吴地楞伽山五通神祠賽禱無虚日，斌取神像投之石湖，奏聞永禁，奉旨：「各省淫祠，通行嚴禁。」斌撫吴三載，食惟蔬菜，供應日費百餘錢。二十五年，聖祖諭：「江寧巡撫湯斌潔己率屬，實心辦事，宜拔擢大用。」特授禮部尚書、詹事府掌詹事。還朝之日，吴人攀送者數千人。生爲立祠，既没，追思不忘。雍正十二年，奉旨崇祀賢良祠。

施世綸，字潯江，晋江籍，鑲黄旗人，靖海侯謚襄壯琅仲子。以廕知泰州，會歲饑，請修築范公隄以濟飢民。歷揚州守，移江寧，所至豪右屏跡，疑獄悉平。丁艱去，攀留者數萬人，建雙亭於府署，號一文亭。累擢淮徐道、安藩司，總督漕運，革羨金，劾貪弁，除蠹役，號稱嚴明。

趙士麟，字玉峰，河陽人。康熙二十五年，巡撫江南，捕豪猾，蠹胥悉置之法，境内肅然。時吴城河道久湮，舟楫多阻，士麟疏濬，永爲民利。尋擢吏部侍郎。

楊素蘊，陝西人。康熙二十六年，巡撫安徽，嚴懲墨吏，以儆官邪。又優恤士民，威惠兼著。

傅臘塔，滿洲人。康熙二十七年，以刑部尚書總督兩江，慰薦賢能，懲黜貪墨，摘發如神，萑苻用戢，讞決明慎，屢剖疑獄，課士教民，疏河墾荒。二十八年，聖祖南巡，垂問民間利弊，因請免江寧房號篷搭地租歲八千兩。又疏請江南鄉試增廣解額，議准蘆課丈量五年一舉，縣令親臨勘丈。三載①卒官，特遣官予祭，贈太子太保，謚「清端」，士民建祠祀之。雍正十二年，奉旨崇祀賢良祠。

張思恭，鑲藍旗人，康熙二十九年爲京口將軍。思恭自九年擢副都統鎮京口，前後莅鎮凡十八年，雅尚節儉，戢兵安民。今文廟前立下馬牌，思恭所奏請也。

董元卿，鑲黄旗人，京口將軍，輯和文武，綏靖軍民。尤嚴旗丁重利剥民、縱馬害稼之禁，訓練將士，勤明有法。

楊嘉，山西聞喜人。康熙二十九年，分巡江常鎮道，捕治衙蠹，又按豪家奴置諸法。嚴於律己，

① 「三載」，《四庫》本作「二載」。

屬吏無私謁。

許汝霖，字時庵，海寧人。康熙三十年，以春坊贊善督學江南。汝霖浙中宿學，通經書，熟於文律。其校士稔知甘苦，宵分閲牘，手定甲乙，士咸服其公鑑。

宋犖，字牧仲，商（邱）〔丘〕人。由江西巡撫移節江蘇，凡民間利病，諮訪甚勤，每逢歉歲，奏請蠲賑。賓禮文彦，獎激後進，尤多造就。撫吴十四載，不爲赫赫之譽，而去後人皆思之。

高承爵，奉天人。康熙三十一年巡撫安徽，時盱、泗等州縣河流泛溢，修築隄防。三十九年再任，捐俸賑飢，皖人獲濟。

范承勳，字蘇公，奉天人。總督兩江，以鎮静爲治。淮、揚下河屢被水災，撫綏賑恤，人懷其德。

佟國佐，奉天人。巡撫安徽，政尚寬平，人吏浹和。

邵嗣堯，山西人。康熙三十三年，以參議督江南學政，峻節清風，屏絶竿牘。雅不喜冗長繁縟之辭，所取制義以簡質爲宗。著有《四書講義》，傳示學者。以勞卒官，士立祠肖像祀之。

張鵬翮，字運青，遂寧人。康熙三十四年督學江南，三十八年擢兩江總督。明年，晋兵部尚書、總理河道。首陳河工錢糧冒濫、屬員因循積弊，多所振刷。恪遵聖祖指授方略，遍行履勘，殫心經畫。拆攔黄壩，使黄水暢達入海。堅築高堰，廣闢清口，使淮水得暢流匯黄。疏人字、芒稻等河，引運河水注江。築挑水壩，疏陶莊引河，使清水敵黄，永無倒灌之虞。挑蝦鬚等河，引下河積水入海。復疏請改中河，於三義壩因築堤攔舊中河水入新中河，自是每歲糧艘通行無滯。又開張福口引河，會裴家場河諸水併力助淮逼黄大溜向北，黄、淮皆循故道入海。所著有《河防記》若干卷。雍正十二年，奉旨崇祀賢良祠。

張雲翼，陝西人，世襲侯爵，大理寺卿鎮八閩。康熙三十五年，移節江南，在任十四年，詩書樽俎，訓練有方。聖祖仁皇帝南巡，閱軍容整肅，嘉奬賞賫。

李鈵，鐵嶺人。康熙三十八年，任安徽巡撫，戢兵安民，緩徵息訟，立義學、義倉。又造江船以拯溺，修馬橋以利涉，遺愛甚多。

張泰交，字公孚，陽城人。以太僕寺少卿督學江南，刻苦勵操，雖周親宿好莫敢干以私。每校士既定甲乙，集高等諸生環立几案，論文章雅俗高下，亹亹不倦，勖以立品修行、爲端人善士。擢大理寺卿、副都御史、刑部右侍郎，一歲三遷，仍令訖學政任。在任同蘇撫宋犖捐修南版《廿一史》。

常名揚，正白旗人，康熙四十年安徽布政使。以所屬濱江洲地多爲豪右侵奪，而貧弱者至有無洲之税，親履丈勘，還所侵地。

陳鵬年，字北溟，湘潭人。初知海州，歷知江、蘇二府，攝江藩篆，並著聲績。康熙六十年，署河道總督。尋奉世宗特旨，授總督河道、兵部侍郎。時漕渠淺澀，遣幹吏直溯淮源，疏其上流，使清水暢達，會黄濟運。又挑挖黄河南北岸引河四道，使對岸險工淤閉。又遍閲河勢地形，具得其源委高下，區畫條貫。將次第經理，會病卒，賜賻金二千兩，謚「恪勤」。雍正十二年，奉旨崇祀賢良祠。

張聖鐸，分巡淮揚道，戢吏懲奸多善政。會伏水暴漲，淮安西門小壩水已溢堤，城中人惶懼。聖鐸冒風雨，躬率屬員，集丁夫、運料，搶修越隄，淮郡得全。明年，黄漲尤甚，淮郡、安東同時告急，聖鐸親臨捍淮，遴員馳救，安、東兩城卒保無虞。以勞卒官。

章秉法，字程叔，會稽人，爲江南掌印都司。善治獄，雖老奸宿豪，以數言折其機牙，莫不詘服。屢被檄勘災監賑，恩均弊絕。

張伯行，字孝先，儀封人。康熙四十九年，由閩撫移節江蘇，素以清正著聞，豪猾憚之，望風遠遁。舉劾屬員，無所阿徇。奏請蠲瓜洲浮税，賑恤高、寶下河災黎。建紫陽書院，令諸生肄業其中，訓迪以義理之學。會與督臣互參解任。奉聖祖特諭，有「天下第一清官」之褒，仍起原職，吴人遮道歡迎，額手稱慶。伯行益矢恪勤，始終一節。撫吴前後閲五載，官吏莫敢冒法貪濫。吴中推伯行清望與湯斌相亞云。

梁世勳，延安人。康熙五十年，任安徽巡撫，慈祥和易，深恤民瘼。其最著者，皖城江磯險峻，每遇風雨，數十里無泊舟處，勳捐金於城東五里外鑿新河四十里，行旅便之。

郎廷極，鑲黄旗人。康熙五十一年爲督漕都御史，肅清漕政，官吏弁丁皆便之。

穆廷栻，山海關人。康熙五十三年，提督松江，持躬清慎，訓練嚴明。自甘布衣藿食，俸餘惠濟部兵。

余正健，字乾行，古田人。康熙五十四年，督學江南，衡文根極理要，訓士諄切。按州郡，傔從數人而已。陞奉天府尹。

高其位，鑲黄旗人，其先屢立戰功，宣勞異域。康熙六十年，提督松江，沉静和易，地方寧靖。

齊蘇勒，字金城，正白旗人。以兵部尚書總督河道，莅政清勤，河防完固，奉上諭敕部議叙。又疏復瓜洲花園港運道，建閘啓閉，以順水勢。堵瓜洲城西新開河道，以免江水逼城之患，尤爲偉績。雍正十二年，奉旨崇祀賢良祠。

江南通志卷一百十三

職官志

名宦 二

江、蘇二府

分 轄

江寧府

周

伍尚，楚人，伍奢子。爲棠邑大夫。杜預《左傳注》

漢

蔣子文，廣陵人。漢末爲秣陵尉，逐盜至鍾山下，被傷而死。後有見子文於道者，侍從如平生，以爲神而祀之。代著靈異。《金陵志》

晋

温嶠，字太真，祁縣人。王敦忌嶠，請爲左司馬，嶠繆爲綜其府事。會丹陽尹缺，嶠薦錢鳳，鳳亦推嶠，嶠僞辭之，敦不從，表嶠丹陽尹。得還都，具奏敦逆謀，請預爲之備。及敦構逆，加嶠中壘將軍、持節、都督東安北部諸軍事。王含、錢鳳奄至都下，嶠燒朱雀桁以挫其鋒，賊不得渡。率兵擊王含，敗之。復督劉遐追錢鳳於江寧。事平，進號前將軍。《晋書》本傳

褚翜，字謀遠，陽翟人。成帝時遷丹陽尹。時京邑焚蕩，人物彫殘，翜收集散亡，甚有惠政。《晋書》本傳

劉惔，字真長，相人。永和中丹陽尹。爲政清整，門無雜賓。《晋書》本傳

羊曼，字祖延，南城人。代阮孚爲丹陽尹。蘇峻作亂，加前將軍，守雲龍門。王師不振，或勸曼走避，曼曰：「朝廷破敗，吾安所求生！」勒衆不動，爲峻所害。《晋書》本傳

庾龢，字道季，鄢陵人。升平中尹丹陽，表除重役六十餘事。《晋書》本傳

王雅，字茂達，郯人。孝武時左衛將軍、丹陽令①。性好接下，敬慎奉公，孝武深加禮遇。《晉書》本傳

劉超，字世瑜，臨沂人。元帝時句容令。推誠於物，爲百姓所懷。常年賦税，主者四出，詰評百姓家貲。超但作大函，使各自書家産投函中，依實投課，所入有逾常年。《晉書》本傳

范廣，字仲將，順陽人。元帝時令棠邑。邑丞劉榮繫獄當死，家有老母，至節，廣輒聽暫還，榮亦如期而返。歲旱米貴，廣散私穀賑饑，遠近歸之。《南畿志》

南北朝　宋

劉穆之，字道和，莒人。劉裕委以腹心之任，義熙八年丹陽尹，累遷尚書右僕射，轉左僕射，尹如故。穆之内總朝政，外供軍旅，決斷如流，事無壅滯。《宋書》本傳

謝方明，陽夏人。永初中尹丹陽。有能名，所至承代前人，不易其政。宜改者則以漸移變，使無跡可尋。《宋書》本傳

沈璞，字道真，武康人。秣陵令。京邑號爲難治，璞以清嚴制下，端平待物，奸猾斂手。《宋書》自序

---

①「令」，《晉書》卷八十三本傳作「尹」。

蕭摹之，南蘭陵人。宋元嘉中尹丹陽。上言佛入中國已歷四代，形像、塔寺糜損無極，請自今欲鑄銅像及造塔寺皆列言，須報乃可，文帝從其請。《南史》

何尚之，字彦德，灊縣人。元嘉中爲丹陽尹。於南郭外立學聚生徒，遠近慕道來遊，謂之南學。《宋書》本傳

劉秀之，字道寶，莒人。元嘉十六年，除建康令，善糾擿微隱，政甚有聲。大明二年，遷丹陽尹，時宫禁市物不時給值，秀之以爲非宜，陳之甚切。《宋書》本傳

齊

劉懷慰，字彦泰，平原人。齊高帝時爲齊郡太守。修治城郭，安集居民，墾廢田二百頃，决湖灌溉。不受禮謁，民有餉新米一斛者，懷慰出所食麥飯示之，曰：「且食有餘，不煩此。」後卒，明帝謂徐孝嗣曰：「懷慰若在，朝廷不憂無清吏也。」《齊書》本傳

梁

樂法才，字元備，淯陽人。梁天監中令建康。不受俸秩，比去官，縣曹啓輸臺庫。武帝嘉其清節，曰：「居職若此，可以爲百城表矣。」《梁書·樂藹傳》

孔休源，山陰人。爲建康獄正，辨訟折獄，時無冤人。後有選人爲獄司者，高帝尚引休源以勵

之。《梁書》本傳

江革，字休映，考城人。天監中建康令。爲治明肅，豪强憚之。《梁書》本傳

孫謙，爲句容令，清慎强記，縣人號爲神明。《梁書》本傳

陳

司馬申，字季和，温縣人。陳大建九年，除秣陵令，以清能見紀，有白雀巢縣庭。《陳書》本傳

蕭引，字升休，南蘭陵人。後主時令建康。宦官李善度、蔡脱兒等多所請屬，引一切不許，曰：「吾立身自有本末，安能爲李、蔡改行！」後竟坐免。《陳書》本傳

唐

盧祖尚，字季良，樂安人。武德中爲蔣州刺史，有能名。《唐書》本傳

岑仲林，鄧州人，中書令文本孫。爲溧水令，以政績著聞。時兄羲令金壇，仲翔令長洲，皆有聲，而仲林尤見表樹。宰相宗楚客屬監察御史曰：「勿遺江東三岑。」《唐書·岑文本傳》

竇叔向，金城人。以左拾遺爲溧水令，政績爲諸邑冠。《南畿志》

白季康，太原人。令溧水。温恭誠信，貞白威嚴，邑人祀之。《南畿志》

宋

賈黄中，字媧民，南皮人。太平興國二年知昇州。爲政簡易，部内稱治。一日潛行府署，見一室扃鑰甚固，啓視得黄金數十匱，乃南唐李氏宫閣中遺物也，即表上之。《宋史》本傳

元絳，字厚之，錢塘人。明道初調江寧推官，攝上元縣，捕寘豪民王豹子於法。有婦告夫爲人所殺，絳廉得婦與僧奸狀，皆伏法。安撫使范仲淹表其才。《宋史》本傳

張詠，字復之，鄄城人。真宗朝知昇州。秩滿，州民願借留，即授工部尚書，仍留昇州，賜詔褒獎。《宋史》本傳

薛映，字景陽，蜀人。真宗時知昇州，建言：「州以牛賦民出租，牛死，租不得蠲。」帝覽章矍然，因令諸州條奏，悉蠲之。《宋史》本傳

薛顔，字彦回，萬泉人。知江寧府事。邏者晝劫人，反執平人以告，顔視其色動，曰：「若真盜也！」械之，果引伏。《宋史》本傳

張奎，字仲野，臨濮人。時江寧府廨〔盡焚〕，①諫官言宜擇才臣繕治之，以奎知江寧府。奎簡材鳩工，不逾時復完。《宋史》本傳

---

① 據《宋史》卷三二四本傳補。

沈遘，字文通，錢塘人。通判江寧府，奏本治論，仁宗嘉之。《宋史》本傳

蘇頌，字子容，丹徒人。仁宗時知江寧縣。時建康承李氏後，賦稅圖籍散失，每發斂，高下多出吏手。頌剗剔夙蠹，成賦一邑，簡而易行，諸令視以爲法，至領其民拜庭下以謝。民有忿争，頌諭以鄉黨宜親善，民往往謝去，或半途思其言而止。《宋史》本傳

馮京，字當世，江夏人。嘉祐五年知江寧府事。至即據案推究，不以付獄，一無壅滯，人服其敏。《宋史》本傳

程顥，字伯淳，河南人。嘉祐八年上元主簿。爲令畫法均田税。攝邑，盛夏塘堤大決，法當言之府，府稟於漕，然後計功調役，非月餘不能興作。顥曰：「如此苗槁矣，民將何食？救民獲罪，所不辭也！」遂發民塞之，歲則大熟。運卒病者，舊爲營以處，歲數百人，至者輒死。顥察其由，蓋既留然後請於府，給券乃得食，比有司文移具，則困於饑已數日矣。顥白漕司給米貯營中，至者與之食，自是生全者大半。茅山有龍池，其龍如蜴蜥而五色，自昔嚴奉以爲神物。顥捕而脯之，使人不惑。其始至，見人持竿黏飛鳥，取其竿折之，自是鄉民子弟不敢畜禽鳥。不嚴而令行，大率如此。《宋道學名臣言行録》

朱定國，廬江人。神宗時令六合。王安石方興①水利，有建議開馬昌河通滁州者，提舉官從之。

① 「興」，《四庫》本作「行」。

定國言壞民廬舍，勞民筋骨，費大利微，固持不可。使者不悦，屢困之，卒不變。《南畿志》

曾肇，字子開，南豐人。元祐間知江寧府。肇儒者，有吏才，文學法理，咸精〔其〕①能，在郡多美政，時徧稱之。《宋史·曾鞏傳》

沈錫，字子昭，真州人。徽宗時歷知江寧府。朝廷疑張懷素之黨有脱者，江淮間多誣告，錫具疏於朝，繫者皆得釋。《宋史·沈銖傳》

楊邦乂，吉水人。建康府教授，改知溧陽。會叛卒周德據府城，邦乂設計擒之，以勞授通判建康。建炎三年死節，事聞，贈直祕閣，即死所立廟，賜額「褒忠」。《宋史·忠義傳》

趙鼎，字元鎮，聞喜人。紹興二年知建康府事。時孟庾、韓世忠皆駐軍府中，多招安强寇。鼎素剛正，庾、世忠咸加禮敬，兩軍肅然，民得安堵。《宋史》本傳

李朝正，紹興間知溧水，有異政。秩滿，民號泣遮留，高宗乃召遷一官，賜五品服遣還。《金陵志》

吴琪，紹興間令句容。時軍事方殷，供給絡繹，琪上不違令，下克撫綏，閭井晏然，弦歌滿耳。《南畿志》

劉珙，字共父，崇安人。淳熙二年知建康。歲祲，奏蠲夏、秋額税。禁止上流遏糴，得商米三百萬斛。又貸錢出糴，得米四萬九千斛，籍户高下，給米有差。兼運米郵落，置場平糶，闔境無捐瘠流

① 據《宋史》卷三一九《曾鞏傳》補。

徙者。卒於官，百姓罷市巷哭，立祠祀之。《南畿志》

趙時侃，金壇人。慶元四年爲句容令。初，縣有增科和買之弊，民甚困，侃狀其事豁之。又修學舍，取没官田以養士，邑人祀之學宮。《金陵志》

黄度，字文叔，新昌人。嘉定初知建康。罷科糴輸送之擾，活饑民無算，除見税二十餘萬，招歸業者九萬家。《宋史》本傳

馬光祖，字華父，金華人。寶祐三年知建康府。始至官，即以常例公用器皿錢二十萬緡支犒軍民，減租税，興學校，既去而民思之。開寶元年，再知建康，士女相慶，光祖益思休養民力，知無不爲。移書賈似道，言公田法非便，乞不以及江東。召赴行在，又以沿江制置、江東安撫使知建康，民爲建祠六所。三至建康，終始一紀，威惠竝行，百廢具舉。《宋史》本傳

程洙，休寧人。淳祐時上元主簿。元兵入建康，自經死。《南畿志》

元

岳天（貞）〔禎〕，冠氏人。大德十年爲建康路總管。歲饑，發粟賑給，民賴以全，郡中立碑紀德。《江寧府志》

王蒙，保定人。大德間知江寧。修築圩堤，以政績聞。《江寧府志》

程恭，泰定間尹句容，以撫字爲政，除民所不便者。治後有廢址，恭植桑萬株，民趨效之。有古

循吏風。《句容縣志》

趙靖，至大中爲句容令，首建學校。縣額歲辦紅花，民苦之，靖以非土産，請於上，獲免。《句容縣志》

明

吴裕，洪武間爲溧水令，有聲，上作《褒賢頌》送之。《溧水縣志》

高謙甫，平陽人。洪武初知溧水，以廉能稱。舊《通志》

郭雲，隨州人。洪武初令溧水。兵燹之後，邑頗凋敝，雲至，百廢具興，而持以廉潔，士民胥悦。《江寧府志》

陸梅，中江人。洪武五年爲六合令。首新學宫，次及壇墠亭塔，百廢具舉，民不告勞。《六合縣志》

顧佐，太康人。永樂十八年爲應天尹。公廉有威重，一時勳貴豪猾皆爲斂手，時方之包拯云。鄭曉《名臣記》

薛均，蘄水人。永樂中授應天府尹。廉明持正，買地種蔬，旦暮荷鋤往耘。文皇密使人廉之，得其狀，笑曰：「人皆行樂，惟朕與均苦耳。」《江寧府志》

陳奂，慈谿人。知扶溝，擢督府都事。以赤縣煩劇須幹理，改上元。有婦殺其夫者，奂夢中有所

見，輒於喪次捕婦，鞫得其情，人以爲神。《江寧府志》

鄺埜，字孟質，宜章人。宣德十年爲應天尹。一以養民爲務，凡市征、田税，皆酌其平，豪黠不得爲輕重，公私便之。鄭曉《名臣記》

嚴迪，餘姚人。宣德中令江浦，冰雪自矢，歷九年終始一節。考滿，歸裝惟圖書數卷，家仍茅茨，人皆高之。《江浦縣志》

李文焕，廣靈人。宣德中授江浦縣丞。起庠序，徙壇壝，修舉廢墜。弘治中，知縣胡昉祀之於尊賢祠。《江浦縣志》

黄淵，淯水人。正統中令六合。歲蝗，淵虔禱，蝗不爲災。莅事執法，不通關節，時人以板黄稱之。《六合縣志》

彭烈，字肇烈，廬陵人。景泰時令江浦。廉介端詳，政通民和。《南畿志》

劉義，字循道，諸城人。天順初句容丞，進知縣。除奸息訟，設社養老，治民婚喪以禁奢靡，民皆化之。《南畿志》

林春，字孟陽，萬全衛人。天順中爲應天府馬政通判，攻駒考牧，恪盡乃心。每行縣較閲，止食公廩，一毫不以擾民。於公廨莳蔬自給，其清操如此。《江寧府志》

于冕，字景瞻，錢塘人，忠肅謙之子。成化時爲應天府尹。興利鋤弊，一以仁愛爲心。雖罹家難，而聲聞不隕，人皆稱之。《江寧府志》

魯崇志，字懋功，天台人。成化十年爲應天尹。先是，七邑阻饑，逋賦數萬石，崇志勸貸以輸，而賑其貧者。中貴王敬怙勢，以鹽二萬引㹢鬻規利，崇志厲色拒之。《江寧府志》

徐廣，曹州人。成化間知句容。扶植貧弱，興起士風。《南畿志》

李澄，字天映，西華人。成化間爲句容令。心存仁恕，政尚清勤。《句容縣志》

唐詔，字廷宣，陽信人。成化間知六合縣。甫下車，謁城隍廟誓於神，以貪污爲戒。莅任九年，食不重簋，時稱廉吏第一。《六合縣志》

吴雄，仁和人。弘治十四年爲應天尹。風局嚴整，以肅清爲任。時大璫怙勢，裁之以法。嘗曰：「任怨吾不辭，但勿至瘠吾百姓耳。」《江寧府志》

王震，字威遠，邢臺人。弘治十六年，擢應天府尹。奏罷上元、江寧花園夫千餘人，省諸官寺獄具銀千餘兩，覈江灘蘆葦千餘頃，以佐赤縣里甲費。《江寧府志》

寇天叙，字涂水，榆次人。正德間擢應天府丞。時武廟南幸，供億浩煩，天叙處之有方。江彬寵冠一時，百司賀生辰四拜，天叙獨長揖，彬銜之，偵其私，無所得。每日小帽一繖坐堂上，自供應朝廷外，毫不妄費。彬有所需，天叙曰：「倉庫久虚，百姓窮苦，無可措辦。府丞所以微服待罪，專候挈問耳。」彬亦曰：「寇公真君子也。」於是他嬖倖皆斂迹，中外皆服其才力。治務民事，興學均賦，休息地方。嘉靖初，查舉七事，如神帛、堂匠、十庫、花園、進解、船隻等項冗役冗費，一旦裁革。歲苦饑，竭力賑給。疫作，親行巡視，給藥以救。《江寧府志》

萬廷珵，字欽之，安福人。正德間知六合。流亡之後，立九等法以均財役，至今稱便。《六合縣志》

王爌，字存約，黄巖人。嘉靖初應天尹。時賦徭繁重，富人多投内監神帛堂以避，而積累貧者。爌奏革織匠、銅竹匠、守庫薪夫等八百餘人，裁齊庶人供億。他如議罷京邑種馬，發内帑絲織神帛，内府局監不當索用紅站船隻，輕荒税、蘇流亡等疏數十上，皆切時病。暇更拔諸生異等者課之。有《京兆遺愛録》傳世。《江寧府志》

楊璨，字仲玉，華亭人。嘉靖中應天府丞，數署尹篆。節財賦，平物價，都人稱便。故事，仇家多假手獄卒，甘心繫囚。璨時巡獄中，令凡囚有病，非累藥不效勿狀，全活甚衆。《江寧府志》

劉自强，嘉靖中爲應天尹，操持嚴峻。歲旱，撤蓋步禱，甘雨如注。試士日，置火爐於堂，有私札即引而焚之。《江寧府志》

龐嵩，字振卿，南海人。嘉靖間爲治中，屢攝府事。歲凶督賑，誠意懇惻，全活六萬有奇。部民苦役重，嵩議寬之。江寧葛仙、永豐二鄉數有水患，居民裁餘七户。嵩築堤闢萊，流移盡還。《江寧府志》

程爀，字文純，南城人。嘉靖間知上元。廉幹有治才，善政爲諸邑最。考滿日，囊止俸金七兩，自騎一驢，二蒼頭隨之。糧長許翱等持八十金候於大柳驛進之，爀笑曰：「好良民，恐父母饑死耶？持歸訓子孫讀書可也。」取其馬鞭鞭驢而去。《上元縣志》

房韞玉，字以輝，靈石人。嘉靖中令上元。時坊廂積弊年久，韞玉力申諸司節之，民得蘇息，爲建惠澤祠祀焉。《上元縣志》

劉啓東，字伯陽，羅山人。嘉靖中授高淳縣令。時淳民苦於養馬，啓東善爲經畫，後得均之宣城。至建學宫，起各署，設壇社，築七門，百廢具舉。《高淳縣志》

甘惠，崇陽人。嘉靖中令高淳，有善政。治西有渡，惠易爲梁，民稱之曰「甘棠橋」。《高淳縣志》

徐九經，一名九思，貴溪人。嘉靖中知句容。清介愛民，嘗圖一菜於壁上曰：「吾民不可有此色，士大夫不可不知此味。」《廣輿記》

何宏，字道充，廣東人。嘉靖中令六合。廉潔自矢，莅事詳明。貴戚與豪民訟久不決，當道屬之，處斷皆懾服。嘗決戍囚，御史三駁而三執不改。京尹稱其「清、慎、勤」一字不少。《江寧府志》

鄧德昌，字順之，廣東人，陳獻章弟子。爲京學司訓。以實行誘進諸生，無敢操贄及門者。嘗歎曰：「士始入黌舍如處女。然而我輩首以利導之，欲成人材、正風俗，得乎？」《江寧府志》

鄭汝舟，字宜濟，莆田人。嘉靖中應天教授。誨迪多士，必約之矩矱。寮友有講學者，汝舟曰：「《六經》《語》《孟》，聖賢心印，熟讀而躬行之，即學也，何以唇吻標異哉？」《江寧府志》

汪宗尹，字子衡，崇陽人。隆慶初爲應天府尹。條畫上元、江寧徭賦，歲省萬餘金，著爲額。諸濫差爲民害者，皆奏罷之。《江寧府志》

劉應雷，萬安人。隆慶三年知溧水。時傍邑有以糧數千石規移溧水者，應雷力争當路，盛氣臨

之，執益堅，事竟得直。又丈量田畝，因高下制賦。被召去，卒於塗，民立祠祀之。《溧水縣志》

徐申，字維嶽，吴縣人。萬(歷)〔曆〕中擢應天尹。時御府傳造龍旂帟屏諸供具費鉅萬，無所措手，申乃增置錢局鼓鑄，以贏金充之。裁減各科派妄費，民力得紓。帑藏錢糧出入，故稱難核，申立《指掌册》，綱目井井。數延見鄉先達，問民疾苦，及利害興革所宜，故周知而善應云。《江寧府志》

黄承元，字與參，秀水人。萬(歷)〔曆〕二十年授應天尹。下車首咨民瘼，亟議興革。時届賓興，供億悉出帑金，市廛不擾。爲尹僅逾年，而德遍風行，士民思之。《江寧府志》

姚思仁，字羅浮，秀水人。萬(歷)〔曆〕中授應天府尹。風裁凛然，所治有罡黨害民，御史不能治，思仁悉行訪捕寘於法，遠邇快之。朔望謁廟後，必與諸生立詢時務，次及德行、文藝，膏火不繼者捐俸給之。《江寧府志》

衛一鳳，字伯瑞，璐州人。萬(歷)〔曆〕中應天府丞。單車莅任，自奉寒儉，錢穀出入，一覽洞然。《江寧府志》

李棠，字英拔，平和人。萬(歷)〔曆〕間擢判京兆，轉治中。嘗攝理刑及兩縣事，於訟獄多所平反，民稱神明。溧水漕卒、糧户交鬨，幾成變亂，棠奉檄往按之，片言立解。《江寧府志》

余若楠，河南人。萬(歷)〔曆〕中應天推官。爲政剛柔互濟，清正不私。直指按臨，詞訟浩煩，若楠奉委勘鞫，十行俱下，批决如流。《江寧府志》

劉大川，易州人，應天推官。好士愛民，請托盡謝，同官敬而畏之。《江寧府志》

林大黼，字朝介，莆田人。萬（歷）〔曆〕間授上元縣令。性明敏，簿書積案，一覽無餘。聽斷如神，黠吏莫能窺其意旨。革坊廂長，改編丁銀，省浮費十之七八，民立祠祀之。《上元縣志》

賈應龍，祥符人。知上元縣。鄉民多溺女，應龍責里胥呈報，始多存活。請於上官，推丁銀入田畝，民困以甦。《上元縣志》

徐良彦，字季良，新建人。萬（歷）〔曆〕間知溧水縣。應天八邑舊有解京皇磚之役，重爲民累，良彦請於田糧少增分毫，悉付蘇州匠作彙解，以免駁換。議行而民便焉。《溧水縣志》

張錫命，潼川人。萬（歷）〔曆〕間知溧水。申請田糧改折如高淳例，合邑便之。《溧水縣志》

董岐鳳，石屏州人。萬（歷）〔曆〕十四年令高淳。時大水，諸圩盡没，岐鳳懇訴於京兆許孚遠，得疏請内帑銀三千兩修築。買當塗湖灘作遮浪埂，以捍南蕩圩田一萬七千餘畝，至今賴之。《高淳縣志》

宗祖騰，字爾英，莆田人。萬（歷）〔曆〕三十四年任高淳。明年大水，民居盡没，祖騰督丞尉吏役操舟往救，多所全活。又力請於上，緩征發粟，民得再生。各鄉專祠祀焉。《高淳縣志》

米萬鍾，字仲詔，北京衛籍。爲六合令，有水鏡慈母之稱。《六合縣志》

甄偉璧，字連城，許州人。令六合，清操自勵，聽斷如神。邑有士人妻殉夫死，偉璧率屬往奠，歲給粟布於遺孤，聞者感泣。《六合縣志》

劉餘佑，字玉孺，順天人。崇（正）〔禎〕時爲應天尹。勸課耕穫，積穀救荒，全活數萬人。《江寧

府志》

徐石麒，字寶摩，嘉善人。崇（正）〔禎〕初官應天府丞。時南都有絲商、馬户兩差，民被僉役，家業立破。石麒仿古雇役法，令歲納銀若干，衆皆稱便。郭外通江支河久淤，商販陸運所費加倍，經營疏濬，行人利之。《江寧府志》

錢士貴，字元冲，松江人。崇（正）〔禎〕時爲應天府丞，勸民積穀，歲凶悉心賑給。郡獄有罰贖久繫者，捐金代納，俸入不繼，至變家産足之。《江寧府志》

金蘭，字楚畹，紹興人。崇（正）〔禎〕時應天府丞。時旱、疫並作，蘭與魏國公徐弘基及部寺諸臣，設廠開賑，更捐貲糴米，江楚相續。諸如慈幼局、冬生房，給藥施櫘，善政皆舉行焉。《江寧府志》

彭期生，浙江人。崇（正）〔禎〕時謫授應天推官，遇事明了，略無停滯。初之官，不携家室，屬邑例供薪米，悉却不受。《江寧府志》

趙其昌，永平人。崇（正）〔禎〕十六年，爲應天治中，案無留牘。修城隍，詰奸宄，民皆德之。《江寧府志》

周光霽，字澹庵，武康人。崇（正）〔禎〕時令高淳。歲比旱，民屑榆掘土以食，而臺司督漕甚急。時負圩諸鄉尚有薄收，光霽自立印券貸之，輸將如期。明歲秋登，悉償無逋，人稱其才。《高淳縣志》

楊以任，字維節，江西人。崇（正）〔禎〕中應天教授，誨迪不倦，諸生感悦。卒於官，服心喪者數百人。《江寧府志》

國朝

李正茂，字生周，順天人。順治二年爲江寧知府。時百務草創，正茂設立各署，建修利涉、上方、石城等橋，瘡痍初定。一意撫循，保全善類，革減重刑，居官數年，境内安堵，士民思之。

趙廷臣，字君鄰，奉天人。順治初，授江寧江防同知，轄運務。時欲以黄快船丁僉充運甲，廷臣乞循舊册，運丁歸運，黄快丁歸黄快船，軍衛無擾。又優恤士子，凡列名庠序者復其家，概不僉運。操院陳錦委廷臣練水師於直江口，訓練有方，江滋帖然。會編審，署篆江寧，精心釐核，照糧輸丁，積弊一清。

崔掄奇，字正誼，夏邑人。順治四年，由進士授高淳縣。縣故有虚糧爲民累，掄奇力懇上官疏請永折，著爲令。又加意課士，所拔識者多得雋秀。後遷工部主事。

王鼎應，字六符，淄川人。順治四年，由進士知溧水縣。時值丈量，奸民藉端興訟，訴牒紛然，鼎應概置不理，民獲以安。胥吏積年侵蠹財賦，莫可稽核，鼎應嚴爲釐晰，纖毫不得欺匿。

郭士賢，奉天人。順治六年知上元縣。八年，歲大祲，糧額莫辦。士賢申請各院將罰贖銀兩糴米入倉，不足則以己俸益之。二年之中，一水一旱，皆賴以濟，民力不困，而國儲亦不虧，最爲良法。

閔派魯，字伯崇，祥符人。順治十年知溧水縣，敦儒禮士多善政。先是，里糧多寡不齊，每遇傜役，照里分派，民苦不均。派魯編審，力爲剷平，勒成一書，曰《均里平傜册》。縣西南濱湖田齧於水者十萬餘畝，民苦虚賦，派魯申請具題，邀恩永折。著有《復折全書》。

饒應元，字善仙，蘄水人。順治十六年知溧水縣，天資長厚，而事有執持。有妖婦曹氏以邪教惑民，應元摘其奸，申請殲之。初，民間户役不均，應元編審，定三十八石爲一排，兩石爲一丁，自此無偏重偏輕之弊。

以上舊《通志》

張大垣，字紫臣，三原人。順治己亥進士，知高淳縣。時檄下將易改折徵本色，闔邑驚恐，大垣力請於上官，得寢其事。又除本邑雜徵之累，及詳減漕費千金，民力大紓。

許立達，通山人。順治十六年知江浦，爲政慈惠，均里甲，興學校。莅官未久，海寇猖獗，與縣尉蔣上達俱殉難。事聞，贈按察司副使，廕一子，與蔣尉同祀忠烈祠。

劉澤嗣，字蘧修，吴橋人。康熙十三年知高淳縣。臨政嚴肅，萑苻屏跡。修黌宫，飭郵傳，創育嬰堂，民不勞而事舉。十九年，行取户部主事。

于成龍，字振甲，奉天人。康熙二十一年知江寧府。時總督于成龍剛正，於屬吏少許可，獨獎成龍才，由通州牧題守江寧。興利除弊，知無不爲。是時徐州有奸民某走京師，以左道惑衆。上告①事下，制府檄江寧、鎮江兩府會鞫，成龍力白冤狀。制府疑故縱，詰責甚厲，成龍持之愈力，奸民卒坐

① 「告」，清《汾州府志》《永寧州志》所收熊賜履《于成龍墓志銘》均作「變」。

誣。瀕江蘆洲多爲豪强隱佔，成龍以有課而無洲者爲坍江，立予豁除；有洲而無課者爲欺隱，陞課而薄其罰，人皆服其平。擢安徽按察使。

蘇州府

周

孫武，齊人。以《兵法》見吴王闔閭，王以爲將，破楚入郢，威齊、晋，武與有力焉。《史記》本傳

伍員，字子胥，爲吴行人。吴以子胥之謀，西破彊楚，北威齊、晋，南服越人。後數諫，賜死。《史記》本傳

漢

陸烈，字伯元。漢高帝時爲吴令，遷豫章都尉。卒，吴人思之，迎葬於胥屏亭。朱長文《吴郡圖經〔續〕記》

任延，字長孫，南陽人。建武初，拜會稽都尉，時年十九，静泊無爲。祠延陵季子，聘董子儀、嚴子陵等，待以師友之禮。掾吏貧者分禄賑給之，耕公田以周窮急，行縣輒慰勉孝子。吴有龍（邱）〔丘〕萇者，志不降辱，延修書記，致醫藥，吏使相望於道。一歲，萇乃詣府門，遂署議曹祭酒。《後漢

書·循吏傳》

鍾離意，字子阿，山陰人。少爲郡督郵，太守賢之，任以縣事。建武十四年，會稽大疫，死者萬數，意獨身自隱親，經給醫藥，所部多蒙全濟。《後漢書》本傳

第五倫，字伯魚，長陵人。拜會稽太守。躬自斬芻養馬，妻執炊爨，受俸裁留一月糧，餘皆賤貿與貧民。俗多淫祀，常以牛祭神，財産以之困匱。倫曉告百姓，妄屠牛者輒行罰，百姓以安。後坐法徵，老小攀車號呼。《後漢書》本傳

王充，字仲任，上虞人。明帝時仕郡爲功曹，以數見争不合去。刺史董勤辟爲從事，轉治中，自免還家。《後漢書》本傳

張霸，字伯饒，成都人。永元中會稽太守。表用處士顧奉、公孫松等，郡中争勵志節，習經者以千數，道路但聞誦聲。《後漢書》本傳

馬稜，字伯威，茂陵人。永元中爲丹陽太守，禽江湖賊。轉會稽太守，治亦有聲。《後漢書·馬援傳》

許貢，吴郡太守。時孫策方起，貢表聞漢帝云：「策驍勇與項籍相似，宜召還京邑。若置於外，必爲患。」策候吏得表以示策，策遂殺貢。《江表傳》

三國　吴

滕（允）〔胤〕，字承嗣，劇人。大帝時由丹陽太守徙吴郡。每聽詞訟，察言觀色，務盡情理。《吴志》本傳

賀邵，字興伯，山陰人。吴景帝時吴郡太守。諸强族輕之，題府門曰：「會稽雞，不能啼。」邵索筆足之云：「不可啼，殺吴兒。」因檢校顧、陸役使官兵及藏逋亡諸罪狀，一部股栗。《世説》

晋

傅咸，字長虞，北地人。吴國①内史。顧榮與親故書曰：「長虞勁直忠果，雖非周才，亦足貴也。」《姑蘇志》

鄧攸，字伯道，襄陵人。元帝時吴郡太守。載米之郡，惟飲吴水。歲饑，奏請賑貸，未報，輒開倉救之。後引疾去。郡有送迎錢數百萬，攸去郡，不受一錢。百姓數千人，牽攸船不得進，攸乃小停，夜中發去。《晋書・良吏傳》

顔含，字弘都，琅琊人。吴郡太守。簡而有恩，明而能斷。王導嘆曰：「顔公在事，吴人斂手

① 「國」，《吴郡志》卷十作「郡」。

矣。」《晋書·孝友傳》

虞潭，字思奥，餘姚人。清貞有檢操，爲吴國内史。時軍荒歲饑，潭表出倉米賑救。又修滬瀆壘，以防海沙，百姓賴之。《晋書》本傳

王薈，字敬文，琅琊人。爲吴國内史。年饑粟貴，人多死亡，薈出私米作饘粥以飼饑者，所濟甚衆。《晋書·王導傳》

南北朝　宋

羊（元）〔玄〕保，太山人。歷宣城、東海、會稽太守，徙吴郡太守。廉素寡欲，頻典名郡，爲政雖無幹績，而去後常令人思。《宋書》本傳

齊

王延之，字希季，臨沂人。宋明帝時爲吴郡太守。罷郡歸家，産無所增益。《齊書》本傳

陳珉，潁川人，宋吴令。發摘奸隱，境内以爲神明。《南畿志》

周洽，汝南人。爲吴令，廉約無私。《姑蘇志》

傅翽，靈州人，齊吴令。孫廉問曰：「丈人發奸摘伏，惠化如神，何以至此？」答曰：「無他也，惟勤而清。清則吏不能欺，勤則事無不理。」《姑蘇志》

蕭綖，字景業，南蘭陵人。建元初爲吴郡太守，有能名。竟陵王子良與之書曰：「竊承下風，數十年來，姑蘇未有此政。」《齊書》本傳

梁

王規，字威明，琅琊人。梁大通中爲吴郡太守，有惠政。時主書芮珍宗家在吴，前守宰皆傾意奉之，規遇之薄，珍宗密奏規不理郡事，召還。郡境千餘人詣闕請留，不許。求於郡樹碑，許之。《梁書》本傳

何敬容，字國禮，廬江人。普通間出守吴郡，治爲天下第一。《梁書》本傳

江革，梁武帝時監吴郡。時境内荒歉，盜劫公行。革至郡，惟有公給仗身二十人，復省去游軍尉，廣施恩撫，明行制令，盜賊靖息，吏民安之。《梁書》本傳

何遠，字義方，郯人。梁初嘗監吴郡。性耿介，疾强富如仇讎，視貧細如子弟，特爲豪右所憚。尤厲清節，妻子饑寒，不以動心。所至立祠祀之。《梁書》本傳

謝舉，字言揚，陽夏人。梁大同中爲吴郡守。先是，何敬容有美績，世稱何吴郡。及舉爲政，聲跡略相比。《梁書》本傳

陳

沈君理，字仲倫，吳興人。陳高祖時爲吳郡太守。時兵革未寧，百姓荒敝，君理招集士卒，修治器械，士民悦附。以幹理見稱。《陳書》本傳

隋

皇甫績，字功明，安定人。隋平陳，以績爲蘇州刺史。開皇十年，高智惠作亂，州民顧子元發兵應之，因以攻績，相持八旬。子元於冬至日遣人奉牛酒於績，績乃遺子元書，諭以順逆禍福。子元得書，頓首陳謝。會楊素援兵至，合擊破之。《隋書》本傳

唐

劉太真，宣城人。行義修潔，蘇州刺史李栖筠表爲常熟令。到官未期，一邑自化。《唐書》本傳

韋夏卿，字雲客，萬年人。大(歷)〔曆〕中常州刺史，以最績轉蘇州。始至，謀以息民，布令曰：「矜老疾，活艱困。」於是鄉計之而白於縣，縣上之郡，夏卿乃條其歲差，並與蠲放。《唐書》本傳

王綱，爲昆山令，始作學舍，置博士弟子員。民興於學，有不被儒服者，莫不恥焉。《南畿志》

盧東美，范陽人。大(歷)〔曆〕中爲吳令，梁肅稱其外寬内明，敬事而信。《姑蘇志》

韋應物，長安人，貞元初爲蘇州刺史。性高潔，所在焚香掃地而坐，惟顧況、劉長卿、秦系、（邱）〔丘〕丹、皎然之儔與之倡酬。《姑蘇志》

于頔，字允元。爲蘇州刺史。罷淫祠，濬溝澮，端路衢，爲政有績。《唐書》本傳

李素，隴西人。元和初刺蘇州。到官旬日，李錡反，素戰不勝。賊入，素端立責以義，皆斂兵不敢逼。送械軍中，未及京口而錡敗，素脱械還走，州民抱扶迎之。天子使貴人持紫衣、金魚以賜。居三年，州稱治。韓愈《河南少尹李公墓志》

王仲舒，字弘中，祁人。元和中蘇州刺史。堤松江爲路，變屋瓦，絶火災，賦調與民爲期，不擾自辦。《唐書》本傳

狄兼謨，字汝諧，太原人。文宗時爲蘇州刺史，以治最擢給事中。《唐書・狄仁傑傳》

劉禹錫，字夢得，中山人。蘇州刺史，以政最賜金紫。《唐書》本傳

盧商，字爲臣，以大理卿爲蘇州刺史。史以鹽法困民，商令計口售鹽無常額，人皆便之。《唐書・鄭肅傳》

滕遂，長洲令，攝吴縣。吏才警敏，百姓歌曰：「朝判長洲暮判吴，道不拾遺人不孤。」《姑蘇志》

成及，字弘濟，錢塘人。乾寧初，爲吴越王錢鏐將，以功授蘇州刺史。楊行密圍蘇州，及被執，行密閲及家，所蓄惟圖書、藥物，賢之，與歸淮南。將署爲行軍司馬，及泣曰：「及百口在錢公所，城陷不能死，敢求富貴耶？」引佩刀欲自剄，行密遽起持之，館於府舍。光化元年，具禮遣歸。《姑蘇志》

宋

閻象，鉅野人。太平興國間，吴越新附，以禁兵五千人屬象安撫，遂知蘇州。象以齊魯之人，悉能知越風俗，而揉以善政，恩涵澤濡，民以蘇息。

王禹偁，字元之，鉅野人。知長洲縣。歲凶民饑，賦斂乖期，不忍菜色之民日事鞭朴，因出吏部考課（歷）〔曆〕納質於巨商，得錢一萬七千，市白粲代輸之。《自序》

宋璫，字寶臣，渭南人。賦性清簡。淳化中，三吴饑疫，因命璫知蘇州。璫素病足，州地卑濕，疾益甚。或勸璫引疾歸，璫曰：「天子以民病，俾我撫綏，又以疾辭，非臣子之義也！」後卒於官。《宋史》本傳

陳省華，字善則，閬中人。至道初知蘇州。時遇水災，省華復流民數千户，莩者悉瘞之，詔書褒美。《宋史·陳堯佐傳》

裴莊，字端已，閬中人。真宗時知蘇州。莊素有吏幹，慷慨敢言。《宋史》本傳

孫冕，字伯純，新淦人。天禧中知蘇州。治獄不濫，斷訟如神，吏畏而民愛之。嘗病癰，州人争詣佛寺爲冕祈福。《姑蘇志》

徐奭，字武卿，建安人。天聖初通判蘇州。時東南大水，奭周視，盡得水利舊跡，乃築石塘九十里，建橋十八所，復良田數十萬畝，疏隱田者二萬六千户。塘成，遷兩浙轉運使。《姑蘇志》

章岵，字伯望，浦城人。知蘇州。始下車，會暴風，湖海之濱民多漂溺，岵請蠲租賑恤，人不失所。性剛介，鉏治姦吏，豪右畏懾。政最，詔褒之。《南畿志》

王質，字子野，莘人。通判蘇州。州守黄宗旦得盜鑄者百餘人，告質曰：「吾以術鈎致得之。」質曰：「以術鈎人寘之死，而又喜仁者之政，固如是乎？」宗旦慚沮，爲薄其罪。《宋史》本傳

劉立言，字禹昌，臨江人。知長洲縣。過客求發民挽船，立言不許，郡守移書，亦不聽。所至利興害革，去後人皆思之。《南畿志》

王璣，字彦成，江都人。宰長洲。爲政平允，弛張以時，境内豪强懾服，貧細得以安堵。《南畿志》

張方平，字安道，宋城人。景祐中知昆山。時吴越歸國未久，豪民占田積訟不决，方平按其所輸租，大約百才一二，乃悉收其羨田以賦貧民，自是訟獄衰息。《宋名臣言行録》

司馬光，字君實，涑水人。寶元中，父池仕於杭，因求僉書蘇州判官事，以便省親。許之。《姑蘇志》

張伯玉，字公達，江西人。慶(歷)〔曆〕初爲郡。剛介有守，范仲淹愛重之。《姑蘇志》

王庭堅，字世美。慶(歷)〔曆〕三年，爲吴江尉，政稱平允。建長橋二百餘丈，民甚便之。《南畿志》

(邱)〔丘〕與權，建州人。至和中爲昆山主簿。時縣西民田漂没，奸人邀劫行旅，吏莫能禁。與權上五利於太守，一曰便舟楫，二曰闢田疇，三曰復租賦，四曰止盜賊，五曰禁奸商。築至和塘七十

里達於郡。《姑蘇志》

韓正彦，字德師，安陽人。嘉祐中知昆山縣。創石堤，疏斗門，作塘七十里以達於郡，得腴田數百萬頃。比去，爲立生祠，作《思韓記》。《南畿志》

胡瑗，字翼之，泰州人。爲蘇州教授。嚴條約，以身先之，雖大暑，必公服終日，以見諸生。解經至有要義，懇懇爲言其所以治己而後治乎人者。學徒千數，日月刮劘，爲文章皆傳經義，必以理勝，信其師説，敦尚行實。蔡謨《胡安定先生墓志銘》

蒲宗孟，字傳正，新井人。〔治平〕①中爲蘇州推官。英宗以水災求直言，既又地震，宗孟兩上疏，指斥大臣宫禁及宦官。除館閣校勘。《東都事略》

沈兼，字子達。通判蘇州，能名籍甚。性剛果，與守争可否不少屈，免官去，怡然無戚容。《蘇州府志》

李禹卿，字君益。通判蘇州。堤太湖八十里，爲渠以益漕運，蓄水溉田千餘頃。歲饑，出羡粟三萬，全活萬餘人。《南畿志》

常安民，字稀古，邛州人。元豐六年，知長洲縣。以主信爲治，人不忍欺。縣故多盜，籍常犯者書其衣、榜其門，約能得他盜乃除，盜爲之息。追科不下吏、使民自輸，先他邑以辦，民皆稱爲古良

① 據《四庫》本補。

吏。《宋史》本傳

李夔，字斯和，邵武人。元豐時爲平江節度推官，常攝郡事。承前守因循之後，獄繫甚衆，夔命數吏分條所犯，不日皆決遣之。《南畿志》

王覿，字明叟，如臯人。元祐中知蘇州。有狡吏善刺守將意，以撓其權，前守用是得譏議，覿窮其奸狀，寘於法，一郡肅然。民歌詠其政，有「吏行水上，人在鏡心」之語。徙江淮發運使。《宋史》本傳

郭三益，字慎求，義興人。元祐間爲常熟丞。常平使者調蘇、湖、常、秀之人濬青龍江，分地程役。三益所部前期告辦，使者留其人使助他邑，三益徑引衆歸。《姑蘇志》

洪彦昇，樂平縣人，調常熟尉。奉母之官，既至，前尉欲申①期三月以規薦，而中分俸入。彦昇處僧舍，却俸不納，如約始交印。《宋史》本傳

石公轍，字道叟，新昌人。紹聖中爲吴江令。初學宫在縣治西南，厄於兵火，公轍爲規建於東門外。又置田給士，今吴江儒學即其處。《姑蘇志》

虞賓，字舜臣，山陰人。知長洲縣。大姓黠吏亂法，賓廉得其狀，悉治以法。歲祲，民無蓋藏，部使者猶檄徵宿負，賓閣文書不問，竟得免。《南畿志》

程俱，字致道，開化人。元符中爲吴江簿。政平訟理，有循良之風。後簿高文虎以曾懋及俱爲

---

① 「申」，《四庫》本作「卸」。

此官，作曾程堂以寓景仰，范成大爲之《記》。《姑蘇志》

李光，字泰發，上虞人。崇寧間知常熟。時朱勔父冲倚勢暴横，光械治其家僮。後知平江府，會朝廷以乏軍儲，措置和糴，數以萬計，光曰：「主上屢有約束戒科斂，今米或可得，未知本錢安所取辦？」因論奏其事。有旨降本錢和糴，不逾月而畢。《宋史》本傳

張克戩，字德祥，開封人。大觀二年知吴縣。俗好訟，克戩一切繩以法，奸猾屏氣。《宋史·忠義傳》

趙訓之，字誨道。知吴縣。時朱勔怙勢凌州縣，訓之不爲屈。勔嘗執數人詣縣請治，悉縱不問。《宋史·忠義·趙士䢸傳》

江袞，字聖潛，衢州人。授平江府司兵曹事。方臘之亂，有商旅數十人皇遽入境，郡將疑爲諜，將殺之，袞力争得免。《蘇州府志》

趙彦倓，字安卿。爲平江節度推官，攝宜興縣。時以牧馬券科爲負，嘗預用二年後税，民以此病。彦倓請諸司，奏釋宿逋、禁預借，積弊遂絶。《宋史·宗室傳》

胡松年，字茂老，懷仁人。高宗時知平江府，未入境，貪吏解印綬去。以興利除害十七事揭都市，百姓便之。《宋史》本傳

章誼，字宜叟，浦城人。紹興六年守平江。時帝將臨幸，供億繁夥，誼處之皆當理。召對，賜帶笏。《宋史》本傳

李衡，字彦平，江都人。紹興中授吴江主簿。有部使者怙勢侵削下民，衡不忍以敲扑迎合，投劾府中，拂衣歸。《宋史》本傳

周葵，字立義，宜興人。紹興中知平江府。時兩浙運使李椿年行經界法，郡故田租不滿四十萬，椿年披榛莽、按倉碣，欲以七十萬爲率。葵力辨之，椿年遂以《圖經》三十萬爲準。《姑蘇志》

洪遵，字景嚴，鄱陽人。紹興末知平江府。蘇保衡由海道窺兩浙，浙西副總管李寶禦之，以舟師擣膠西，凡資糧、器械、舟楫，皆遵供億。寶成功而歸，遵之助爲多。《宋史·洪皓傳》

沈介，字德和，德清人。知平江。上曰：「平江輔郡，極難其人，知卿政事，特加遴選。」介三典郡，所莅繁劇，綽有餘暇，豪猾斂避焉。《姑蘇志》

曾慎，字叔重，清源人。紹興中宰常熟。知足以知，勇足以行，御吏若西門之治鄴，愛民如子産之治鄭。王伯廣《宣風樓記》

鄭穆，字應和，長汀人。常熟丞，攝縣事。有潰兵絶江，由福山闖關，邑人大恐，穆單車撫諭，遂定。《宋史》本傳

程沂，字詠之，河南人，頤從子。紹興間知昆山，爲政中和有古循吏風。《姑蘇志》

陳璧，字君玉。爲昆山主簿。注情教養，講勸甚勞，邑士造請無虚日。《姑蘇志》

沈度，乾道二年以考功郎中除知平江，後召赴行在。上曰：「甲寅之歲，委卿守吴，未幾，治行昭著，果如所料，可謂得人矣。」《姑蘇志》

趙公廣，字德儉。淳熙初知吴江。爲政知本末先後，既建廟學，復取羨租以餼生徒。凡郵亭、使館、橋梁、祠宇，理葺殆遍。《吴江縣志》

袁韶，字彦淳，鄞人。嘉泰中爲吴江丞。蘇師旦挾韓侂胄威福撓役法，韶受提舉常平黄犖檄，覈田定役。師旦密諭：吴江多姻黨，倘相容，當薦爲京朝官。韶不聽，承徭役者皆師旦黨。師旦怒，諷言者將論之，未幾，師旦敗，改知桐廬縣。《宋史》本傳

葉延年，字公是，處州人。嘉泰中知吴縣。有豪民居光福山澤間，四出侵暴，既三十餘年。延年擒寘於法，士民德之。《南畿志》

孫應時，字季和，餘姚人。從學於陸九淵，爲黄巖尉，有惠政，朱熹重之。改常熟縣。秩滿，郡將以私憾捃摭倉粟積逋三千斛詰之，士民相率擔負，詣郡代償。《姑蘇志》

孫沂，字彦温，丹徒人。紹定四年爲常熟丞。民獄訟不決者皆請於臺府，願以屬沂，旁邑亦然。臺府既以爲常，沂亦不復計彼此。《南畿志》

項公澤，字德潤，永嘉人。淳祐間宰昆山。以文學飾吏事，買田養士，爲政廉敏，百廢具舉。《南畿志》

王文雍，寶祐中尹常熟。修城闉及譙樓，置刻漏，創兩務官廨，濬河築堤，葺亭甃衢，整飭版籍。《南畿志》

黄震，字東發，慈谿人。寶祐四年調吴縣尉。縣多豪家，凡告私債，則以屬尉，民多饑凍窘苦死

尉卒手。震至，不受告。府檄攝其縣，及攝長洲、華亭，皆有聲。《宋史·儒林傳》

韓彦古，字子師，延安人，世忠子，兩知平江。時酒禁甚嚴，門卒捕一婦人，肩輿載斗酒入門。彦古問何從而獲，卒曰：「舁轎之夫預以告。」彦古曰：「人奴而訐其主乎？」杖僕而遣之。有士人持吏短長，州將下車，必先投狀，以占能否。彦古至，其人亦來。彦古曰：「此狀汝不能爲，必有吏人教汝。」其人錯愕以實告，追吏杖之，一郡以爲神明。《姑蘇志》

謝師稷，字務本，邵武人。知平江府。撙節浮費，未滿歲積四十萬緡，奏請修城，雉堞一新。《姑蘇志》

沈作賓，字賓主，歸安人。知平江。招海盜，餘黨錫以衣物。又得强勇者幾千人，置將統之，號曰義士。復募境内惡少亦幾千人，號曰壯士，衣糧、器械皆視官軍，而輕捷善鬥過之。於是海道息警，市井無譁。《宋史》本傳

李寶，河北人。浙西路副總管，駐平江。與守臣督海舟捍禦北軍，將行，西北風勁，寶下令敢沮者斬，遂入大洋。忼慨自誓，風即止，明日破敵。捷聞，上喜曰：「朕用李寶，果立功爲天下倡矣！」《宋史》本傳

陳晞點，字子與，青田人。淳熙中平江觀察推官。樞密（邱）〔丘〕崇爲守，屢以職事争辯，崇或陽怒折之，晞點立退屏息，俟其少霽，執論如初。後提舉羅點兼府事，兩司事無大小，咸以相屬。行荒政，修水利，決積訟，晞點悉左右之。《姑蘇志》

陳造，字唐卿。平江教授。士被教養，咸恨師承不早。錫山尤袤讀其騷雅雜著，曰：「吾自是得師矣。」《蘇州府志》

趙懋夫，字惟恭。嘉定中權知平江府。有婦人告其姑私酒，懋夫問曰：「汝事姑孝乎？」曰：「極孝。」懋夫曰：「既能盡孝，可代姑受杖。」郡人快之。《姑蘇志》

李芾，字叔章，衡人。浙東提刑，以前官移浙西。盜群穴太湖中，芾跡其出没按捕之。作虎（邱）〔丘〕書院，以祠尹焞。置學官，親爲學規以教之，學者甚盛。《宋史·忠義傳》

趙彦橚，字文長。知平江郡。海盜出没，莫可蹤跡，彦橚奏分昆山之半置嘉定縣，屯兵以守。《宋史·宗室傳》

王遂，字去非，金壇人。理宗時知平江府。崇學校，寬民力，抑豪强，禁盂蘭盆。會洞庭邨民徐汝賢以詐惑衆，自號水仙太保，掠人財賄妻妾，爲害數十年。遂收捕，黥面鞭背，投之盤門水中，污俗一變。《南畿志》

吳潛，字毅夫，寧國人。理宗時知平江府，條具財計彫敝本末，以寬郡民。與轉運使王埜争論利害，尋改知鎮江。《宋史》本傳

吳樵，淳祐中平江節度推官。賢而有才，敏於吏事。憲司請入僉幕，多所裨贊，諸司交薦之。《姑蘇志》

包恢，字宏父，建昌人。景定中知平江。豪有奪民田寄公租誣上者，恢上疏指爲以小民祈天永

命之一事，上覽奏惻然，罪任事者，即歸民田。《宋史》本傳

趙順孫，字和仲，縉雲人。咸祐四年知平江。郡庾空乏，例以夏初徵民租。順孫謂：「古者十月納禾稼。先期半載，民何以堪？」爲經營助糴，得免預徵。《姑蘇志》

常楙①，字長孺。淳祐七年調常熟尉。公廉自持，不畏强禦，部使者交薦之。後辟差平江府百萬倉檢察，不受和糴事例，戢吏卒苛取。發運使趙與𥲅兼提點刑獄，屬楙檢覆，雪無錫翟氏冤獄。監江淮茶鹽所蕪湖局，不受商税嬴。改知嘉定縣。歲大水，勸分和糴，按籍均敷。以薦簽書臨安府判官。《宋史》本傳

文天祥，字宋瑞，廬陵人。德祐元年知平江。會獨松關告急，趣天祥入衛。去數日，平江城守王邦傑開門降。二年，天祥以資政殿學士詣伯顔②，軍前講解。唆都③問曰：「何以去平江？」天祥曰：「有詔趣入衛。」問：「兵若干？」曰：「五萬。」唆都嘆曰：「天也！使丞相在平江，必不降，但累城内百姓耳。」《宋史》本傳

許應元，字長卿，臨安人。授平江司户參軍，知府文天祥辟置幕下。國亡不仕，教授以終。《姑

① 「楙」，《宋史》卷四二一本傳作「楙」。
② 「伯顔」，《四庫》本作「巴延」。
③ 「唆都」，《四庫》本作「索多」。下一「唆都」同。

蘇志》

元

孔文貞，字從善，東平人。至元丁亥尹常熟。歲大潦，文貞發廪拯溺，全活甚衆。明年，躬督郊民疏港浦，泄積水以注之江，秋乃大穫。又覈實匿賦，勢家感其誠，亦樂輸納。《姑蘇志》

王安貞，字吉卿。至元中遷常熟知州。州治初遷，安貞規畫創建，費鉅而民不擾。《姑蘇志》

哈剌哈孫，大德元年同知吴江州。嘗語人曰：「守土之官，不忠勤，何以盡職分？不公正，何以聽獄訟？不慈仁，何以得民心？」歲荒且疫，爲之流涕，白州長留粟救之。《元史》本傳

盧克治，字仲敬，濮陽人。大德間爲常熟令。獄無冤濫，教育言氏子孫，覈實學田。《姑蘇志》

劉(允)〔胤〕，字嗣宗，良鄉人。爲平江總管。延祐初，詔經理田糧，(允)〔胤〕威信素孚，人不敢欺。江浙十八郡，守臣欲概定田賦，(允)〔胤〕争曰：「地有肥磽，厥賦宜不齊。一旦更改，民病何時瘳乎？」衆議始息。《蘇州府志》

高仁，字壽之，濟南人。延祐初知吴江州。時行省賑杭饑，命吴江增糴三萬石，仁抗言州小數已溢不可增。鹽運使虧課，省委仁取諸民補之，仁言：「民貧，不可妄動，動且有外虞。」事並寢。《南畿志》

師朵列秃①，字敬之，寧夏人。延祐末爲平江路總管。府縣未結之案，積至二千餘編，攝吏曹，期以日決，未幾而畢。里正之役，賠償往往破産，或本都堪役，調之他都，吏胥緣爲奸。列秃如詔旨，先田多上户從上推排，不役他都，民乃便之。《姑蘇志》

張顯祖，泰定初爲吴江判官。重建長橋，以石易木，爲竇六十有二，每竇用鐵錮八條。仍布杪枋於水底築址，以防傾圮，遂爲永利。《姑蘇志》

汪澤明，婺源人。爲平江推官。任法允恕，獄多平反。淮寇闖境，倡鄉人保里閈，城陷遇害。《元史》本傳

道童②，高昌人。後至元二年，轉平江總管。持身嚴，燭理明，決事敏，待人直。然家益貧，其去郡一物無取。汪澤民撰《去思碑》

鄭元祐，遂昌人。至正間，以學行薦爲平江路儒學副提舉。訓迪一本經術，吴人士甚重之。《蘇州府志》

盧鎮，淮南人。至正間，以領兵副元帥兼知常熟州，戢兵、禮士、愛民。《姑蘇志》

① 「師朵列秃」，《四庫》本作「師圖烈圖」。下文「列秃」，《四庫》本作「烈圖」。
② 「童」，《四庫》本作「通」。

明

何質，吴元年知蘇州府。郡久苦張士誠虐政，質勞來安集，民慶更生。時詔徙蘇民甚急，質雍容部署。朝旨以爲怠事，逮至闕，將寘極典，質曰：「殺一郡牧以活百萬生靈，質含笑入地矣！」尋得釋，復增秩旌之。《姑蘇志》

魏觀，字杞山，蒲圻人。洪武五年，出知蘇州府。鋤暴樹良，敬老恤民，大建學舍，舉鄉飲酒禮。未及三載，風化興洽，課績爲天下最。召還，賜宴奉天門，命宋濂等賦詩紀之。《南畿志》

李亨，吉安人。洪武十年，知蘇州府。性樂易，事不苟爲，爲之輒有惠利。上賜敕獎勵曰：「恪慎廉謹。」古稱良吏不是過也。《南畿志》

王觀，祥符人。洪武十九年，除知蘇州府。奸吏錢英累構陷長官，觀至，立捶殺之。時洊菑，民逋不能償，乃延諸富家集郡衙，風使出儲積以補之，逋乃給。《姑蘇志》

姚善，字克一，安陸人。知蘇州府。吴民侈僭，洪武中重法以整齊之，嚚者更藉持短長，賊譎蠭起。善洞達政體，張弛協宜，民俗一變，治行爲列郡最。靖難兵起，不屈死。《南畿志》

金絅，嘉興人。爲蘇州守。時官、民田則不齊，上疏請減重額田，得罪賜死。《南畿志》

徐亶，字崇實，黄巖人。洪武中通判蘇州。奏發粟二十萬，以活饑民。春漲壞隄，亶相度原隰，大興版築之役。部使者以爲勞民，亶力争，卒就其役。《南畿志》

成天奇，河南人。洪武中知常熟縣。時大吏所遣胥役多橫暴不敢詰，天奇擒一人，立撲殺之，民大悦。事聞，璽書褒美。《廣輿記》

李彰，洪武間出知常熟縣。邑人朱蝦蟆爲亂，已斃。翌日，蘇州、太倉二衛兵至，彰出牛酒勞軍，從容謂其將曰：「民盜民捕之已盡，吾已聞於朝矣。」會詔遣王御史來視，彰逆境上陳其故，乃令兵還。《姑蘇志》

孔克中，字庸夫，宣聖裔。洪武間知吴江。重建縣治及垂虹亭，三高、三忠二祠。《姑蘇志》

芮翀，字子翔，鄎城人。洪武中知昆山。首革庫子、祗侯諸蠹。後坐事發遵化炒鐵，耆老伏闕訟冤，詔馳傳還職。復奏除包荒田糧十八萬有奇，開吴淞江淤塞二十餘里。以母憂去。服闋，吏部奏昆爲劇邑，翀素得民，俾再還舊治。《姑蘇志》

柳敬中，慈谿人。洪武中令常熟。修學校，濬河渠，以嚴馭吏，以公均賦。《南畿志》

林鐘，字仲鏞，杭州人。洪武中授昆山學。接引後進，惟恐不及，士翕然宗之，每相語曰：「見林先生，覺意表言外。」别有《箴規》。《廣輿記》

劉幹，字孟楨，修武人。永樂初，爲長洲丞，兼理農事。幹周行塍隴，呼農人問所疾苦，慈孺之色，溢於眉面。歲饑，民輸後期，上官譴責，幹曰：「此丞之怠職也，請代其罰。」卒於官，邑民殮之，留衣冠葬半塘，名劉公墩。《南畿志》

況鐘，字伯律，靖安人。宣德五年，擇郡守九人，鐘知蘇州府，賜敕乘傳之任。初，佯不解事，吏喜。越三日，縛諸吏，拷掠投庭下輒死者數人，吏又大懼。乃盡覈屬吏，斥貪墨者五人，庸懦者十餘人。八年夏，旱，既發預備糧賑農，復與周忱究收糧法。由永樂間轉輸北京，餉道遼遠，糧長以一徵三。府二百七十萬石，加徵至八百一十萬，除正供及僦車船費，盡爲糧長乾没。議別立糧頭同收受，互覺察。除免舊徵三之一，以其二之一爲轉輸費，餘皆入濟農倉，爲來年經費本。是年，馬草米數十萬石，及九年夏税折布絲數十萬斤、絹數十萬疋、小麥數十萬石，及雜出供費，並代以餘米。上無逋事，下無横科，民大悦。每旱，又輒發此餘米，賑活輒數萬人。二十餘年積弊，不戮一人而盡除。民接遞終歲在官，不得負販，鐘叙丁差歲不過三日，盡罷其在官者。置綱運簿，防運夫侵盗。又置館夫簿，防非禮需索。綜理周密，簡約易行。專厲豪狡，拊善良，勢家犯法，立死杖下，吏民大驚，奉約束。寒門下士有行藝者，時時賑贍。正統初，秩滿去，民叩闕乞留者八萬餘人。陞正三品，仍知蘇州府。七年卒，市巷哭送其喪，競立祠祀之。鄭曉《名臣記》

李從智，宜賓人。正統十年知蘇州府。郡多淫祀，家署小廟於門，從智出行見之，一日毁去。《姑蘇志》

朱勝，字仲高，金華人。正統間知蘇州府。政尚中和，而吏治精練，物無遁情，案無滯牘。嘗曰：「吏貪，吾詞不付房；隸卒貪，吾不行杖；獄卒貪，吾不繫囚。」人嘆服之。《姑蘇志》

李謨，字居定，黄巖人。正統間蘇州訓導。自守過嚴，諸生執贄，概拒不納。有吴江生莫鉉取古畫題咏以贈，謨曰：「苟如此，使我爲市名矣。」録其詩而返之。《姑蘇志》

黎擴，字大量，臨川人。正統、成化間，蘇州教授惟擴與林智俱號知人。擴嘗云：「英俊雖多，惟吴寬當魁天下。」卒如其言。智字居濬，得王鏊卷，評爲鄧林一枝，後果擢鄉、會第一。《蘇州府志》

張憲，字廷式，餘干人。母喪廬墓，瑞竹叢生。司訓蘇州，日集諸生講《大學》。《蘇州府志》

朱冕，字士章，嘉興人。正統間昆山教諭。性方正，諸生見者，衣冠步趨必整。每夜闌，學舍中尚吚唔相屬，冕時秉燭叩門與語，以察勤惰。巡撫周忱行縣至昆，方抵岸，怒撻一隸。冕進曰：「恐損觀望，請至行臺行法。」忱改容謝。已而設太倉、鎮海衛學，忱薦爲教授，謂兩衛官曰：「我爲爾子弟得一良師，宜隆重之！」《昆山縣志》

金華，蕭山人。正統間爲昆山丞。奉委勘災，見百姓貧苦，流涕不食，曰：「田禾雖間有可望，才十之一二，何以辦秋徵？」竟以荒白，曰：「有罪，華自任之！」後得准，災民不告饑。《昆山縣志》

姚堂，字仲升，寧波人。天順四年守蘇州，敬士愛民，雍然長者。時林鶚知鎮江有聲，巡撫劉孜請對易之。民惜其去，攀送盈路。《姑蘇志》

鄭逵，襄陽人。景泰五年，知昆山縣。歲饑，分穀以賑。疫作，延醫救治。民廬舍没於水，逵市竹木，撤官府敗屋給之，全活無算。《昆山縣志》

林鶚，字一鶚，浙太平人。天順時知蘇州。一切簡靖，即有建革，必審覈再三。吴人重其名，旦夕責效，頗笑守迂緩。已而見其深思曲算圖久遠利，即又稱：「林太守康濟才也！」鄭曉《名臣記》

楊子器，慈谿人。知昆山，改常熟。下車即寘巨猾數人于法，復興修學校，弘獎人材。《南畿志》

邢宥，字克寬，瓊州人。成化初知蘇州，有通變才。乙酉，郡大饑，宥賙貸甚勤，即流人在境者亦不失所。而公帑不空，富室無擾，論者謂爲荒政最善云。《姑蘇志》

雍泰，字世隆，咸寧人。成化六年知吴縣。西華鄉田濱湖，歲罹災傷，泰躬履審視，採旁近山石甃堤，兩月告竣。又鑿穹窿渠，置三閘蓄水，鄉民獲其利。《吴縣志》

余金，字貢之，内江人。成化初知長洲。民多争訐，金不設鈎距，一以公義裁决，人不敢犯。有終訟者轉詣上司，上司曰：「汝自有賢令，無庸至我。」《姑蘇志》

紀智，成化中昆山主簿。質實有守，官舍寂然如僧舍，舉家食糜，時或不繼。《昆山縣志》

王鑑，字克明，吴橋人。弘治三年主吴江簿，常禄之外，一介不取。每公宴，同僚衣錦，鑑獨布袍。《吴江縣志》

賀府，字中甫，渭南人。正德間知長洲。郡守王儀丈畝均賦，府搜隱斥蠹，平其輕重，田賦由此畫一。《長洲縣志》

方豪，字思道，開化人。正德中知昆山。會吴中連遭巨浸，豪以民皆逃死，不能催科，脱冠帶自詣郡獄。獄中具奏，請减租停糧，俟豐年次第帶徵。朝廷特從其請。《廣輿記》

王儀，字暘谷，霸州人。嘉靖間守蘇州。釐剔錢糧諸弊，以原額稽其始，以事故除其虚，以分項别其異，以歸總正其實，以坐派起其運，以運餘撥其存，以存餘考其積，以徵一定其則。及商税、酒醋、房地、魚課，一切清理。《蘇州府志》

任環，潞安人。嘉靖中蘇州同知。倭寇東南，環率兵出剿，遍身書姓名曰：「死綏職也，爲二親記此髮膚。」俸入，悉犒戰士，士樂爲死。既，晋兵備太倉。疽發背，聞賊至，即裹創擊賊，賊望環旌旗輒遁去。甲寅，賊犯蘇，百姓争避入城，門扃不得入。環曰：「第啓之，有我在！」遂活數十萬人。時剿倭之功環爲最。《蘇州府志》

彭藎臣，嘉靖中倭變，藎臣以宣慰司奉調來援。與倭遇，轉戰至盛墩，斬首三千餘級，力竭被創死。倭亦敗退，人改名其地爲勝墩。《蘇州府志》

蘇祐，字允吉，濮州人。嘉靖五年知吴縣，懲奸戢暴。縣向無志，祐嗟典故漸湮，聘楊循吉創纂之。《吴縣志》

王鉷，順天人。嘉靖中知常熟縣。倭至，率官軍追擊，於湖上遇害。事聞，贈太僕少卿。《常熟縣志》

安謙，字子光，成安人。嘉靖中知吴縣。當倭難之後，繕城垣，修橋路。《吴縣志》

曹自守，字伯化，茌平人，素精醫。嘉靖中知吴縣。值倭亂後，繼以大水，自守散糜施藥以濟衆。三年不製一衣，不宴一客，署内惟蒼頭一人，門筒不扃鑰。有爲慮家計者，自守笑曰：「吾他日居鄉，賣藥足自給。」尋以憂去。後吴民過茌平，遇醫以驢負藥籠者，則自守也，驚拜道左。《吴縣志》

宋儀望，字望之，吉安人。嘉靖中知吴縣。民輸白糧京師輒破家，儀望令諸區各出公田，計役授田贍之。《吴縣志》

祝乾壽，字健卿，應城人。嘉靖間知昆山。性開敏，通曉土俗。時倭寇攻城，乾壽率衆殲其魁，餘悉潰散。《昆山縣志》

王用章，字汝平，祥符人。嘉靖中知昆山。定雇役，清改兑，免儲總，絶飛詭。會巡撫海瑞濬吴淞，工費浩繁，用章應機立辦。訟無留滯，公庭闃然。嘗從士夫遊，或以私請，則毅然去。有某父子懷嫌，適飲其家，酒半，用章忽正色曰：「今日當鞫一公事。」衆皆驚，乃呼其子出開諭之，一家感泣，因復命酒極歡，爲題其堂曰「遂初」。《昆山縣志》

王重賢，字子尚。以户部主事清理江南宿逋，上疏極言吴民彫敝，未當重困。尋左調去。《蘇州府志》

錢德洪，名寬，以字行，浙江人，從王守仁遊。嘉靖中教授蘇州。定祀典，申學規，日坐道山亭講學，諸生翕然興起，有舞雩沂水之風。《蘇州府志》

朱爕元，字懋和，浙江人。萬〔歷〕〔曆〕間守蘇州，不事深刻，人莫敢欺。時郡丞及司李皆朱姓，有政聲，人稱「三朱」，而爕元爲最云。《蘇州府志》

韓原善，萬〔歷〕〔曆〕中知長洲。執法不撓，而和氣藹如。力請均役，詭寄悉清。《長洲縣志》

胡士容，知長洲，有經濟才。嘗以沙湖之險爲行旅患，築至和塘五十里，以達昆山，人稱爲胡公塘。《長洲縣志》

江盈科，字進之，湖廣人。萬〔歷〕〔曆〕間知長洲。常戴星出入，不辭勞瘁。《長洲縣志》

鄧雲霄，字元度，東莞人。萬(歷)〔曆〕中莅長洲。諸事科條畫一，可垂永久。《長洲縣志》

蕭景腆，晋江人。萬(歷)〔曆〕中授長洲縣丞。太監張志聰過郡，横索不遂，縛知縣郭波于車後。景腆率所部弓手，直前奪波，手披志聰，市民皆梯屋飛瓦助之。事聞，逮詔獄，得免死。吴人立碑紀其事。《長洲縣志》

祁承㸁，字爾光，浙江人。萬(歷)〔曆〕中知長洲縣。歲大荒，承㸁議賑議蠲，民免於災。又憫邑田半入官户，細民所餘無幾，條議更張，不果行而去。民思之。《廣輿記》

葉成章，字慕同，同安人。萬(歷)〔曆〕間長洲令。甫至，漫不省事，人呼之爲葉木頭。既而，判決如流。錢穀利弊，洞若觀火，吏胥屏息。以最擢御史。《長洲縣志》

傅光宅，字伯俊，聊城人。萬(歷)〔曆〕八年知吴縣。精心吏治，案無留①牘。時有丈量之令，里胥互爲奸詭，光宅摘發如神。徵拜御史。《吴縣志》

袁宏道，字中郎，公安人。萬(歷)〔曆〕二十三年知吴縣。輕刑省訟，然一干法，立懲艾不少貸。嘗自閉門，六曹吏任其别營生業，有所命則呼之。定徵賦法，命里長分攢五甲，以恤經催之勞。民便之，永遵爲制。《吴縣志》

江桂馥，字爾馨，泰寧人。任吴縣丞，不携家累。性剛守潔，雖强禦莫能撓，人呼爲「江鐵頭」。

① 「留」，《四庫》本作「積」。

《吴縣志》

劉時俊，字勿所，隆昌人。萬(歷)〔曆〕中知吴江。下車即令民具沿門册，就册摘大憝，歷舉其隱罪，人以爲神。徵輸先分緩急，賦辦而民不困。公餘每微服輕輿，講道學舍。雅好琴瑟，聲徹公廨。《吴江縣志》

耿橘，瀋陽人。萬(歷)〔曆〕中知常熟。首復子游書院，濬福山、鹽鐵、梅李諸塘，工畢而民不擾。著有《常熟水利》《興革實政》二書。《常熟縣志》

聶雲翰，字搏羽，曲周人。萬(歷)〔曆〕間知昆山。以抑豪强、祛蠹弊爲主，而才術足以相副。將編《賦役》，以爲非户清則田不出，非田出則役不均，乃總户履畝而校之，造爲《虎頭鼠尾册》，按上、中、下三等以定之。修城陴，所度丈尺，工費屈指可得，人以爲神。《昆山縣志》

樊玉衡，字元之，黄岡人。萬(歷)〔曆〕中爲昆山令。甫至，即取前令聶君政牘視之，喜曰：「我願爲曹參！」會當編審，隱覆萬狀，玉衡以三日畢，毫髮無爽。時方責逋賦，惻然曰：「民逋賦時吾數齡耳，今其人少者壯、壯者老、老者死，吾何愛吾官，而窮此不可詰之逋哉？其緩之！」然民顧①輸負恐後。體素羸，自奉至薄。嘗乘小艇視水災，與饑民相對，噉菜粥甘之。後以父疾告歸。祠於馬鞍山巔，至今有禱輒應。《昆山縣志》

① 「顧」，《四庫》本作「願」。

陳祖苞，字令威，海寧人。萬（歷）〔曆〕中知昆山，賦役弊蠹，力加釐剔。嘗一署太倉，再署常熟，兩邑交頌。《昆山縣志》

楊漣，字大洪，應山人。萬（歷）〔曆〕三十六年知常熟。初至，與城隍神約：「所不秉公而徇紳豪者，有如日！」請囑遂絶。久之，政聲籍甚，舉天下清官第一，内擢給事中，毀所束帶以辦行裝。《常熟縣志》

李三省，字思曾，鄖陽人。萬（歷）〔曆〕中昆山縣丞。邑頻潦，丞職水利，三省乘小艇，自携米粟，循行阡陌，便宜修救，未嘗受民一鮭一菜。已而病卒。邑令劉應龍視含殮，見其牀無幃，爲出涕。《昆山縣志》

楊姜，天啓間蘇州同知。督造漕艘及軍器，有能聲。攝滸墅鈔關，商、民便之。時織造内監李實驕横，姜不爲屈。實怒誣劾，去官。《蘇州府志》

陳文瑞，字應萃，同安人。天啓間知吴縣。按獄必持法推情，豪貴莫敢撓，於煢獨尤加惠焉。《吴縣志》

陳洪謐，字龍甫，晋江人。崇（正）〔禎〕時除蘇州知府。郡多逋賦，考成嚴切，或勸其亟催科，洪謐笑曰：「吾寧以民命博一官哉！」歲饑，穀湧貴，群不逞聚黨入豪家劫粟，密捕渠魁三人杖殺之。於是發積穀，勸富家出粟，不三日價平，亂遂息。流寇犯安慶，督撫檄蘇撤閶門傍城民居萬家爲防禦計，洪謐曰：「撤恐擾民。即有變，願以百口保之。」卒不奉檄，人服其鎮定。《蘇州府志》

倪長圩，字伯屏，平湖人。崇〔正〕〔禎〕時授蘇州府推官。抑豪强，鋤奸猾，一郡皆憚其威。時郡守陳洪謐性慈和，然遇事輒相諏度無齟齬，郡人爲立雙清書院。《蘇州府志》

朱若麟，字鶴沙，黄州人。崇〔正〕〔禎〕時知吴縣。饑民蜂起，若麟先賑而後治其首，難變遂息。《吴縣志》

熊開元，字元年，嘉魚人。崇〔正〕〔禎〕時知吴江縣。性機警，决獄多平反。以南北糧運役法不均，乃以南配北，定爲例，民困得甦。《吴江縣志》

李實，字如石，遂寧人。崇〔正〕〔禎〕末知長洲縣。每遇徵輸，但以至誠勸諭，不加敲扑，而國課無缺。《長洲縣志》

國朝

丁允元，字右海，日照人。順治二年知蘇州府。時庶務草創，允元練習典故，因事釐正，綱紀秩然。山澤間餘寇未靖，大兵駐郡者盈萬，一切軍資、器械，皆區處合宜，民不知擾。尤加意人材，所識拔多知名士。

郭文雄，字鳴上，文水人。順治十六年，以拔貢授昆山令。簿書皆自鈎校，不假手胥吏。催科盡革耗羡，摘欠之尤者揭之縣門，不遺一役，而民皆趨令。昆俗多借假命恐喝取財，文雄著令，凡毆殺者必里鄰公舉得實而坐，毋許一人首告。時軍旗肆横，文雄奉行官兑之令，力禁約之。以疾卒官，貧不能歸葬，士民醵金葬於馬鞍山之南，立祠墓前。

吴道煌，字瑶如，宛平人。順治己丑進士，康熙二年知蘇州。郡故煩劇，前守治事日不暇給，道煌性寬厚，以清静爲理。上官多疑其廢弛，及察其政無不舉。有投牒者，輒緩其勾稽，或悔而不願終訟，輒聽之。後以事報罷，積案有未結者，令吏抱牘至，悉焚之，曰：「吾不留此爲虐民地也。」去後民思之，立祠於虎（邱）〔丘〕山麓。

師佐，字靖公，河南永寧人。順治壬辰進士，由福寧知州遷蘇郡督糧同知，貧不能就道，士民醵金助之。及莅蘇，不擅受一詞。董理漕兑，釐弊端，却規例，每諭糧户：「爾等省一分旁費，則完一分正務。」民咸感悦。三督漕白，解餉江廣，復疏濬吴淞水利，勘荒履畝，皆盡厥職。督撫交薦之，會卒。

沈恩舉，字謙能，汀州人。順治丁酉舉人，康熙初年知長洲縣。吴中大水，恩舉加意撫綏。催輸不事鞭扑，課亦及額。邑隸索横惡，乃立需索單於里甲，每月填報有無，輿皂斂跡。又旱蝗爲災，齋沐步禱，蝗不害稼，雨亦隨降。民祀之前令葉成章祠，題爲雙清書院。

于宗堯，字二巍，廣寧人。年十九，以父廕除常熟知縣。勇於爲治，興利剔弊，雖老吏弗及。邑素有漕蠹爲民害，視事三月，即痛除之。性孤介，屏絶饋遺。搏擊豪强，而待良民慈恕，三年如一日。卒於官，邑中罷市巷哭，醵金治其喪。將北歸，百姓遮道留之，遂葬虞山南麓，題其阡曰「萬民留葬」。

以上舊《通志》

劉定國，字奠萬，奉天人。康熙三年爲吴江令。邑當南北孔道，師行所過繹騷，定國具舟車待境上，至則犒勞將士，即導之出境，民以無擾。聽訟明敏，兩造至庭，立時決遣。嘗閱視獄囚，止三人當遣戍者，明日即令就道，囹圄一空。

霍勳，字立卣，清苑人。康熙十四年知吴江縣。潔己愛民，隨宜撫輯，催科不遣胥隸，聽訟不尚擊鷙。以事繫獄者，月給米，冬給衣絮，置草藕以藉之。未期月，丁内艱去官，各項賠墊缺額三千餘兩，邑民争先輸助，一月而完。

郭琇，字華野，即墨人。康熙庚戌進士，知吴江縣。材力强幹，屢斷疑獄，民驚爲神。徵輸行版串法，分爲十限，俾民依限完納。又置戥縣門，使民自稱投櫃，胥吏無所假手。總督于成龍嘗贈之以詩，巡撫湯斌稱其清而能。以卓異特薦。

江南通志卷一百十四

職官志

名宦 三

松、常、鎮三府

松江府

唐

蘇籥，宰華亭，簡惠公正。《南畿志》

張聿，瑯琊人，宰華亭。政治凛然，民吏有犯，書之於籍，許以自新，再犯則勘籍杖之。府吏有所需，則榜邑門曰：府以某事下縣索某物若干，期某日齊足。民感其誠，供輸無敢後。嘗有以干乞爲業者，入其界曰：「此政不可撓。」遂抵他境。《南畿志》

宋

錢貽範，彭城人。慶（歷）〔曆〕間知華亭縣。時歲旱頻仍，貽範講求利病，開顧會浦、盤龍塘諸水，以時蓄泄，萬民賴之。《南畿志》

吴及，字幾道，静海人。皇祐間知華亭縣。時旱蝗，及禱於横山之神，得雨，蝗亦避境。至秋大稔，乃教民預修水利，以待淫潦。明年大水，阡陌堅完，溝洫通利，復稔如初。比三年，家給人足。《宋史》本傳

劉鵬，彭城人。元祐四年爲華亭令。下車即修庠序，立教誡，簿書期會，各有條理。不數月，一境大治。《南畿志》

劉穎，字公碩，衢州人。提舉浙西常平，疏澱山湖泄吴淞江水，民田賴之。《宋史》本傳

王玨，字德全，臨川人。提舉浙西茶鹽，開華亭瀕海支河一百餘里，自是鹽得流通，田資灌溉。《南畿志》

黄瑀，字德操，閩縣人。紹興中權華亭縣。歲凶，瑀請常平使者發廩以賑，使者謂須俟奏報，瑀曰：「民命在旦夕，苟可生之，雖重得罪不悔。」退即發粟賑給，全活者萬計。《華亭縣志》

劉俣，字碩翁。紹興間知華亭縣。會催輸急，俣謁臺府，願寬假三月。乃治酒政，損關征，不三月，課入自倍，逋賦以償。濱海有秦山、鹽鐵、蚌港三堰不治，俣作堤成，灌田六萬畝。《華亭縣志》

李遹，字叔周。監華亭税，被檄視潦，舟行民田中。有監司圭田，吏不敢以潦聞，遹曰：「水潦爲患，上供且應復，況圭田乎？」盡復其租，常平使者聞而奇之。《宋史》本傳

楊樗年，字茂良，丹徒人。知華亭縣。歲饑，乃悉蠲賦之無藝者，以私帑代輸。提點刑獄司檄繫平民十餘爲盜，樗年廉得其情即釋之，吏請須報，曰：「民以盜繫，少稽則生理蕩然矣。寧以故縱獲戾，不忍見民之殆也。」《華亭縣志》

（邱）〔丘〕崈，江陰人。乾道中知秀州。時華亭捍海堰廢，潮壞並海田，蘇、湖被其害，崈創築三月而成。尋知平江。《宋史》本傳

楊瑾，字廷潤，餘姚人。紹定間攝華亭。蠲胥吏白納錢，寬民户積逋，弛酒税無藝之徵，吏民大悦。守以聞於朝，遂使即真。於是修經界，立義役，遷廟學，凡前令所不能辨者，處之沛然有餘。《華亭縣志》

孫子秀，字元實，餘姚人。開慶初爲浙西提舉，奏省華亭茶鹽分司，蠲其非法多取者，於是流散復業。《宋史》本傳

施退翁，山陰人。淳祐間知華亭縣。以風化爲己任，興學校，建講堂，創齋廬，以教學者。《南畿志》

孟文龍，字震翁，亞聖公裔。監華亭船場。時賈似道柄國，百僚悉隳法守，文龍盡職不少怠。《華亭縣志》

元

吕謙，字和之，亳人。從丞相伯顏①南征，拜將軍，鎮守上海。當春勸農，召父老謂曰：「善牧羊者先去敗群，善治民者先除民病。」由是里胥畏憚，境内肅然。《南畿志》

趙知章，字伯常，睢陽人。松江運鹽使分司。至元間，兩浙鹽税計引四萬，後松江一郡至十萬有奇，民大困。知章以廉律己，諭富者出財、貧者傭力，財力相資，課以大集。《松江府志》

僕散翰文②，字行之。至元末知松江府。奏析華亭爲上海，在任愛民如子。秩滿歸郡，民擁道嗟涕。《南畿志》

張之翰，字周卿，邯鄲人。至元末，以侍講學士知松江府。民苦荒租額以十萬計，翰力陳其弊，悉奏除之。《南畿志》

石從願，大德間以翰林知松江府。明斷，郡無冤民，及代去，兒童連袂歌好知府云。《松江府志》

---

① 「伯顏」，《四庫》本作「巴延」。
② 「僕散翰文」，《四庫》本作「布薩翰文」。

季禄兒①，至大間知松江府。性廉貞，豪民有懷金贄見者，悉送爲官物。《松江府志》

張國英，字世禄。延祐間尹華亭。時郡將陵轢有司，其蒼頭盧兒日游街曲，謔浪民婦，國英一制之以法，民藉以安。《華亭縣志》

張如砥，字周道，歷城人。延祐初知上海縣，潔己愛民。有民負寺僧租，適嬰兒病死，遂訟僧索租毆死，如砥曰：「不毆爾而毆嬰兒，詐也！」叱使去。丙辰秋，浙西大水，壞禾稼，行省詰縣徵賦如常，如砥力争得減。《上海縣志》

鄧巨川，字百川，真定人。至治初爲上海丞，嘗建言以苗糧改科爲豆麥，民被其利。《上海縣志》

何蒙，字叔正。泰定間知上海縣。家累十餘口，屑菱作粥，了無愠歎。《南畿志》

劉輝，字文大，汴人。至正間知上海縣。縣以宋季公田虚徵加税額數倍，往往破産，輝設法勸富民出粟爲常平本，賦役乃均。瀕海民相挺爲暴亂，有司莫敢詰，輝取痛懲之，撫其孱弱，諭以禮義，衆皆帖服。創置社學百六十餘所，舉鄉約，日課民種桑棗。《上海縣志》

張德昭，字彦明，邢臺人。至正七年尹華亭。歲澇，都水使者勒取有秋狀，德昭固争，至投所授敕求去，使者悟，乃止。錢衮爲八字頌，刻之郭門，曰：「公平廉明，勤儉慈讓。」時謂實録。《南畿志》

鄭銖，字彦平，浦江人。至正中，授松江等處稻田提領所大使。先是，徵民無藝，歲有羡糧萬餘

---

① 「季禄兒」，《四庫》本作「吉嚕爾」。

斛。銖至，即命還民，吏以無主名爲解，乃計家口數分之。稻田所素號米穀府，銖日糴於市，猶窶人然。《松江府志》

王艮，字止善，諸暨人。爲江浙行省檢校官。有詣中書訴松江富民包隱田土爲糧，沙蕩爲鈔①，宜糾察追收之。艮至松江，條陳曲折，以破其誑妄，言：「不過欲竦朝廷之聽以報宿怨，萬一民心動揺，患生不測，豈國家培養根本之策哉？」艮言上，事遂寢。《元史·良吏傳》

王至和，樂安人。至正間爲松江知府。興學校，訂釋奠禮，刻《栽桑圖》以教民。歲饑，發常平粟。同僚以爲疑，歎曰：「民少需則死矣，有罪吾當之！」遂盡發所積，活飢民八萬有奇。《松江府志》

魯淵，字道源，建德人。元季爲華亭縣丞。佐治公廉，以道學自重，郡之學《春秋》者，多出其門。《南畿志》

胡存道，字師善，諸暨人。至正末，仕松江府學訓導。苗寇至，將焚學宫，存道曰：「吾爲學守，當與俱亡！」叱賊曰：「若寧殺吾，學不可毁也！」兵怒殺之。《南畿志》

明

祝挺，字正夫，鄱陽人。洪武初知上海縣。時錢鶴皋倡亂，挺懷印走府謀討逆，爲賊所得，迫使

① 《元史》卷一九二此段作：「松江富民包隱里，爲糧一百七十餘萬石；沙蕩爲鈔五百餘萬緡。」

見僞帥，挺毅然不屈，賊釋之。乃密遣人諭巨室，聚義兵，斬僞帥於西溝。時右相國徐達遣偏帥破錢鶴皋，將移兵縣境，挺星馳詣帥，曰：「民已定矣，無煩大軍。」帥捕餘黨甚急，挺潛使報狀於達，達爲上聞，按問得釋。《南畿志》

馮榮，和州人。洪武三年，授華亭知縣。錢鶴皋爲亂，榮被執不屈，縛置獄中。及亂定，總兵葛俊怒從亂者，欲盡殺之，榮固争得止，全活者數萬口。《南畿志》

王文貞，洪武六年以府同知署華亭縣事。時兵後教弛，文貞復學故址，築射圃，建觀德堂，舉行鄉射禮。又時臨講堂，以訓諸生，議者方之文翁。《華亭縣志》

蔣惠，鄱陽人。洪武十一年知華亭縣。先是，縣繫平民三十人，指爲大盜，惠察其無辜，立貰之。乃密授方略，得真盜十八人正其罪。《南畿志》

蕭九萬，南昌人，洪武間華亭知縣。嘗書「容、忍、思、慮」四字，疏其義，揭門屏間，以誨訟者。疏陳民弊五事，忤旨被逮，臨刑，齧指血録詩報母云：「微臣斬首丹心在，尚有英魂返故鄉。」舊《通志》

周繼瑜，松江同知。建文時，勤王詔下，即榜募義勇入援，極言大義，指斥靖難兵。成祖立，死尤烈。《松江府志》

黄子威，名輅，以字行，進賢人。永樂二年知松江府。時郡罹水患，子威跋履鄉邑，撫綏賑賚，民賴存活。以母憂去。其後郡吏三守，而民猶謳思不置，朝廷知之，俾令復任。《南畿志》

魏驥，字仲房，蕭山人。永樂初，授松江府學訓導，汲汲成就人材。諸生讀書學宫，或夜携茶粥

勞問，諸生益感激自奮。滿九載，楊珙等詣闕乞留。鄭曉《名臣記》

侯端，字敬莊，盱眙人。永樂間，授金山衛指揮同知。倭寇逼城，端與同知衛事郤某分兵出戰。郤出南門，全軍皆覆，賊遂入，據城斷橋。端孤軍在東門，自分必死，躍馬入西門，與賊巷戰，身被箭如蝟。復馳出東門，鳴鼓招散卒，得百人，令曰：「今潮退舟膠，人持草一束，與炮俱進。」至海灘，焚賊船十餘艘，賊不得歸，遂殲之。《南畿志》

王源，字啓津，龍巖人。洪熙間爲松江同知，奏罷重額糧二十四萬餘石，逋負糧三十九萬餘石，而蘇州亦得例減七十餘萬。有奸民褚路等，誣陷平民二百餘家，源悉平反其獄。《南畿志》

趙豫，字定素，安肅人。宣德中知松江府。輕徭役，節冗費，減吏員什伍。尤重儒術，待學官必以賓禮，至要途顯宦不能逢迎焉。《南畿志》

葉冕，字拱辰，浮梁人。景泰二年知松江府，時連歲饑饉，悉力賑救。澱山湖半屬昆山，界堤壞，相推諉，冕獨爲修築，蘇人愧之。《南畿志》

楊昕，瑞安人。景泰三年知上海縣，興學勸農，平徭簡訟。以母憂去，賻贈皆不受。起知華亭，清操益勵。《南畿志》

甯祥，章(邱)〔丘〕人。景泰中松江同知。嘗浚蒲匯塘，建盤龍塘諸橋。歲旱，奏免兩邑税糧十九萬石。《南畿志》

吴則，宣平人。天順間華亭主簿，明察善斷。巡撫滕昭遣署上海，清負租一萬八千石。設策賑

飢，全活甚衆。海溢爲災，復請蠲租六千餘石，士民爲作《借賢育民》詩。《華亭縣志》

郭綸，字理之，長壽人。成化中知華亭縣，明察嚴整。未明即出視事，逮暮始休，盛暑不去衣冠。諸吏行文書外，無敢出一語。時中貴人至縣，僕從多横索，綸按驛券無名者叱左右收縛之，中貴人皇恐謝過，自是豪强屏跡。《南畿志》

王衡，字宗銓，稷山人。成化中，由御史知松江府，方正清嚴，人不敢干以私。止息嚚訟，非重犯未嘗繫獄，囹圄數空。民運至瓜洲、淮安交兑者，苦官軍摧剥，衡具奏其弊，得免。《南畿志》

樊瑩，字廷璧，常山人。成化中知府事。時運夫折閲逋欠積累，瑩晝夜講畫，乃革夫役之擾，定長税之人，於是運糧者關係切身，無敢輕費。掌計者出入有限，無可蔽藏，而積弊十去八九矣。《南畿志》

汪宣，字德卿，江陵人。成化間知華亭縣，通練明察，庭無留事。興學校，禮師儒，奬勵人材，多所造就。《南畿志》

徐潭，字惟静，定海人。弘治間知上海縣。故事，區里之長歲有例輸官，潭斥不取。先是，訟者苦遣役，潭造木人付訟者，令持置所訴之家，人抱木人自詣，無敢後者。《上海縣志》

路迎，字賓暘，汶上人。正德間知松江府。俗尚師巫而困於盗賊，迎嚴督巡司，申保甲，有擒賊至者，贓證具，即與衆共棄之。令民五家爲伍、十家爲鄰；有以左道惑衆及祈賽淫祀者，各自首；發不舉者坐以其罪。由是悉得盗魁，邪術亦息。舊《通志》

王卿，字良佐，太原人。正德十三年①知上海縣，敦重質實，不爲赫赫名。或干以私，即面頳直視不答。武宗南巡，諸邀索一不應，第曰：「車駕至日，供不供有令在，何先事自擾爲？」《上海縣志》

聶豹，字文蔚，永豐人。正德間知華亭縣。縣大水，飢民流徙，豹勞來安集，發諸奸侵盜銀萬六千兩，用代逋賦。濬塘港三萬丈，復塘之廢者萬二千丈，民不苦水，逃亡復業者三千餘户。《華亭縣志》

鄭洛書，字啓範，莆田人。正德中知上海縣，慈惠明敏，凡訟聽其自息，不息者始召而折之以理。建社學凡十六區，準常平法，建倉積穀以備賑。以賦法久弊，議均田爲三則，後巡撫林潤定爲三鄉，本洛書議也。《上海縣志》

方鈍，字子銛，巴陵人。嘉靖初知華亭縣。始至，值歲饑，大書榜縣門，教民省費忍事，其有訟者，輒諄諭止之。自奉儉約，菜羹脱粟，清節矯然。《華亭縣志》

熊宇，字元性，長沙人。嘉靖八年，以御史出知松江府，去苛剔蠹，與民休息。工詩，有《郡齋賞牡丹》詩曰：「正憶桑麻沾細雨，更添珠玉對名花。」人争誦之。《松江府志》

黄潤，晋江人。嘉靖十五年知松江府。以八事定賦役，九事考里甲，二事正均徭，至今守其法。《松江府志》

---

① 「十三年」，《四庫》本作「十二年」。

許拱，字弘莊，南安人。嘉靖中授華亭訓導，端軌正儀，不嚴而肅。與知府黃潤鄉里同學，拱從諸寮旅見公庭外，未嘗私謁，即潤召之，弗往也。《華亭縣志》

黃葦，遂寧人。嘉靖十九年知松江府。時同知李蓁、通判張叔宣、推官黃洪毗，皆稱良吏。葦每晨必與蓁等同升公座，畫卯畢，俾各還署視事，即封東西兩夾道。及未、申間，復聚郡堂，問所施行，共議可否。聽訟則邀僚佐、縣官共鞫之，黠猾無敢以游詞進，士大夫亦無從干請也。臨去，惟來時敝篋，不置鎖鍵，令吏民簡視始發。《松江府志》

何繼之，字善甫，順德人。嘉靖二十年知松江府。時當災饉，發賑平糴，安集流亡，不遺餘力。自奉儉約，卧敝榻，服澣衣，五年如一日。《松江府志》

劉存德，字志仁，同安人。嘉靖中知松江府。時苦旱六載，逋賦至二百餘萬，特設条政督之。存德拊循安恤，請於使者，寬期以俟秋成。是歲大穰，使者欲盡徵及額，存德又請分三載。其後浹歲大熟，遂補積逋什之五六。《松江府志》

方廉，字以清，新城人。嘉靖三十二年知松江府。時倭寇入犯，廉增陴浚濠爲守禦計，寇至弗能克。條上便宜，使民間得自募鄉勇，保聚殺賊，立賞格爲勸，減客兵十七，故被寇五年，民猶得休息云。《松江府志》

俞大猷，字志輔，泉州人。嘉靖三十三年，以副總兵駐金山。嘗擊倭於平望，又戰於六金垻，皆大捷，斬首三千級。《松江府志》

劉東陽，四川人。嘉靖中任上海丞。蕭顯入寇，東陽擊之，衆皆潰走，東陽挺身獨戰，遂遇害。先是，上海未城，鎮海衛指揮武尚文同建平縣丞宋鰲統所部駐焉。賊至，尚文擊敗之，追賊遇伏死。鰲亦力戰死之。與東陽並祀群忠祠。《上海縣志》

郜光先，字子孝，長(治)〔治〕①人。嘉靖中知上海縣，深沉有才幹，聽訟明簡。時運官多橫索，一日率數十人持梃露刃入縣門，光先手執衛弁，叱輿隸盡縛其從卒，趣吏具狀申制府。弁請罪數四，乃釋之，下令驅漕艘出浦外，魚貫而兑，官軍唯唯無敢譁，不三日事竣。《上海縣志》

臧繼芳，字元實，長興人。嘉靖四十年知松江府，每日以規條揭屏上，循次而行。盜丁彪聚衆數百，販鹽湖海間，巡撫將議剿，繼芳請諭令自歸，諸脅從竟縛彪馳獻。《松江府志》

韓崇福，字君祉，密雲人。嘉靖間松江教授。以師道自居，與郡邑禮貌微不合，浩然竟去，諸生馳過江追還之。倭寇薄城，崇福登陴分守，發二矢皆殪其魁，賊乃引却。尋奉檄出浦守禦，所統不滿數百人，寇矢集如雨，崇福弗動，徐還射之，無不命中，斬馘而旋。《松江府志》

陳邦顔，字獻祉，晋江人。嘉靖間華亭知縣。縣方大水，邦顔盡心撫字，每過丙夜不寢。或勸之少逸，曰：「吾身逸矣，如吾民何？」歲兑漕米故多叢奸，邦顔廉得主名，盡置之法。催科不遣胥卒，第出片紙，署數字傳告里長，緩急如期至。《華亭縣志》

---

① 據同治《上海縣志》卷十四改。

黄文煒，字德華，南城人。嘉靖間知上海縣，撫弱鋤强。置學田百餘畝，建群忠祠以祀死事者，政教翕然。以勞瘁卒於任，廉無以斂，諸丞、簿爲貸金治木。《上海縣志》

朱茹，字以彙，瀘州人。嘉靖末知松江府，沉毅有大節。時徐階方當國，蒼頭有犯，必以法繩之。董傳策言：「朱守錚錚鐵骨也。」《松江府志》

聶廷璧，字祖雍，金谿人。知華亭縣。執法不畏彊禦，或諷以少貶，曰：「榮進有數，吾不能爲繞指柔也。」《華亭縣志》

衷貞吉，字孔安，南昌人。隆慶初爲松江知府，廉静端慤。時高拱修郄於徐階，監司承風旨，多所株引。貞吉獨中立持平，即有所指授，不爲動，人皆服其定力。《松江府志》

石繼芳，字克肖，益都人。萬（歷）〔曆〕初知清浦縣。時縣治新建於唐行鎮，凡築城、濬池、學校、壇壝，皆悉心區畫。尤加意人才，擇秀民親教之學，邑民化焉。《青浦縣志》

屠隆，字長卿，鄞縣人。萬（歷）〔曆〕間令青浦。邑故庳下，值大水，徒行泥淖中，督吏民治堤，躬禱於神，水不爲災。時有履畝之令，長吏率增餘畝以阿上，隆以丈出餘田仍繫原號。知府閻邦寧呵之，隆正色曰：「原田譬之衣領，挈之始明。餘田譬之衣帶，非衣不附。豈可使衣自爲衣，帶自爲帶乎？」邦寧語塞。又平反冤獄七十餘事。《青浦縣志》

顔洪範，字仲起，上虞人。萬（歷）〔曆〕中知上海縣。縣徵錢穀數十萬，簿書填委，獄訟紛沓，洪範耳受目攝，口訊手判，裕如也。其徭役均平，前後罕及。《上海縣志》

陳秉浩，字養自，湖口人。萬（歷）〔曆〕間知華亭。初至即進父老問民疾苦，悉釐革之。恤重役，却羨餘，繩舞文吏，煩苛一洗。置學田贍士，葬貞女，廩節婦，以示風尚。《華亭縣志》

喻均，字邦相，南昌人。萬（歷）〔曆〕十六年知松江府。以屬邑役重賦繁，爲稽考無藝之徵，及貢稅所由溢，權其緩急，撙節十餘事，條上巡撫，請奏蠲之。或尼之，不果行。均以儒雅飭吏治，有客投詩干謁，答之曰：「於今梁國移民日，不是夷門結客時。」其風致如此。《松江府志》

許汝魁，字元甫，湖口人。萬（歷）〔曆〕中知上海縣，以簡静鎮俗，不好更張。嘗輕舟出行郊野，與細民相接。周知土田高下，人户登耗，故所定踐更最善，減省斗級、櫃首諸役，遠近尤德之。《上海縣志》

聶紹昌，字繩之，四川人。萬（歷）〔曆〕三十六年知華亭縣。會踐更之期，覈上户詭匿田六十餘萬，於是中産以下得免重役，而力征亦不及縉紳，時論稱平。《華亭縣志》

項應祥，字元芝，遂昌人。萬（歷）〔曆〕中知華亭，單舸赴任，寂無知者。比視事，取錢穀籍，定其緩急，條示諸鄉爲期會，公私不擾。聽訟盈庭，訊决立盡，無不情法相麗。舉卓異第一。《華亭縣志》

卓鈿，字邦華，沙縣人。萬（歷）〔曆〕中知青浦縣。胥吏作奸，鈿繩束無所假貸，而治民平恕。尤以清苦自甘。卒後囊無餘錢，監司賻而歸其喪。《青浦縣志》

畢自嚴，字景曾，淄川人。萬（歷）〔曆〕二十年，除松江推官，用法平允，庭無留獄。性狷潔，常菜羹糲食。一日，其叔父布衣草屩至郵亭，呼自嚴出，訓之曰：「我有事姑蘇，汝父使我迂道過汝，寄語

汝：慎自愛，爲良吏。」語畢遂去。《松江府志》

許維新，字周翰，堂邑人。萬（歷）〔曆〕間知松江府。下車首嚴游惰之罰，別衣服，分貴賤，奴隸無履絲曳縞者，風俗一變。與士大夫往還，必訪政事得失、閭閻疾苦，深察民隱，虚懷聽受。去之日，惟携郡人文集數十卷。《松江府志》

熊劍化，字神阿，豐城人。萬（歷）〔曆〕中知華亭縣。才識優贍，審民俗所宜，然後下令約束，終無紛變痛懲，游手及武斷者嚴而不擾。初到官，大書「澹簡」於屏牆以自勖，卒踐其言。《華亭縣志》

章允儒，字珍甫，南昌人。萬（歷）〔曆〕末知華亭。時加徵邊餉，允儒殫心籌畫，民不益賦而軍需弗匱。部檄下松江供王府禄米，允儒奏記力争，以爲瀕海之地米不堪供，識者韙之。《華亭縣志》

張宗衡，字梁山，臨清人。天啓間知松江府，强毅有幹略。常微服夜出，遇偷兒輒自擒縛。飲博亡賴者，或破壁求之。道路爲之屏息。《松江府志》

鄭友（元）〔玄〕，字其山，京山人。天啓末知青浦，崇（正）〔禎〕初調知華亭。兩邑故稱繁劇，友（元）〔玄〕口酬手批，剸决如流。催輸有法，刑罰不加而課畢登。踐更之期，里胥多詭匿，友（元）〔玄〕勾得其實，任役者輕重若懸衡。徵入爲御史，兩邑皆祠祀之。《青浦縣志》

方岳貢，字四長，穀城人。崇（正）〔禎〕初知松江府，明敏强記，案牘過目不忘。謝絶餽問，罷諸徵索，廉能之譽騰於遠邇。郡東南瀕海，颶潮衝擊，漂没田舍，岳貢相度經營，築石塘二十餘里以捍之。《松江府志》

彭長宜，字申伯，海鹽人。崇（正）〔禎〕時知上海縣，科條寬簡而擿發若神。先是，縣巨室蒼頭乘變聚黨，刦主人索券，撫院以兵擒斬之，而修怨者告捕日益衆。長宜謂首惡既誅，宜停追攝，全活數百家。邑善逋賦，長宜徵收悉省其羨入，其不如額者亦弗予杖，第勸令再輸。民聞感悦，賦登逾他縣。家去治所二百里，月載酒米自給，雖汲水於河，猶與荷擔人傭直。《上海縣志》

國朝

楊之易，應山人，明都御史楊漣子。順治二年，任松江同知。四年，提督吴勝兆謀逆，之易不從被殺。康熙間，奉旨贈恤。推官方重朗，亦同時遇害。

李正華，字茂先，獻縣人。順治十年知松江府，精明彊幹，姦弊一清。郡東南蔣莊有劇盜爲民患，正華偕同知崔宗泰私往偵之，不半月渠魁就縛，窮治其黨，悉寘之法。去之日，兒童婦女競以東蔬尺布投其舟中，叩首而去。舊《通志》

閻紹慶，字康侯，魯山人。順治十年知上海縣。胥徒糧里數千人，一過目即記其姓名。時有大蠹孫年、里魁顧西暴横，紹慶廉得其實，立置之法，奸宄屏息。徵輸有法，每大寒暑，不笞一人而賦自辦。十二年，海寇犯境，鎮弁王璟誣縣民通寇，紹慶詣臺使力保之，全活甚衆。有《海邦讞略》一百六十條。

李復興，字瑩斗，濱州人。康熙三年知婁縣。松郡舊苦里役，婁縣尤甚，復興至，詢其困苦，乃與邑孝廉吴欽章等反覆區畫，立爲均田均役之法，悉罷年首、甲首諸名。知府張羽明請於巡撫韓世琦，以其法推行鄰邑，一郡盡獲甦息，而賦亦以最。松人建祠於白龍潭祀之。舊《通志》

尚元調，揚州人。康熙壬子舉人，授華亭縣教諭。性嚴正，教諸生以砥節勵行。提署營卒牧馬宫牆，多所蹂躪，元調赴轅欲愬，營卒噪逐之，歸乃縊於明倫堂。士林痛之，爲裒其教士事實請祀。

司起龍，山西人。授黄浦營守備。康熙二十一年，海寇乘夜潮駕四舟突入境，剽掠而去。起龍已就寢，亟披衣率千總陳聖策等，登漁舟追之。賊舟揚帆行甚迅，抽矢射其篷索，帆落追及，射賊應弦而斃者四人。以中礮死，奉旨贈恤。

常州府

漢

袁玘，會稽人。爲陽羨長，始創長橋以利涉，至今賴之。《南畿志》

晋

賀循，字彦先，山陰人。除陽羡令，爲政以寬惠爲本，不求課最。《晋書》本傳

本傳

張闓，字欽緒，丹陽人。元帝時晉陵内史。立曲阿新豐塘，溉田八百餘頃，每歲豐稔。《晉書》本傳

季閎，咸和初南蘭陵太守。擊蘇峻將張健追斬之，降男女萬餘口。《晉紀》

王藴，字叔仁，太原人。簡文帝時爲晉陵太守，有惠化，百姓歌之。《晉書·外戚傳》

殷仲堪，陳郡人，爲晉陵太守。禁産子不舉、久喪不葬者，所布教條，甚有義理。《晉書》本傳

吴隱之，字處默，鄄城人。由尚書郎遷晉陵太守，在郡清儉，妻自負薪。《晉書·良吏傳》

南北朝　宋

王儉，字仲寶，臨沂人。大明中義興太守，風化之美，奏課爲最。任昉序儉文集

梁

褚翔，字世舉，陽翟人。義興太守，以廉潔著稱。除苛政，去浮費，百姓安之。《梁書》本傳

王瞻，字思範，瑯邪人。晉陵太守。潔己爲政，妻子不免飢寒。《梁書》本傳

蕭昱，字子真。普通中爲晉陵守，勵名節，省煩苛，明法戢奸，不旬日郡境肅然。俄而暴卒，百姓行號巷哭。有田舍婦夏氏，年百餘歲，扶曾孫至郡，悲不自勝。《梁書·蕭景傳》

蕭暉，字通明。爲晉陵守。初至郡，歲旱，虔禱果雨。舊多猛獸爲害，暉在政六年，此暴①遂息。《南史》

劉孺，字孝稚，彭城人。晉陵太守。在郡和理，爲吏民所稱。《梁書》本傳

范岫，字懋賓，考城人。居官廉介，仕梁爲晉陵守。惟作牙管筆一雙，猶以爲費。《梁書》本傳

任昉，字彦升，博昌人。義興太守。歲饑，以私俸米豆爲粥，活三千餘人。民間産子不舉，昉爲厲禁，孕者助其資費，所得月俸略盡。及被代登舟，裁有絹七疋、米五石而已。《梁書》本傳②

陳

王勱，字公濟，瑯琊人。梁季守晉陵，當兵荒之後，爲政清簡，吏民懷之。陳太建中，東境大水，命再領郡，甚有威惠。《陳書》本傳

孔奂，字休文，會稽人。陳永定二年，除晉陵太守，清白自守。妻子並不之官，單舸造郡，得俸即分贍鰥寡，時號「神君」。《陳書》本傳

王猛，本名勇，字世雄。太建中守晉陵。威惠並行，姦盜屏息，人以比趙廣漢。《北史》

---

① 「暴」，《四庫》本作「害」。

② 此條文字與《梁書》本傳出入甚大，而與《南史·任昉傳》較近。

唐

李栖筠，字貞一，趙人。肅宗時爲常州刺史。歲旱，編氓死徙，乃浚渠，厮江流灌田，歲大稔。大起學校，堂上畫孝友傳示諸生。爲鄉飲酒禮，登歌降飲，人人知勸。《唐書》本傳

獨孤及，字至之，雒陽人。大〔歷〕〔曆〕中刺常州，甘露降其庭。《唐書》本傳

孟簡，字幾道，平昌人。元和中刺常州，浚導孟瀆，溉田四千頃。賜金紫，召拜給事中。《唐書》本傳

李嘉祐，字從一，趙州人。爲江陰令，淳雅不苛，民庶親服。《南畿志》

趙和，咸通中江陰令。聽訟明敏，楚州、淮陰有農負屈不能直，越江來訴。和爲判決，遠邇胥服。《南畿志》

徐延休，會稽人。攝義興令，勤恤民事。初，郡守多遣小吏巡縣，爲民患，延休箠而遣之。刺史王彦章服其剛正，貽書謝過。舊史

五代

趙仁澤，保大中爲常州團練使。吴越攻常州，戰敗被執，歸之錢塘，見王不拜，責之。王怒，抉其口至耳。丞相元德昭嘉其忠，以藥傅瘡，愈後不知所終。《南唐書》本傳

柴克宏，巴州人。保大十三年，吴越遣兵襲常州，破外郭。克宏請效死行間，唐主以爲右武衛將軍，使救常州。克宏所將數千人，皆羸老，樞密李徵古復以鎧仗之朽蠹者給之，衆皆憤恚，克宏恬然引兵趣常州。徵古復遣使召之，克宏曰：「吾計日破賊，汝來召，必奸人也。」命斬之，使者曰：「受李樞密命而來。」克宏曰：「李樞密來，吾亦斬之。」竟斬使。大破吴越兵，斬首萬餘級，圍遂解。《南唐書》本傳

宋

柳開，字仲塗，大名人。太平興國中知常州。招撫群盜，以俸金給之，解衣與賊酋，置諸左右。或謂不可，開曰：「民失所則爲盜，推以赤心，夫豈不懷？」未半歲，境内輯寧。《南畿志》

馬亮，字叔明，合肥人。至道中通判常州。民有因緣亡失官錢者，籍其貲不足償，連逮至數百人，亮縱去，緩與之期。不逾月，盡輸所負。《宋史》本傳

李若谷，字子淵，豐人。景德間知宜興縣。時官市湖洑茶，歲約户税爲多少，率取足貧下，若谷始置籍備勾撿。茶惡者舊法没官，若谷使歸之民，許轉貿以償。民便之。《宋史》本傳

崔立，字本之，鄢陵人。天禧中知江陰軍。屬縣有利港久廢，立教民濬治，溉田數千頃。又開横河六十里通運漕。《宋史》本傳

張其，字公長，清河人。知江陰軍。吏盗錢三萬既久，其發其奸，捕繫數十人。轉運使趙光謂此

應賞典，願以聞。其曰：「殺人以求賞，可乎？」悉召吏，諭以償錢則貸死，吏親屬争出錢，以十日具。乃推死者二人爲首，餘悉貸不問。趙愧謝曰：「公長者，殆非予所及。」《江陰縣志》

郭申錫，字延之，魏人。爲晋陵尉。民訴弟爲人所殺，申錫察其懼而不哀，曰：「吾得賊矣，非汝乎？」執而訊之，果然。《宋史》本傳

王罕，字師言，寳元初令宜興。縣多湖田，歲訴米輕重失平，罕躬至田處，列高下爲圖。明年，訴牒至，按圖示之，某户可免，某户不可免，衆皆服。西方用兵，歲科箭羽，其價踴貴，富室預儲以待售。罕白郡守，倍其直市之，而令民輸錢。旁州聞之，皆請如罕法。《宋史·王珪傳》

許恢，慶（歷）〔曆〕中知晋陵縣，勤恤民隱。申港、竈子、戚墅三港皆久湮不治，恢圖以喻衆，役不加擾而三港俱濬，民至今賴其利。《南畿志》

阮洪，嘉祐間宜興尉。深明水利，屢上書監司，乞開百瀆，得請，遂疏四十九瀆，是年大稔。又請於長橋東市中創一橋，使運河南通荆溪。既鑿，得泥中舊柱，乃知昔人已設橋於此。《常州府志》

司馬旦，字伯康，涑水人。嘉祐中知宜興。俗多嚚訟，旦痛繩之，民稍以詆冒爲耻。長橋圮，勸民修治，不勞而成。時王安石守常州，大開運河，調夫諸縣。旦言役大而亟，民有不堪，請緩之。不聽，會大霖雨，民苦其役，多自經死，役竟罷。《宋史·司馬池傳》

陳襄，字述古，侯官人。嘉祐中知常州。郡庠隘，襄鼎新之。晨入坐授諸生經義，旁決郡事。震澤積水以運渠横遏不得入江，久爲民田害，襄立法浚之，其患遂除。《常州府志》

趙伾，字義夫，洛陽人。元符三年知無錫縣。性英毅不畏彊禦，號「趙鐵頭」。重農務，興水利，民甚德之。《南畿志》

于溥，大觀四年江陰丞。悉心水利，於黄田、蔡涇等處置上、下閘，又導申、利二港，旁邑皆賴之。《江陰縣志》

楚執柔，政和三年江陰丞。嘗治横河、市墩、新河諸港，使水有蓄泄，賴其利者白鹿、化成十鄉，計畝凡六千五百七十三頃有奇。《江陰縣志》

方允武，衢州人。宜興巡檢。建炎三年，北兵逼縣，允武率土兵逆戰於邑之金泉鄉。至海嶺，力竭而死。《常州府志》

王棠，紹興中知江陰軍。軍故有學，廢爲營屯，棠請於朝復之。復請以軍閒田爲士廩，上嘉與焉。《南畿志》

葉顒，字子昂，仙遊人。紹興中知常州。初至郡，無旬日儲，未一年餘緡錢二十萬。或勸獻羨餘，顒曰：「羨餘非重徵則横斂，是民之膏血也。以利易賞，心實耻之。」《宋史》本傳

趙彦橚，紹興中知晉陵縣。歲饑，賑恤有方，所活二十餘萬人。又以羨錢爲五等户代輸。《宋史·宗室傳》

葉衡，字夢錫，金華人。乾道初知常州。時水潦爲災，衡發倉爲糜，以食飢者。疫大作，單騎命醫藥自隨，遍問疾苦，活者甚衆。《宋史》本傳

貝欽世，字聖美，上虞人。乾道中知江陰縣。時運河久塞，欽世濬治之，大家争輸金助役，逾月而成。《南畿志》

徐蒧，字子禮，歷陽人。乾道初知江陰軍。以郡田污下，溝瀆久淤，請蠲秋夏之當輸者，報可。又江陰認辦臨安府和買紬絹四千餘疋，民甚苦之，蒧極言地狹民貧，懇切祈免，卒如所請。命下之日，歡聲動阡陌。《江陰縣志》

樓鍔，字巨山，四明人。淳熙七年知江陰軍，以儒雅飾治，以仁愛治民。初下車，見貢院傾圮，欲新之，會歲饑不果。及稔，鍔已秩滿，仍殫力經營，工訖始去。《江陰縣志》

林祖洽，四明人。淳熙間知常州，尊禮耆儒，激勸學校。後河湮没，重浚治之。《南畿志》

高商老，會稽人。紹熙中知宜興縣，建社倉十一區。是歲浙西饑，流殍載路，宜興民獨賴以安。《南畿志》

王聞禮，温州人，慶元間知常州、江東轉運判官①。聞禮，十朋子，爲治能守家法，人亦思慕之。《宋史·王十朋傳》

張貴謨，慶元中知常州。時疫癘大作，常俗貴巫賤醫，乃毀像杖巫，多施善藥，民病漸瘳。《常州府志》

① 「轉運判官」，《四庫》本作「運使判官」。

（邱）〔丘〕壽雋，嘉泰初知武進縣。時犇牛閘久壞，壽雋修復之，舊用木者皆易以石，又爲屋覆其上。開禧中，通判常州。《南畿志》

范炎，邢臺人。嘉定中知晋陵縣。賦多弊叢，炎剔奸除蠹，期會不爽，科斂不擾，而民瘼以蘇。《南畿志》

袁燮，字和叔，鄞縣人。爲江陰尉。浙西大飢，常平使屬令賑恤，燮命每保畫一圖，山水、道路悉載之，而以居民分布其間，名數、治業悉書之。合保爲都，合都爲鄉，合鄉爲縣。徵發追胥，披圖立決，以此爲荒政首。《宋史》本傳

唐璘，字伯玉，古田人。紹定間知晋陵縣。鄰州田訟，至有泣愬諸使，願送晋陵可否者。《宋史》本傳

史能之，字子善，四明人。咸淳初知常州。撙節浮費，以浚後河三百餘里，民賴其利。重修郡志，義例精審，爲世所稱。《常州府志》

姚訔，宜興人。德祐初知常州。元伯顔兵圍城，訔堅守數月不下。伯顔攻陷，屠之，訔及通判陳炤、兵馬副都監王安節，猶率死士巷戰，皆遇害。《宋史·忠義傳》

元

吕師聖，安豐人。元貞間爲常州路總管。時郡學久毁，師聖經營改建，規模一新。《南畿志》

史塤，真定人。延祐中爲常州路總管。興教勸學，即郡庠建尊經閣，以儲書籍，俾學者得所觀覽。《南畿志》

曹晋，常州路總管。爲政不擾，尤重學校，禮義之俗，由兹日盛。《常州府志》

袁德麟，益都人。常州路判官。歲饑，賑濟有方。創城東倉，徙吕城舊倉於無錫以便民。浚南城外渠九里。《常州府志》

劉溶，中原人。知武進縣。至正壬辰，寇陷常州，官軍潰散，溶率民兵力戰於葛橋南，死之。《南畿志》

明

湯和，濠人。明初鎮守常州。先是，常州城廣袤四十里，大而難守。和斂其東、西、南三面築之，控制形勢，屹然重鎮。《南畿志》

吴良，定遠人。明初以指揮使鎮守江陰。時張士誠據姑蘇，跨有淮東、浙西，江陰一隅，襟喉要地。良受命，繕城池，遠斥堠，礪器械，嚴部伍，敵畏不敢犯。上親帥師下江西，底定荆襄，而無東顧憂，以良爲扞蔽也。後移鎮蘇州。《分省人物考》

高復，臨邑人。洪武元年知常州府，外寬内明。歲旱，禱於城隍祠得雨，歲以有秋。《南畿志》

孫用，字尚本，鄒平人。洪武三年涖郡，以廉介稱。先是，郡學廢於兵，用首爲創建。秩滿，以治

最俾再任。《南畿志》

李德善，吉水人。洪武中知常州，廉慎公恕。歲終閲獄，有江陰民坐私鬻鹽，械繫纍纍，以爲首二人逸，故久未决。德善謂曰：「爾輩皆良民，無知觸法，獨不念父母妻子乎？吾縱爾還家，期十日，併諭爲首者來歸。」衆感泣。及期，果引逸者至，遂決遣之。《南畿志》

方文，字用中，汾水人。洪武中知武進縣。設再思亭於縣門左，民有争訟，常引之至前，諭以情理，使歸更尋思。訟者感之，輒叩頭求罷去。《南畿志》

張宗璉，字仲器，吉水人。宣德間，以大理丞同知常州。時清軍御史以法外括民爲軍，宗璉固争之，爲御史所訶，發憤卒。民立祠君山。《常州府志》

莫愚，臨桂人。宣德五年，大臣奏蘇、常等郡繁劇難治，上親簡況鍾及愚等，授以璽書，假便宜行事。愚蒞常郡，興革咸中事宜，聲與鍾埒。《常州府志》

周彬，昌黎人。天順初，由御史謫知江陰縣，勸善懲惡，尤重彛倫。浚河港數十處，以廣溉灌，民尸祝之。《江陰縣志》

劉鈺，字世美，沔陽人。成化十一年守常州，治尚敏慎，吏民敬憚。尤持廉潔，母喪，幾無以殮。《常州府志》

謝廷桂，字時芳，蒲州人。成化中同知常郡。力興文教，刻朱子同安《四齋銘》於郡學之壁。善政最多，民至今頌之。舊《通志》

熊翀，字騰霄，光州人。成化中令武進。立均田法以抑兼并，又因田定賦，奸吏無所容私。《武進縣志》

袁道，字德純，吉水人。成化間令宜興。民苦西氿風波，道循氿南鑿夾河，延袤三十餘里，舟行便之。名曰「後袁河」，謂與漢令袁玘同功也。《宜興縣志》

王鋘，字子鋒，晋江人。成化間知宜興縣。時太湖盜發，鋘聚衆備禦。訪宋、元水寨遺址，立堡二十，建警樓十二，募丁壯守之，寇至合剿，去則勸農。兵不知勞，盜不入境。《宜興縣志》

張汝華，懷安人。成化中知靖江縣。時縣新立，尚未有城郭、宫室，汝華悉心經始，四年營建畢成。《靖江縣志》

金洪，鄞縣人。弘治初令靖江，事無鉅細，一覽無遁情。時沙田有圮於江水而賦猶如額者，洪立法豁之，民患以甦。《靖江縣志》

孫顯，字微之，華州人。弘治間知靖江。均徭賦，墾荒蕪，開七十二港，葺百餘橋，旱潦有備，民不病涉。《靖江縣志》

吕鏜，字廷韶，真定人。弘治間令武進。政尚簡易，凡有裁畫，務取其宜民者，故令不苛而治不勞。《武進縣志》

劉鋐，字景瞻，安福人。正德間知江陰。癯不勝衣，訥不出口，而決事如流。勾稽里書飛詭之弊，毫髮無隱，群吏憚之。《江陰縣志》

李嵩，字維嶽，濱州人。正德六年守常州。時流寇出没淮北，常州在千里外，而嵩亟修城濬池，咸謂過計。不數月，寇浮江犯江陰，嵩擐甲禦之，斬獲甚多。又令死士泅水沉其舟，賊乃退。後賊復來，勢益張，嵩偃旗鼓示弱，而陰督戰。賊諜知，遂奔狼山，爲邊兵所殲。捷聞，進三品俸。《常州府志》

王教，字誕敷，宜賓人。正德中守常州，仁廉豈弟。值兵、荒洊至，賑貸、城守，皆精慮給之。《常州府志》

劉秉仁，字思孝，大邑人。正德間知宜興縣。廉静，去之日行李蕭然。時郡倅臨縣，見而歎曰：「趙清獻尚有琴鶴，劉併無之。」《宜興縣志》

陳實，字秀卿，瓊州人。嘉靖間守常州。歲大祲，白監司賑以公帑，又悉出羨餘錢市穀以佐。建道南書院，祀楊時、鄒浩諸賢。没於常，橐無餘資，士民哀之，留衣冠葬東郭外。舊《通志》

張大綸，東陽人。嘉靖六年守常州，革白糧餘費萬緡。武進、宜興二邑坐加賦，民久困，大綸請以雜税抵充，額數損三之一，宿患頓除。《常州府志》

應檟，字子材，遂昌人。知常州府。性廉峭，才亦明敏。御史行部，郡牧例皆跪謁，檟獨長揖。初，縣賦無定額，吏緣爲奸，檟定爲本折二徵官民五則：一税糧，二義役，三里甲，四均徭，五驛傳，名曰《與民周知册》，富者不得隱漏，貧者不敢飛灑。巡撫歐陽鐸上其事於朝，遂爲永利。《常州府志》

符驗，黄巖人。由御史出守常州。之官不携家累，但持二敝簏，從一蒼頭。常供以蔬，人目之爲

符青菜。銳意鋤强抑横。歲大旱蝗，日出循行，不勞供億，以筐盛米數升、菜數束而已。《明一統志》

何全，字侯琮，温江人。嘉靖間常州司理。有治劇才，興革大故多就決焉。舊《通志》

彭簪，安城人。通判常州，嘗視篆宜興，里胥供歲例金，簪革去之。或謂恐病來者，簪曰：「吾知自盡耳。來者賢，必不我咎；其或非賢，我又安能爲之地乎？」《常州府志》

王愼中，字思道，晋江人。嘉靖中，由驗封郎中謫判常州，善治劇。暇與唐順之力興古學，學者稱「遵巖先生」。《常州府志》

黄潤，字以誠，福建人。嘉靖間令武進，廉介絶俗。巨璫涉境，輒稱疾弗出。馭吏尤嚴，積蠹爲之一洗。《武進縣志》

馬汝彰，河南人。嘉靖十一年知武進，年少宰劇邑，政務填委，決之若神。賦役多所更定，民甚便之。《武進縣志》

王嘉元，四川人。嘉靖十五年令武進，性簡樸，不伺候人意。始至，當路知之甚鮮，久之，廉能益著。唐順之贈以詩曰：「無言似桃李，有志笑鷹鸇。得暇即開卷，長貧不受錢。」《武進縣志》

徐良傅，字子弼，臨川人。嘉靖間令武進，務躬行教化，不屑屑簿書期會。嘗疏二程要語，刻以教士。學者尊之曰「少初先生」。《武進縣志》

李畫，字元素，林縣人。嘉靖中令武進，才高氣銳，勇於任事。縣當孔道，冗費不貲，咸取諸里長、庫役，畫獨以鹽課贖鍰充之。部使督征江南，畫檢故牘，得支運折兑故事奏記，撫按請諸朝，報

可，武進得免米若干萬，及東南諸邑皆然。著六曹職掌，書名曰《武進掌故》。《常州府志》

楊巍，海豐人。嘉靖中知武進，性廉潔，一介不苟。時毘陵民俗甚淳，巍以寬厚治之，民至縣庭如入其家。徭賦均平，敲撲幾廢。《武進縣志》

岳相，壽光人。嘉靖中知武進，强毅不避豪右。生而茹素，律身清苦，冰心鐵骨，邑人稱之。《武進縣志》

謝師嚴，上虞人。嘉靖中知武進。時兵燹後，法度廢弛，奸蠹交據，師嚴廉得其故，財賦、刑獄，釐剔積弊殆盡。《武進縣志》

丁謹，字惟安，澤州人。嘉靖中知宜興。明初以討張士誠缺餉，權借次年秋糧，併徵一斗七合，後遂爲定額。謹因入覲，具本末，秦請均派，乃以本府轄下餘米補豁田賦，民困得甦。《宜興縣志》

馮惟訥，字汝言，臨朐人。嘉靖中爲宜興令。開通澤河十餘里，避東氿風波之險，至今便之。《宜興縣志》

萬虞愷，字懋卿，南昌人。嘉靖中知無錫縣。時徭役不均，虞愷於里老庭謁時，猝令書大户差等，皆不敢隱，乃按籍役之。又作丁糧十段册，人以爲便。主簿某實廉，而直指受讒，將以墨論，虞愷力争之，至解印綬置中庭，簿始得全。《無錫縣志》

王其勤，字時敏，松滋人。嘉靖中知無錫。時屢有倭患，城久圮，其勤之官甫三日，即召父老謀築城，令宦家與民分任版鍤，親督視之，三月工竣。倭寇至，邑人得登陴爲守。又履畝丈量，釐正其

稅。民祠於惠山。《無錫縣志》

錢錞，字鳴叔，顯陵衛人。嘉靖中知江陰縣。倭寇入犯，鄉民避寇，來者望城櫓而泣，錞啓門盡納之。圍城急，援兵不至，錞憤甚，推案厲聲曰：「張睢陽是何人？吾願以死報國耳！」於是集千人，突圍出戰。兵潰，錞馬陷泥淖，遂遇害。贈光禄少卿，祠名愍忠。《江陰縣志》

趙錦，餘姚人。嘉靖中知江陰縣。歲祲，力請賑給，全活萬計。境内包港、斜橋等處茂林深箐，積爲盜藪，乃單騎往，悉焚其巢，患遂息。瀕江土城，悉甃以磚。歷官光禄卿，奏免江陰貢鮮，民德之。《江陰縣志》

易幹，字伯貞，巴陵人。嘉靖間知靖江，懲奸勸農，荒蕪盡闢。《靖江縣志》

施觀民，字于我，福清人。隆慶中守常州。浚玉帶河，曰：「後此當人文日盛。」建龍城書院，選諸生之秀者課之，與其選者，人以爲榮。《常州府志》

茹宗舜，字子孝，遵化人。隆慶末知武進縣。吏民一見，問姓名里居輒不忘，然未嘗以聰察自喜。政尚寬和，不嚴而肅。《武進縣志》

穆煒，新建人。萬（歷）〔曆〕初知常州。郡有虣爲民患，煒下車即擒治之。然性本和平，不專事搏擊。爲觀稼亭於城東，時邀賓從談讌，雖領劇郡，有餘閒焉。《常州府志》

錢守成，洛陽人。萬（歷）〔曆〕間知常州，廉明有守。意所可者，雖寒素曲加優禮；不可，即名勢赫奕不爲動。釐察吏弊，奸胥歛手，政以肅然。《常州府志》

邊有猷，封(邱)〔丘〕人。萬(歷)〔曆〕間爲常州同知，治尚嚴肅，民不敢欺。後復知府事，全用寬和，民不忍欺。夙興坐堂上，案牘旁午，咄嗟而辦。《常州府志》

歐陽東鳳，字千(仞)〔仞〕①，潛江人。萬(歷)〔曆〕間常州知府，清勁拔俗。下車即葺龍城書院，以祀郡之先賢。建傳是、經正兩堂，集士大夫之賢者講學其中，寒暑無間，一時人才蔚起。《常州府志》

閔廷甲，蘄水人。萬(歷)〔曆〕中常州推官。才具敏練，而鞫訟必慎，嘗自言：「始至，誤決一獄，至今悔之。自茲以往，或可無大失矣。」《常州府志》

白比珩，綏德州人。爲常州同知，飲齏茹淡，不携家累。常出防江，僮奴扃閉，署中糧盡，乃號鄰署貸米食之。行部江陰，即蔬餉亦不受。夜嘗飢渴，飲水而已。後擢員外郎，角巾葛衣，策蹇而行。《常州府志》

羅華袞，河南人。天啓間知武進，勤敏精練。催科不事鞭撲，民皆樂輸。與太守曾櫻、推官吴麟瑞同時，稱「一郡三賢」。《武進縣志》

曾櫻，峽江人。天啓三年守常州。魏璫張甚，有請建生祠者，櫻袖其詞火之，璫祠徧天下，毘陵獨無。武進孫慎行遣戍寧夏，櫻故緩其期，竟得免行。無錫高攀龍聞逮自沉，爲保全其家。時東塘

① 據《四庫》本改。

岸圮，民田悉成巨浸，櫻捐俸築堤十五里，至今號爲「曾公隄」。《常州府志》

馬嘉植，字培原，平湖人。崇（正）〔禎〕時爲武進令。邑賦繁重，糧長之害尤劇，嘉植議變爲圖收，任輕而役均。漕兑旗丁耗外邀索無已，嘉植痛抑之，至露刃鼓噪不爲動。《武進縣志》

陳函輝，字木叔。崇（正）〔禎〕時知靖江。濬團河，築堰閘，民賴之，肖像立祠。《靖江縣志》

國朝

蕭起元，奉天人。順治二年守常州。承前守貪虐之後，鎮以寬大，戢兵禁暴，民始有更生之樂。未半載，擢浙江巡撫。

孫振先，字光裕，泗州人。順治初署武進縣，時署守宗灝貪暴，多籍富民家，且將請兵屠城，振先誓以死争之，乃止。

夏一鶚，奉天人。順治三年知常州府。時山湖藪澤尚多伏莽，一鶚悉心勞來，威惠並著，盗賊皆爲良民。舊《通志》

崔宗泰，奉天人。順治十二年知常州府，惠貧弱，抑强豪，發摘奸伏，吏民驚若神明。十三年，征閩大兵十餘萬駐郡，宗泰供帳儲偫，纖悉預備。有遊騎十餘，逐婦女二人溺河死，宗泰夜叩營門，白將軍請兵部官偕往收縛，將軍悉按軍法治之，麾下肅然。時單騎按行城内外，使一皂傳呼崔太守來，兵即錯愕引避，民乃得安堵。舊《通志》

朱士達，潛江人。順治中，授常州推官。時有旗丁林顯瑞以逼姦戕烈婦海氏，匿其尸漕艘中。士達監兑，至其船疑焉，發米得尸，林論如律，河干立海烈婦祠。遠近皆神其事。

鄭重，字山公，建安人。康熙初知靖江縣。邑舊爲江陰之馬馱沙，三面瀕江，壤接泰興、如皋二縣，地皆平坦窪下，每遇霖潦，田皆淹没。重濬柏城、石瀫等五港，以資蓄泄，復疏七十二支港匯灌團河，自此三邑無水患。

吴興祚，字伯成，正紅旗人。康熙三年知無錫縣，均甲役，丈田畝，清漕兑。時前令積逋甚多，興祚爲捐資代償，一日而畢。在官數年，修學校，建縣治，濬河築塘，規模爲之一變。

王迎，山西人。康熙七年，同知常州。行部江陰，却暮夜金，日供惟青菜一筐，人比之「符青菜」。舊《通志》

駱鍾麟，臨安人。康熙八年知常州府，爲政簡易近民，有訟者輒懇惻誨諭。九年，大水，遍歷窮鄉勸賑。十年，大旱，葛衣草屨，步禱數日。不應，乃躬詣郡獄，日食糲飯一盂、菜一匕，引咎自責，言與淚俱，聞者感動。興延陵書院，率士大夫會講其中。尋以艱去，郡人思之。

祖進朝，奉天人。康熙二十三年知常州府，以詿誤降調，巡撫湯斌疏請留任，加意振作。自郡學宫及南北兩壇，並水旱門關、城樓、雉堞，俱建造一新。後引年乞休，既去，人多思之。

鎮江府

漢

潘乾，字元卓，長平人。光和中爲溧陽長，有惠政。崇禮興教，郡人爲立《校官碑》，千餘年尚存。《南畿志》

三國　吴

孫韶，字公禮，吴人。伯父河爲將軍屯京城，孫翊遇害，河馳赴宛陵，亦被殺。韶年十七，收河餘衆，繕治京城樓櫓，修器備以禦敵。孫權定丹陽，引軍歸吴。至京城，見韶，甚器之，即授承烈校尉，統河部曲。《吴志·宗室傳》

吾粲，烏程人。孫河爲縣長，粲爲小吏，河甚奇之。河爲將軍，表粲爲曲阿丞，遷長史，治有名迹。《吴志》本傳

南北朝　宋

沈巑之，丹徒令。以廉自守，不事左右，浸潤日至，逮繫尚方。上召問之，巑之曰：「臣坐清，所

以獲罪。」上曰：「清何以獲罪？」曰：「無以奉要人。」上廉其無罪，復除丹徒令。《南史》

梁

范雲，字彦龍，舞陰人。竟陵王子良爲南徐州、兖州，雲爲主簿，每陳朝政得失。《梁書》本傳

（邱）〔丘〕仲孚，字公信，吴興人。曲阿令。王敬則反，前鋒届曲阿，仲孚鑿長岡埭，瀉瀆水以阻其路，敬則兵不得進。《梁書》本傳

蕭洽，字宏稱，蘭陵人。天監初爲南徐州治中從事，清身率職，餽遺一無所受，妻子不免飢寒。《梁書》本傳

蕭藻，字靖藝，太清二年爲南徐州刺史。侯景亂，藻遣長子彧率兵入援。景遣將據京口，或勸奔江北，藻曰：「吾國之股肱，既不能誅賊，當死朝廷，安能投身異類，以保餘生？」因不食累日。《梁書》本傳

江子一，字元貞，考城人。梁曲阿令，著美績。後爲南津校尉，帥師禦侯景，與弟子四、子五皆遇害。《梁書》本傳

隋

達奚明，大業初爲溧陽令。盡心民事，嘗疏涇瀆，以備旱潦。《北史》

唐

謝元超，武德二年潤州刺史。重開南、北二塘，以溉民田。《舊唐書》本傳

齊澣，字洗心，義豐人。潤州刺史。州北距瓜步沙尾紆匯六十里，舟多敗溺，澣徙漕路由京口埭，治伊婁渠以達揚子，舟得無虞，歲減運錢數十萬。《唐書》本傳

尹元貞，文明中爲曲阿令。徐敬業兵起，陷潤州，元貞率兵赴援，戰敗死之。

畢搆，字隆擇，偃師人。神龍初，忤武三思，出爲潤州刺史，政有惠愛。《唐書》本傳

裴寬，聞喜人。景雲中爲潤州叅軍。刺史韋詵休日登樓，見寬於後圃有所瘗藏，問之，答曰：「適有人以鹿爲餉致而去，寬義不以苞苴污家，故瘗之。」詵嗟異焉。《唐書·裴漼傳》

李元紘，字大綱，萬年人。由好畤令遷潤州司馬，以辦治得名。《唐書》本傳

閻敬之，丹陽郡太守。永王璘反，敬之拒戰，於伊婁埭死之。《唐書·永王璘傳》

韋損，永泰元年領潤州刺史，留意民事。丹陽縣練塘被豪民築堤横截，損以利害白本道觀察使，闢之。民刻石頌德。《南畿志》

蕭定，字梅臣。守潤州，與常州蕭復、濠州張鎰俱治最第一。其勸桑稼、均賦税、勞來游口，更在鎰、復右。《唐書》本傳

陸偘，嘉興人，陸贄父。大（歷）〔曆〕中爲溧陽令，有政聲。《舊唐書》

宋

劉師道，字損之，開封人。咸平初，范正辭薦其才堪長民，知潤州。師道敏於吏事，治有能聲，吏民畏愛。《宋史》本傳

許元，字子春，宣城人。知丹陽縣。縣有練湖，決水一寸爲漕渠一尺，故盜決者罪比殺人。會歲旱，元請借湖水溉田，不待報決之。州遣使按問，元曰：「便民，罪令可也。」由是溉田萬頃，歲得大豐。歐陽修《工部郎中許公墓誌》

沈周，字望之，錢塘人。守潤州。爲治簡易，凡訟有可已者，輒諭以義，使歸思之，以故獄訟衰息。《南畿志》

孫立節，字介夫。爲條例司屬官，以議不合引去，出爲鎮江軍書記。新法之初，監司不以禮遇士大夫，獨敬憚立節，曰：「是抗丞相不爲條例司者。」《南畿志》

程珦，字伯温，河南人。潤州觀察支使。侍禁曹元哲怙勢争田，州守囑珦右之，珦不爲撓。州事繁劇，多賴以濟。《朱子文集》

蘇京，字世美。紹聖中令丹陽。募民重浚練湖，易置斗門十數，甚有規畫。《宋史·蘇頌傳》

鄭穰，玉山人。元符中知溧陽。歲饑民流，漕司按籍徵税，穰曰：「民亡，税何從出？今不捐逋賦，民亡愈甚！」使者不能屈。《宋史》本傳

劉寧止，字無虞，歸安人。建炎初爲兩浙轉運判官。苗劉之變，自毘陵馳詣京口，見呂頤浩、劉光世，勉以忠義，退而具軍需以佐勤王。《宋史·劉一止傳》

汪藻，字彦章，婺源人。紹興中知鎮江。建炎之亂，鎮江歲輸米率不如數，轉運使按視倉粟，扃鑰而去，軍食不繼，官吏憂窘。藻至，曰：「官軍張頤待哺，米在廩中，而不與之食，群黠飢餓無聊，雖錮南山，猶有隙也。」啓鑰給之。後知徽州，徙宣州。《宋史》本傳

劉公彦，字彦輔，密州人。紹興中通判鎮江。時倉廩空虚，軍無見糧，公彦進足食足兵之計。大帥劉光世即檄公彦權府事，調度有方，軍民安輯。《南畿志》

蔡洸，字子平，仙游人。知鎮江府。時久旱，郡民築陂瀦水灌溉，漕司檄郡決之，父老泣訴，洸曰：「吾不忍獲罪百姓。」却之。已而大雨，漕運通，歲亦大稔。《宋史》本傳

陳居仁，字安行，興化軍人。紹興中，鎮江大旱，移居仁守之。請以緡錢十四萬給兵食，間遣糴於荆、楚商人，商人曰：「是陳待制耶？」争以粟就糴。居仁區畫有方，所存活數萬計。因飢民治(石)〔古〕①海鮮界港，爲石墶丹徒境上，蓄泄以時，以通漕運。《宋史》本傳

李衡，字彦平，江都人。知溧陽，專以誠意化民，民莫不敬。夏、秋二税，以期日榜縣門，鄉無吏迹，而輸送先他邑辦。沿江官多送其孥以避敵，衡獨移家入縣，民心大安。盜蝟起旁境，而溧陽靖宴

① 據《宋史》卷四百六改。

自如。治狀上，詔進一秩。後知婺州。《宋史》本傳

耿秉，字直之。淳熙十年知鎮江軍府。時三縣合催畸零税，總爲錢三千餘貫，被擾者數萬家，秉悉蠲之，代以公帑之羸。去後民猶思之。《鎮江府志》

傅伯成，字景初。嘉定三年知鎮江府，全活飢民，瘞藏野莩。圌山砦兵素與海盜爲地，伯成廉知姓名，捕而鞫之。獄具，請貸其死，黥隸諸軍。《宋史》本傳

趙善湘，字清臣。嘉定中知鎮江。教浮水軍五百人，能潛行水底，製多槳船五百艘，無問風勢逆順，疾捷如飛。又造赤馬、白鷁二大舟，每舟可載二千人。每一蒐閲，舳艫參錯，角技奏樂，如履康莊。《宋史》本傳

陳景周，嘉定時授溧陽尉。民負氣喜鬬，獄多滯囚，景周謂：「察獄在初，而初情惟尉能得。故職所當親，雖猥不憚；言有可察，雖微必證。」邑自是無冤民。《溧陽縣志》

孫子秀，字元實，餘姚人。淳祐四年知金壇縣，嚴保伍，釐經界，一切與民休息。訟者使自齎牒詣里正，不實者往往自匿其牒。諸豪黠有犯，輒痛懲之。《宋史》本傳

王孝忠，鎮江前軍統制，兼淮東路，分戍淮陰。楊貴反，孝忠率衆逆戰，勝氣百倍。俄水軍統制朱信降賊，孝忠孤軍不敵，死之。《宋史》本傳

李成大，字實夫，建昌人。德祐二年知金壇。北兵至，與寓居官潘大同、大本，率民兵巷戰，不勝，大同兄弟死之。吏民挾成大降，乃潛與胡用存謀復金壇。事泄繫獄，搒掠不屈，殺其二子以懼

之，笑曰：「子爲父死，臣爲君死！」卒殺之。《宋史·忠義傳》

元

艾去病，字安叟，金壇人。爲西津巡檢。掩骼埋胔以千計，病餓者給以醫藥，全活甚衆。遷金壇尉。《金壇縣志》

黄中，大德八年爲金壇尹。邑有公田無藝之税萬三百石，中抱檄申省，叩頭祈免，以死自誓，卒如所請。又興水利，民賴之。《南畿志》

太平，也里可温①人。皇慶初鎮江路總管府達魯花赤②。革海漕吏弊，復豪貴所占學田。《明一統志》

段廷珪，字君璋，濟寧人。皇慶二年鎮江總管。首戢强猾，禁誣訐奏，免新增夏税鈔二百八十七，定秋糧米三萬七千有奇。《鎮江府志》

阿思蘭也，畏吾兒③人。皇慶二年，授金壇縣達魯花赤。縣有拋荒田糧四十餘石，民無從辨，爲

---

① 「也里可温」，《四庫》本作「葉爾羌」。
② 「達魯花赤」，《四庫》本作「達嚕噶齊」。下同。
③ 「阿思蘭也，畏吾兒」，《四庫》本作「阿爾斯蘭，輝和爾」。

奏除之。《金壇縣志》

沈德華，松江人。泰定初鎮江府路知事。大旱民飢，德華陳救荒之策，擬將所撥松江赤秈米四萬石，擇其甚貧者，驗口給賑。省府從其請，民賴以生。《鎮江府志》

薩都剌①，字天錫，燕山人。天（歷）〔曆〕元年，授録事司達魯花赤。始至，設闤闠制權衡，俾市物者各得其平。歲大祲，白太守發廪以賑，全活數十萬人。俗尚巫，以禍福惑愚民，都剌捕治之。素工詩，於京口山水多留題咏。《鎮江府志》

阿赤②，河西人。天（歷）〔曆〕元年金壇縣達魯花赤，嘗賣馬助米以食貧民。《金壇縣志》

檀讓，至正中金壇尹。有惠政，重建學校。《金壇縣志》

明

楊遵，字宗道。洪武初守鎮江，廉明有爲，善於撫御，流離復業，百廢具舉。性好學，文章、政事，一時翕然稱之。《南畿志》

安民善，洪武元年知金壇縣。重建祠宇壇壝，修葺學校。《金壇縣志》

---

① 「剌」，《四庫》本作「拉」。
② 「阿赤」，《四庫》本作「昂吉」。

孔克忠，曲阜人。洪武元年金壇主簿。擒戮宜興、溧陽界劇盗百餘人，以殄民患。《明一統志》

蔡原臣，洪武三年知金壇縣。重建祠宇壇壝，修葺學校。《金壇縣志》

徐誼，洪武中守鎮江，賄賂不行，治績甚著。入覲，推循良第一。《南畿志》

盧何生，字允迪，南豐人。洪武中知溧陽。以雪冤澤物自任，治事期月，刑政爲清。《溧陽縣志》

楊勉，平陽人。洪武中知丹陽縣，隆師儒，勸農桑，平徭賦。《南畿志》

胡孟通，知丹徒縣。洪武十八年，以事就逮，民數千人詣闕訴其撫民有方，特命釋之，仍遣使勞以酒。時金壇丞李思進被逮，得邀奬勞放還，與孟通同。《丹徒縣志》

王秉彜，河南人。洪武中知丹徒縣，科差獄訟，各當其平。《南畿志》

薛巖，字孔瞻，閿鄉人。守鎮江，豪强爲之屏跡。郡當要衝，民多困於轉運，巖爲置牌，約甲乙更代，由是民不勞而事集。《南畿志》

劉辰，字伯循，金華人。建文中，由監察御史守鎮江，嚴辨有聲。境内閘堰廢壞者，悉修復之。宗澤墓蕪穢不治，祭田爲守僧所侵，皆復其故。《南畿志》

董復昌，鄱陽人。知丹陽縣，修築練湖。《丹陽縣志》

羅觀，字彦賓，南昌人。初爲丹徒令，稱最。永樂初，擢守本郡，新學宫及城隍廟。郡志散佚，纂輯梓行。《南畿志》

袁庸，字宗常，滿城人。知丹徒縣，督民墾田，污萊盡闢。有蝗入境，庸自引咎，蝗悉飛去。時征

閩，軍餉、夫役，一呼而集，民不知擾。《丹徒縣志》

鄔璚，新昌人。宣德中溧陽丞，鋤抑强梗，良懦以安。《溧陽縣志》

楊榮，永昌人。以御史謫知溧陽。濬百丈溝八百餘丈，中設九壩。又建義倉。《溧陽縣志》

劉訓，字忠言，麻城人。正統間知金壇縣。建預備倉數十楹，修舉廢墜，勸課農桑。性儉素，琴書外無長物，暇即躬治蔬圃。巡撫周忱爲僉魚、菜户各一輪供，以助其廉，治行爲天下第一。《金壇縣志》

熊達，字成章，南昌人。知溧陽縣。始建鄉賢祠於學，置義冢，禁勿水葬，開濬湶車涇以通水利。《溧陽縣志》

張巖，字廷瞻，上虞人。景泰中，由御史出守鎮江。時閩、浙有警，郡當衝要，軍需旁午，巖與丹徒令蔣忠協力籌應，措置有方，民賴安堵。郡學在城南隅，隘陋不稱，奏請遷之。《南畿志》

林鶚，字一鶚，浙太平人。裕陵復位，簡前言官守正持大體者爲大郡知府，鶚知鎮江。至郡，汲汲興利除害，不出一言暴前人短。郡漕河孔道，往經孟瀆險，議鑿河自七里港，引金山上流通丹陽，避孟瀆。鶚言遷遠多石，又壞民廬墓，請按京口閘、甘露壩故迹，稍深浚通舟，春夏起閘，秋冬度壩，道里近，功力省，又不損民壞地，利甚便。竟停役從鶚言。鄭曉《名臣記》

黎福，字天與，樂平人。成化中，由御史出守鎮江。嘗農月天旱，夜分雨注，喜甚，起出廳事，鳴鼓集吏士，出諸坐事輕繫者若干人，悉散歸農，衆歡呼而出。在郡日久，訟獄清簡，恒執書燕坐，門庭

寂然。《鎮江府志》

熊佑，字良佐，博興人。成化十六年守鎮江。歲大祲，奏蠲逋税，平糴煮糜，全活甚衆。修練湖石堰，以便蓄泄。鑿鮑村、陳瀆等港，以殺丁角、延陵諸水。開爛泥洪，以溉吴家沙田若干頃。《鎮江府志》

孫紘，字文冕，鄞縣人。成化中任鎮江推官。案牘繁劇，悉親書之，吏無所容其奸。《鎮江府志》

楊璡，字用璋，祥符人。成化中知丹徒縣，慎密温厚。歲大水，田禾漂没，璡竭力蠲賑，憂形於色。《丹徒縣志》

劉觀，平度州人。成化中知金壇縣。朝夕惟虀粥，妻歎曰：「此清官飯耶？」觀笑而諭之。遇旱，禱雨輒應。嘗題壁曰：「私意半毫無地入，公心一片有天知。」《金壇縣志》

張賓，字廷賓，單縣人。成化中知金壇。歲大水，以全災報，雖觸大吏怒不爲懾。句容有疑獄，歷十五年，每上爰書，因輒不服，自請於直指，願下金壇知縣死不恨。直指曰：「汝何以知其賢？」對曰：「清耳。吾聞清者，鬼神憚之，何情不得？」直指爲下其事，果得直。《金壇縣志》

胡怡，字允序，山陰人。弘治中鎮江府推官，讞獄詳審。有兄弟競財，積年不決，怡曉以義，訟遂息。句容令被誣，怡直其冤，令密懷金以謝，正色拒之。卒於官，貧無以殮。《鎮江府志》

李咨，字汝弼，故城人。弘治五年令丹徒，性寬雅，不事苛察。有母訴其子不孝，請寘諸死，咨委曲諭遣，母子感化而去。民犯細故，輒貰之。至豪横蔑法，及奸吏舞文者，痛治之弗貸。《丹徒縣志》

陳用明，福清人。弘治中任金壇湖溪巡檢。率民築堤，使旱澇有備，旁植榆柳，以防衝決。秩滿，器物悉封貯以待來者。《金壇縣志》

符觀，新喻人。弘治間知溧陽，課農桑，輕徭役。《溧陽縣志》

羅循，字遵善，吉水人。正德六年知鎮江府。饑饉之後，百務俱弛，循釐奸節費，甃垣壁，備弓弩。明年，巨寇入境，守禦有方，寇不敢逼。已而，四將軍將北軍來，總督諸大臣且至，凡軍行芻糧、器仗、舟艦、馱馬、犒賞諸費，盡取之府。循日初出伏謁諸司，日昃措辦，不就寢者四十餘日。尋以才堪保障調淮安。《鎮江府志》

林魁，字廷元，龍溪人。正德七年守鎮江，不可干以私。桂萼令丹徒，才氣橫溢，魁稍裁抑之，迹若相忤，而事實相成。三年考績，擢山西督學副使。《鎮江府志》

周霖，正德七年以御史左遷丹陽知縣，賞罰明允，令行禁止。流賊過江，保障之力爲多。《丹陽縣志》

劉天和，字養和，麻城人。正德中，以御史謫丞金壇，安於吏事，忘爲遷謫，治行稱最。擢知本縣，築邑城六門、兩關，建昌都圩二閘，設《釐弊册》，置義冢。《金壇縣志》

申理，鎮原人。正德十年知丹陽縣，鋤强扶弱。歲歉，多方賑恤。《丹陽縣志》

于旺，正德中金壇典史，以清謹著。考滿，紳士贈以詞，有「三載宦囊如鐵冷，誰信起家刀筆」之語。《金壇縣志》

林華，字廷彬，莆田人。嘉靖中知鎮江府，守道愛民，嘗召諸生，質疑問難。瀕江有洲田，民間相爭，至持刃鬭殺。華請於大吏，立爲公莊，收其租抵府縣坊廂之費。會姦民造謗，詔逮問，士民送者頃刻萬人。至京，驗問無實，釋之歸。以壽終。訃聞，京口士民縞衣爲位哭奠之。《鎮江府志》

張堯年，字紹中，慈谿人。嘉靖十五年，繼前令張棐爲金壇令，棐渾厚，堯年精明，人稱「二張」。《金壇縣志》

茅坤，字順甫，歸安人。嘉靖中知丹徒縣。會歲祲，多方賑恤。《丹徒縣志》

黄朏，字文輝，豐城人。嘉靖中知丹陽縣。嚴出納，懲侵剋，省夫役，裁支應。去之日，行李蕭然。《丹陽縣志》

梁瑾，臨汾人。嘉靖間金壇主簿，治園蔬自給。鹽寇騰江上，奉檄進剿，手殪數人，幾獲其魁，忽暴風壞舟，遇害。《金壇縣志》

吕光洵，字信卿，新昌人。嘉靖中溧陽令。縣中逋賦甚多，率有糧無田，光洵立法丈量，分官、民二則，賦役以清。《溧陽縣志》

沈鍊，字子剛，會稽人。嘉靖間知溧陽。疾惡如讎，奸猾畏罪，造蜚語中傷之，尋調去。《溧陽縣志》

鮑良規，象山人。嘉靖間金壇教諭，恒面折人過。舊有學租，盡推與諸生之貧者。《金壇縣志》

王事聖，南康人。萬(歷)〔曆〕八年知鎮江府。擒治妖僧汪源洪等，詞連數百人，當路欲張其事

以爲功，事聖力持之，但論誅首惡，餘不問。《鎮江府志》

范世美，字敬之，高安人。萬(歷)〔曆〕中知鎮江府，一物無所取。不屑屑以理訟爲事，而曲直分明。《鎮江府志》

徐一櫝，字汝材，西安人。萬(歷)〔曆〕中知丹徒縣，決斷如流。蒞官數年，百利具興。《丹徒縣志》

許弘綱，字張之，東陽人。萬(歷)〔曆〕十年，由績溪調金壇，太守張祥鳶稱其「弊政如洗，惠澤如流；掾守空舍如貧家，里絶追呼如畏壘」。《金壇縣志》

梁銓，字叔衡，仁和人。萬(歷)〔曆〕十九年知金壇。邑中經費出納多淆雜虧缺，銓取他所奇羸，補其最急，可緩者俟之，弗以煩民。每歲漕羡悉除，著爲令。濬城西濠令深廣，城守有備。《金壇縣志》

曠鳴鸞，字聲和①，江西人。知丹陽縣，以地方利病爲念。嘗據堪輿家言，丹陽運河至毘陵水直瀉弗利，遂建議開築轉河②。《丹陽縣志》

龐時雍，字景和，汶上人。萬(歷)〔曆〕間知丹徒縣，果於有爲。《丹徒縣志》

---

① 「聲和」，《四庫》本作「和聲」。
② 「轉河」，《四庫》本作「運河」。

康邦濟，太康人。鎮江知府。遇旱，禱雨輒應。時有虎患，邦濟檄於神，虎自投河。《鎮江府志》

陸夢祖，字啓述，山陰人。萬(歷)〔曆〕間知丹徒縣。以平易爲治，事上官獨不諂，一時稱爲强項。《丹徒縣志》

賀仲軾，字景瞻，獲嘉人。天啓間守鎮江。時丹陽姜志禮忤璫，有部劄下府提勘，仲軾不奉檄。《鎮江府志》

周廷鑨，字芮公，晋江人。天啓七年任鎮江府推官，年甫逾冠。至郡，即誓於神曰：「異日持地方一錢歸者，有如日！」署丹陽縣事，盡除耗羡，宿弊一清。《鎮江府志》

印司奇，字雪浪，桃源人。崇(正)〔禎〕時知鎮江府，嚴繩奸吏，折獄明敏。嘗以暮夜鞫訟，庭燃雙燭，胥吏立廊廡下，寂無人聲，民望之如神，一見輒吐其隱。鄰郡有疑獄，往往來質成焉。《鎮江府志》

柯友桂，字仙若，彭澤人。崇(正)〔禎〕時知金壇縣，性警敏。嘗以事入郡城，留數日歸，而詞訟壅滯，友桂立召數百人面决之，耳聽手揮，目覽口酬，片刻而畢。復號於衆曰：「若有負屈者，更自申辨。」衆無言，乃退。《金壇縣志》

杜繩甲，字晥實，富順人。崇(正)〔禎〕時鎮江府同知。濱江宿盗多通邏卒爲耳目，繩甲出不意，操小舟擒盗於卧內，江洋以清。《鎮江府志》

國朝

蔣文運，字懸扆，直隸人。以都察院經歷，改鎮江府同知。清潔自持，愛民禮士。調伏駐防大帥，上下帖然。

張承恩，字洪宇，昌平州人。順治二年，以副將佐守鎮江。時疆宇初平，奸宄未靖，承恩單騎往長蕩湖，招撫宿賊康三錫等。又先後提師出勦群賊，誅其渠魁，株連者盡釋，境内宴然。

塗廓，字容宇，奉天人。順治二年知鎮江府。時江南用兵，兼浙、閩、兩粤，數有大師絡繹，取道京口，城中兵、民雜居，廓振紀綱，撫凋敝，招流徙，輯營弁，凡犒軍之費、挽舟秣馬之役，措給有方，民咸安堵。又新學宫，延紳士問民疾苦，有宜興革者，次第行之。居一載，以廉幹擢磁州条政。

許宸，字菊谿，内鄉人。順治二年知丹陽縣。大軍征閩，徵發不時，宸多方應變，民不知擾。居官清謹，公餘宴坐讀書，苞苴之饋不至其門。

以上舊《通志》

胡延年，字蒼恒，光州人。順治二年知金壇縣。湖寇薄城，肆焚掠，延年星馳赴郡，以大帥劉良佐兵至，身自臨陣殺賊，城以全。其餘孽有逸去者，不數日復集，延年復擊敗之。遂修城闉，葺縣治，興文教，以督課諸生。撫按交薦，擢工部主事。

高來鳳，字梧陽，西安人。順治十二年守鎮江，爲治清介寧謐，不尚嚴刻，而人皆憚之。聽訟委

曲開諭，雖婦孺皆得吐所欲言。歲乙未，京口初設重兵，民未與兵相習，來鳳竭力調劑，上下帖然。舊《通志》

賀應旌，字懷庵，肥鄉人。順治十五年知丹陽縣。適海寇犯鎮，應旌嚴飭守備，力請巡撫蔣國柱駐兵城下，身卧起軍前者數閱月，悉力防禦，城賴以完。

羅明昇，南陽人。鎮江巡江營都司，以勇著。順治十六年，海寇犯鎮江，明昇分守談家洲，隔江與瓜洲相望。寇陷瓜洲，官軍勢孤，時暑甚，裹甲不解者十餘日。寇衆登洲，明昇奮身陷陣，遂遇害。家丁趙九兒，亦賈勇戰死。舊《通志》

程康莊，字坦如，武鄉人。以貢授鎮江通判。新設軍鎮通判，職當贊理將軍幕府，謂之理事廳。每遇軍民獄訟，委曲平直，不少偏倚，民甚賴之。舊《通志》

鄒儀周，南平人。康熙初知丹徒。請建營房，令兵、民不擾。徵輸悉除耗羨，士民勒石焦山紀之。歸後死耿逆之難。

江南通志卷一百十五

職官志

名宦 四

淮、揚、徐三府　太、海、通三州

淮安府

漢

汲黯，字長孺，濮陽人，後元中東海太守。治尚清静，擇丞吏分任之，責大指，不細苛。多病，卧閤内不出，郡中大治。《漢書》本傳尹翁歸，字子兄，平陽人。宣帝時，拜東海太守。過辭廷尉于定國，于欲有所托，與語終日不敢及，曰：「此不可干以私。」及治郡，以明察稱。《漢書》本傳

于公，東海郯人，爲縣獄吏、郡決曹。決獄平，羅①文法者，于公所決皆不恨。屬歲旱，雪孝婦之冤，境内大雨。《漢書·于定國傳》

鄭弘，字巨君，山陰人。守淮陰，歲旱，隨車致雨。有白鹿夾轂而行，弘怪問主簿黄國，國賀曰：「三公車輜作鹿，明府必爲宰相。」謝承《書》

黄浮，桓帝時東海相。時中官兄子令下邳，强奪故汝南守女，歸舍殺之。浮執其家屬，按法棄市。《後漢紀》

徐璆，海西人。獻帝時，以汝南太守轉東海相，所在化行。《後漢書》本傳

晋

祖逖，字士稚，范陽人。建興初，帝以逖爲奮威將軍、豫州刺史，給千人〔廩〕②，不給鎧仗，使自招募。逖屯淮陰，起冶鑄兵器，得二千餘人而後進。《晋書》本傳

① 「罹」，《四庫》本作「羅」。
② 據《晋書》本傳補。

南北朝　宋

蕭僧珍，元嘉末守山陽。會魏人爲寇，僧珍蓄陂水令滿，待至決灌之，魏不敢攻。《南史》

隋

高勱，字敬德，渤海人。楚州刺史，民安其政。城北有伍子胥廟，祈禱者至破産。勱告諭所部，自此遂止。《隋書》本傳

唐

宋璟，常貶楚州刺史。爲政清毅簡肅，不可干以私。《唐書》本傳

李聽，字正思，洮州人，爲楚州刺史。時憲宗方討李師道，聽振勵軍士掩賊，遂取海州。攻朐山，降之，懷仁、漣水望風納款。《唐書·李晟傳》

五代

何敬洙，廣陵人，南唐楚州團練使。嘗親出里巷，察人疾苦。有訴事者，剖析無不厭服。《南唐書》本傳

張彦卿，楚州防禦使。周世宗親禦旗鼓攻楚州，自城以外皆已下，發州民濬老鸛河，遣齊雲戰艦數百，自淮入江，勢如震霆烈焰，彦卿獨不爲動。城陷，彦卿猶列陣城内，誓死奮擊。日暮，轉至州廨。長短兵皆盡，彦卿取繩床搏戰。及都監鄭昭業千餘人皆死之，無一人生降者。《南唐書》本傳

宋

王宗望，字磻叟，江淮發運使。楚州沿淮至漣水風濤險惡，宗望開支渠引水入運河。

李宣，知楚州。決斷明敏，時稱「照天燭」。《南畿志》

應純之，嘉定八年知楚州。崇重儒術，廣城堞，深濠池，寇不能害。《南畿志》

元

謝處信，字子忠，至正間知安東州事。修學課農，通水利，辨冤抑，刊訓辭以戒吏民。《南畿志》

褚不華①，字君實，石樓人。至正十一年，以淮東廉訪副使守淮安。城陷，不華踞西門，力鬭中傷見執。子伴哥冒刃護之，亦見殺。不華守淮安五年，殆數十百戰，精忠大節，人比之張巡云。《元史·忠義傳》

① 「褚不華」，《四庫》本作「褚不哈」。下同。

幹羅思，延祐中知桃源縣。捐俸廣學宮，撥膏腴田以贍貧窶。《桃源縣志》

盛昭，字克明，歸德人，淮南行省照磨。張士誠據高郵，遣昭往諭。士誠不聽，拘之舟中，逼使出拒官軍，昭駡不絶口。賊先剜其背肉，而後磔之。《元史·忠義傳》

明

范中，吴元年守淮安。先是，郡爲僞漢所據，政苦苛急，中勤於撫綏，寬厚不擾。公署祠宇，皆所經畫。《南畿志》

姚斌，洪武中知淮安府。勤謹廉静，一郡稱治。《淮安府志》

潘傑，壽州人，洪武間知淮安府。剛正明豁，吏民敬服。《淮安府志》

陳天瑞，合肥人。吴元年知鹽城，創縣治，建學宫。《南畿志》

孔克勤，江西人。洪武元年知清河縣，修廢舉墜，勇於任事，而才足以副之。《南畿志》

東贇，宣城人。洪武二年知安東縣，開置公署，分設街巷，遷鄉民以實之。《南畿志》

黄玨，安岳人。洪武二年知鹽城縣，革弊除奸，廉介有爲。《南畿志》

俞順辰，南昌人。洪武中知鹽城縣，興學崇儒，勸民力農。《鹽城縣志》

藺輔，平度人。洪武中，以御史出知鹽城，勞心撫字。《鹽城縣志》

汪仁，洪武初知桃源縣。教民力田孝弟，縣治祠廟壇壝，皆所創建。《南畿志》

喻有立，江西人。洪武十五年知清河縣，勤政愛民，興學禮士。《清河縣志》

李信圭，泰和人。洪熙元年知清河縣，公正廉能，士民敬服。秩滿，詣闕乞留。擢知州，仍攝縣事。《南畿志》

彭遠，南昌人，宣德中知淮安府。歲饑，流民四至，遠構舍勸輸，日給二餉，全活者鉅萬。民乏耕牛，爲立法貸給，農務以興。《南畿志》

（邱）〔丘〕陵，蘭陽人，正統中知淮安府。崇祀興學，鑿水渠以便稼穡。《淮安府志》

楊彔，仁和人，天順間守淮安。募粟賑荒，流民皆賴全活。課最，詔晋秩糸政，仍視郡事。《淮安府志》

鄭同，閩縣人，天順間知安東縣。以憂去，民爲立一清坊以表之。《南畿志》

涂昇，豐城人。成化中知鹽城縣，寬平樂易，甚得民心。《鹽城縣志》

李尚達，莆田人。成化中知桃源，課農賑飢，民立像祀之。《桃源縣志》

張翔，成化中鹽城教諭。講明冠、婚、喪、祭禮，士習一變。《鹽城縣志》

徐鏞，興國州人。弘治中知淮安府。歲大祲，芻粟幾絶，亟修糴賑之法。郡學圮，重恢擴之。《淮安府志》

才寬，遷安人。弘治中知淮安，操履清峻。有盜殺人，無主名，適蛛墮几上，鷹下於庭，寬曰：「是其有名姓符同者耶？」獲朱英，按之伏辜，人以爲神。《廣輿記》

郭郛，肥鄉人。弘治間，以治最自英山調清河，廉潔明斷。《清河縣志》

郭韶，霍州人。弘治中知安東縣，廉以持身，嚴以馭吏。《安東縣志》

黄成章，弘治間知安東縣，請改漕折。《安東縣志》

羅循，吉水人。正德中守鎮江，禦賊有功，賜朱衣一襲，調守淮安。餘寇尚熾，用計綏之，招徠撫輯，民以大安。《鎮江府志》

劉經，正德間知鹽城，廉正有爲。以非罪免，後起甘肅僉事。《鹽城縣志》

歐陽周，密縣人。正德間知安東縣，持身清慎。歲饑，賑恤有方。《安東縣志》

路迎，嘉靖中知淮安府。奸民縱恣，迎下車捕治，境内肅然。户部督逋租急，大吏亟欲按劾，或諷當往謝，迎曰：「民困極矣，吾有去耳，何謝爲！」《淮安府志》

王鳳靈，莆田人。嘉靖中知淮安，造士勸農，清商税，濬市河。會中官押貢道淮，誣以闕供，逮詔獄。囊無寸儲，士大夫醵金佽之，百姓呼號填路，詔使爲之感動。《淮安府志》

俞縉，鄱陽人，嘉靖中清河教諭。歲旱，虔禱即雨。見民困(之)〔乏〕①，每捐貲賑給。《清河縣志》

邵元哲，貴陽人。萬(歷)〔曆〕二年知淮安府。城東㵎河通射陽湖入海，爲輸灌咽喉，請疏之。增築城西長堤，防黄河下流之決。建閘壩，以通漕艘。士民立像祀之。《淮安府志》

① 據《四庫》本改。

劉大文，博平人。萬（歷）〔曆〕中知淮安府。奸民安奏江淮遺稅，中使挾詔令至，大文力持不可。皇木困民，爲計道里，議津貼，定夫價，禁科擾。民立遺愛祠。《廣輿記》

高捷，淄川人。萬（歷）〔曆〕間知淮安府。東省饑，流民鬻至，捷勸民出粟，大建粥廠，全活無筭。收贖子女，表彰節義，建社倉，設官渡，創浮橋，起書院。民爲立祠西門外。《淮安府志》

宋統殷，即墨人。萬（歷）〔曆〕末知淮安。河、淮交漲，城内外危迫，統殷市薪塞決，不遺餘力。流賊逼淮，守禦之具咄嗟立辦。尋擢兵備副使，賊望麾幟遁去。《淮安府志》

王用予，字宜蘇，黄岡人。崇（正）〔禎〕時淮安推官，屢白枉獄。淮海有妖稱石觀音，白日變現作禍福，數郡謁香如狂，將煽亂。用予單騎以往，舉笏鞭石背，蹴其像碎之。颶作湖溢，鹽城、海州、贛榆諸境居民漂没，上官檄往拯之，晨夕拮据，全活無算。《淮安府志》

揚州府

漢

馬稜，字伯威，茂陵人。章和初爲廣陵太守，時穀貴民飢，奏罷鹽官，以利百姓。賑貧羸，薄賦稅。興復陂湖，溉田二萬餘頃。《後漢書》本傳

張綱，字文紀，犍爲人，漢安中廣陵太守。時張嬰等久寇揚、徐，勢張甚，綱單車詣嬰壘，諭以逆

順禍福。賊感悟，面縛歸降。《後漢書·張皓傳》

荀曇，字元智，潁陰人，漢末廣陵太守。正身疾惡，志除宦官，其黨在郡者纖罪必治，用是禁錮終身。《後漢書·荀淑傳》

趙苞，字威豪，東武城人。舉孝廉，爲廣陵令，視事三年，政教清明。郡表其狀，遷遼西太守。《後漢書·獨行傳》

張超，東平人，初平元年廣陵太守。時董卓擅政，郡功曹説超曰：「王室將危，賊臣虎視，宜起義兵，以誅國賊。」超然其計，與兄邈及劉岱起兵討卓。後爲袁紹所害。《後漢記①》

陳登，字元龍，下邳人，建安中廣陵太守。明審賞罰，威信宣布，海賊萬餘户，束手歸命，未及期年，功化以就。後遷東城守，民拔郡隨登，老幼襁負追之。《三國先賢行狀》

南北朝　宋

賀弼，字仲輔，山陰人，竟陵王誕記室。初，誕圖逆，弼固諫，誕拔刃向之。及兵屢敗，或勸弼出降，弼曰：「公舉兵，事不可從。然荷厚恩，義無違背。惟當以死明心耳。」乃飲藥自殺。《南史》

---

① 「記」，疑當作「紀」。

齊

裴昭明，聞喜人。建武初廣陵太守，歷郡皆有勤績。《齊書》本傳

梁

祖皓，易州人。大同中爲江都令，後拜廣陵太守。侯景陷臺城，皓起兵，糾合勇士耿光等，馳檄遠近討景。景大懼，率侯子鑒等攻之，城陷見執，爲景車裂死。《南史》

霍儁，太清中爲廣陵令。侯景叛，從邵陵王綸發兵討之。綸敗，儁爲賊所獲，送廣陵城下，逼令云「王已被擒」。儁大呼曰：「王小失利，全軍還京口。城中但堅守，援兵尋至矣。」景脅以刃，儁辭色不變，景義而釋之。《南史》

隋

馮慈明，字無佚，長樂人。大業中，攝江都郡丞。奉使至東都，爲李密所執。密延坐，謂：「欲問罪江都，卿謂何如？」答曰：「慈明直道事人，有死而已，不義之言，非所敢對。」密不悦，冀其後改，厚加禮焉。慈明潛使人奉表江都，及致書東都留守，論賊形勢。事泄，密義而釋之，出營門爲翟讓所害。《隋書·誠節傳》

唐

李襲譽，字茂實，安康人，爲揚州都督府長史。俗喜商賈，不事農業，襲譽引雷陂水、築句城塘，溉田八百頃，民歸本業。所得廩禄，盡散宗戚，以餘資寫書。罷揚州，書遂數車載。《唐書·李襲志傳》

姚崇，字元之，陝州人。睿宗時爲揚州長史，政條簡肅，人爲紀德於碑。《唐書》本傳

第五琦，字禹珪，長安人。至德初，謁肅宗于彭原，言：「江淮賦藪，若假臣一職，請悉東南粟，飛餉函洛。」帝悦，拜御史、勾當江淮租庸使，始變鹽法，國用以饒。《唐書》本傳

五代

朱昂，字舉之，潭州人。周世宗南征，韓令坤統兵揚州，昂謁陳方略。令坤令攝永正令，有政績。《東都事略》

向拱，字星民，河内人。周顯德二年，揚州初平，南唐出師，潛謀收復，擢拱淮南節度使。時師久駐維揚，都將驕恣，有刼人妻女者。拱至，戮不奉命者數人，軍中肅然。周師圍壽春久不下，拱請徙揚師併力攻壽春。乃封庫付揚州使者，遣將分部巡城，秋毫不犯，軍民感悦。《宋史》本傳

荆罕儒，信都人。周顯德中，泰州初下，拜刺史，兼海陵、鹽城兩監屯田使。世宗臨幸，以爲團練使，有金帶、鞍馬之賜。軍吏耆艾，詣闕請留，恭帝詔褒之。《宋史》本傳

宋

李處耘，上黨人。太祖命知揚州，時境内彫殘，處耘勤於撫綏，奏減城中屋税，民皆悦服。《宋史》本傳

胡宿，字武平，晉陵人，爲揚子尉。縣大水，漂没居民，令不能救，宿曰：「拯溺，吾職也！」即率公私船活數千人。歐陽修《贈太子太傅胡公墓誌》

范仲淹，字希文，蘇州人。嘗爲興化令，時海堰久廢，鹹水入田害稼。乃請築堤通、泰、海三州，蜿蜒數百里，以衛農田。《宋史》本傳

胡令儀，陳留人，天聖中淮南轉運使。范仲淹請築捍海堰，會大雨雪，役夫有陷濘死者，讙言堰不可成，朝命令儀按可否。令儀熟知潮患，力主仲淹議，堰卒成，民至今賴之。《南畿志》

韓琦，字稚圭，相州人，以資政殿學士知揚州。琦所至設條教，葺帑廩，治武庫，勸農興學，人人樂其愷悌。《東都事略》

劉敞，字原父，新喻人。元祐元年知揚州府。雷塘舊爲民田，其後官取瀦水，民皆失業，敞據舊券遂悉還之。天長縣鞫王甲殺人，既具獄，敞以委户曹不能有所平反，乃親按問之，雪其冤，相傳以爲神明。《宋史》本傳

蘇軾，字子瞻，眉州人。元祐六年，以翰林學士知揚州。舊發運司主東南漕，聽操舟者私載物

貨，關吏不得留難，故所載率皆速達。近歲一切禁之，舟人困敝，多盜所載以濟飢寒，公私交病。軾請復舊，從之。《宋史》本傳

張次山，通州人。初調泰興簿，督開河，部夫整肅，工多先辦。見知於司馬光，擢知泰州。《泰興縣志》

劉蒙，政和六年通判揚州。江、淮水患，流民轉聚於揚，蒙曲加賙恤，得以存活。事聞，特遷一秩旌之。《揚州府志》

蔡伸，字伸道，莆田人。宣和間通判真州。火燔民舍，多露處雪中，伸闢寺宇、官廨分處之。且發常平廩粟以賑，守者不可，伸曰：「此國家所以備非常也。如得咎，請獨當之。」《揚州府志》

翁彦約，政和初知高郵軍。商旅貿易茶鹽，多詭挾抵罪，彦約至，凡有告訐，片言立決。歲大旱，步禱疲甚。既雨得疾，曰：「民蘇而吾疾，死不恨矣。」乞休未報而卒。《高郵州志》

吕好問，字舜徒，壽州人。崇寧初治黨籍，好問以元祐子弟坐廢，官揚州議曹。蔡卞爲帥，欲扳附善類，待之特異，好問以禮自持，卞不得親。及卞秉政，諷之曰：「子少親我，即階顯列矣。」好問笑而不答。《宋史》本傳

吕頤浩，字元直，樂陵人。建炎初知揚州。劇賊張遇聚衆焚掠，頤浩單騎造壘，諭以逆順，悉釋甲降。《宋史》本傳

馬尚，泰興令。修築城隍，民不知役，擢通判泰州。巨寇王琳合兵圍城，尚晝夜巡禦，時率死士

出戰，殺獲甚衆，賊終不能犯。進知泰州，招徠軍民，墾闢鹽場，境内以饒。《南畿志》

張郯，字彦知，烏江人，知儀真。會詔兩淮郡守各上用錢券利害，郯力言兩淮凋瘵，無土産可貿易，所賴錢幣而已，若用券，商賈且不行。帝採其言。請城真州，身自督役，四旬告竣。《儀徵縣志》

洪興祖，丹陽人。紹興中知真州。始至以瘡痍之後，請復租一年，明年再請，俱從之。《宋史·儒林傳》

莫濛，字子濛，歸安人。乾道二年知揚州。城圮，命濛增築，分授諸將，各刻姓名甃堞間，懸賞激勸，閲月告成。《宋史》本傳

吴機，字子發，天臺人。嘉定中，以運判兼知真州。創閲武亭，設抵當庫，鑿横河，浚重濠，導塘水，置堰閘，穿地爲綱，匝濠三隅，分兵五等，畫城捍禦。初，載運悉用客艘，機捐官錢置舟數百，自是民旅不擾。《揚州府志》

方信孺，字孚(君)〔若〕①，興化軍人，知真州。即北山匽水築石堤二十里，人莫知其所爲。北兵薄儀真，守將决匽退敵，城乃獲全。《宋史》本傳

賈涉，字濟川，天臺人。嘉定中，寶應擇令，堂差涉。至邑，請城之。役興，以憂去。北軍犯光州，起涉竟前役。《宋史》本傳

① 據《宋史》卷三九五本傳改。

潘友文，字文叔，東陽人。嘉定初知真州。時兵燹後，民無屋廬，饑饉相望，乃築翼城，架屋居之。開賑局，施藥餌，全活數萬户。《揚州府志》

林伯成，長樂人。開禧中知真州，築城五百餘丈，鑿濠深廣之。翼城之築，自伯成始。《揚州府志》

李道傳，字貫之，井研人。嘉定間知真州。甓圮城，築兩石壩以護並江居民，益浚二濠。又隄陳公塘，有警則决之以爲阻，人心始固。《宋史》本傳

豐有俊，字宅之，四明人。嘉定間知真州，歲大旱，計口賑給。置贍軍莊，創防城庫，增治陶冶爲守禦計。民德之，爲立生祠。《揚州府志》

袁申儒，知真州，上便宜十二事。作翼城，開茆家山塘，築堤置閘，匯諸山水環城以防敵。是春，敵騎果至，疑不敢前。《揚州府志》

徐景，興化令。楚民胡德等寇掠，景諭以逆順。賊怒，欲加害，景曰：「死王事足矣，但願無殺百姓耳。」賊義而釋之。《興化縣志》

葉秀發，金華人，紹定中知高郵軍。時湖水高，堤防不固，秀發建石埭，以疏水勢，瀦泄有恒。後馬光祖思其功，構祠樊良堤祀之。《南畿志》

陳垓，知泰州。鑿東、西、北外濠，并浚南濠。遷貢院，新學宫，創建亭館數十所。《泰州志》

上官涣酉，字元之，邵武人。寶慶初，以運判權真州事。請改築翼城，以衛城南之民。立常平

倉，修車馬，備器械，守戰之需皆具。《揚州府志》

趙范，字武仲，蒲圻人。嘉定十七年知揚州，大修軍政，創馬軍三千，招游手之强壯及牢城重役人充之。别籍民爲半年兵，春夏在田，秋冬教閲。《宋史·趙葵傳》

趙葵，字南仲。紹定三年爲淮東提調刑獄。李全攻揚州，葵親出搏戰，與全隔濠相語，切責之，全無以對。每戰輒捷。《宋史》本傳

王鑑，字仲明。紹定三年，李全犯揚州，鑑從趙葵往救。賊識鑑旗幟，曰：「淮東硬軍也。」明年，趙范約日出戰，鑑擐甲待旦，躍馬疾趨，斃全於新塘。捷聞，授團練使。《南畿志》

許堪，知泰州。建堡浚濠，四角爲月河，寇至濠，深不敢向。《泰州志》

杜庶，字康侯，邵武人。淳祐中權知真州。州素缺備，庶大修守禦，積排杉木殆十萬株。後又知真州，兼淮東提點刑獄。逾年，移淮西，兼廬州安撫副使，人歡迎如見慈父，治績甚多。《宋史》本傳

楊文仲，字時發，彭山人。寶祐初通判揚州。牙契舊額歲爲錢四萬緡，累增至十六萬，開告訐以求羡。文仲持不可，卒如舊額。時議舉行沙田，力争乃得寢。《宋史》本傳

胡拱辰，知興化，城陷不屈死。《興化縣志》

李庭芝，字祥甫，應山人。開慶初知揚州，州新遭火，廬舍毁，以鹽爲利，而亭户多亡去。庭芝悉貸逋，假錢爲屋。屋成，又免其假錢。一歲，官民居皆具。鑿河四十里，入金沙餘慶場，以省軍運。釋亭户負鹽百餘萬。平山堂瞰揚城，元兵樓其上，以射城中。乃築大郛包城，募流民以實之，詔命爲

武鋭軍。又大修學，爲詩書俎豆，習射禮。郡有水旱，發廩不足，以私財賑之，民德之如父母。德祐初，元人持榜招之，庭芝焚書，斬其使。後應端宗召東入海，元兵追及於泰州，死之。《宋史》本傳

苗再成，德祐初知真州。文天祥爲元所執，與客杜滸等亡入真州，再成出迎，喜且泣。欲説李庭芝以淮東軍攻灣頭揚子橋，夏貴以淮西軍趨建康，而己以舟師擣鎮江，天祥稱善，事不果。元阿術①來攻，城陷不屈，死。《南畿志》

孫虎臣，德祐初守泰州。元人來攻，援兵不至，城陷死之。《泰州志》

元

詹士龍，宋都統詹鈞子。世祖見而嘆曰：「此忠臣子也。」除興化縣。時捍海堰頽壞，鹹鹵浸入高郵郡，諸郡農桑湮没，民饑死流亡者半。士龍竭力修築，數月堰成。《南畿志》

張震，字威亨，清苑人。泰定元年知真州。州介江、淮，百貨叢委，率爲駔儈所困，震誅其尤者。又新廟學，鑄祭器，繕陂塘，鞫冤獄，士民感畏焉。《揚州府志》

胡長孺，字汲仲，永康人。其學九經、諸史，下逮百氏、名、墨、縱横，旁行敷落、律令程章，無不包羅而撰序之。至元二十五年，拜集賢修撰。與宰相議不合，改教授揚州。《元史・儒學傳》

① 「阿術」，《四庫》本作「阿珠」。

李齊，字公平，廣平人，至正中知高郵府。張士誠呼齊使跪，齊曰：「吾膝如鐵，豈爲賊屈！」士誠怒碎其膝而咼之。論者謂大科三魁，若泰不華①没海上，李黼隕九江，洎齊之死，皆不負所學云。《元史・忠義傳》

明

張遇林，盧州人。洪武元年知泰州。創置官署，興學勸農，修復橋梁、坊巷，士民懷之。《廣輿記》

鄧剛，揚州衛指揮使。靖難兵至，御史王賓命剛贊畫戎務，尋被執不屈死。《南畿志》

王思旻，黄岡人。正統間，以同知署泰州事。歲大祲，適巡按至，思旻迎於河干，叩泣求題，未許。思旻曰：「百姓旦暮且死，忍獨生耶？」抱籍躍入湍流。巡按驚救，爲具題如請。又造廣運、望江二橋，置預備倉八十間，德政益勵。《泰州志》

王漢，贛州人。景泰四年知儀真縣。歲旱，禱雨不應，迺詣城隍神告曰：「令之不德，責與神等。」遂以身與神像同鎖以示罰。俄而，大雨如注，民獲有秋。《儀徵縣志》

陸愈，字抑之，平湖人。成化中知江都縣。歲荒，計口給賑，飢民有鬻子女者，捐俸贖之。鑿花園港以備蓄泄，增築邵伯湖堤。歲辦餘錢，皆用儲粟，民勒石紀之。《江都縣志》

---

① 「泰不華」，《四庫》本作「台哈布哈」。

劉廷瓚，成化中令興化。堰堤久廢，旱潦無所恃，廷瓚爲規畫修築，民號曰劉公堤。《興化縣志》

彭福，字綏之，安福人。成化十九年知泰州。巡河使者令泰州月發濬夫三十名，代寶應役，福堅却之。州北舊爲監運鹽司廨址，當事欲隳民居復之，力争得寢。歲徵給兵豆草，民苦輸倉滋累，福以折價請。報可，詔各郡縣遵行。《泰州志》

趙有初，沙河人。弘治五年，授揚州府管糧同知，有聲。尋遷知府，大吏檄徵完任内逋課，方可其行。有初行部至興化，見積逋最多，鞭笞號苦，因垂涕曰：「吾何愛一知府，置汝曹於死耶？」遂棄官歸，全活甚衆。邑人立像祀之。《揚州府志》

徐淮，字必東，武城人。弘治中知儀真縣，至則汰奢靡，辨貴賤，令行禁止。以忤中官，被誣謫官。《南畿志》

王恩，餘姚人。弘治中，授揚州知府。歲饑，請移商鹽留兑運以助，不給；又取貯馬價糴米，驗口分給。自劾擅移之罪，活民無算。《南畿志》

陳憲，西平人，正德七年知江都。流賊猖獗，憲隨事區畫，守禦備具。官兵頓城下者數萬，供億旁午，而閭井晏然。《江都縣志》

成樂，字以和，石首人。正德十年知泰州，政尚寬惠，操持清謹。卒於官，無以爲斂，士民哭之甚哀。《泰州志》

蔣瑶，字粹卿，歸安人。正德十三年知揚州。武宗南巡，將駐蹕維揚，寮屬欲徵已免之糧，以供儲偫。瑤叱曰：「民胡可欺？若有罪，請自當之！」比車駕至，權璫倖帥百計需求，瑤一無所應。璫矯上命，欲刷民間女，瑤密令三日内畢嫁娶。璫恨甚，繫瑤於舟，不得食者三日。後遷去，夫婦覓輕舸，載原携二衣橐以行。《揚州府志》

謝在，南陽人。正德十六年知高郵，讞獄執法，不避權貴。以公帑羨餘置田八百畝，補官俸士廩之缺。《高郵州志》

劉恩，字以忠，高陽人，嘉靖元年知寶應。邑大饑疫，死者相籍，恩力請發帑糴穀，分委義民於各坊村設糜賑濟。《寶應縣志》

易瓚，嘉靖初知揚州府。歲連饑，瓚請於朝，詔悉蠲免税糧，賑以太倉銀米，全活者十九萬餘人。貸種三萬七千餘户。《揚州府志》

周寵，字君錫，臨海人。嘉靖五年知儀真。甫下車，祛里胥宿弊，清鹽商包索地租代補歲辦之賦。審丁夫，立九則，一切以宜民爲本。《儀徵縣志》

聞人銓①，字邦正，餘姚人，嘉靖五年知寶應縣。歲大旱，運河水涸，漕運御史檄令蓄水通漕，禁勿啓閘。銓命啓之，曰：「民命得甦，獲譴何憾？」是歲旱不爲災。邑有湖患，欲開越河以避其險，未果行。後銓爲御史，力持前議，竟得請。邑人祠之。《寶應縣志》

① 「銓」，康熙《寶應縣志》作「詮」。

簡籍，巴縣人，嘉靖中泰州訓導。州學田久被占匿籍，力請當事清還。仍增義田五百四十畝。《泰州志》

王臣，字公佐，南昌人。嘉靖六年知泰州。浚關河，寬徭役，行保甲連坐之法。撤淫祠，毁其銅像，以鑄文廟鐏錋。增修樂器，選樂舞生，供祀廟廷。創尊經閣，立宋范仲淹、胡瑗祠，以化導斯民爲己任。《泰州志》

晏鋭，四川人，嘉靖中高郵衛經歷。倭難起，鋭所統皆新募卒，猝與倭遇，衆大奔。寇乘之，鋭陷陣死。《揚州府志》

侯秩，字季常，長垣人。嘉靖十一年知揚州。勤儉率下，多方儲粟，至二十萬石，倉庾不能容。他郡民與揚民争田，殺揚民，且誣以罪。會問時，其有司偏護之，秩據法忤其意。遂妄誣秩罪，會巡撫御史白其事得解。《揚州府志》

傅珮，仁和人，嘉靖中知興化縣。賦重役煩，加以軍竈錯處，民大困。珮力請上官，均平賦役。又減站役民兵，歲省私財以千計。《興化縣志》

吴桂芳，字子實，新建人。嘉靖三十一年知揚州，時倭寇江北，爲募練鄉勇備禦之策。復議築海門、泰興、如臯、瓜洲四城，城成，民得保聚。《揚州府志》

石茂華，字崇質，益都人。嘉靖三十四年知揚州。時倭寇作，羽書旁午，茂華從容應之，不動聲色。築外城捍環河，商民至今呼爲石城。《揚州府志》

朱公節，山陰人。嘉靖中知泰州，繕城郭，浚河濠，倭寇不復窺伺。胥吏以常例進，峻却之。《泰州志》

朱袞，嘉靖三十五年授揚州同知。倭寇犯境，袞同高郵衛經歷晏鋭禦之，俱戰死。即其地立祠，賜額「雙忠」。《揚州府志》

譚默，字仁卿，仁化人。萬(歷)〔曆〕中知泰州。先是，河水齧田，無以辦漕，默請上官出倉中陳穀，并貸鹺金以糴穀，漕事獲竣。又煮糜以活飢民。城頹，令飢民供畚鍤役，不至轉徙。姜堰盜起，默購誅渠魁，州境寧謐。《泰州志》

韓介，臨淄人，萬(歷)〔曆〕中知寶應縣。時湖水暴溢，南城角堤將決，介出立堤上，集千人，培以剛土，堤得全。《寶應縣志》

耿隨龍，滑縣人，萬(歷)〔曆〕十四年知寶應縣。值大水，歲祲，隨龍曰：「不大更張，民不濟。」於是革坊長、廒皂、里夫暨耆民、官農，由是民盡歸農，不復到縣，歲省金以萬計。在任五年，無弊不革。所積俸金，盡以給兩鄉開河之用。《寶應縣志》

歐陽東鳳，字千仞，潛江人。萬(歷)〔曆〕十九年知興化縣，時水漲堤決，屢請蠲賑。不應，即自草疏上之，以越奏罰俸，然卒蠲積逋，改浮糧折色如所請。《廣輿記》

崔國裕，長安人，萬(歷)〔曆〕四十二年知泰州。催科不施鞭撲，輸者恐後。招徠流移至四千餘户。《泰州志》

劉鐸，泰和人，天啓中知揚州府。魏璫肆虐，鐸憤甚，往往形之歌咏。邏者刺得鐸所書扇，以爲謗訕朝政，逮繫論死。璫敗，特賜贈廕。《揚州府志》

王徵，字良甫，涇縣人，爲揚州推官。值三王之國，從者如林，征求百出。徵挺身白之王，得以無擾。及魏忠賢搆黄山獄，連巨室數百人，黠者乘機搆煽，下徵按問。徵據法力争，全宥甚衆。時建魏璫祠成，徵與淮揚道來復獨不往拜，人稱爲「關西二勁」。《廣輿記》

趙龍，字浴庵，番禺人。崇（正）〔禎〕初知興化縣。時盜賊蠭起，高郵、鹽城往來道絶，龍率鄉兵往捕，獲渠魁三十七人，悉斃杖下，餘黨立散。水患頻仍，民殣相望，請緩徵不得，即自拜疏上之，被劾落職。《興化縣志》

姜埰，字士農，萊陽人。崇（正）〔禎〕五年知儀徵。邑故掣鹽地，御史委令掣驗，諸商或以羨例進，輒斥去。國事日棘，軍需旁午，埰獨加意撫字，人比之陽城、元結云。《儀徵縣志》

李含乙，字青藜，四川人。崇（正）〔禎〕九年知高郵州，風度雅飭，剖决如流。有掾以五百金私餽，痛懲之。歲大旱疫，倡諸紳士煮糜設賑，全活數萬。《高郵州志》

湯來賀，南豐人。崇（正）〔禎〕十四年，授揚州推官。發奸摘伏，有神明之譽。又宅心仁厚，嘗親至獄中慮囚，輕罪及株連者概爲省釋。《揚州府志》

任民育，山東人。崇（正）〔禎〕末知揚州府。城陷，冠服坐堂上。兵欲擁之出城，不從，遂遇害。《揚州府志》

國朝

王宇春，奉天人。順治五年知揚州府。爲政虚己和衷，諮詢民間疾苦，勾稽會計，皆手自考定，不假掾吏。每戎旅經過，輒親至郊外，設供帳犒勞，約束出境，無敢譁者。舊《通志》

趙汲，字潤宇，錦州人。順治八年知泰州。下車即首擒劇盗游三、游四等，一境肅然。疏濬河淤，修學宫，設藥廠，代貧户完漕欠，訟獄衰息。州被水災，田禾盡没，力請奏聞，遂得蒙蠲恤。

其子良相，知揚州府。舊《通志》

牟文龍，字紀伯，錦川人。順治九年爲儀徵令。機警有幹才，催科政善，民無逋賦。爲邑學請增士額得如大縣，多士德之。征戍往來，多索牽挽夫役，文龍應付有方，民賴不憊。

陳洪諫，德州人。康熙七年知興化縣，時河水爲灾，力請具題蠲賦。流民迫於飢寒，走險剽掠，洪諫練鄉勇，嚴保甲，守禦有方。又厚加撫循，招徠復業，盗賊衰息，民賴以安。置義冢，設育嬰堂，皆自捐俸，不費民間錢。

張可立，奉天人。康熙十六年爲興化令。開濬市河，設立藥局，息訟省刑。水旱灾傷，必奔籲上臺，得所請而後已。邑志散軼，爲聘名人排纂。後遷秩去，邑人垂泣送之。

熊開楚，字文友，石首人。康熙二十四年知江都縣。徵輸立易知由單，以杜胥吏侵蝕包攬之弊。邑繞大江，蘆洲坍漲不常，開楚履洲，清丈賦，均訟息。歲祲，力請賑恤，爲貧民贖還所鬻子女。署高郵及儀徵篆，皆著政績。調直隸新安縣，卒於官。後部議行追江都逋賦，奉旨特予豁免。

徐州府

漢

張禹，字伯達，襄國人。元和三年爲下邳相。蒲陽陂久湮，禹開水門灌溉，遂成良田，鄰郡歸者千餘户。功曹史①戴潤，故太尉掾，權傾郡内，有小譴。禹令自致徐獄正其法，長吏以下，莫不震悚。《後漢書》本傳

韓稜，字伯師，舞陽人。章帝時爲下邳令，多異政，邑獨不雹。徵拜尚書，邳人廟祀之。《南畿志》

牟融，字子優，安(邱)〔丘〕人。爲豐令。視事三年，縣無獄訟，爲州郡最。《後漢書》本傳

費汛，字仲虞，吴興人。爲蕭令。先教後罰，風化大行。沛有蝗，不入蕭境，朝廷嘉之。《後漢記②》

魏朗，字少英，上虞人。桓帝時彭城令。時中官子弟多行不法，朗與更相章奏，幸臣忿之。《後

---

① 「史」，《四庫》本作「吏」。

② 「記」，疑當作「紀」。

《漢書·黨錮傳》

陳登，字元龍，下邳人。爲徐州典農校尉。巡土田之宜，盡鑿溉之利，秔稻豐積。《三國先賢行狀》

三國

王祥，字休徵，琅琊臨沂人。爲魏徐州刺史呂虔别駕，委以州事。時寇盜充斥，祥頻討破之，時人歌曰：「海沂之康，實賴王祥。邦國不空，别駕之功。」《晋書》本傳

南北朝　魏

劉渴侯，不知何許人，禀性剛烈。太和中爲徐州後軍。適寇至，力戰不敵，遂被獲，瞋目大罵，爲賊所殺。贈立忠將軍、平州刺史。《魏書·節義傳》

隋

劉高，彭城人。大業時爲蕭令。時長吏多贓污，高清節愈勵，風教大洽，獄無繫囚，爲吏民所稱。《南畿志》

唐

韋恒，陽武人。開元初爲碭山令，臨政寬惠，吏民愛之。天子東巡州縣，供帳皆鞭扑趣辦，恒不立威而事集。《唐書·韋思謙傳》

許孟容，字公範，長安人。辟武寧張建封府。李納以兵拒境，建封遣使諭止，三往不聽。孟容往，敷陳順逆，納即悔謝罷兵。《唐書》本傳

韓愈，字退之，鄧州南陽人。爲張建封推官，操行堅正，鯁言無所忌。《唐書》本傳

李藩，字叔翰，趙州人。張建封辟爲判官。建封病篤，豪州刺史杜兼陰圖代之，疾驅至徐，藩泣謂曰：「府帥疾危，公宜謹守土，何棄州而來？不速歸，當行舉劾。」兼錯愕去。《唐書》本傳

宋

曹彬，雍熙中鎮徐州。性仁愛，有犯法者，逾年然後杖之。人問其故，彬曰：「吾聞此人新娶婦，若遽杖之，彼舅姑必以婦爲不祥。吾故緩其事，而卒亦不赦也。」《宋史》本傳

孔道輔，字原魯，宣聖四十五代孫。景祐初知徐州。道輔不避權勢，以剛直聞於時。《宋史》本傳

梁適，字仲賢，東平人。知淮陽軍，奏減京東預買紬百三十萬。論景祐赦書不當録朱梁後，仁宗記其名。《宋史》本傳

程珦，慶(歷)〔曆〕初知沛縣。會久雨，平地出水，晚種不入。珦謂俟可種而耕，則時已過矣，募富民捐菽數千石以貸農，使布之水中，水未涸而甲已露，是年遂不艱食。《朱子文集》

王洙，字原叔，宋城人。皇祐初知徐州。時京東饑，值賦薪揵①，塞商胡，河輸半已足。洙命更其餘爲穀粟，誘願輸者以餔流民，因募壯健爲兵，得千餘人，盜賊衰息。部使上最第一。《宋史》本傳

蘇軾，熙寧末知徐州。河決曹村，水漲城下，富民爭出避。軾曰：「富民出，衆皆動摇。」驅令復入。隨呼營卒築東南長堤，起戲馬臺，屬於城。會天晝夜雨，城不浸者三版。軾遂廬城上，令官吏分堵以守，城卒獲全。《宋史》本傳

曾肇，元祐七年以刑部侍郎出知徐州。仁厚謙和，而執法頗嚴，雖親故有犯，未嘗少貸。在州多善政，公餘著書不輟。《南畿志》

米芾，字元章，吴人。由禮部員外郎，出知淮陽軍。用文雅爲治，尚禮教，祛淫祀。秩滿，歸橐蕭然。遇風舟危，作詩矢諸神，風頓止。《宋史》本傳

田晝，字承君，陽翟人。徽宗時知淮陽軍。歲大疫，日挾醫問病者救之。後卒，民祀爲土神。《宋史》本傳

王復，以龍圖閣待制知徐州。建炎三年，金兵圍徐，復與子倚嬰城固守。外援不至，城陷，嫚罵

① 「薪揵」，《宋史》卷二九四本傳作「楗薪」。

死，闔門百口皆遇害。其帳下趙立爲掩其戶，奏請立廟。時教授鄭褒、巡檢楊彭年同死之。《南畿志》

元

燕只吉臺徹里①，世祖時爲徐州達魯花赤。崇尚經術，周知民隱，鋤强扶弱，吏民畏而愛之。《徐州志》

耶律廷瑞，至元中爲蕭縣尹。改建學宫，士風一振。《蕭縣志》

趙野，字子開，濟南人。大德初爲沛縣尹，勸農興學，政平訟理。《南畿志》

苗澤，大德六年知睢寧縣，有幹濟才。歲饑，建言宜蠲賦賑給。河水衝決，置大舟以濟民涉。《南畿志》

楊泰，大德十一年爲碭山縣尹。加意庠序，勸課農桑，政、教兼舉。《碭山縣志》

郭瑄，字廷玉。至正五年爲豐縣尹。沉毅有爲，凡有大興作，皆不動聲色，人争趨之。《豐縣志》

完哲篤②，字仲玉。至正中監蕭縣，政簡賦平，吏畏民愛。行部所至，一飯必酬其直。《蕭縣志》

---

① 「燕只吉臺徹里」，《四庫》本作「楊珠吉達徹爾」。

② 「完哲篤」，《四庫》本作「諤勒哲圖」。

明

文景宗，合肥人。洪武初知徐州，招徠勸課，民皆安業。善因事成功，多所創建。《南畿志》

楊節中，樊城人。洪武戊寅，以薦舉知徐州，以厚風俗爲務。會郡大疫，遣醫四出療治，躬自督視，貧者并捐俸給之。《南畿志》

曾本，雩都人。洪武五年爲豐令。廉潔寬平，吏民懷服。《豐縣志》

陳葵，慈谿人。洪武中知邳州。興學校，勸農桑，有遺愛，百姓懷之。《南畿志》

郝玘，永樂元年知碭山。勸督耕桑，鼓勵庠序，明敏廉慎，政化大行。以憂去。服闋謁選，蕭人請爲令，政績復著。《碭山縣志》

梁孟嶽，貴谿人。永樂初知宿遷。歷二考，賦均訟平。婚姻死喪，皆有贍給。《南畿志》

甯直，滕縣人。宣德初知宿遷縣，莅事公平，政、教兼舉。《南畿志》

宋誠，字彦實，蘄州人。景泰中知徐州。器宇才能，迥出人表，吏民畏服。《南畿志》

周廣榮，吉水人。成化中知邳州，文章、政事俱優。《邳州志》

何皞，公安人。成化六年知睢寧縣，蝗不入境，瑞麥叢生。《睢寧縣志》

曹卿，成化間以御史謫判邳州。興利除害，治績甚著。《邳州志》

張夢輔，澄州人。成化中知碭山，剛果有爲，盜賊屏跡。《南畿志》

李惟聰，杞縣人。弘治中知邳州，爲政平易，讞獄詳慎。《邳州志》

雷爵，朝邑人。弘治中知邳州，令善民安。《邳州志》

張瓛，福山人。弘治中知宿遷縣，百廢具興。《宿遷縣志》

樊準，南昌人。正德中知徐州。先是，中貴督廣運倉儲，左右恣肆，莫敢誰何。準至，一繩以法。會進鮮，横索驛遞。準廉其所挾私物，狀裁抑之。被誣逮繫，老幼號泣追送。事白調任。《徐州志》

張淮，字本豫，義勇前衛人。正德中知徐州。會上南幸，鄉民惶懼，僉思竄匿。淮與判官董相慰安之，悉心經畫，秋毫不以擾民。時服其才。《徐州志》

馮裕，臨朐人。正德三年知蕭縣。歲饑，發廩以賑，仍日煮豆粥三百釜食之。又撫流移，墾荒萊，補助不給，邑人依若慈母焉。《蕭縣志》

胡守約，字希曾，合州人。知沛縣。中官史宣進貢經沛，陵轢郡縣，守約與宣訐奏，被誣繫獄。比鞫對，持論侃侃，得釋歸。《沛縣志》

周尚化，太和人。正德四年知邳州。强寇壓境，修築土城，竭力守禦。《邳州志》

高巖，瀘州人。正德中知邳州。不避權勢，臨民莊而禮士優。《邳州志》

王治，字純甫，永平人。知沛縣。沛故無城，治爲創築。又撤龍泉寺，徙建學宫。《沛縣志》

劉陽，字一舒，安福人。嘉靖中知碭山縣。俗多盜，陽捕其魁撲殺之，奸民震慴。邑苦河患，乃齋沐七日，率父老請禱，河忽自疏者二十七里。《碭山縣志》

李文憲，字從周，北直人。嘉靖中授沛縣丞。有賊百餘人，突夜入城劫掠，憲率民兵往捕賊。挺身當先，矢盡遇害。《沛縣志》

任惟賢，黄陂人。知豐縣。築新堤，崇節孝，抑奸貪，雪幽滯，緩徵薄斂，與民休息。《豐縣志》

劉順之，馬平人。隆慶六年知徐州。徐頻年被水，築張村站堤，塞房村決口，又創築周圍護城堤。遍歷郊原，問民間疾苦，請賑恤之。歲旱，禱雨輒應。火延城樓，望拜即滅。居四年，百度具飭。《徐州志》

吴文光，高安人。萬〔歷〕〔曆〕元年知豐縣。裁冗役，修縷堤，墾荒田，作士氣。貧民有逋賦者，請以地變直措資，市爲學田。《豐縣志》

王廷卿，荆門人。爲碭山令，多方撫字，賢聲流聞，當路薦章凡七上。萬〔歷〕〔曆〕初入覲，上簡循吏得二十五人，廷卿與焉。《碭山縣志》

申其學，日照人。萬〔歷〕〔曆〕十年知睢寧縣。建城築堤不擾民，亦不糜公帑。舉行保甲、鄉約，皆有實效。《睢寧縣志》

傅惟翼，富順人。萬〔歷〕〔曆〕四十五年知徐州。爲政簡要，凡可因者因之，不可者務與衆參酌而後去，賦平役省，循良爲一時之冠。《徐州志》

張鏡心，字湛虚，磁州人。天啓四年知蕭縣。里長苦丁糧繁費過多，鏡心自爲解兑，不以累民。邑内有故河久湮，疏通之，得增民田千頃。《蕭縣志》

國朝

周祚永，西安人。順治十一年知宿遷縣。招流移，墾荒瘠，徵賦令民自封納櫃，盡除耗羨。米、麥二稅，收用制斛，革行户供應之擾。胥隸非奉憲檄，不濫差遣，四境晏然。

王相吕，泰州舉人，授睢寧教諭。順治九年，膠寇陷城，抗義不屈，遂被害。奉旨贈國子監博士。

李之實，壽州歲貢，授睢寧訓導。順治九年，膠寇陷城，抗義不屈，與教諭王相吕同被害。奉旨贈國子監博士。

江雁卿，江西人。康熙八年知徐州。政尚寬和，不事刑撲。州舊有版荒地四千七百餘頃，丁糧未除，力請上官題免。卒於官，囊無一錢，州民爲之營殮。

以上舊《通志》

李允(貞)〔禎〕，德州人。順治二年知豐縣。時經制未定，賦役孔亟，允貞秩然有條，應以暇豫，民得不擾。會碭山令缺，頑民煽亂，奉檄兼攝碭事。時首惡已就擒，鎮將欲窮治寇黨，允(貞)〔禎〕廉其無辜，具文陳請，願以身家保之，事得寢。因撫綏招徠，逃亡者皆復業。明年代者至，百姓攀轅泣送之。

閻玿，太原人。順治三年知豐縣。每周諮邑中利病，輒與興除。禁兑糧解頭及收糧大户，民尤便之。時山東逋寇未殄，玿解橐增修土城，不以費民。

孫枝蕃，三原人。康熙十二年知徐州。時黄河泛溢，居民洶懼，乃出私錢募人夫取石築堤護城，城賴以全。州苦協濟夫役，一徵發率數百千人，枝蕃力請免之。滇、閩變作，官兵道徐，竭力供億，不擾民間。以勞卒官。

佟國弼，奉天人。康熙三十九年知徐州。歲饑，力請蠲賑。嘗發常平倉麥二千石，假貸飢民。明年又饑，民不能盡償，國弼代爲償之。河北田舊無隄，數遭水患，乃出私錢築子堰數十里，歲得有秋。徐俗貧人産子多不舉，捐貲立育嬰堂，募乳媼哺養，存活頗衆。卒於官，奔哭者不絶。

太倉州

宋

高衍孫，嘉定初置縣，衍孫首知縣事。創建治廨、城隍、坊陌、壇壝、學校，靡不周飭。《太倉州志》

元

月里海牙①，蒙古人。任崇明達魯花赤。歲旱，齋宿竇慶觀禱雨，妻死弗顧，謂家人曰：「女等

① 「月里海牙」，《四庫》本作「伊埒哈雅」。

殮之，吾爲民禱雨未獲，不可歸也。」言既，雨大注。《崇明縣志》

孟集，至正間知崇明州。州有三沙，東沙視兩沙爲最貧，不宜五穀，米常貴。集置常平倉於州治之南，以時糶糴，價乃平。《崇明縣志》

八里顔①，至正間崇明州達魯花赤。州址爲潮吞齧，相地遷之。《崇明縣志》

任立，太原人。授嘉定知州，釋冤獄四十九人。歲祲，全活飢民六千餘户。《嘉定縣志》

明

劉秩，字伯序，豐城人。吴元年知崇明州。渡海誓曰：「苟犯民秋毫者，有如此水！」既至，興利除害，奏減酒税、鹽課與塗田未成而有賦者，章四上，歲省三萬石有奇。《南畿志》

王瑛，建安人。洪武中知崇明。時徙建城郭，創縣治，定坊巷，構公宇，相度經畫，瑛之功居多。從子鋭，正統中亦令崇明，審驗人户，定其傜役、貢賦之法。庠士素乏科第，選敏者與講經傳，竄改程業，自是登庸相望。時天旱蝻生，爲文祭八蠟之神，即雨三日。葉盛撰刻石文

練達，新淦人。建文間知嘉定縣。視事甫三月，靖難師渡江。從父子寧被誅，達知不免，一夕載妻子赴海死。《嘉定縣志》

---

① 「八里顔」，《四庫》本作「吧哩雅」。

連俊，邠州人。宣德中知崇明縣。歲旱，正賦缺供，俊請以麥、豆代解，報可，民以爲便。明年復大饑，迺請借常熟官糧萬石賑給。海中田坍糧存者，悉言於大吏奏蠲之。《南畿志》

祖述，字尚賢。宣德中，以福建參政左遷知嘉定。邑田數嚙於海，賦無所出，上疏蠲之。又歲造船以供漕運，及溉田之河久淤塞，悉疏上聞，自是船罷造而河亦浚。《南畿志》

龍晉，吉水人。天順元年，由御史出知嘉定縣。有獄訟累年不決者，晉至立辨決之。吴淞江、鹽鐵塘久淤塞，晉督丁夫開浚。獲一石刻於江岸，其文曰：「得一龍，江水通。」人爲歎異。《嘉定縣志》

吴哲，成化間知嘉定。誠心質行，常以六事箴之座右。《嘉定縣志》

李端，字表正，棗陽人。弘治十年立太倉州，端以御史知州事。時當草創，兩衛弁争長，軍伍侮鄉民，端平以法，皆斂手服。《太倉州志》

王應鵬，正德間知嘉定縣。被召赴京，僚佐餽贐，一介不取。行至淮，有持金二鎰、布百疋以獻者，驚問之，曰：「感恩切骨，敢以爲獻。」應鵬笑曰：「有是哉？」乃受布一疋，仍製衣以賞篙工。其清介如此。《嘉定縣志》

倪宗正，餘姚人。正德中，由翰林出知太倉州。歲大水，賑活甚衆。復條陳地方利弊六事於朝，凡興水利，均田税，數十年皆用其策。《太倉州志》

李資坤，字伯生，昆陽州人。嘉靖中知嘉定，清節絶倫。尤篤於風義，建忠孝、貞烈二祠。立社學十有六，皆有田有廛，爲圖永久。《嘉定縣志》

熊桴，字元乘，武昌人。嘉靖間知太倉州。倭薄城，桴晝夜守禦，倭退。苦旱，請上官疏免一歲税糧，孑遺全活。《太倉州志》

陳如松，字向南，同安人。知太倉州。負高才，有强力，事無劇易立解。嘗試童子千餘，一日夜榜發。有遺斥者求署，如松問姓名，隨誦其疵句，大驚而退。《太倉州志》

馬麟，字子振。嘉靖間知嘉定縣，嚴重寡言笑。邑有桀黠爲伍，衆患苦之。一日，密召其魁，令自相摘發，先後盡寘之法。嘗濬練祁塘，自治城至外岡鎮止，舍於外七日而畢工。《嘉定縣志》

張守直，字時舉，遵化人。嘉靖中知嘉定。故事，賦入例有收頭，一充是役，無不破家，守直罷不復用。諸如庫子、里長爲民所不便者，悉罷之。《嘉定縣志》

萬思謙，字益甫，南昌人。嘉靖中知嘉定。倭寇薄東城，乘風焚倉舍，城幾陷，思謙叩頭籲天，風反火滅。賊酋中矢石死，乃解去。邑城土堞難守，請易以甓。明年城成，賊果大至，恃以無恐。《嘉定縣志》

唐一岑，嘉靖間知崇明縣。時縣治新徙平洋沙，一岑築城未畢，倭寇猝至，死之。《崇明縣志》

韓浚，字邃之，淄川人。萬（歷）〔曆〕間知嘉定。催科舊以十日爲期，浚易之以月，苟輸將如約，則終歲不至縣庭。有鄉民入市，横被毆劫，不識其主名。浚訊知形狀，曰此必某某，捕之，不刑而服。《嘉定縣志》

張世臣，新野人。萬（歷）〔曆〕二十九年知崇明縣。築海隄七十餘里，捍田萬餘頃。《崇明縣志》

王廷舉，萬〔歷〕〔曆〕中嘉定教諭，與諸生砥礪名節。邑令知其賢，數咨以政。人謂與侯暱，欲有所干，望其顔色，輒慚沮而退。《嘉定縣志》

劉士斗，字瞻夫，南海人。崇〔正〕〔禎〕時知太倉州。官衙不取一物，值生子，市吴紬四尺，人以爲奇。《太倉州志》

錢肅樂，字希聲，鄞縣人。知太倉州，不畏强禦，常以孝友勸導州民。有母訟子，扶其子令跪母前，因諭其母：「以爾子罪不至死，且子死，將誰依？」皆感動泣謝去。有兄弟訟者，曰：「汝小忿，奈何傷天性，盍退思之？」越數日，兄弟果來謝。《太倉州志》

李玉森，字木公，高要人。崇〔正〕〔禎〕時爲嘉定丞。甫至謁直指，其僚俱叩頭襲不典之稱，玉森獨長跪呼「大人」。直指怒，玉森極論「大人」之名美而未易踐，不典之稱乃輿臺小人所宜，直指改容禮之。《嘉定縣志》

文祖堯，字心傳，雲南人。崇〔正〕〔禎〕時爲太倉學正。繕文廟，整祭器，諄諄訓諸生以聖賢之道。已而棄官寓荒寺。尋歸，卒於道，諸生即寓室爲祠，曰「思賢廬」。《太倉州志》

國朝

閔有義，孝感人。順治二年嘉定典史。盜入城焚劫縣庫，巡撫土國寶疑有變，欲遣兵屠戮，有義叩頭力争，乃止。

白登明，字林九，蓋州人。太倉州知州。甫莅任，立四禁：一衙蠹，一地棍，一賭博，一奸淫，犯者置重法，境内肅然。訪究地方利弊，纖悉皆知之，故摘發無不中。鄰境有寃抑者，輒愬上官，願下州爲理。其爲政以誅强暴、全善類爲務。州田高仰，需蓄泄，自劉河湮塞，歲苦旱潦。乃先濬朱涇，後及劉河，凡六十里，不兩月告竣，州及昆、嘉二邑咸賴其利。舊《通志》

潘師質，字敏慎，宜春人。知嘉定縣。官舍蕭然，日食粗糲。時邑蠹導衛弁爲奸，索額外加漕耗若干，師質置不應。會民毆擊其爲首者致殞，憲府檄詰其事，師質自投秦淮河死，而以書繫臂，極言衛弁加耗之害。百姓聞者，無不感泣。舊《通志》

陳慎，字懷蓋，文安人。順治十年授崇明知縣。會海潮溢，傷禾稼，慎力請於撫臣具題，邀特恩免本年正供一萬八千有奇。復設法賑恤，民賴全活者甚衆。十六年，海寇犯江寧，崇邑孤懸海外，慎練鄉勇，措兵餉，以死守之。築文成壩，使兩沙聲勢聯絡，民恃以無恐。積勞成疾卒，以守禦功贈按①察司僉事。

陸隴其，字稼書，平湖人。康熙庚戌進士，授嘉定知縣。縣俗婚、喪諸禮，多以侈靡相倣效，隴其下令禁飭，示以品制而率之勤儉。爲政務鋤强梗，抑胥吏，然不甚拘於法，輒以至情悱惻相感動。大

① 《四庫》本脱「贈按」二字。

賈某結長吏横行里中，僕占賣薪者妻，論如律。某大恐，諭之曰：「人無不可自新，若自新未晚。」某感泣，一變前所爲。市鎮少年數十爲朋，以拳勇毆擊爲事。廉其尤者，責而械於門，出入臨視，誡諭警切。視其情色果悔而釋之，其黨悉散。役隸向以千數，後乃稍稍易業自去。逾年，訟者絶少。催科立甘限法，應輸者自限輸若干，屆期及半即得宥，以故絶不用杖，而輸者争至。性淡泊，一介不取，食米俱自平湖載來。署中隙地種蔬日給，婢嫗治織紝。每公事出，父老争看清官。上官嫌其儒生迂緩，劾去之。民罷市三日，乞留不得，去之日，送者數萬人，填塞道路。所著《困勉録》《三魚堂集》等書，闡發義理，有功後學，崇祀名宦。雍正二年，奉旨升入文廟，從祀西廡。

海州

南北朝　齊

桓崇祖，字敬遠，下邳人。泰始二年，崇祖自魏將部曲奔朐山，宋以爲戍主。魏人襲之，城中大懼，皆下船欲去，崇祖曰：「賊非有宿謀者。可急去二里外，大呼而來云：艾塘義人已破賊，請戍軍速往逐之。」舟中人果喜，争上岸，崇祖引入，據城堅守。遣羸弱入島，人持兩炬，登山鼓譟，魏軍乃退。《齊書》本傳

隋

張孝徵，東海令。嘗築西海堰捍潮，民免水患。《南畿志》

元曖，東海令。於境内築兩堰，西南接蒼梧山，東北至巨平山，外捍海潮，内貯山水，民獲灌溉之利。《南畿志》

唐

杜令昭，海州刺史。值海漲，築永安隄，以防民患。《南畿志》

宋

石延年，字曼卿，通判海州。廉能有爲，吏民悦服。《南畿志》

孫洙，字巨源，廣陵人。神宗時知海州。免役法行，常平使者欲加斂緡錢，洙力争之。旱蝗爲害，禱朐山得雨，蝗赴海死。《宋史》本傳

劉彝，字執中，福州人。知朐山。恤孤寡，作陂池，教種藝，平賦抑奸。邑人紀其事，目曰《治範》。《宋史》本傳

張叔夜，字稽仲。徽宗時知海州。宋江趨海濱，劫鉅舟十餘，載鹵獲。叔夜設伏近城，而出輕兵

距海誘之戰。先匿壯士海旁，伺兵合，舉火焚其舟。賊聞之，皆無鬬志。伏兵乘之，擒其副賊，江乃降。《宋史》本傳

侯畐，字道子，樂清人。寶祐五年，通判海州，兼河南府計議官。李松壽據山東，突出漣、泗間，畐鏖城下死之，闔門遇害。太學生三十二人言於朝，即海州賜廟，謚曰節毅。《宋史·忠義傳》

元

沂川，至元二年知沭陽縣。創建縣治，修學宫，招徠流亡，教之樹畜。《南畿志》

明

郎廷珪，湖廣人。洪武初知贛榆縣，百度皆所創建。《南畿志》

馬希顔，浙江人。洪武八年知沭陽。專務德化，不尚刑威，興利除弊，知無不爲。《南畿志》

陶昺，南城人。成化五年知海州，有守有爲，衆務具舉。《海州志》

陸遠，秀水人。成化間知海州。途遇怪風，遣吏跡之，風所止處有人死樹下，廉得謀殺者寘之法。又中途犢鳴馬前，驅之不去，隨犢至坡下，有盜牛者殺其母，一訊而服。人以爲神。《海州志》

劉魁，高唐人。成化間知贛榆。公平廉潔，去後民思之。《南畿志》

王舉，鄒縣人。成化中知贛榆，廉明，擢御史。《贛榆縣志》

林廷玉，弘治中由工科謫判海州，清明果斷。學宫及祠廟壇壝，次第修治。《南畿志》

盛鵬，襄城人。先知贛榆，調沭陽，均徭薄税，興學恤民。《沭陽縣志》

王相，汝寧人。正德初知沭陽。流賊犯境，築壘濬濠，民賴以安。《沭陽縣志》

易瓚，肅寧人。正德中知沭陽。流寇初平，治尚寬厚，省刑薄斂，逃民悉歸。《沭陽縣志》

陳治典，宋平人。嘉靖末知贛榆，招撫流移，與民休息。胥吏作奸生事，痛懲抑之。《贛榆縣志》

劉士爆，遼東人。崇（正）〔禎〕十五年，以江都教諭署沭陽縣事，尋實授，得士民心。十六年，城破死之。《沭陽縣志》

國朝

穆爾謨，山海人。順治四年知贛榆縣，精明嚴毅，聽斷如流。羽寇猖獗，爾謨親率鄉兵剿捕，民賴以安。遷内部主事。舊《通志》

李士麟，定襄人。順治六年授海州同知，居官慈恕，臨事果毅。海寇薄城，士麟登陴守禦，間督鄉勇出奇兵擊之。已而賊大至，城潰被執，不屈死之。

通州

宋

曾易占，祥符間知如臯縣。歲大饑，請於州，得越海轉粟，全活數萬人。明年稍稔，州課民賦如常，易占力請緩至歲盡。又立孔子廟，諷縣人興於學。王安石《太常博士曾公墓誌》

王隨，字子正，河南人。乾興間，以秘書少監出知通州。州瀕海，人不知學，隨徙孔子廟，起學舍。州人喜，始遣子弟就學。《宋史》本傳

吴遵路，字安道，丹陽人。明道二年知通州。時天下旱蝗，遵路乘未饑時募閭右出錢，遣人航海糴米，以備平糴。又結蓬茆百間，出俸設糜，以處流移。諸郡多轉死，惟通獨完。後爲淮南轉運副使，於真、泰、高郵軍廣常平儲蓄備賑。置斗門十九，以蓄泄水利。凡所規畫，後皆便之。《宋史》本傳

任建中，寶元間通判通州。築隄二十里，以捍江潮，田無嚙没，民咸稱爲任公隄。《南畿志》

沈起，字興宗，鄞人。至和中知海門縣。瀕海地卑，間歲潮至冒民田舍，起爲築隄百里，引江水灌溉其中。田益闢，民相率以歸，至立祠以報。《宋史》本傳

胡安國，字康侯，崇安人。以右文殿修撰知通州。會敵薄都城，安國子寅爲郎，在城中。或憂之，安國曰：「主上被重圍，臣子方恨效死無路，敢愛子乎？」《南畿志》

李大有，東陽人，通州通判。農月苦旱，大有鑿狼山麓，引江水入河溉之，歲以大稔。《通州志》

元

張弘綱，字憲臣，益都人。定遠大將軍、招討使，鎮江陰。盜起安吉，弘綱率兵往捕，未逾旬擒之。《元史》本傳

明

熊春，洪武初知通州。自州治、學校，以至旗亭、郵舍，一皆春所創建。吏弊民奸，釐剔殆盡。《南畿志》

蕭盛，陽武人。成化間判通州。修學宫，濬河渠，造橋梁，築隄岸百二十里，民享其利。《南畿志》

蔡暹，成化間知泰興縣。築江堰一萬六千餘丈，賑借饑糧一萬三千餘石。《南畿志》

鄭重，字本弘，慈谿人。成化二十年知通州。修石閘、唐家壩水洞十五所，重濬金沙河及西亭河數十里，葺明倫堂及齋舍三十餘間。《通州志》

劉文寵，玉田人。弘治四年知如皋縣。縣養馬止百匹，永樂間六安州以災，暫寄養馬千三百餘匹，沿習不改，大爲民厲。值朝使清理馬政，文寵力請如原額。《如皋縣志》

羅賢，蓬溪人。弘治中知泰興。敝衣垢履。有寺僧與民争田不得，因獻於貴戚，賢曰：「貧民恒

業，詎可奪以媚豪貴哉？」執法愈堅。《泰興縣志》

黄璉，山西人。正德七年泰興主簿。流賊經縣劫掠，璉率民兵與戰，生擒賊黨李南。乘勝追奔，被創死。《泰興縣志》

裴紹宗，字伯彦，渭南人。正德十三年令海門，裁抑浮費，奏蠲坍糧。後官給事中，以諫死。《南畿志》

張承恩，字君賜，易州人。正德間知通州。不避（疆）〔彊〕①禦，有獻沙漲田於戚畹者，承恩曰：「若彼得地，吾民失業逃矣。」出榜諭之，其人懾而止。《通州志》

黎堯勳，四川人。嘉靖中知如皋縣。豪室悍竈兼并爲患，堯勳特請均田。辨肥磽以定税，分上、中、下三則，迄今便之。《如皋縣志》

稽鐳，德清人。嘉靖中知如皋縣。甫至，罷私奉金二千有奇，釋坐盜誣者十八人。與戍將約毋犯民，俄卒殺漁者，鐳執而詰之，卒伏辜。《如皋縣志》

包樫芳，嘉興人。隆慶三年，以督學左遷通州運判。初至，海潮大作，溺死人畜無算，樫芳行勘，以舊隄主省費，各竈户多在堤外，今當迂十五六里，費雖多，然有益於民。堤成，民爲立祠，呼其堤曰「包公堤」。《通州志》

① 據《四庫》本改。

李衷純，字元白，秀水人。萬（歷）〔曆〕末知如皋。縣瀕海，徙嚙不時，或有浮漲成洲，豪家輒據爲業，洲民争之不得，則以其田獻於勳弁。每秋穫，戈船旗鼓勢猖甚，衷純單車諭解之。有大盜數百，倚洲恣劫，衷純捕馘其渠，餘醜盡散。造戰艦，募兵巡邏，江上以寧。《如皋縣志》

國朝

陳棐，光州人。順治二年知泰興縣。邑中伏莽與援將相抗，棐守禦策應，盡協機宜，寇盜屏息。丈田畝，均賦役，平獄訟，繕學宫，以最擢御史。舊《通志》

陳秉彝，字大倫，奉天人。順治五年知如皋縣。留心利弊，興革得宜。九年，淫雨，江水泛，民多流亡。秉彝倡募，設賑三月，全活甚衆。邑人許吏部直明季殉難，秉彝擢諫垣，爲特疏請恤。舊《通志》

江南通志卷一百十六

職官志

名宦 五

安、徽、寧三府

安慶府

漢

朱邑，字仲卿，舒人。少時爲舒桐鄉嗇夫，廉平不苛，以愛利爲行，未嘗笞辱人。存問耆老孤寡，遇之有恩。所部吏民愛敬焉。《漢書·循吏傳》

三國

孟宗，爲吴雷池監，作鮓寄母，母還之，曰：「汝爲魚官，作鮓寄我，非避嫌也。」《吴書》

晋

陶侃，字士行，鄱陽人。少孤貧，廬江太守張夔召爲督郵，領樅陽令，有能名。遷郡主簿。會州從事之郡，欲有所按，侃閉門部勒郡吏，謂：「苟相逼不以禮，吾能禦之。」從事即退。《晋書》本傳

唐

獨孤及，字至之，洛陽人。天寶末爲舒州刺史。歲旱，鄰郡多逋亡，而舒獨安。以課賜金紫。《唐書》本傳

麴信陵，吴縣人。貞元中爲舒州望江令。愛民如子，歲旱，齋戒爲文，痛自引咎，以鐵板丹書禱於神，雨驟至。及受代，民遮道不得去。後卒於官，將輿櫬歸，邑民號哭，留葬治所。《南畿志》

張萬福，元城人。嘗攝舒州刺史。督捕淮南盜賊，窮破株黨。《唐書》本傳

胡珦，字潤博，宗城人。貞元中刺舒州。歲大熟，麥一莖數穗，閭里歌舞之，考功以聞。韓愈《胡良公神道碑》

韓震，元和八年令桐城。自開元中徙治山城，地多獳虎毒虺，震焚薙草木，其害遂除，民始獲安。《安慶府志》

鄭穀，滎陽人。守舒州。水旱小沴，虔禱輒應。齊、楚飛蝗爲災，將及舒，穀夙興，告於神，蝗旋退，復爲雷雹糜爛。百姓歌曰：「禾稼美如雲，實由①鄭使君。」《安慶府志》

宋

馮瓚，字禮臣，歷城人。嘗知舒州。境内多産菰蒲魚鼈，防禦使司超盡徵其入，瓚以爲攘奪民利，奏請蠲之。《宋史》本傳

游酢，字定夫，建陽人。歷知舒州。待僚吏有恩，使人樂自盡而無敢慢。民戴若父母，去久愈見思云。《宋史·道學傳》

李炳，肥鄉人。以殿中侍御史出知舒州。建隆初征金陵，沿淮供億，惟舒無匱。《宋史》本傳

劉沆，字沖之，吉州人。天聖八年通判舒州。有大獄歷歲不決，沆數日剖之，人服其能。《宋史》本傳

李孝基，字伯始，幽州人。嘗知舒州。簿書繁委，判決如流。舒吏受賂鬻獄，孝基廉得其實，即

① 「由」，《全唐詩》卷八七四《舒州人歌》作「系」。

抵吏罪。《安慶府志》

李師中，字誠之，楚(邱)〔丘〕人。神宗時知舒州。師中爲治不尚威罰，務以信服人，至明而恕。去之日，民擁道遮泣，馬不能行。《宋史》本傳

黄庭堅，字魯直，分寧人。徽宗朝知舒州。以德化民，不事箠楚。愛山谷寺林泉之勝，築精舍於傍，自號「山谷道人」。《安慶府志》

孫知微，高宗時通判舒州。淮賊劉忠薄舒，知微繕甲兵，厲士卒，登陴固守。城陷不屈，賊怒，臠而食之。《南畿志》

蕭服，字照甫，廬陵人。調望江令。治以教化爲本，訪王祥卧冰池、孟宗泣筍臺，皆爲築亭，刻唐賢令麴信陵文於石，俾民知趨向。《宋史・沈畸傳》

黄幹，字直卿，閩縣人。寧宗時知安慶府。沿邊多警，民情震恐，乃請城安慶，不俟報，即日興工。城分十二料，先自築一料，計工費若干。然後委官吏役民兵五千人，人役九十日，而計人户産錢起丁夫。通役二萬夫，人十日而罷。日五鼓坐堂，濠砦官受命畢，乃治府事，理民訟，接賓客，閲士卒，會僚佐，究邊防利病。次則巡城視役。晚入書院，講論經史。是歲大旱，幹登郡閣，望潛山再拜，雨即至。後二年，北軍破黄州，淮東西皆震，獨安慶按堵無恐。既而，霖潦月餘，巨浸暴至，城屹然無虞。舒人德之，曰：「不殘於寇，不蹈於水，生我者黄父也！」《宋史・道學傳》

夏椅，安慶通判。元兵壓境，制置使范文虎以城降，椅義不肯屈，仰藥而卒。衣襟中有遺筆云：

「職當其劇，運逢其否。負吾君親，方寸亂矣。命無所逃，當死而①死。五十六年，歸其天理。」《南畿志》

元

陳寧，宋德祐初元師下饒州，寧匿山中，伯顔素聞寧賢，下令不得寧即屠其地。寧流涕曰：「奈何以我故而殘鄉里？」遂出見，伯顔送入京，授泌州知州，遷安慶同知，行府事。嫗育噢咻，皖人戴爲慈母。《安慶府志》

余闕，字廷心，廬州人。至正十三年，起闕副使、僉都元帥府事，分兵守安慶。時南北音問隔絶，兵、食俱乏，抵官十日而寇至，拒却之。乃集有司與諸將議屯田戰守計，環境築堡砦，選精甲外扞，而耕稼於中。屬縣灊山八社，土壤沃饒，悉以爲屯。明年春夏大饑，人相食，乃捐俸爲粥，活者甚衆。民失業者數萬，咸安集之。又明年秋，大旱，爲文祈灊山神，三日雨。盜據石蕩湖，平之，令民取湖魚而輸魚租。十五年夏，大雨，江漲，屯田禾半没，城下水湧，有物吼聲如雷，闕祠以少牢，水輒縮。秋稼登，得糧三萬斛。闕度軍力有餘，乃浚隍增陴，外環以大防，深塹三重，南引江水注之，環植木爲

① 「而」，《古今圖書集成・明倫彙編・官常典・忠烈部》作「即」。

柵，城上四面起飛樓，表裏完固。陞都元帥。廣西猫軍五萬，從元帥阿思蘭[1]沿江下抵廬州，闕移文詔還軍。猫有暴於境者，收殺之，凛凛不敢犯。時群盜環布四外，闕居其中，左提右挈，屹爲江淮一保障。論功拜江淮行省參知政事，仍守安慶。通道於江右，商旅四集。池州趙普勝帥衆攻城，連戰三日敗去。又至，相拒二旬退，懷寧縣達魯花赤伯家奴[2]戰死。十七年，普勝同青軍兩道來攻，拒戰月餘敗走。秋，拜淮南行省左丞。安慶倚小孤山爲藩蔽，命義兵元帥胡伯顔統水軍戍焉。十月，沔陽陳友諒自上游直擣小孤山，伯顔戰四日夜不勝，追至山口鎮。明日癸亥，薄城下，闕遣兵扼於觀音橋。俄饒州祝寇攻西門，闕斬却之。乙巳，賊乘東門，紅旗登城，闕簡死士力擊，賊復敗去。戊申，賊并軍攻東、西二門，又却之。賊恚甚，乃樹柵起飛樓。庚戌，復來攻，金鼓聲震地。闕分諸將各以兵扞賊，晝夜不得息。癸卯，賊益生兵攻東門。丙午，普勝軍東門，友諒軍西門，祝寇軍南門，四面蟻集，外無一甲之援。西門勢尤急，闕身當之，徒步提戈爲士卒先。士卒號哭止之，揮戈愈力。仍分麾下將督三門之兵。自以孤軍血戰，斬首無算，而闕亦被十餘創。日中城陷，城中火起。闕知不可爲，自到墮清水塘中。妻耶卜[3]氏及子德生、女安安皆赴井死。《元史》本傳

① 「阿思蘭」，《四庫》本作「阿爾斯蘭」。
② 「伯家奴」，《四庫》本作「伯嘉奴」。
③ 「耶卜」，《四庫》本作「伊伯」。

按：闕女名安安，史作「福童」，誤。福童，其甥也，亦殉節。今依《貫良傳》改正。

韓建，字公懋，遼西人。至正中以宗正郎中知安慶。潁、六盜起，所在守令多棄城走，建治城隍，計軍實，示民必守，與賊大小百餘戰，皆敗之。盜大忿，乃悉衆來。城南郛久隳爲民居，聯艦以爲捍蔽。盜縱火舟焚艦，諸守將皆潰。民走視建，建方部署寮吏如平日，民乃無恐，且戰且撲。盜轉西郛，却之。東郛，又却之。相火所經，撤民屋材夜爲柵，盜無所利，乃引去。時余闕來戍郡，道聞城陷矣，比至乃完，問故，父老皆曰：「韓公完我。」及安慶爲陳友諒所陷，建方臥病，罵不屈，求死甚急。賊怒殺之，舁尸去，葬南門外江邊。《安慶府志》

余闕同時死者，建一家被害。城中民相率登城樓，自捐其梯，曰：「寧俱死此，誓不從賊！」焚死者以千計。其知名者：萬户李宗可、紀守仁、陳彬、金承宗，元帥府都事帖木補化①，萬户府經歷段桂芳，千户火失不花新②、李廷玉、葛延齡、（邱）〔丘〕丕、許元琰，奏差兀都蠻③，百户横寅孫④，安慶推

① 「帖木補化」，《四庫》本作「特穆爾布哈」。
② 「火失不花新」，《四庫》本作「和實布哈新」。
③ 「兀都蠻」，《四庫》本作「烏德美」。
④ 「横寅孫」，《四庫》本作「黄寅孫」。

官黄秃倫歹①，經歷楊桓②，知事余中，懷寧尹陳巨濟，凡十八人。《元史·余闕傳》

明

譚啓宗，字敬先。明初知安慶府。寇至，啓宗帥殘民固守。陳友諒死，太祖憫江夏屢困戰鬥，不忍加兵，命啓宗往諭之。啓宗宣明威德，言論慷慨，聞者感動，厚其禮遇。復命還安慶。《安慶府志》

周濟，洛陽人。知安慶府。故事，民役以三等九則準之，濟易以什伯之法，民以爲便。郡中婚葬從奢，下令約之，歲時宴會甚張者罰如令，風俗一變。《安慶府志》

鍾蕃，字廷芳，崇德人。知安慶府，嚴而當於法。有侵官儲者夜投火毀籍，蕃有所疑，故禱神而曰：「神告我收訊之。」其人引服，聞者皆驚。《安慶府志》

胡儼，字若思，南昌人。知桐城縣。心存撫字，政尚寬平，蠲逋賑乏，除虎驅蝗，表祀循良，歷有惠績。鄭曉《名臣記》

袁慶祥，字德徵，雩縣人。成化間知潛山。少有氣節，嘗詣闕上書繫獄，杖幾死。及來潛，興學勸農，平賦息訟，不期年政績卓然。《潛山縣志》

① 「黄秃倫歹」，《四庫》本作「黄圖嚕岱」。

② 「桓」，《元史》卷一四三作「恒」。

姚岳，長興人。弘治間知宿松。愛民禮士，然不少假借。異縣民有負租課者，族大而驕，岳請於臺使者，捕坐如律。故事，邑令北覲，多括民財爲資，岳獨秋毫無擾，民有道獻者悉却之。《宿松縣志》

張文錦，字闇夫，遼陽人。正德中知安慶府。宸濠來攻，出府庫金懸城上，向守備楊鋭曰：「師行號令出於君，而信賞係於我。」鋭喜曰：「戎可以即矣。」時文錦力疾坐城上，以鎮衆心，城賴以完。《南畿志》

楊鋭，南京羽林指揮，守備安慶。知宸濠必反，嘗作《大江自岷峨至海圖》，實於彭蠡處致意。又於安慶城内設井，治鉤距、火藥埋地中。及宸濠圍城，衆戴板掘城，號呼震天。鋭用布一方，裼以紙束，火藥散於戴木上，一時火發，盡棄去。寇夜成橋，接城欲上，鋭僞實大銃以石，金鼓迎之，寇望奔散，即遣人由水穴出燒之。相守二十餘日，知寇已懈，乃使泅者入水次，聞舟中鼾聲，即刺殺斬纜，放舟於江中。岸頭發①火銃，城上喊聲相接，命指揮崔文縱殺之，寇失錯而返。論功拜都督僉事。《南畿志》

王誥，霸州人。正德中知懷寧。到官裁旬日，宸濠來攻，誥獨守北城，晝夜與賊戰，賊數敗却。以功遷知蘭州。《安慶府志》

胡纘宗，字世甫，泰安人。由南吏部郎中擢守安慶。築龍壩，開吴塘、烏石堰以溉田。修文廟祭

---

① 「發」，《四庫》本作「放」。

器，建射圃，進諸生行鄉射禮。暇即講學郡齋，人文蔚起。《安慶府志》

吴之才，字室白，新昌人。令懷寧。政尚惇大，不苛索細過。歲苦蝗，之才諭民捕之，計石給錢米。明年水災，復請蠲租賑給。《安慶府志》

石簡，字廉伯，臨海人。知安慶府。均賦役，定爲圖籍。《安慶府志》

王宗徐，字鵝泉，江西人。守安慶。敝衣蔬食，端潔峭直，以忤當路去官。精形家者言，於東郭外建浮圖七級，以砥江流，皖用是日盛。《安慶府志》

董進第，字子庸，元城人。嘉靖中令太湖，一疏一鮭，不妄取於民。遊潛山，樵子歌曰：「山水之清，猶有飛塵；縣官之清，不染一塵。」《太湖縣志》

羅汝芳，字惟德，南城人。嘉靖中知太湖。務以德化民，闢講堂，與諸生明聖學，公事亦多决於其中。吏民有過，諄諄訓誡，刑雖設而不用。時單騎尋勝，樵豎不知其爲官也。乃自作歌曰：「我馬飲清泉，清泉照我馬。童子不知官，紛紛來馬下。」《太湖縣志》

陳于階，兩人同姓名，俱知桐城。一爲遵化人，嘉靖末行一條編法，吏不擾民。當事善之，請檄天下以爲式。桐濱江有洲，沃衍數十里，于階曰：「此可障而耕。」築堤成田，歲穫穀數萬石，民名之曰陳家洲。一曲周人。萬(歷)〔曆〕初，四郊清晏，而于階修城，民頗駭之。及流寇猖獗，桐獨以城堅得全。《桐城縣志》

蹇達，巴縣人。萬(歷)〔曆〕乙亥授安慶府丞，攝篆望江，請城望江，七閱月告竣。明年，復董役

城桐城。後流寇殘破郡縣，二城獨完。《安慶府志》

張緒，字無意，漢川人。桐城教諭。少與張居正同舉，赴選部，居正趣使召之，緒曰：「未見天子，豈敢先謁相公？」由是不得官京師。緒講學，民環聽者亦蒸蒸焉。會大計，銓部將黜之，皖守曾汝檀曰：「此天下第一流，寧罷檀，毋黜緒！」乃得留。既出，不使緒知，緒聞，亦不報謝。《桐城縣志》

常自裕，鄢陵人。天啓初授安慶府推官。三①王之國道經皖，先聲拆毁河湑民居，開纜徑，又取縴夫數千，民間騷動，自裕抗議止之。《安慶府志》

王治心，忻州人。崇(正)〔禎〕庚辰授安慶同知。不假人嚬笑，居官灌園植蔬以自給。所職江防屯糧，至即覈虚伍，剔隱佃，豪强憚之。後乞致仕，巡撫黄配(元)〔玄〕曰：「吾將表君爲諸郡標準，何得遽及菟(邱)〔丘〕？」巡撫史可法亦疏言：「如王治心者，不通長安一字。」然終不得調。乙酉，左兵破安慶，治心具衣冠坐廳事，厲聲駡曰：「爾客兵何故作逆？爾皖兵何故助逆？我清官王治心也，恨不能盡殲爾輩！」遂遇害。《安慶府志》

來集之，蕭山人。崇(正)〔禎〕壬午安慶推官。時困兵荒，罹法者衆，集之訊獄詳慎，小眚悉宥之。癸未秋，左兵萬艘泊江，掠婦女無算，集之抗義贖還，民得完聚。《安慶府志》

楊爾銘，筠連人。崇(正)〔禎〕七年知桐城，年甫弱冠。流寇圍城，親率士民格鬥得退。寇氛益

① 「三」，《四庫》本作「二」。

張，登陴擊柝，繕壘、請援者七年，城賴以完。尋擢御史。《桐城縣志》

張利民，侯官人。崇（正）〔禎〕間知桐城縣。時張獻忠百計攻城，凡四十餘晝夜，利民死守，會總兵黄得功來援，圍乃解。城内安插孫、羅兩營兵三千，禍不減賊，利民委曲交歡，兵、民以安。《桐城縣志》

黄配（元）〔玄〕，江西人。崇（正）〔禎〕七年知望江縣，八年調懷寧。週城建敵臺，浚舊濠，又於濠外築牛馬牆，具礮石守禦。在縣六年，賊不敢逼。《望江縣志》

潘可大，江寧人。崇（正）〔禎〕八年授安慶營守備，尋晋遊擊。丁丑，寇大掠野，可大與安池兵備道史可法四面堵截，以功加參將。總兵程龍進剿，可大副之。遇賊於酆家店，賊數萬騎來攻，龍、可大祇三千人，結營守且戰。營破，可大自刭，龍自焚。史可法招魂而哭之，爲立祠城東。《安慶府志》

張寶山，四川人。初隸總戎麾下，史可法命率健丁八十人戍桐城。賊勢甚熾，寶山身先士卒，皆一當百。授桐標營參將，戰輒捷。辛巳，賊革里眼叛，寶山禦之，戰死於魯硔山。《桐城縣志》

戚國泰，字寧宇，義烏人。起行伍。崇（正）〔禎〕十三年，操江鄭二陽命國泰駐大雷練鄉勇，籍皆市人，國泰申紀律，數年遂成勁旅，陞參將。賊入境，城西北角圮，國泰夜密築疑城障之。賊至，城已完，恃以防固。國泰凡守望江七年，禦賊禦左兵皆以血戰，卒保孤邑。《望江縣志》

朱應嘉，沈（邱）〔丘〕人。崇（正）〔禎〕十四年知潛山。時張獻忠踞桐，遣帥破潛，應嘉與典史沈所安抱印潛居太平寺，賊尋踪至，執歸桐，索賄以贖。應嘉厲聲曰：「死即死耳，我身膺民社，不能掃

清豺虎，肯以賄免乎！」罵不絶口，與所安俱遇害。《潛山縣志》

施元緒，浙江人。崇（正）〔禎〕十五年授宿松丞。時邑新破於賊，加以蝗、疫，緒奉檄徵漕，歎曰：「民食草皮，再加敲扑，民盡矣。吾寧以一人代千萬人之死！」晨起，具衣冠端坐自縊。事聞，得邀䘏免，民皆泣。《宿松縣志》

趙繼春，崇（正）〔禎〕間任太湖守備。縣築城方半，流賊突至，繼春逆戰於洪家嶺，孤軍無援，力竭死之。《太湖縣志》

金應元，會稽人。崇（正）〔禎〕間知太湖。賊寇潛山，應元議請兵，不果。越數日，賊長驅入境，應元自誓必死。賊執之，加刃于頸，脅令跪。應元曰：「聚六州鐵，鑄跪字不成！」賊怒殺之。事聞，贈太僕少卿，廕一子。《太湖縣志》

袁楙齡，字大年，豐城人。崇（正）〔禎〕間令望江。兵荒洊至，行賑恤，力守孤城，鄰縣皆破，邑獨全。《望江縣志》

（邱）〔丘〕壯猷，六安人。崇（正）〔禎〕壬午，以參將移鎮太湖。張獻忠營於天堂山，壯猷夜遣兵襲之，多所斬馘。既而，部卒通賊，潛引入城，壯猷血戰死。《太湖縣志》

國　朝

賈壯，字止庵，襄城人。順治丙戌進士，知懷寧縣。兵燹未久，壯招集流亡，惠通工商，或單騎巡行田間，諮民疾苦。時滇、閩、楚、粤用兵，懷爲八省孔道，供億繁劇，壯儲偫有素，即羽檄紛馳，莫不咄嗟立辦。復建文廟，輯邑志，百廢具舉。以課最擢户部主事，歷官僉憲。舊《通志》

鄭遹元，密雲人。順治己丑進士，知潛山縣。兵燹後一意撫綏，修舉廢墜。操江都御史李日芃檄取邑志，歷百二十年未修，遹元排纂詳覈上之。與鎮將梁大用協築土城，自此守禦有備，民樂安堵。舊《通志》

黄熙纘，字敬庵，晋江人。順治甲午舉人，授安慶府推官，署郡篆。會海氛告警，安慶以上游孤峙，人情洶洶，熙纘誓衆登陴，悉力捍禦。有持僞檄至者，立縛置獄中。已而大兵會剿，熙纘率各營水師追擊之。以功擢刑科給事中，世襲三等阿達哈哈番。舊《通志》

常大忠，字二河，交城人。順治壬辰進士，知潛山。邑畝籍無稽，大忠單騎從數力，荷餱糧，履畝清丈，賦役以均。建立書院，捐貲置學田，於邑治建庫樓，各鄉立眺臺以備守望。又折衷古禮及律書，著明冠婚喪祭之制以示民，皆遵行之。舊《通志》

趙世貞，字興公，開原人。由貢授沛令，有賢聲，陞安慶知府。清慎愛民，均地丁，省徭役，捕蝗禱雨，皆有實政。在郡十年，民安訟息。卒於官，蕭然無以殮，民肖像祀之。舊《通志》

遲大魁，奉天人。順治間爲宿松縣丞。值江西金聲桓亂，邑與九江接壤，逆黨突至，有勸之偕逃者，大魁義不苟免，罵賊而死。

張洪極，杏山人。順治八年知桐城縣。會歲旱，徒跣走四十里，禱於屋脊山。逾年復旱，亦如之。桐當孔道，時大兵往來，洪極拮据措辦，不擾民間。歲餘去官，士民惜之。

盧肇冶，烏程人。順治中知宿松縣。邑當凋瘵之餘，悉心撫字，閭里安恬，流亡復業，時比之和風瑞日。

孫繼文，奉天人。順治中知宿松縣。素嫻勇略，大兵至皖，策應調度，悉協機宜，廛市不驚，鄉民安堵。

張茁，字文霞，嘉善人。順治十三年知安慶府。污萊初墾闢者，苦額賦不支，茁力請上官，題請三年後起科。瀕江蘆洲多坍卸，茁單騎親丈，酌腴瘠，均廣狹，洲民咸得甦息。

王民皡，字孟遷，臨川人。順治十五年知宿松縣。勸民節用務本，墾荒田千頃有奇。奉檄丈畝，爲畫圖以進。造册編審户丁，釐剔詭寄。會部使者丈洲民，皡徒行露宿，供億悉出俸錢。又力請豁明季新增之課，邀特恩得免。

鄔汝楫，江夏人。順治乙未進士，十五年知桐城縣。夙有威名，豪强爲之斂迹。前令葉桂祖革除里役，汝楫踵行愈力。又均魚課，本折解費。延塾師於四門城樓，資之館餐，俾教民間子弟。

徽州府

三國

賀齊，字公苗，山陰人。仕孫權爲中郎將。擊丹陽黟、歙，破之，權遂割爲新都郡，以齊爲太守。《吴志》本傳

南北朝　宋

羊欣，太山人。新安太守。在郡四年，簡惠著稱。《宋書》本傳

齊

蕭穎胄，字雲長，南蘭陵人。爲新安太守，吏民懷之。《齊書·蕭赤斧傳》

梁

伏暅，字(元)〔玄〕曜，安(邱)〔丘〕人。梁新安太守。民賦不登者，輒以太守田米助之。郡多麻

苧，家人〔乃至〕①無以爲繩。民爲立祠。《梁書》本傳

任昉，字彦昇，樂安人。梁天監六年爲新安太守。不事邊幅，每曳杖徒行，民通詞訟者，就路決焉。卒於官，闔郡痛惜，共立祠祀之。《梁書》本傳

徐摛，字士秀，郯人。梁大通三年爲新安太守。政尚清净，教民禮義，勸課農桑。期月之間，風俗便改。《梁書》本傳

唐

蘇瓌，字昌容，武功人。爲歙州刺史。時來俊臣貶州參軍，人懼其復用，多致書請瓌，瓌叱其使曰：「吾忝爲州牧，高下自有體，能過待小人乎！」遂不發書。《唐書》本傳

薛稷，字嗣通，汾陰人。爲黟令。今有薛公祠碑，廣德三年立。《南畿志》

劉贊，字公佐。大（歷）〔曆〕中歙州刺史。觀察使韓滉奏其治有異行，加金紫。《南畿志》

崔淙，字君濟，博陵人。刺歙州。簡約束，明信誓，懲害郡之奸，除險詭之俗。召拜長安令。《南畿志》

崔（元）〔玄〕亮，字晦叔，磁州人。元和中刺歙州。故事，民間馬牛生駒犢，官輒籍之，吏得爲奸，

① 據《梁書》卷五十三補。

(元)〔玄〕亮焚其籍悉不問。民多山處，輸租甚苦，爲下令計斛輸錢，遠近便之。《唐書》本傳

邢群，字涣思，河間人。刺歙州。時杜牧爲睦守，問往來者：「邢君何以爲治？」曰：「急於束縛黠吏。冗事弊政，不以久遠，必務盡根本。」牧嘆曰：「邢君去縉雲日，老稚泣送於路，用此術也。」《南畿志》

吕季重，河東人。爲歙州刺史。歙東南有車灘湍悍，每覆舟，季重出俸錢疏鑿，遂成安流，因名吕公灘。《南畿志》

路旻，元和中令祁門。邑西武陵嶺險隘，旻鑿石爲盤道。又閶門溪水壞舟，開斗門泄之，今號路公溪。《南畿志》

陳甘節，咸通三年爲祁門令。時閶門溪斗門久廢，甘節以俸募民穴石積木爲梁，因山派渠，餘波導入乾溪，舟行乃安。《新安文獻志》

宋

李維，字仲方，肥鄉人。咸平中知歙州。至郡，起學舍，行鄉射之禮。代還，同判太常禮院。《宋史》本傳

歐陽潁，字孝叔，廬陵人。知歙州。有盜殺人於市，三年捕不獲，潁至得之。治七州皆有聲。《南畿志》

王薦，字繼道，宣城人。知歙縣。遵教條，布慈惠，免逋責，寬徭税，吏絶侵冗，人無淹繫，以致道遺莫拾，户闔不閉。蔣之奇《歲寒亭賦》

蘇轍，字子由，眉山人。元豐間知績溪縣。時有令江東諸郡市買戰馬，他邑預括民馬，吏緣爲奸。轍曰：「取馬使者未到，徐爲之備可也。」及州符至縣督馬，轍乃以夏税違期爲由，召諸鄉保正副詰之曰：「誰爲有馬者？」衆以實對。復諭之曰：「事止此矣。取馬者至則出馬，不至則已。」皆再拜曰：「幸甚！」然取馬者卒不至。《南畿志》

黄誥，字君謨，岳陽人。紹聖二年知歙州。首謁先聖，升堂講《周禮》，諭父老遣子弟入學聽講。更創學舍，明年登第者十人。《南畿志》

曾孝藴，政和中知歙州。方臘起青溪，孝藴敕郡内無得奔擾，分守阨塞，人恃以安。《南畿志》

郭師中，宣和初知徽州。廉潔愛民，不受私謁。方臘陷歙，師中死之。《新安文獻志》

洪造，舉進士，黟縣尉。方臘倡亂，造拒之，爲所殺，璽書褒美。《宋史·洪皓傳》

毛粟，宣和初爲徽州司士參軍，嘗攝州事。適睦寇陷城，執粟，欲降之，不屈罵賊而死，舉家遇害。《南畿志》

盧宗原，宣和三年知徽州。睦寇既平，奉詔修築城垣，即大甎隱起爲文，以戒後人無忘寇難。綜理有道，民賴以安。《南畿志》

鞠嗣復，不知何許人，宣和初知休寧縣。方臘黨破縣，脅使降，嗣復駡賊求死。賊曰：「我，縣人也。明府有善政，我不忍殺。」乃委之而去。初，嗣復聞難，率吏民修城立門，衆赴工，守備略就。朝廷知之，進其官二等。《宋史·忠義傳》

郯升卿，乾道三年知徽州，奏罷創科錢及歙縣絹。《南畿志》

趙師夔，乾道間鎮新安。歲祲，遣郡從事下邑，計口授粟。擿奸慝，釐積弊，凡民所不便者皆罷之。郡人立祠於天慶觀。《南畿志》

陳居仁，字安行，興化軍人。淳熙初知徽州。至則告以天子節經費，以惠儉瘠，不能推廣聖德，吏則有罪。乃招三衙軍，植二表於庭，有輸納中度而遭抑退者，抱所輸立表下，親視之，人無留滯，吏不能措手。鄰州有訟，多詣臺省乞決於居仁。秩滿，邦人挽留，由間道去。《宋史》本傳

祝禹圭，字汝玉，信安人。淳熙中知休寧縣，爲政清簡。常著《東西銘解》，朱子爲作《新安道院記》。程敏政《文獻志》

李子宣，知婺源縣，請蠲無名之稅。《南畿志》

張拱辰，字南暉。淳熙中知祁門縣。歲旱，躬踐深山，循行阡陌，視所傷之處，蠲其租賦。邑人歌曰：「桑底不聞兒捕雉，道旁只見馬留錢。」程敏政《文獻志》

盛文昭，知婺源縣。敏而能察，囹圄未嘗妄繫一人。《南畿志》

龔椿，字永年。紹熙間知祁門。歲饑，與縣尉姚淑問發常平粟以賑，不待報，曰：「但活一縣百姓，雖失官何憾！」秩滿，兒童裂綵爲旗，聯句「龔父活我，福壽千春」。亦餞姚尉曰：「薰陶和氣一千

日，全活饑民十萬家。」程敏政《文獻志》

趙希遠，字安父。嘉定初守徽州。飛蝗翳日，希遠禱於神，蝗散山谷中，翌日皆死。米價騰踴，即發廩賑給，兼勸富民捐粟爲助，全活無算。《南畿志》

袁甫，字廣微，鄞縣人。知徽州府。治先教化，崇學校。訪便民事上之，請蠲減婺源紬絹、茶租折帛錢、月椿錢，請照咸平、紹興、乾道寬恤指揮，受納徽絹，定每匹十兩。請下常平、轉運兩司，蓄常平義倉備荒。興修陂塘，創築百梁。以父憂去。《宋史》本傳

趙希恕，嘉定中徽州推官。上官檄委鑿山取石砌漁梁，又撥錢五千緡市田以備將來修築，希恕措置得宜，民不知擾。《南畿志》

彭方，字季直，桐廬人。嘉定間知歙縣。愛養民力，征賦以時。太守袁甫賢之，發郡帑五百萬佐其惠政，方悉以代輸下户折斛之額。始，方父子皆從學於朱子，至是即縣齋建祠，並爲《記》。程敏政《文獻志》

任良弼，嘉定中令休寧。時臣僚奏乞下江東漕司問拯弊之策，良弼請本縣折帛一項減三分之一，又請蠲積欠二十萬緡，詔俱從之。《南畿志》

謝采伯，紹定間知徽州府。徽與衢、嚴接壤，盜發常山，采伯請調兵遏之。禱雨輒應，虎豹遁跡。程敏政《文獻志》

劉炳，字叔文。紹定間知徽州。新學舍，教育士子，撥田以繼廩粟。减租蠲逋，罷巖鎮市榷。

《南畿志》

魏克愚，字明己，臨卭人，了翁之子。淳祐壬子知徽州。闢貢院，作橋梁，政恬事熙，民安其化。《南畿志》

王應麟，字伯厚，慶元府人。父撝嘗守徽州，民稱清白太守。應麟始至，父老慶曰：「此清白太守子也。」摧豪右，減租賦，民大悦。《宋史》本傳

元

趙謙，樊川人。至元四年，以懷遠大將軍爲徽州路總管。言於行省，夏税折納綿絹，爲邦人永利。《南畿志》

許楫，字公度，太原人。至元間爲徽州路總管。民租入，親視概量。時當桑哥立①尚書會計天下錢糧，户部尚書王巨濟倚勢刻剥，遣吏徵徽民鈔多輸二千錠，巨濟怒其少，欲更益千錠。楫曰：「公欲百姓死耶？生耶？如欲其死，雖萬錠可徵也。」巨濟怒解，徽州賴以免。考滿去。徽之績溪、歙縣民柯三八等，因饑阻險爲寇，行省左丞以兵捕之，相拒七月。使人諭之，三八等曰：「但得許總管來，皆降矣。」楫單騎趨賊壘，衆見楫來，皆拜曰：「請署牓以付我。」楫請退軍一舍，賊果降。《元

① 「桑哥立」，《四庫》本作「僧格立」。

史·良吏傳》

陳發，江西人。元貞中爲休寧尹。單騎之官，首開渠溉田各數千頃。府檄收永豐倉廩，料量公平，無粒粟羨溢。秩滿，仍單騎而歸。《南畿志》

郝思義，字宜之，真定人。大德中徽州路總管。以宰相子自裹衣糧來郡，新學宫，刊《朱子語類》，蠲除酒税，頒《農桑輯要》於里社，縣囚至郡即遣，民立碑記之。《南畿志》

宋節，燕京人。大德中爲歙令。勸農桑，農有惰者，令社長供報籍充夫役，俟改悔後除名。又諭父老，遍立鄉塾訓子弟。杜絶私謁，門庭闃然。程敏政《文獻志》

干文傳，字受道，吴人。知婺源州。以禮訓民，禁婚喪之逾制者，創州學及晦庵書院。《元史》本傳

張毅，字彦弘，洛陽人。大德中爲績溪尹。歲饑，勸富民分賑，復置義倉儲粟。有飛蝗蔽空，群虎入境，毅虔禱于忠烈廟。是夕大風雨，蝗盡滅，又有猛獸如彪，逐虎食之，民爲立石紀之。《南畿志》

薛居信，字仲宣，河東人。皇慶中爲祁門尹。初，至元間官行括勘法，官吏虚增民田數，居信獨赴公省自實，蠲減虚數。《南畿志》

張蒙完得，濟寧人。天（歷）〔曆〕中令祁門。歲饑，躬詣各都，發廩分賑，勸富民平糴，招諭商旅，米艘踵至，民賴以濟。《祁門縣志》

張士謙，樂安人。至正中以南臺御史，出知婺源州。明兵至，力守五十餘日。城陷被執，先戮其

妻，脅之降，士謙曰：「吾爲國死忠，豈畏死耶？」遂遇害。事聞，追封清河郡伯。程敏政《文獻志》

明

鄧愈，虹縣人。明初開疆至郡，明立賞罰，撫以恩信，繕城郭，設官府，四境晏然。程敏政《文獻志》

魏君祥，壽陽人。明初以行省管勾知徽州。單舸一僕之官，除一切苛政。治城濠，均賦税，修葺廨舍官庾。建朱子祠，以弟子配享。程敏政《文獻志》

白謙，濠梁人。明初知婺源州。甲辰冬，鄰寇陷城遇害，葬于縣之環村。《南畿志》

陳彦回，字士淵，莆田人。洪武三十一年知徽州府。靖難師起，彦回糾兵將入援，事定被繫，争以大義而死。《南畿志》

張齊，錢塘人。明初知歙縣。時官民廬舍皆燼，齊諭民復業。課農桑，興學校，構紫陽書院，政治蔚然。《南畿志》

吴遜，夾江人。知歙縣廉静，手植庭柏，至今比之甘棠。《歙縣志》

朱珍，字仲理。明初知休寧縣，建縣四門。《休寧縣志》

鍾友諒，字明德，魏縣人。明初知祁門縣。薙蓬蒿，開市井，招逋逃，闢土地，建立廟學，百廢具興。《祁門縣志》

余寶，字均玉，袁州人。明初知祁門縣。創各官廨及坊巷，開新河，爲横梁以便民。《祁門縣志》

董興，廬州人。明初鎮守黟縣。羅寇劫掠，興率民、兵固守。寇平歸朝，黟民繪像祀之。《南畿志》

王虎，洪武初知黟縣。羅寇之餘，招撫流散，勸課農桑，政治第一。《南畿志》

蔡美，字世宣，廬州人。洪武初知績溪縣。城南有田千餘畝，旱則無獲。美召耆老相視水源，于上三里乳溪口築碣鑿石，引水灌田，遂得常稔。《南畿志》

黄彪，臨川人。永樂七年黟縣丞。縣故折收苧布，後改徵棉布，地不産棉，頗爲民患。彪具實請如舊，詔許之。《南畿志》

孫遇，字際時，福山人。正統中知徽州。先是，歲造弓費累萬，遇獨減十之九。乙巳，京師有警，檄郡邑造軍器，鐵價踴貴，遇令民出廢鐵有差，旬日而集。景泰間，休寧、黟縣饑，民聚衆劫粟，按郡者欲發兵剿之，遇單車往諭即解。在郡幾二十年，後擢江西布政使。程敏政《文獻志》

龍晋，字遵序，吉水人。由進士知徽州府，開良堨灌田三千餘畝。《南畿志》

張魁，字萬選，新淦人。正統間知績溪縣。清釐糧册，民無欺隱。築堨溉田千餘畝。有兄弟叔侄争田久不斷，魁引普明故事作詩諭之，俱悔悟，遂成禮讓之風。程敏政《文獻志》

董復，字德初，會稽人。成化中知黟縣。黜奸胥，恤貧弱。邑多山谷，大雨時行，壞民廬舍，復築堤捍之。更闢田數百餘畝。程敏政《文獻志》

彭澤，字濟物，長沙人。弘治中守徽州。葺學宫，新紫陽書院，課諸生，拔其尤者廪給之。《徽州

府志》

何歆，字子敬，博羅人。由御史出守徽州。郡數火災，歆下令郡中五家爲墻，里邑相效，家治崇墉。自後六七十年無火災，災輒易滅。程敏政《文獻志》

留志淑，號朋山，晋江人。正德中，由杭州守改徽郡，六邑晏然。蘇郡飛派白糧，力爲懇免。杭人請於朝，願還其守，奏可，復治杭。徽民立祠祀之。《徽州府志》

鄭玉，字于成，莆田人。嘉靖間知徽州府。歲饑，引諸生問閭閻疾苦，多方賑恤。時皇木擾民，爲奏免之。《徽州府志》

王繼禮，號節齋，文縣人。嘉靖壬辰補徽州守。性廉直，郡無墨吏。會朝廷遣真人有事齊雲山，中官數輩，供億百出，父老皆恐。繼禮曰：「是無與民事，有太守在，願以身當之。」中官不得逞。四境蝗起，虔禱於神，一夕悉飛去。《徽州府志》

陶承學，會稽人。嘉靖中守徽州。設爨具於廳事前，兩造刻期至，携米自炊，曲直立判去。民有「半升賢太守」之謡。《徽州府志》

高節，永清人。嘉靖中知歙縣。時以部派有所徵索，民將上控，節助資遣之，後得免。歲額徵完報上官，每後他縣，曰：「不如是，人將謂歙民富，徵派日滋，民重困矣。」《歙縣志》

劉廷梅，字與和，南昌人。嘉靖中知歙縣。首禁訟師，民有訟輒諭以情理，人皆感泣。尋徵爲主事，以犢車載母，敝衣羸馬從之。父老奉壺漿遮道，百里不絶。《歙縣志》

宋國華，奉新人。嘉靖間知休寧縣。甫莅任，决疑獄以十數。釐清賦役，視前減三之一。《休寧縣志》

尤烈，字子偉，晋人。嘉靖間知祁門縣。常賫錢酒出郊外，勞力農而鞭其蕪穢者。時旁郡飛坐白糧，隣邑擬任之，烈獨毅然脱冠以争，事遂寢。又清軍使者多斃人杖下，行部至祁，烈委曲調護，全活甚衆。《祁門縣志》

屠存仁，知黟縣。政簡刑清，去官惟敝衣兩篋。《黟縣志》

杜銓，鄞縣人。嘉靖中知黟縣。冬月無炭，令家人暴檐暉。有餽一魚者，却而責之。《黟縣志》

張濤，字元裕，黄陂人。萬(歷)〔曆〕中以科臣放歸，起知歙縣。始至，大旱，既復苦雨，濤散賑，請以贖鍰令富人買米平糴。又放昔人以興作救荒，乃作河西堤，葺祠宇，建塔霞山，民多食於官，飢不爲害。以遷去，民肖像祀霞山。《歙縣志》

萬國欽，字二愚，新建人。萬(歷)〔曆〕十一年知婺源縣。始甃通衢以石。歲飢，傾儲爲賑，又諭富民平糴，出粟者旌，私閉者罰。暇即進諸生課藝，手定甲乙，文體翕然一變。擢御史。《婺源縣志》

洪應衡，知徽州府。下車廉奸胥數人寘之法，一郡肅然。時璫案株連戕善類，應衡曰：「吾不能殺人以媚人！」悉報罷，後乞休去。《徽州府志》

朱大雅，字正之，桐鄉人。天啓乙丑知祁門縣。務以禮教導民。縣有山出土，每歲江右陶人買爲瓷，值二千金例歸令，大雅則以給工，治稠木嶺險道六十里。顔市鎮民變，太守擁兵閉城，檄屬令，

大雅至，一言而解。逆璫建祠，力拒之，守怵以利害不少懾。遷大理評事。去之日，行槖蕭然。《祁門縣志》

陸錫明，平湖人。知徽州府。民貧賦缺，錫明多方調劑，爲前人完積逋三萬。常語僚佐曰：「守官如守身，身失而得官，如衾影何？」《徽州府志》

金蘭，字谷生，會稽人。天啓中知婺源縣。諸生貧者，置田贍之，修廉惠倉以備旱潦。《婺源縣志》

戴自成，漢陽人。知徽州府。時皇木官銅波害無辜，自成力請省豁。常謁直指於姑孰，值建陽軍變，殺奸胥，脅寧郡丞赴教場。將舋鼓，自成單騎冒白刃，抗聲諭以逆順。自辰及未，衆呼「青天」，亂始定，丞乃獲免。《徽州府志》

翟敬，字行簡，猗氏人。以檢討謫知休寧縣。善察疑獄，庭無冤滯。民舍火，敬向火再拜，風反火滅。邑治門廡、鼓樓、三思橋，皆所創建。《休寧縣志》

唐良懿，吉安人。崇（正）〔禎〕時知徽州府。正己率屬，歲荒多方賑恤，全活數萬。時集諸生講學天都書院，今即其堂祀之。《徽州府志》

温璜，字介石，烏程人。崇（正）〔禎〕末授徽州推官，訓民、兵爲保障計。南都覆，守令皆遁，璜盡攝其印以守。知事不可爲，先刃其妻女，遂自剄，復蘇，引手抉其創而死。《徽州府志》

何起鳳，南充人。崇（正）〔禎〕時以賢良方正授休寧縣丞。善發奸伏，鄰邑疑獄皆求訊。歲大

旱，起鳳與城隍神並繫三晝夜，乃大雨。《休寧縣志》

國朝

張學聖，奉天人。順治二年知徽州府。時郡初定，民多流徙，學聖招徠撫綏，四民復業。與徽寧道張文衡、總鎮張天禄加意輯兵愛民，後俱遷秩去，時有「挽不住三張弓」之謡。舊《通志》

張維光，廣寧人。順治中爲黟縣令。時邑有逆僕聚衆爲亂，大姓竄匿，維光至佯不問。密請上憲發兵，擒其渠魁戮之，並剿除餘黨百餘人，民得安堵。

郭四維，號帝京，猗氏人。順治四年授績溪令。邑奸民每借命展轉扳害，四維知其弊，痛懲抑之。有誣告者必反坐，且諄諄勸諭，民俗一變。

竇士範，字方海，蒲城人。順治八年，以進士爲黟縣令。爲政務持大體，奸胥縮手，豪猾斂迹。清賦税，興學校，復建挹秀橋於石山，民利濟焉。舊《通志》

來承祉，號駢茀，高陵人。順治十年授休寧縣丞，性廉介。署績溪篆，盡除陋例，不受民間一絲一粟。鞫訟好語款曲，若家人父子。去之日，送者如市。

李之韡，號郁和，銅梁人。順治十五年知績溪縣。發奸摘伏，胥吏畏若神明。海寇告警，百計撫輯，民咸安堵。去之日，止行囊三肩。

張行健，字天行，海鹽人。康熙十年，授祁門良禾司巡檢。甲寅，逆藩兵逼城，城陷，都司臧世龍死之。行健被執不屈，亦遇害。事聞，贈世龍遊擊將軍，行健金山衛經歷。士民立祠演武亭東，并祀之。

廖騰煃，字占五，將樂人。康熙二十八年知休寧縣。遇負氣輕生，凡以服毒、自經、投河來控者，即勒令埋葬，勿得株累，民皆懲忿自愛。又俗錮婢不嫁，悉禁絶之。編審黄册，陋規苛派數千金，悉申請勒石永禁。擢御史。邑人祀之海陽書院。

寧國府

漢

何比干，字少卿，汝陰人。爲丹陽都尉，獄無冤囚。《後漢書·何敞傳》注、《何氏家傳》

李忠，字仲都，黄人。建武六年爲丹陽太守。時海濱江淮多擁兵據土，忠到郡，招懷降附，其不服者誅之，旬月皆平。乃起學校，習禮容，春秋鄉飲，選用明經，郡中向慕之。墾田增多，流民占著者五萬餘口，三公奏課爲天下第一。《後漢書》本傳

張馴，字子儁，定陶人。爲丹陽太守，有惠政。後遷大司農。《後漢書·儒林傳》

三國

諸葛恪，字元遜，瑯琊人。嘉禾三年，領丹陽太守。時山賊深遠，莫能盡擒。恪移書長吏，令各保疆界，不與交鋒，候其稼熟，縱兵芟刈，使無遺種。於是山賊飢窮，漸出降，得兵數萬。《吳志》本傳

晋

鍾雅，字彦胄，潁川人。爲宣城内史。錢鳳作逆，率衆屯清①弋。時廣德人周玘攻雅，雅退據涇縣，收合士庶斬之。鳳平，拜左丞。《晋書》本傳

陶汪，丹陽人。咸康中宣城内史。汪有幹略，招隱逸，廣學舍，士民嚮學者並辟爲掾吏。百姓歌之曰：「人當勤學得主簿，誰復爲之陶明府？」《南畿志》

南北朝　齊

謝朓，字〔元〕〔玄〕暉，陽夏人。明帝時爲宣城太守。每高齋視事，吟嘯自若，而未嘗以玩替政。《南畿志》

① 「清」，《晋書》本傳作「青」。

梁

王志，字次道，瑯琊人。宋孝武末爲宣城内史。郡民張倪、吴慶争田，經年不決，志到官，父老謂曰：「王府君有惠政，吾鄉里乃①如是争耶？」倪、慶相携謝罪，所訟遂爲閒田。《梁書》本傳

何遠，字義方，郯人。宣城太守。郡經寇，遠盡心綏理，途巷、市里、城隍、廐庫，所過若營家焉。秩奉並無所取。每歲暮，擇民尤貧者免其租調，民爲立祠祀焉。《梁書》本傳

唐

張路斯，景隆中宣城令。墾土田，通水利，至今城北有張路斯田。《南畿志》

裴耀卿，字涣之，絳州人。開元中刺宣州。首務教化，率父老行禮，奏樂歌《白華》《由庚》等篇，明孝子養親之義，聞者爲之感泣。《南畿志》

班景倩，開元中宣州刺史。有風力，恤疾苦，除貪暴，逾年黜贓吏以百計。《南畿志》

竹承構，開元中宣州刺史。戢奸黜暴，與班景倩等時有班竹之謡。《南畿志》

裴敦復，開元中刺宣州。政務大體，不事煩苛，當時稱爲良吏。《南畿志》

① 「乃」，《四庫》本作「有」。

李孝儞，天寶中由太平令徙涇。政清而簡，不矯飾干譽，士民懷之。卒于涇，子孫家焉。廣德盜起，頻陷城邑，入涇，獨不忍壞其廬。《南畿志》

崔陵，字德長。大(歷)〔曆〕中令南陵。性介潔，疾賄如讎，吏籍民田糧失實，賦多逋。陵召父老言狀，爲覈而正之，積逋以完。《南畿志》

范傳真，順陽人。元和中令寧國。韋瓘稱其肅以檢姦，儉以約身，和以納民，敏以應務，物不夭落，民得休泰。攝南陵，復修大農陂，民賴其利。《南畿志》

宋

賈黄中，開寶中知宣州。歲祲，出俸造糜，所全活以千數。又立弭盜法，姦宄屏息。《宋史》本傳

李堅，知宣城縣。水泉委匯，暑雨流潦，輒傷禾稼，堅峻爲之防，歲以有秋。《南畿志》

吕誨，字獻可，開封人。慶(歷)〔曆〕中爲旌德簿。愛民如子，而治姦暴則嚴。後入朝以直諫顯。《宋史》本傳

劉安節，字原成，温州人。元豐中知宣州。爲政有程式，不事刑威，人自不敢犯。猾胥每相戒曰：「神可欺，公不可欺。」州大水，民苦疾疫，安節載醫藥拯撫。以勞卒於官。《南畿志》

練呰，延平人。元祐中知旌德。政尚簡易，興學獎士，邑子弟如汪澥、吕鏜皆其造就。雅有清操，人飲酒，清者輒稱「練長官酒」。嘗建北渡橋，亦以練公名之。《南畿志》

李光，字泰發，上虞人。建炎三年，車駕移建康，以光知宣州。宣邇行都，光乃繕城隍，立保伍，選武健，得甲士萬餘，分戍險要。會劇盜戚方圍宣，光百計守禦。嘗置匕首於枕匣，約家人曰：「城卒不可保，我必死，汝輩亦宜自殺。」閲二十八日賊退，城得全。《宋史》本傳

張果，四川人。建炎中知宣州。宣州大水，城郭將没，果抱民籍入水死。水勢驟減，郡人求其屍，禮葬之，祠於城北。《南畿志》

李椿，字壽翁，洺州人。紹興中寧國軍節度推官。治豪民僞券，還陳氏田，吏才精强，人稱之。《宋史》本傳

趙愷，乾道中判寧國。究心民事，嘗築圩堤之隤圮者。又請增士人貢額，帝手詔嘉奬。《宋史・宗室傳》

郭堯，字高叔。淳熙中知南陵縣。政尚慈恕，嘗除工山坑冶之患，修復堰陂，以資灌溉，至今賴焉。《南畿志》

李延忠，字居厚，臨安人。開禧中知旌德縣。創置學田八十餘畝，捐縣市諸鄉地税錢九千餘緡，贍學宫弟子。建縣東石橋及亭舍十餘楹，行者便之。《旌德縣志》

王栐，字叔永，無爲人。嘉定中知涇縣。初，縣治多水患，栐遷建於賞溪橋之南。村民奠厥居，修廢舉墜，良吏稱最。《涇縣志》

杜範，字成之，黄巖人。嘉熙三年知寧國府。適大旱，以便宜發常平粟。初倉庫多空，未幾米十

餘萬斛，錢亦數萬，悉以代輸下户賦。兩淮飢民多剽掠，其首張世顯尤勇悍，擁衆三千抵城下。範遣人犒之，令勿擾，以俟處分。世顯謀窺城，範以計擒斬之。《宋史》本傳

王遂，字去非，夷陽人。淳祐元年出守寧國。除積弊，定斗斛，置義役，奏罷蕪廢逃亡田税。嘗詣學宫，訓勵諸生。及載酒出郊，慰勞農人，群頌之曰：「作民父母，後王前杜。」《南畿志》

魏杞，字南夫，壽春人。爲涇令，罷無名科費。太平、繁昌二縣獲盜，宰、尉希功賞，日加鍛錬，因誣引涇民五十三家。杞聞，馳檄取審，悉縱諸被誣者。《宋史》本傳

趙與穗，德祐元年知寧國縣。元兵至，與穗率衆與戰，死之。吏楊義忠亦戰死。《南畿志》

元

劉性，字粹衷，廬陵人。至元初爲旌德尹。廉明剛果，修學剔弊，年穀屢豐，虎不入境。《南畿志》

施正大，涇縣人。至元間，丞相伯顔下江南，辟知本縣。初，縣治在水西，時苦漂蕩，正大始徙于水東，至今利賴。又學舍鄰大安寺，爲僧侵據，正大與教諭賀桂孫請於部使者復之。《涇縣志》

王貞，字伯善，東魯人。元貞初爲旌德尹。慈惠有爲，凡學宫、縣廨、壇廟、橋道，葺治一新。《旌德縣志》

吴師道，字正傳，蘭溪人。元統中寧國路録事。歲大旱，師道勸大家得粟三萬餘石，又請于朝得粟四萬石、鈔三萬八千錠有奇以充賑，所存活三十餘萬人。《元史·儒學傳》

呂良佐，字唐臣。爲涇縣尹。廉幹慈仁，治民以信。後朝廷延訪耆舊，良佐與焉。《南畿志》

蘇濟，字汝舟，益都人。至正初爲涇縣尹。浚渠均賦，修學宫，鑄祭器，復浮屠氏侵田以餼諸生。百姓歌曰：「四民藝業通，縣官有蘇公。」又曰：「三載民無憂，賴有蘇汝舟。」趙孟頫撰《德政記》。《南畿志》

劉耕孫，字存吾，茶陵人。至正十五年爲寧國路推官。會長槍賊鎖南班等攻寧國，耕孫日署府事，夜督城守。城陷，力戰而死。《元史·忠義傳》

明

陳灌，字子將，廬陵人。洪武初知寧國府。首詢民隱，延禮師儒。倉吏爲奸，灌刻期行視諸廩，吏得先期實廩而弊革。旱潦洊至，灌增築圩岸，爲斗門，以時蓄泄。又作户帖，定版籍，郡民稱便，後詔以其法行天下。《南畿志》

王文質，六安州人。明初知宣城。時兵革初定，文質撫綏招徠，教士勸農，民始安集。乃建縣治，徙縣學於泰和門内。《宣城縣志》

柳世榮，洪武初知太平縣。首務清理田糧，黄山峭壁，田不可耕者申免税糧一千五百餘石。《太平縣志》

梁德遠，洪武中知太平縣。蕪田逋税，悉折收輕齎，以恤其困。民肖像祀之。《南畿志》

宋獻，棗强人。永樂時知寧郡。庠校祀典，咸所釐整。居官九年，門無私謁。《寧國府志》

舒謨，樂平人。宣德中知旌德縣。慈惠廉敏，行政宜民。後擢御史。《旌德縣志》

袁旭，字廷輔，江西樂安人。正統初知寧國府。改建府學，壯麗甲諸郡。創宛溪二石橋，雖洊興大役，民不知擾。詔舉守令治狀卓異者行宴賚，凡十人，旭居第二。後坐蜚語卒於獄，郡人祀之濟川橋左。《寧國府志》

陳雅，晋江人。正統中爲宣城丞，嘗攝縣事。遇旱虔禱，荷校自責，已果大雨，歲賴以稔。《南畿志》

沈性，字士彝，會稽人。天順中知寧國府。裁冗費，省繁科。姑熟有重役，宣城歲往協濟，積爲民病，性奏改輸費免役，一邑稱便。《南畿志》

尹清，字周潔，富順人。成化中知旌德縣。操持廉介，平易近民。秩滿，士民泣送之。《旌德縣志》

王濬，字文深，河南人。成化十年，以御史謫涇縣丞。鋤强植弱，均賦役，通錢法。學校、壇廨、橋梁，多所修建。《涇縣志》

姜綰，字玉卿，弋陽人。弘治初，以御史謫遷寧國同知。杜私謁，抑豪强，聽訟明允，鄰境民訟不決，輒白當路，願屬姜郡丞。由是委任叢沓，所至咸服。諺曰：「寧郡司馬，姜老愈辣。」《廣輿記》

顔禄壽，字天庇，巴陵人。弘治中爲寧國通判。有持百金囑左右寘帷中，斥不受。暇即荷鋤治

圃，一室蕭然。《寧國府志》

樂護，字鳴音，臨川人。弘治中知宣城縣。廉明有才，飢民聚黨肆刧，護單騎撫諭，衆咸感泣，因計口以賑。入覲遇盜，發笥止銀四十兩。盜曰：「久聞宣城樂青天，乃汝耶？」還之而去。《宣城縣志》

李鸞，字天瑞，固安人。弘治中，由御史謫知涇縣。建尊經閣，置義冢，造浮艘，諸所繕舉甚衆。《涇縣志》

張瀚，字克容，博平人。弘治中知太平縣。明敏清勤，積穀備賑，興學育才，治績甚多。《太平縣志》

李文，字載道，嶧縣人。弘治中爲宣城主簿。初，邑文廟以附府輟祀，文始行春秋釋菜禮，因著爲令。捐俸創雙溪石梁，至鬻其家驟車以足之。橋成，宣人德之，名李公橋。《南畿志》

胡東臯，字汝登，餘姚人。正德中知寧國府。有才略。會大造版籍，更定里甲，搜剔奸弊，田賦一清。修築圩堰，曲爲擘畫。又嘗躬歷屬邑，民有訟輒就聽之。《寧國府志》

及宦，字士顯，交河人。正德間，由給事中出爲寧國知府。質直有清操。高淳豪民以養馬援宣、涇諸邑協助，撫臣將如議，宦力争得免。當宦争馬政時，其父適從北來，持蓋躡屩止署外，呼宦語曰：「汝幸毋得罪百姓，異日可相見也。」飯于廨後，旋挾蓋躡屩而去。其時已拜給諫封矣，蓋其父子清厲如此。《寧國府志》

蕭山，荆州人。正德中丞宣城。用廉直忤當路罷去，不能具行李。時編修邵銑爲推官，贈以詩，

有「去馬人争挽，歸裝月共寒」之句。《宣城縣志》

賈啓，字啓之，黄岡人。正德中知涇縣。爲政嚴明，事至即決，邑雖煩劇，而公庭闃寂，民有「官清吏廢」之謡。《涇縣志》

王廷相，字子衡，儀封人。正德中，以庶吉士謫知寧國縣。器度弘闊，以文學飭吏治，期月間百廢具舉。《寧國縣志》

劉起宗，巴縣人。嘉靖中知寧國府。負才彊敏，嘗檄諸屬邑覈實田數，履畝丈量，官民均賦。創涇縣水西精舍，置田膳多士，聘名賢講明正學，一時人士烝烝嚮慕。《寧國府志》

方逢時，字行之，嘉魚人。嘉靖中知寧國府。景王之國，所過陵轢，守宰多亡匿，逢時獨往部署，所需皆立辦。又面奏諸璫驕横狀，王爲引罪治之，江上諸郡藉是得無擾。大盜馬黨等越獄，禱于神，逸盜果踨踖待縛。數年間，外户不閉。《寧國府志》

李默，字時言，甌寧人。嘉靖初，以吏部郎謫判寧國。廉峭不阿，議減名田勸米及慎征派，重建靖難死節尚書陳公祠，纂修郡志，矜嚴有體。《寧國府志》

雷禮，字必進，豐城人。嘉靖初爲寧國推官。讞獄明慎。涇有豪民吴榮四，與華某格鬥而華死，榮四急搥殺其僕，舁于華所以當之。無何，華甦，榮四更愬華殺其僕，論死。禮廉其實，坐榮四罪，華得釋。《寧國府志》

周奎，字象賢，萬安人。嘉靖中知宣城縣，廉儉慈愛。歲大饑，發廩出帑，推士夫之忠信者行各

里散給，民不入市，並得全活。《宣城縣志》

楊九韶，餘姚人。嘉靖癸丑知南陵。築圩一十五處，瀦泄有法，至今利賴。邑苦養馬，九韶奏蠲七十四，民困漸蘇。《南陵縣志》

周詩，字汝學，錢塘人。嘉靖丁巳知南陵縣。歲大水，奏請減逋負數千。又請豁種馬，牧害少息。清覈奸民隱田一千有奇，田賦以均。《南陵縣志》

郜永春，字子元，長垣人。嘉靖癸亥知南陵縣。創建縣城，徙建學宮，覈田畝，清賦役，民頌再造。《南陵縣志》

林文瓊，江山人。嘉靖中南陵丞。不携妻孥，俸錢每贍貧民。暇即與士人講明正學，民有「貌古心亦古，節苦身更苦」之頌。《南陵縣志》

胡永成，字思貞，安福人。嘉靖中知涇縣。敏斷有爲，獎勵英俊，清里籍，祛蠹弊，積粟萬餘石，歲祲賴以賑給。《涇縣志》

陳守仁，號我山，德化人。嘉靖中知涇縣。有清操，崇尚風教，著《諭民集訓》，申述古禮。以艱去，賻贐悉不受，鬻衣以行。《涇縣志》

鍾紐，號東岑，永豐人。嘉靖中知涇縣。政崇寬簡，清節始終如一。嘗捐俸甃路十里，造下坊渡浮橋。以調去，民有遺思。《涇縣志》

彭明甫，字則誠，萬載人。嘉靖間爲寧國丞。約己愛人，去之日，僅敝衣數襲。《寧國縣志》

張鳳翀，寧州人。嘉靖間旌德知縣。時高淳奏派養馬，旌民洶懼。翀抗言山嶺非芻牧之場，囚服詣軍門，力辨得免。以才調丹陽，輕裝就道。《旌德縣志》

甘澧，蘄州人。嘉靖十三年知旌德縣。時條編未行，澧裁省厨傳，寬里甲諸費。有中貴過縣，索供帳横甚，澧遣吏致常廪，吏不敢往，澧乃易吏服往見。中貴怒曰：「令安在？」答曰：「邑如懸磬，不足以犒從者，令遁矣。」中貴度無所得，乘傳去。《旌德縣志》

王皞，安福人。嘉靖中寧國訓導。建鳳山書院，進諸生討論聖學，寒暑不輟。嘗輯《四禮纂要》刊行。《寧國府志》

劉世亨，字以進，臨川人。嘉靖四十五年知涇縣。爲政勤化導，嚴法紀，省費均徭，置學田以贍士。以優異徵，士民泣送至采石者數千人。《涇縣志》

王嘉賓，字光國，滕縣人。隆慶中知寧國府。刻文天祥《勸農辭》，誡諭勤懇。涇妖民董代聚衆將倡亂，檄兵捕治。先是，東溪以舟濟，時苦漂溺，爲建石橋四十丈。民德之，稱惠濟橋。《寧國府志》

姜奇方，字孟潁①，監利人。隆慶五年知宣城縣。周悉民隱，建豫備、常平二倉，儲穀待賑。創水陽諸廒，斂粟待兑。至今軍、民便焉。《宣城縣志》

① 「潁」，《四庫》本作「博」。

蕭良譽，字以孚，漢陽人。萬（歷）〔曆〕間知寧國府。勸民力田，敦孝弟。嘗課諸生，首識湯賓尹必冠南宮，卒如其言。《寧國府志》

金勵，字霜鐔，西華人。萬（歷）〔曆〕間知寧國府。振風紀，明正學，獎拔寒俊①，兼置田膳之。歲災，力請蠲貸，遣糴楚、豫平糶，民不告飢。《寧國府志》

黄尊素，字真長，餘姚人。萬（歷）〔曆〕中寧國推官。嚴明執法，豪貴斂手。公餘則引生徒講課，士類興起。以治行擢御史。《廣輿記》

陳公相，字子顯，漳浦人。萬（歷）〔曆〕中知宣城。坦易剛直，吏民畏服。歲旱，多方拯恤。建議改折漕粟二萬石，以去就争，卒報可。建待學書院，置養士田，文治大興。《宣城縣志》

盧維屏，字建台，忻州人。萬（歷）〔曆〕中令宣城，清介有風力。時里役之弊，私費倍公賦，維屏置匭庭中，細民得自納，煩費省。築新稔石陂，免新河莊竹木雜税。《宣城縣志》

張堯文，字復吾，新淦人。萬（歷）〔曆〕十二年知涇縣。寬和簡易，而發奸摘伏如神。復水西書院祀田。歲連祲，經營賑貸，全活不下萬家。《涇縣志》

張時徹，南城人。萬（歷）〔曆〕中知旌德。革耗羡，勸農桑。時中使以開採至，供億不貲，時徹悉從官辦，絶不擾民。會大計，當課最，鄭司理以那解錢糧難之，旌民一夜代輸五百金，其得民如此。

① 「俊」，《四庫》本作「畯」。

《旌德縣志》

鄧啓隆，安福人。天啓初爲寧國推官。清苦自勵，嘗他出，家人誤受一紳士香荈，啓隆歸，追而還之。嚴寒所服氈，四緣皆蟲嚙，士民嘆服。《寧國府志》

宗敦一，字淩霄，四川人。崇（正）〔禎〕五年知旌德縣，政崇簡易，禮士愛民。大盜吕大祚等剽掠行旅，悉擒治之。《旌德縣志》

高承埏，浙江人。崇（正）〔禎〕時知涇縣。沈毅有威望，定踐更，均郵遞，革加耗，絶餽遺，訟簡民安。涇人歌曰：「琴溪水，清且芬。昆山阜，青入雲。誰其比，高使君。」《涇縣志》

國朝

秦宗堯，字明宇，奉天人。順治九年授寧國知府。性廉儉，嘗質衣自給，米薪蔬腐，人皆得稽其數。郡舊貢黃連，非寧産也，民慮不供已，奏折直三之二。順治十三年，詔許知府得言地方利病，宗堯同巡按御史鍾有鳴交疏請改，得全免。舊《通志》

劉九禮，陝西人。康熙十年任寧國營參將，軍令嚴明，約束士卒無得擾害。有一卒暴取民薪，立縛而置之法。甲寅，饒賊掠近境，郡邑震動。九禮防禦有方，以静鎮之，民恃以無恐。擢京口副將，百姓遮道拜送，馬不得前。舊《通志》

傅大業，字用滋，建昌人。康熙間授太平知縣。值歲旱，大業捐米爲倡。又親詣邑大姓，委曲勸輸。設廠發粟，編名立竿，以次給發，萬人無一遺，亦無一譁者。大盜某妄扳鄰家未字女爲媳，大業屢折其誣。盜辭卒不易，憲檄嚴駁，執不少移，後竟得釋。

馬光，字幼實，鄒平人。康熙十三年知寧國縣。邑素僻陋，光下車建尊經閣，立西津書院，諭民以禮教，俗爲一變。時徽、浙兩界伏莽跳梁，練鄉勇，嚴偵候，迄不敢犯。邑中有無賴子屢作不靖，光擒其渠魁寘之法，民以安堵。嘗興水利，較權量，至今有馬公塘，市肆間以馬公斗爲準。治邑六年，以卓異薦擢御史。

王鄰，字欽四，曲周人。康熙十六年知太平縣。時禁革里排，他邑以錢賦奇零、夫馬紛錯，或仍問之里排，鄰獨奉行禁革如例。聽訟則令原告自持一牒，投被訴之家。兩造至庭，即片言決遣。五載不遣一役至民家，絶苞苴，杜請託。以卓異遷部曹。

陳主策，字世持，河南靈寶人。康熙二十年知寧國縣。首禁革糧里，行一條編法，以便輸納。折獄明允，負者亦心服。遷理藩院判。

江南通志卷一百十七

職官志

名宦　六

池、太、廬、鳳四府

池州府

唐

韋仲堪，字權輿。令青陽，豈弟而民從。《南畿志》

李芃，字茂初，趙州人。李勉觀察江西，表芃爲判官。永泰初，宣、饒劇賊方清等截江劫商旅，支

黨盤結。芃請以秋浦置州扼衿要，使不得合從。勉是其計，奏以宣之秋浦、青陽、饒之至德置池州，即詔芃行州事。《唐書》本傳

蕭復，字履初，池州刺史，有治行。《唐書》本傳

張嚴，建中初池州刺史，因公坐法免。苦節立身，直躬激俗，廉潔惠愛，特異常流。李冉《舉嚴自代疏》

孫愿，貞元後三任池州刺史，積漸所致，民濡澤焉。《南畿志》

李方(元)〔玄〕，字景業。刺池州。勾檢户籍，所以差量傜賦者，皆有科品章程，吏不得私。嘗曰：「沈約年八十，手寫簿書，蓋爲此。」《唐書·李遜傳》

杜牧，字牧之，萬年人。會昌中刺池州。牧之剛直有奇節，不爲齪齪小謹，論列大事，指陳利病尤切。《南畿志》

竇潏，乾符六年刺池州。黄巢亂後，百姓死徙，城邑爲墟。潏檢訪鄉籍，安集流亡，築城、浚濠、立解舍。竇潏《重建大廳壁記》

陶雅，合肥人。池州團練使。時諸州多貪暴，獨雅寬厚得民。舊史

南唐

吴仲舉，興國人。爲池陽令。宋曹彬伐江南，遣使招降，仲舉殺其使。及破池州，執仲舉，仲舉

曰：「世禄李氏，國亡而死，職也。」彬義而舍之。薛居正《舊史》

宋

成昂，開寶間知池州。始建學校，興教化。《南畿志》

羅彦輔，嘉祐間知池州。屬歲旱，善舉荒政，奏課第一。《南畿志》

王哲，字微之。嘉祐中以學士知池州，司馬光有《齊山記》寄頌其美。《南畿志》

汪奕，字公偉，績溪人。哲宗初第進士，知東流縣。有書生上書觸時忌，憲使欲置重典，奕以爲狂疾，宜寬其罪。奏上，果貸死。憲使謝曰：「微君，幾陷失入矣。」《南畿志》

楊元秉，紹興中知青陽縣。每事精覈，群吏縮手，臺省亦難屈以私。遷儒學於縣治東南，邑人宜之。《南畿志》

黄子游，紹興十九年知池州。論青陽苗税多於諸邑，悉爲之蠲除。《南畿志》

陳昇卿，乾道二年知青陽縣，減南唐宋齊(邱)〔丘〕私增之賦。《南畿志》

林桷，字子長，玉山人。淳熙七年知銅陵縣。晝日垂簾，庭無訟者，以最增秩。《南畿志》

許介，高陽人。淳熙十一年知青陽縣。有惠政，嘗建九華祠。及去，民思之，請于朝以介配享其中。《南畿志》

潘鋗，字叔剛，長樂人。慶元四年知銅陵縣。自處儉約，折服豪强。《南畿志》

趙方，字彦直，衡山人。慶元五年知青陽縣。誠心愛民，告其守曰：「催科不擾，是催科中撫字；刑罰無差，是刑罰中教化。」人以爲名言。《宋史》本傳

王伯大，字幼學，福州人。嘉定間知池州，尋召還。端平二年，復以江東提舉常平兼知池州，興學校，拓貢院，奏增貢額，繕城浚池，葺齊山諸亭。《南畿志》

張洽，字元德，清江人。嘉定中通判池州。州民張德修誤蹴人死，獄吏誣以故殺，洽疑之，請覆鞫，不聽。會天大旱，洽言于提點常平袁甫，甫乃閲獄，遂從徒罪。復白郡請蠲徵税，寬催科，以召和氣。守爲寬税三日，果大雨。《宋史·道學傳》

焦焕炎，字晦甫。紹定間差知池州，兼沿江制置使。奉省劄令逐沿江流民不得寄住，焕炎憫之，爲疏撫綏之策，朝廷嘉納之。《池州府志》

趙昴發，字漢卿，四川人。咸淳十年，權通判池州。元兵渡江，池守棄官去，昴發繕壁聚糧，爲守禦計。明年，元兵至，都統制張林陰降，昴發晨起書几上曰：「君不可叛，城不可降。夫婦同死，節義成雙。」乃與妻雍氏同縊。元丞相伯顔爲具棺斂合葬，祭其墓而去。《宋史·忠義傳》

元

陳伯奎，天台人。至元初爲銅陵尹。建學校，表先賢，士知嚮學。《銅陵縣志》

程端禮，字敬叔，鄞縣人。有經術，篤於踐履，傳朱子明體達用之旨。至元間教諭建德，增學舍，

以居生徒。著《讀書日程》，使學有師法。盡復學田之爲民占者。始田三百畝，及受代，增至一千畝。《元史·儒學傳》

陳思濟，字濟民，柘城人。池州路總管。江浙行省平章也速答兒①威勢赫然，摘淘金户三千，括民間田畝，檄下，力上章以止之。《元史》本傳

史午，至元二十九年尹青陽。旌表節義，以勵風俗。《南畿志》

忻②都，蒙古人。大德四年監石埭縣。舊制，歲輸秋苗二萬八千石，皆本色，轉輸山陂，所費不貲。都請改折色，名輕齎，著爲令。《石埭縣志》

周應極，字南翁，鄱陽人。至大間同知池州，案無留滯，散羡賦還民。《池州府志》

張士元，字弘道。延祐中尹貴池。嘗平反殺人獄，吏弗忍欺。《貴池縣志》

徐泰亨，字和甫。至順二年爲青陽尹。邑舊有荒田千四百頃出租税，泰亨募人墾闢，其累始除。有告四十人同發廪粟者，吏欲准盜論，泰亨曰：「吾不忍其發粟求生，而反抵死。」悉笞而遣之。銅陵人争魚池，三十年不决，泰亨數語立剖。《青陽縣志》

蕭文孫，廬陵人。至元間池州路經歷。建宋趙公祠，祀趙昴發夫婦。著《忠》《孝》二史，褒表人

① 「也速答兒」，《四庫》本作「伊蘇岱爾」。
② 「忻」，《四庫》本作「實」。

物。《池州府志》

王興祖，字國珍，吉州人。至正七年爲池州路總管。廉惠。建三賢祠，碑猶存。《池州府志》

李宗可，蘄州人。至正十八年爲池州路判官。陳友諒屢寇安慶，余闕命宗可權義兵萬户，統新軍守砦。嘗横槊入賊中，殺傷甚衆。及城陷，宗可馳還，盡殺其妻子，自刎死。《池州府志》

上官凝，邵武人。元末爲銅陵尉。秩滿，有十數叟送之，餽藥數器。至前路，發視皆白金也，追召其人，語之曰：「吾奉法循理，本非私汝，詎可以私終乎？」卒不受。《銅陵縣志》

明

王祖順，洪武初知池州。創制畢舉，調度有方。《南畿志》

王希顔，洪武十八年知池州府。時有舍人劉鑾兒，以解囚馳府，甬道直入廳事，希顔擒治之。狀聞，太祖嘉其不避權勢，遣使勞焉。《池州府志》

趙安，洪武二十一年知池州，以廉能膺上考。《南畿志》

尹安，茶陵人。洪武五年知石埭，勞來安集，興學教士。《南畿志》

夏霖，字民悦。洪武中建德知縣。御史劉天錫名其堂曰「忠勤」，記之。《南畿志》

孟常，鄱陽人。洪武中知石埭，調建德。邑多逋賦，爲撙節區畫以償。又力請於朝，得減賦額萬計。秩滿，民赴闕乞留。兩邑俱崇祀。《石埭縣志》

呂復，衛輝人。洪武末，以國子生授東流典史，勞于撫字。後官工部郎中。《南畿志》

商賓，洛陽人。洪熙元年，以吏科謫知銅陵縣。請聽民墾闢，俟熟而後賦之，增額田以數千計。秩滿，銅民赴闕請留。歷三考，皆以最聞。《銅陵縣志》

楊俊，巴陵人。正統元年知池州，有惠政。卒於官，遺槖一琴。《池州府志》

葉恩，臨海人。正統二年知府事。葺學宮，興士類，凡聽斷有關大閑者，系詩于牘尾，以示勸誡，人皆愧悟。《南畿志》

雷浩，華容人。成化三年池州同知。不染一塵，卒於官，無以殮。《池州府志》

洪達，淳安人。成化四年知青陽縣。仁恕，重建縣廳。《青陽縣志》

趙珪，鄞縣人。成化六年池州同知，公平簡肅，無敢私干。《池州府志》

王政，字布德，易州人。成化十六年知青陽縣，四境多盜，嚴加捕緝。大葺學校，製祭器，購書籍。邑東五阡圩患水溢，爲建橋三座，以濟行者。《青陽縣志》

周源，同安人。成化十七年知石埭縣，律己廉，臨民惠，遇災能恤。《南畿志》

楊季方，番禺人。成化二十二年東流知縣。單騎之官，廉豪强者置之法，察鬻子女者爲贖還之。《東流縣志》

陳良器，字彦成，錢塘人。弘治二年知池州，内和外剛，聽斷明決。《南畿志》

言芳，鄒平人。弘治四年，由知府左遷池州同知。携一僕之官，謁臺使不屈節，而禮賢士若不及

焉。卒於官，篋中止二袴，餘俸五星。《池州府志》

祁司員，山陰人。弘治十二年知池州府。吏民畏懷，雖聲若不出口，而毅然有任重道遠之意，政績炳然。《南畿志》

錢瓚，鄞縣人。弘治十五年知青陽縣，豪右貧細，各安其業。《南畿志》

何紹正，字繼宗，淳安人。正德九年知池州。建府學大成殿，修明倫堂及兩廡，又修建德、銅陵、青陽三縣學宮，建齊山書院。又增城浚濠，築新河堤及銅陵五十餘圩。《池州府志》

杜秉彝，號滏涯，永年人。嘉靖二十九年知池州。毀淫祠，折節正士，水旱有禱立應。《池州府志》

詹萊，常山人。嘉靖二十六年池州同知。大盜章玉九等刧掠江上，萊悉擒之。捐俸置趙昂發祭田，葺其祠宇。《池州府志》

厲汝進，灤州人。嘉靖中池州推官，執法不歖。擢户科給事，首劾大學士嚴嵩，降典史。《池州府志》

陳萬言，南海人。嘉靖三十九年池州推官。有風采。景王之國，閹寺驛騷，萬言每裁抑之。署銅陵，尤多惠政。《池州府志》

楊茂清，鄞縣人。嘉靖中知貴池縣。其政因土俗，順時宜，興廢皆當民情。張時徹撰《碑銘》

余初，字復之，淳安人。嘉靖中知東流縣。造黄册，均里甲，平徭役。《東流縣志》

徐衍慶，永新人。嘉靖中知貴池，清介質實。會章聖太后梓宮返葬承天，道經池郡，衍慶趣辦夫役，溽暑奔趨。卒，槖無殮資。《貴池縣志》

鍾大賓，字體嘉，曲江人。嘉靖三十八年知東流。丈量田畝，不失尺寸，定賦均平。《東流縣志》

劉孜，江夏人。嘉靖四十年令銅陵。景王道江上，孜與推官陳萬言經理夫役，民以不擾。立祠與陳並祀。《銅陵縣志》

李得春，鍾祥人。嘉靖四十一年，由禮科謫知石埭。量田公平，加意士類，民爲立祠於仙壇宮。《石埭縣志》

田登年，忠州人。嘉靖四十三年令青陽。奉檄築城，令民照丁田自購磚石，一月工具。《青陽縣志》

李子躍，東平人。隆慶二年知石埭。和而慤。遇旱步禱，赤日中對槁禾流涕，雨大注。《石埭縣志》

王頤，字觀生，沔陽人。萬（歷）〔曆〕三年，以南給諫來知府事。公餘不休私署，於堂左構琴鶴堂，寢處其内。使客脯餼例取給於里甲，頤悉除之，一切皆給市值。佐兵憲，繕城堞，築千柳堤以備江警。勞卒，無以爲殯，士民泣賻之。《池州府志》

劉孟雷，字静之，廬陵人。萬（歷）〔曆〕十一年知池州。廉猾胥十數人，置之法。建興濟橋，甃青雲堤，以通行旅、備蓄泄。《池州府志》

何思登，蒲圻人。萬（歷）〔曆〕二十年知府事。民有冤抑，力爲申雪，權勢弗能撓。尋遷副使，單車襆被就道。《池州府志》

方遂，京山人。萬（歷）〔曆〕中，由進士知池州。易直子諒，民依之如父母。尋調守開封，老幼卧轍不得行。《池州府志》

徐金星，字玉垣，鄞縣人。萬（歷）〔曆〕中知建德縣。賑活無算，讞獄平允。當道薦表凡十一上，擢御史。《建德縣志》

葉明元，同安人。萬（歷）〔曆〕中知石埭。省浮費，清滯獄，請上官裁減差使，以節夫馬。《石埭縣志》

陸階，字五雲，桐鄉人。萬（歷）〔曆〕二十一年知石埭縣。旱禱即雨，革里甲供億諸費，罪罰皆從其寬。卒於官，貧不能殮，士民爲之經紀喪事。《石埭縣志》

羅憲凱，字元甫，豐城人。萬（歷）〔曆〕三十年知貴池。清介不爲鷙擊，而人自憚之。《貴池縣志》

劉受書，萬（歷）〔曆〕中令建德。端方愷悌，嘗質米而炊。訟不赴訊者，聽囹圄空虚，吏胥多告歸農。《建德縣志》

徐一科，字瀹盈，弋陽人。萬（歷）〔曆〕中知銅陵。歲大水，諸圩盡潰，乃創築都埂，長八十餘里，民名之曰徐公堤。《銅陵縣志》

張燦垣，字紫城，成都人。天啓末知貴池。庭訊數十百人，無不了了。輕徭減役。《貴池縣志》

何應明，字曙初，晉江人。崇（正）〔禎〕五年知建德。精於釐剔，稍有餘羨，即充各里逋欠。《建德縣志》

田瑞龍，字蒼霖，固始人。崇（正）〔禎〕七年知貴池。流寇在皖，瑞龍募壯丁守禦。尤留心文學，訪舉名賢。《貴池縣志》

王家柱，字石卿，江陵人。崇（正）〔禎〕十一年知青陽，調貴池。時講荒政，至解章服市米以食餓者。江北寇警，繕治城堞，訓士儲糧爲備。《青陽縣志》

葉幹，字伯貞，金華人。崇（正）〔禎〕十四年知石埭。楚帥舟師東下，江上震動，幹親率涇、太、青、石四縣鄉兵扼龍口，以備不虞。《石埭縣志》

李際明，順德人。崇（正）〔禎〕十四年知建德。杜苞苴，贖鍰概不入私橐。《建德縣志》

向思敬，貴池典史，廉介有爲。致仕去，士大夫贈言盈篋，邑令龔守愚詩曰：「歸心浩蕩鷗波闊，宦況蕭條馬骨高。」《貴池縣志》

胡鯤化，鹿邑人。崇（正）〔禎〕十六年知銅陵縣。時過兵索餉，鯤化以身當之。及左夢庚兵水陸並下，親冒矢石，城破被害。訓導安東張緯、典史餘姚胡國瑨同死之。《銅陵縣志》

程九萬，湖廣人。崇（正）〔禎〕十七年，以府知事署東流縣事。乙酉，叛將楊么兒破縣，死之。《東流縣志》

龐昌（印）〔胤〕，西充人。崇（正）〔禎〕十七年知青陽縣，未數月，以治聞。明亡被逮，至五溪服鴆

卒，縣人立祠祀之。《青陽縣志》

國朝

馬弘良，本姓張，名自昌，號文寰，昌平人。順治二年，以院辦事官隨督帥洪承疇南下，池州降，即以弘良爲知府。時山谷負固，鎮池總兵于永綬欲殲之，弘良請剿撫並用。兵之所指，輒先一舍招降，全活數十萬人。山谷平，百姓稍稍復業，弘良存撫備至，復學校，勸耕桑，並約束守兵，使不爲民擾。調知岳州，池人泣送數百里。

蔣應仔，山陰人。順治二年知銅陵縣。安集流散，勸督農桑，民漸樂業。以次補築雉堞，復起堂皇，悉心規畫，民不煩而事集。

劉曰義，遼陽人。順治七年知銅陵縣。築城垣，修學宫，規制悉勝其舊。又修紫陽書院以造士，濬河道，治街衢，諸廢具舉。

岳申，字式南，沔縣人。康熙三年令貴池。年將七十，案牘皆手自裁定。嘗策一馬行郊原，於陂塘、圩堰處，指示疏濬、蓄泄之法。布衣糲食，署中每至絶糧。舊《通志》

姚子莊，字六康，歸善人。康熙五年知石埭縣。首條錢糧六弊六法行之。編里甲，均徭役，置義塾十二所，以訓民間子弟，人咸德之。

汪元綬，宛平人。康熙十八年，授池州府同知。清介自矢，嚴防禦，查汛守，境以大寧。歲凶監

賑，活者萬數。舊《通志》

馬得貞，介休人。康熙二十一年知銅陵縣。性剛介，明於聽斷。縣多圩田，每值水溢，輒躬履圩岸，率民增築隄防，不辭勞瘁。

李燦，字君章，奉天人。康熙二十五年，授池州府知府。飭六邑減耗羨，嚴保甲，倡修府學，大其規模，令六邑皆如制。又築貴池黄屯阪埂，開銅陵洋山磯路，重建城南濟川橋，起城東迴瀾書院。

趙衍，東陽人。康熙癸丑進士，知貴池縣。邑多積逋，弊由於總户，催科者莫得其主名。衍爲按户清註，俾以實田辦實賦，宿弊頓除。建縣廳事，起學宫、文昌閣。用形家言，作水德亭於城東，城内遂少火患①。

太平府

晋

胡母輔之，字彦國，泰山奉高人。性嗜酒。永昌中爲繁昌令，始節酒自厲，甚有能名。《晋書》本傳

① 「患」，《四庫》本作「災」。

南北朝 梁

（邱）〔丘〕仲孚，字公信，吴興人。永明七年爲于湖令，有能名。太守吕文顯以權倖淩轢屬吏，仲孚獨不爲屈。《梁書》本傳

唐

張遂，爲郡司功參軍。開元以來良吏，遂居其一，有寒松貞玉之操。陳簡甫《記》

李陽冰，字少温，廣漢人。寶應初爲當塗令。李白來依之，贈詩云：「華邑艱難時，浮雲空古城。居人若薙草，掃地無纖莖。惠澤及飛走，農夫盡歸耕。廣漢水萬里，長流玉琴聲。雅頌播吴越，還如泰階平。」《李白詩集》

宋

宋準，字子平，雍（邱）〔丘〕人。開寶六年知平南軍，會改軍爲州，即以準知州事。準美丰儀，善談論，居官所至有治聲。《宋史·文苑傳》

王知微，字幾之。仁宗時，以祕書丞知當塗縣。時築萬春圩工役甚急，知微請俟農隙，使者始不悦，久乃信重之。《南畿志》

夏希道，字太初。慶(歷)〔曆〕間令繁昌。邑陋民貧，希道至，惠愛多方，日以生聚，修舉廢墜，規模一新。《南畿志》

何述，字明道，浦城人。爲當塗令。邑瀕江，歲多水患，述爲築堤捍禦之。《南畿志》

汪汝則，字叔方。宣和初除蕪湖縣丞，以助平方臘功改衢州士曹。時廷臣奏對，有論及守令人材者，上曰：「使人人如汪汝則，何患不治？」《南畿志》

周葵，字立義，宜興人。紹興中知州事。水壞圩堤，葵悉繕完，歲乃大熟。市河久湮，令城中家出一夫，官給之食，併力濬導，公私便之。《宋史》本傳

張運，字南仲。紹興三十二年知太平州。當兵飢疾癘之餘，殫勞來安集之方，嚴斥堠攻守之備。理財賦，造戰艦，繕甲兵，申禁令，民賴以安。《宋史》本傳

曾覺，晉江人。紹興末令繁昌。歲飢，發廩賑給。又捐資修葺學宫。《南畿志》

虞允文，隆興元年以敷文閣學士知太平州。舊制，民舉子必納添丁錢，歲額百萬，貧民生子多不育。允文憫之，爲措置官項代補，自後户口日增。《宋史》本傳

吴芾，字明可，仙居人。舉進士第，乾道三年知太平州。造舟以梁姑溪，歷陽築者久役潰歸，聲言欲趨郡境。芾呼至城下，厚犒遣之，而密捕倡亂者繫獄。以聞，詔褒諭之。《宋史》本傳

楊倓，字和義。淳熙三年知太平州。學宫祭器用錫，倓易以銅。重建四齋，令秀民肄業其中，精選師儒以司訓導。甫期年，行藝皆斐然可觀。《南畿志》

李椿，字壽翁，洺州人。淳熙五年知太平州。力圖上流之備，請選將練習，緩急列艦，上可以援東關、濡須，下可以應采石。《宋史》本傳

洪邁，字景盧，樂平人。淳熙十五年知州事，政尚寬簡，民皆向化，郊産異麻，狀若靈芝。進敷文閣學士。《南畿志》

吴箕，字嗣之，休寧人。嘗宰當塗。剖析民訟，編類成書，名《聽辭類稿》。《南畿志》

趙汝愚，字子直。紹熙元年知州事。存心仁厚，持身潔白，收召賢能，大有政績，吏民懷之。《南畿志》

孫懋，宣州人。紹熙三年知太平州。首汰冗吏，士民稱服，朱子嘗稱之曰：「愛立而教明，古良吏也。」《南畿志》

趙汝勳，宋宗室。慶元三年令當塗。年饑穀貴，汝勳開倉散米萬斛，一邑全活。事聞，詔他郡皆倣汝勳賑濟法。《宋史・宗室傳》

吴柔勝，字勝之，寧國人。嘉定間知州事。州故舊時授經處，親戚、交游有犯，柔勝一繩以法。罷城下税，減萬春圩租。市河淤塞，捐貲濬之。《宋史》本傳

王習之，三山人。嘉定中令繁昌。學校、壇壝、驛傳，無不修舉。《南畿志》

徐鹿卿，字德夫，豐城人。淳祐初領太平州。蠲采石、蕪湖兩務蘆税。蝗入當塗境，鹿卿露香默禱，忽飄風大起，蝗悉渡淮。《宋史》本傳

牟子才，字存叟，井研人。寶祐三年知州事。首教民孝弟，以前人《慈竹》《義木》二詩刻而頌之，間詣學爲諸生講説經義。修采石戰艦百餘艘，造兵仗以千計。前官負綱錢七十萬緡，悉爲補之。蠲黄池酒息及秋苗畸零，併夏税畸零，紬、帛、絲、棉、麥若干。郡有平糴倉，以米五十石益之。又以緡錢二十五萬創抵庫，歲收其息，以助糴本。建李白祠，自爲記。《宋史》本傳

元

白珽，字廷玉，錢塘人。至元二十八年，授太平路學正。時兵燹後，聖殿、齋廡、祭器俱廢，珽悉心修葺，建天門、采石二書院。《太平府志》

歐陽（元）〔玄〕，字原功，瀏陽人。延祐初，調蕪湖尹。縣多疑獄久不決，（元）〔玄〕察其情，悉爲平反。貢賦徵發及時，民樂趨事，教化大行，蝗不入境。《元史》本傳

賈焕，字華甫，開封人。泰定元年，授太平路總管。歲饑，募粟分賑。建壇壝，修學舍，築石城，濬尚書塘。《太平府志》

王惟中，字擇卿，懷孟人。泰定三年尹當塗。會水潦，旱、蝗相仍，惟中捍堤、禱雨、捕蝗無寧晷，以禮義感富民，令出粟分賑，全活甚衆。《當塗縣志》

浦源，字以開，長洲人。泰定中令蕪湖。境内大水，募粟賑給。會郡發廪米千石，令減直以糶，源謂：「民有錢可糴，則不饑矣。」盡以米濟之，語同列曰：「郡有責，吾獨償，不以累諸君也。」《蕪湖

縣志》

倪淵，字仲深，烏程人。泰定中，授當塗主簿。先是，延祐初邑令經理田土，考覈失實，令淵署篆。乃分畫編次，爲圖籍，釐隱匿，除增加，衆大悦。歲祲，四境上災狀，郡戒縣勿受。淵争之不得，即日求解組去。郡守驚悟，遣吏謝，即委以檢視。淵躬履①阡陌，稽實蠲税，民賴以甦。《當塗縣志》

暢師文，字純甫，南陽人。至正間太平路總管。歲大旱，捐俸致禱，澍雨大降。公田米積之盈屋，曰：「我家幾人②，能盡食此乎？」呼貧士及細民，恣其取去。《元史》本傳

靳義，字處宜，河南人。至正十二年守太平，寬仁勤敏。溧水彭賓等倡亂，分道來寇，義列營要害，且戰且撫，賓等皆敗降。明兵渡采石，義赴水死。《太平府志》

明

楊偁，字廷舉，合肥人。元至正乙未，太祖取太平。丙申，偁知蕪湖。民散賦逋，偁首詢疾苦，興利除害，招徠遺黎，撫摩凋瘵，邑以治稱。壬寅，建縣治，立坊舍。《南畿志》

許瑗，字粟夫，樂平人。明初知太平府。厲士卒，修城池，撫黎庶。陳友諒以兵十萬來攻，瑗偕

① 「履」，《四庫》本作「視」。
② 《四庫》本無「幾人」二字。

樞密院判王鼎、守將花雲堅壁拒守，城陷皆死之。《南畿志》

花雲，懷遠人。爲太平守將。元至正二十年五月，陳友諒圍城，雲率麾下三千人，結陣迎戰三日，友諒不得入。乃以巨舟乘漲泊城西南隅，舟尾高與城平，士卒緣之上。時城中乏食，士不能戰。丙辰，城遂陷。賊縛雲急，雲怒罵曰：「賊奴，爾縛吾，吾主必滅爾，斬爲膾也！」遂奮躍大呼起，縛盡絶，奪守者刀連殺五六人。復罵曰：「賊非吾主敵也，曷不速降！」賊怒，縛雲舟檣，叢射之。比死，罵不絶口。妻郜氏赴水死。谷應泰《通鑑紀事本末》

黄朝弼，明初知蕪湖縣。蕭然類寒畯，公務雖冗，退必讀書。去官，士民争醵金爲贐。不受，惟出所携書一篋，易鈔而行。《南畿志》

吴聰，潮州人。明初蕪湖縣丞。性至孝，嘗畫《海雲南望圖》懸於壁。民有不得乎親者痛治之，復泣語曰：「吾以不得侍親爲憂，汝幸在膝下，何爲不孝？」聞者多感悔焉。《廣輿記》

王俊，字用章，永平人。洪武五年知當塗。出俸錢創建邑學，不足則售其家田園助之。以德化民，濟以威嚴。《當塗縣志》

周鑄，洪武中知繁昌，撫民有方，律己以嚴。尋擢御史。《繁昌縣志》

孟廉，洪武中知當塗縣。坐事與縣丞趙森同逮獄，耆民具列善政，詣闕以請，遣還任。《當塗縣志》

顔宣，永樂中令繁昌。修縣廳，建城隍廟，禱雨即應。《繁昌縣志》

黄誠，合浦人。宣德七年，授蕪湖教諭。勤於學政，規矩嚴整，與司訓廖驩兩人相濟。《蕪湖縣志》

盧忠，字以誠，漳州人。正統初，授府學訓導。日進諸生講解，寒暑不輟。巡撫薦其才堪戎伍，上曰：「與其戎伍得人，何如學校得師。」《太平府志》

張嵓，字具瞻，上虞人。初授宣城教諭。正統三年，巡撫周忱薦知當塗，題《梅詩》贈之云：「疏影横斜出泮池，一氊清冷最相宜。彈琴却傍青山去，百里春田在此時。」嵓莅官清勤，黌宫、縣治、譙樓、驛傳、橋梁、道路修葺一新。簿書填委，暮必至學舍，省諸生勤惰。後歷官知荆州府。《當塗縣志》

李慶，景泰末令繁昌。縣治濱江，數有水患，慶建議内遷。《繁昌縣志》

周鳳，字文祥，汲縣人。成化九年知太平府。衣食寒素，不以家累自隨。嘗疏通市河，郡人便之。《太平府志》

唐詔，陽信人。成化中同知太平，清謹簡易，吏民愛服。卒於官，啓笥惟書數卷。《太平府志》

劉憲，字廷式，益陽人。成化間知蕪湖。百廢俱修，遷澛港驛於縣市，遷河口鎮巡司於澛港，邑人便之。《蕪湖縣志》

徐禮，字敬先，餘杭人。成化中令繁昌。建社學，起鋪舍，弊除利興。尋擢御史。《繁昌縣志》

包義民，字淳夫，合浦人。成化末知繁昌。撫下寬仁，尤毅然有守，不喜飾厨傳以媚上官。會以憂去，士民惜焉。《繁昌縣志》

徐節，字時中，壽昌人。以御史出知太平。建學宫，修郡志，造浮橋，均郵遞。民間失火，節奔救禱天，火隨滅。會觸直指怒，突至府清庫，并檢内宅，僅得敝衣數事。直指慚云：「如此賢太守，安用撫按爲？」特疏薦之。《太平府志》

張伯祥，字元吉，鄞縣人。弘治中知蕪湖，勤恤民隱，有古循吏風。邑庠舊無尊經閣，爲經營創建，功成而民不知擾。《蕪湖縣志》

趙文奎，字璧仲，江陵人。弘治間知繁昌。建旌善、申明亭，修壇壝，贍孤寡。《繁昌縣志》

趙祐，字汝翼，雙流人。弘治中令繁昌。重農勸學，政肅獄平，鄰邑訟不得直，多求聽斷。尋擢御史。《繁昌縣志》

底蘊，字希準，廣寧人。正德間，以給事中出知太平府。明爽愷悌，建養濟院。《太平府志》

林有年，字以永，莆田人。正德初知繁昌。廉而有才，以課最擢御史。《繁昌縣志》

李永蕃，字貽錫，永興人。正德中知當塗。振興士類，繕築圩堤，均徭除羡，决訟如流。《當塗縣志》

汪本，字惟中，浮梁人。正德間知蕪湖。流寇猖獗，客兵四集，本悉心籌畫，軍需不缺，民無所病。《蕪湖縣志》

王軾，字子敬，揭陽人。正德十五年知蕪湖。甫下車，值宸濠反，中官擁兵作威福，僚屬逃匿。軾身當之，芻糧委積，咄嗟而具。《蕪湖縣志》

郭湍，莆田人。正德中府學教授。拔諸生之秀者讀書齋中，夜分省其勤惰，或煮茗炊粥佐之。正德己卯，嘉靖壬午、乙酉三科，貢士皆出其門。《太平府志》

林鉞，字宏用，晋江人。嘉靖中守太平，興賢造士，養老恤孤。嘗築姑溪壩，建亭其上，由是姑水瀠折，不苦衝決。《太平府志》

馬森，字孔養。嘉靖中知府事。歲祲，出官粟數萬斛以活民。善讞獄，鄰郡有冤抑，俱願就決。《太平府志》

陳璋，字圭仲，光州人。嘉靖中授太平同知。勇敢多才，長於應變。倭賊蕭顯破上海，操、撫交薦璋能辦賊，命同蘇州同知任環統兵籌畫。璋上禦倭十二事①，從之。七月破顯，斬首千餘級，寇遁。《太平府志》

李价，番禺人。嘉靖中知當塗。雅負通才，爲政專尚寬簡，禮賢敬老，周恤無告。尤加意庠序，士民皆愛服焉。《當塗縣志》

王德溢，字懋中，連江人。嘉靖中知蕪湖。徭役、里甲與江夫事宜，裁處悉當。《蕪湖縣志》

張永明，字衷誠，烏程人。嘉靖間知蕪湖，廉慎公平。時章聖太后梓宫南祔，道經江上，中貴多所誅求，永明委曲劑量，供應悉如禮制，民賴以安。子天德，産於蕪署，後成進士，復爲蕪令，有惠政，

① 「十二事」，《四庫》本作「二十事」。

邑人顔其堂曰「繼美」。《蕪湖縣志》

陳一道，字邦緒，晋江人。嘉靖間任蕪湖丞。倭寇犯江上，奉檄南陵防剿。臨敵衆潰，一道獨奮勇殺賊，以勢孤遇害。家人子義赴援，亦死。事聞，贈一道應天通判，子義贈應天經歷，立祠縣治東祀之。《蕪湖縣志》

錢立，字守禮，仁和人。初授刑部主事，海瑞言事繫獄，立謹視之，得無恙。萬(歷)〔曆〕二年知太平府。築蕪湖城，創官圩東石堤四十里，遷當塗學宫于城南蘇馬賦。《太平府志》

王貽德，字師禹，全州人。萬(歷)〔曆〕中守太平，門無私謁，郡齋可羅雀。時詔居官廉介者特賜宴賚，貽德名居第一。《太平府志》

王繼明，字用晦，永嘉人。萬(歷)〔曆〕間，由當塗令歷知太平府。秩滿瀕行，餘俸二百金悉散給貧乏。抵家無擔石儲，所居不蔽風雨。《太平府志》

何士林，字翹甫，富順人。萬(歷)〔曆〕二十九年知太平府。歲頻水，士林羅穀分賑。又刻木爲隸，閭井不聞追呼。復馬政，增其價值，民免貽累。《太平府志》

馬重德，字瑞軒，遼陽人。萬(歷)〔曆〕中授太平通判，以廉能屢署上考。攝篆當塗，及榷關蕪湖，均有惠政。《太平府志》

蔡時鼎，漳浦人。以御史直言降典史，萬(歷)〔曆〕中遷太平推官，讞獄一以仁恕。署府篆，歲祲，請于撫按，築堤開糴。《太平府志》

李春熙，字皡如，建寧人。萬(歷)〔曆〕中太平推官，不以擊斷爲能。署篆當塗，禁勾攝，緩徵徭，拓儒學基址，築姑溪壩，買田爲增修費。視事裁數月，所興革皆切中利弊。《太平府志》

章嘉貞，字元禮，德清人。萬(歷)〔曆〕丙申知當塗。歲祲疫，死者載道，嘉貞賑饑施藥，暑雨不輟。大水圩岸將崩，躬督捍救，經月露宿。水愈溢，泣曰：「堤潰，民其魚矣！無民，奚以令爲？」躍入巨浸中。若有物翼之者，衆亟挽以上，得不死。水漸平，堤得無恙。《當塗縣志》

鄧光祚，字日昌，曲江人。萬(歷)〔曆〕間知當塗。建天門書院，集多士肄業其中。《當塗縣志》

朱汝鰲，字雨化，長興人。萬(歷)〔曆〕間知當塗。條畫築圩十五則，曲盡其利。釐剔里甲積蠹，廉邑大慜寅之法，建集賢樓、大成坊。《當塗縣志》

葉繼美，字含章，嘉善人。萬(歷)〔曆〕中知蕪湖。廉明剛果，下車即遷學金馬門吉址。尋擢給事中。《蕪湖縣志》

勞永嘉，字無施，崇德人。萬(歷)〔曆〕三十年知蕪湖。不諂事上官，送迎幾廢。歲時遣吏問民疾苦，以時存恤。《蕪湖縣志》

曾衮，字資銘，東莞人。萬(歷)〔曆〕中知蕪湖縣。牒訴喧沓，衮目視耳聽，手批口答，一時并舉，了無錯謬，百姓畏而愛之。《蕪湖縣志》

鄧一儒，沔陽州人。萬(歷)〔曆〕中知繁昌。待士有禮，撫民有恩，馭吏有法，救荒必實，决獄不爽。《繁昌縣志》

王柱，字克中，長沙人。萬（歷）〔曆〕三十八年知繁昌。歲頻饑，捐俸設粥，復勸富家出粟助之。諭民增築圩堤，躬爲督察，建横塘、河口二壩，以資蓄泄。《繁昌縣志》

胡爾慥，字孟修，德清人。萬（歷）〔曆〕間知郡事。濬河建閘，節費代餉。《太平府志》

李若訥，字季重，臨邑人。萬（歷）〔曆〕末知太平，禮士勤民。《太平府志》

陳善道，字敬甫，華亭人。萬（歷）〔曆〕末當塗教諭。對諸生藹若家人，不受貧士餽遺，且推解之。性至孝，丁母憂，哭踴幾殞。去之日，諸生泣送者二百餘人。《當塗縣志》

晏清，字元州，黄岡人。天啓元年知蕪湖，廉介明允。尋調吴江，百姓請留，吴吏來迎，至相争于路不得行，再宿然後去。《蕪湖縣志》

鄭瑜，字昆石，東莞人。崇（正）〔禎〕時知太平府。正己率屬，一時撫按、監司皆加敬禮。歲饑，發廩不繼，捐俸佽之，仍諭富室出糶。左良玉兵南下，瑜嚴加守備，增城浚濠，屹然無恐。《太平府志》

徐養心，字無所，江陵人。崇（正）〔禎〕六年知當塗。流寇屠和陽，難民數千聚江干，無舟不得渡，賊且近，呼號將赴水。養心望見，曰：「鄰民猶吾民！」亟命船盡渡之。姑孰無備，衆心危殆，養心令沿江徹夜張炬，礮聲不絶，賊懼，用①退。尋擢御史。《當塗縣志》

梁應材，號瑶石，陽春人。崇（正）〔禎〕時知蕪湖。每晨出視事，必焚香告天，誓與百姓興利除

① 「用」，《四庫》本作「乃」。

害。訟獄無擾，徵斂不苛，學舍久圮，經營修建。《蕪湖縣志》

張繼曾，字省之，清江人。崇(正)〔禎〕十年知繁昌。先是，邑令羅明祖嘗議築城中止，繼曾次第經營，身先督察，功成而民不擾。《繁昌縣志》

井焜，字虞章，霸州人。崇(正)〔禎〕十二年知蕪湖。每春親歷村社，勸課農桑。時江北流寇猖獗，焜修城堡爲防衛計，躬自措辦，不取諸民，民恃以無恐。《蕪湖縣志》

國朝

張京，澤州人。順治二年知當塗縣。清操節儉，飯脱粟，服御無華飾。爲政簡易，折獄明敏，自輯讞語爲《琴餘録》。徵收田糧，正額外不留耗羨，民咸德之。陞工科給事中。

林中瑜，字玉昆，遼陽人。順治三年，協鎮太平。奉檄剿撫麻姑港口，所至有功。郡東土寇竊發，中瑜統兵擣其巢穴，馬陷深塹，歿於陣。

范爲憲，字眉生，内江人。順治三年知繁昌縣。土寇千餘人薄城下，憲率衆登陴，面中流矢不少動。指麾勇士從城南隅出，力戰殺賊，賊驚遁。事平，士民有爲仇家所陷，以賊案株連者，憲力爲申雪，悉苛全宥。

劉震龍，字駕甫，莆田人。順治間舉人，令繁昌。敝衣蔬食，一介不取，里役陋規，革除殆盡。凡讞獄，片言決遣，蠹猾歛跡。會部使者清丈江洲，震龍躬冒霜雪，奔走蘆葦中，絶不假手胥吏，以故繁

邑獨無增課之累。以疾卒官，士民醵金爲賻，始得歸葬。以上舊《通志》

張邦奇，字震軒，遼東人。由浙東監司左遷蕪湖令。廉介平允，自奉粗糲，五年如一日。

畢高選，字萬青，萊州人。順治十三年，授蕪湖丞。勤于吏治，每邑有大事，輒毅然自任，不辭勞瘁。斷決疑獄，摘發如神。嘗修葺學宫、兩廡，集邑弟子肄業其中，出俸錢以廩給之。

廬州府

漢

王景，字仲通。建初八年爲廬江太守。先是，民不知牛耕，地力有餘，食常不足，景驅率吏民教用犂耕。又訓令蠶織，爲作法制，皆著于鄉亭。《後漢書·循吏傳》

應融，字義高，汝南人。守廬江八年，有惠政。拜司隸校尉。《漢紀》

范式，字巨卿，金鄉人。順帝時爲廬江守，有威名。《後漢書·獨行傳》

羊續，字興祖，太山平陽人。桓帝時廬江太守。會黄巾賊攻舒，焚燒城郭，續發男子二十以上皆持兵勒陳，其小弱者使負水灌火，力戰，大破之。安豐賊戴風等作亂，續復擊破，斬首三千餘級，生獲渠帥。其餘黨貸與佃器，使歸農業。《後漢書》本傳

盧植，字子幹，涿郡人。靈帝時拜盧江太守。深達政宜，務存清静，弘大體。《後漢書》本傳

陶謙，字恭祖，丹陽人。少舉孝廉，除舒令，郡守不樂，而謙在官清白①，無可糾劾。《吴書》

陸康，吴人。靈帝時盧江太守。申明賞罰，擊破賊黄穰等。《後漢書》本傳

南北朝　陳

荀朗，字深明，潁陰人。侯景之亂，朗起兵據巢湖，簡文帝密詔授朗豫州刺史，使討景。朗率兵自巢湖出濡須，邀破景軍。《陳書》本傳

唐

朱敬則，字少連，亳州人。武德中爲廬州刺史。代還，無淮南一物，所乘止一馬，一子步從而歸。《唐書》本傳

賈深，長樂人。乾元中廬州刺史。李華稱其有文武才略，推心馭下，治有嘉績。舊史

路應求，字從衆，平陽人。代宗時刺廬州。州城故土爲之，應求始易以甓。莅政精敏，吏不敢欺，民風爲之一變。舊史

---

① 《四庫》本無「白」字。

羅珦，會稽人。德宗時刺廬州。民間病者，捨醫藥，禱淫祀，下令止之。修學宫，政教簡易，有芝草、白爵之祥。以治最賜金紫。《唐書·循吏傳》

李翺，字習之。憲宗時刺廬州。會歲旱疫，亡籍口四萬，權豪賤市田屋，而窶户仍輸賦。翺下教使以田占租，收豪室税萬二千緡，貧弱以安。《唐書》本傳

鄭綮，字藴武。僖宗時刺廬州。黄巢掠淮南，綮移檄請毋犯州境，巢笑爲斂兵。歲滿去，贏錢千緡藏州庫，後他盜至，終不敢犯鄭使君錢。《唐書》本傳

宋

謝惟士，陳留人。建隆初，以大理評事知廬江。時江淮新定，繕修縣治，撫綏士民，境内以安。《南畿志》

陳堯佐，字希元，閬州人。真宗朝再知廬州。堯佐十典大州，以方嚴束下，使人知畏而重犯法，至其過失，多保佑之。歐陽修《陳公神道碑銘》

劉筠，字子儀，大名人。再知廬州。筠臨事明達，治尚簡嚴。《宋史》本傳

劉綜，字居正，虞鄉人。真宗時知廬州。强敏有吏才，所至挫抑豪右，振興法度，時論美之。《南畿志》

陳希亮，字公弼，青神人。仁宗朝知廬州。時有虎翼軍士屯壽春者，以謀不軌伏誅，其黨數百人

遷於廬，各懷疑懼，竊入府舍，將爲不利。希亮流其渠魁，以其餘給左右，使令且守倉庫。衆皆感激，指心自誓，迄不敢貳。《南畿志》

張田，字公載，澶淵人。嘉祐末知廬州。治有善迹，嘗作欽賢堂，繪漢、唐以來清能刺史，晨夕拜之。《宋史》本傳

楚建中，字正叔，洛陽人。仁宗朝以天章閣待制出知無爲軍。廉静不擾，去後歷三甲子，民更立祠祀之。《南畿志》

孫覺，字莘老，高郵人。神宗時爲合肥主簿。歲旱，郡守檄民捕蝗輸官，覺曰：「民方艱食，若以米易之必盡力，是爲除害而享利也。」守悦，推其法于他縣，民賴之。後爲廬州守，以明恕著聲。《宋史》本傳

朱服，字行中，烏程人。哲宗時知廬州。值歲饑，便宜賑護，全活十餘萬口。逾年大疫，又課醫持善藥分拯之，賴以安者甚衆。《宋史》本傳

王蘧，紹聖初知無爲軍。健於吏才，興三圩，開十二井，又築北嶺以捍水患，世蒙其利。《南畿志》

李公麟，字伯時，舒州人。元符中爲無爲州司户參軍。政尚通敏，聽事判決，筆無停思。創製漏箭銅壺，工巧獨絶。《宋史·文苑傳》

陳瓘，字了翁，南劍沙縣人。大觀中，以右司諫劾蔡京，謫知無爲軍，爲政廉平。《南畿志》

米芾，政和間知無爲軍。善察民冤，行法不畏强禦。時飛蝗入境，不傷禾稼，人咸異之。《宋

史・文苑傳》

吴懋，字禹功，陽羨人。徽宗時令廬江。時劇盜劉五掠州縣，去廬江才一驛，懋之官行至中途，或止之，懋笑曰：「男兒當斬賊平亂，鼠輩何爲者？今行縛之！」賊聞其來，不敢入境。《南畿志》

胡伸，字彦時，婺源人。以司業知無爲軍。會巢縣黠民訴其令斂錢數百千櫝，藏列肆中，伸察其妄，遂按訴者罪。伸政尚慈恕，而利病灼然。去之日，士民繪像祀之。《南畿志》

趙善俊，字俊臣，太宗七世孫。紹興末知廬州。會歲旱，江浙饑民踵至，善俊分給官田，貸牛種，僦屋以居，至者如歸。又以焦湖湮涸，饋運不通，乃募鄉兵保孤、姥二山，治屋儲粟以備敵。增學舍，修包拯祠，人感其化。《宋史・宗室傳》

丁仁，湖廣人。寧宗時知無爲軍。嘗築堰蓄水，以資灌溉，民呼爲丁公堰。《南畿志》

江潤身，字崇德，婺源人。咸淳初爲合肥主簿。清廉剛決，讞獄尤矜恕，多所平反。《南畿志》

元

塔海，廬州路總管。時飛蝗北來，民患之，海禱于天，蝗乃引去，亦有墜水死者。民乏食，開廪減直，俾民糴之，所活甚衆。《元史》本傳燮理溥化①，蒙古人。泰定間任舒城縣達魯花赤。歲旱民饑，富家閉糴，衆將肆焚掠。溥化②獎勵好義之民，令出錢糴穀，驗口賙給，四境以安。《舒城縣志》

王碩，河南人。延祐初，授無爲州同知。廉潔有幹材，不畏彊禦。嘗檄清理學田，搜抉隱漏，凡得田一百一十九頃。又追積負糧米三百石，自是廩有餘粟，士得餼養。《無爲州志》

明

唐元，字元亨，臨淮人。明初知無爲州。招徠流散，安集有方，以課最擢太僕寺卿。《無爲州志》

蘇敏，昌平人。洪武初，授廬州推官。刑政不苛，擢知府。莅任八載，甚得民心。卒於官，民流涕。《南畿志》

董曾，知無爲州。陳友諒執曾，欲降之不屈，縛而沉諸江，世傳泥汊口即曾遇害處。《無爲州志》

伍塾，字貢均，廬陵人。洪武中知廬江。開設縣治，招撫流移，嘗手書《孝經》《論語》，教民誦讀。《廬江縣志》

樂瓚，潞州人。洪武十年知無爲州。剛毅信直，吏民畏服。《南畿志》

① 「燮理溥化」，《四庫》本作「實喇布哈」。

② 「溥化」，《四庫》本作「布哈」。

鄒以信，廬陵人。永樂五年知無爲州，政尚德教，州人感化。以博學能文，稱文章太守。《南畿志》

王仕錫，南城人。永樂二十二年知無爲州，興學勸農，修廢舉墜。任滿，民留之，復任九年。《南畿志》

揭稽，字孟哲，廣昌人。宣德十年，以御史出知廬州。興革悉中矩度。先是，永樂中遷齊藩于廬，王素驕，衛士强攫民物，頗爲郡害，稽力奏移之。《廬州府志》

劉顯，豐城人。宣德十年知舒城縣。課農桑，興學校，增開水利。與漢劉馥俱祀羹頡侯廟。《舒城縣志》

杜彪，魏縣人。知無爲州。初下車，故不事事，案牘紛積，吏胥以爲可欺。已而情弊灼然，廼振紀綱，均賦役，鋤强扶弱，民大悦服。《無爲州志》

程文，確山人。成化中知舒城縣。通練吏治，興學校，修水利，歲災，爲民懇免歲辦繇賦。尋擢御史。《舒城縣志》

馬金，字汝礪，西充人。初授廬州通判，再遷知府，歷任久，盡去宿蠹。建余忠宣公祠，創景賢書院，修郡庠尊經閣，購書藏之。《廬州府志》

吴英，裕州人。成化間知巢縣。理繁劇井然有條，奸胥無所措手。《巢縣志》

楊璲，字廷佩，原武人。正德中知廬州府。時劉瑾專政，境内有巨惡張杲，瑠張龍兄也，璲發其

奸撲殺之。庫吏循故事以羨餘獻，璲曰：「盜官錢者，法當遣。」速令歸之庫。《廬州府志》

聶曼，字子貞，金谿人。廬州教授。邃於《易》，終日端坐無惰容。僚友喪葬，多所佽助。諸生窮甚者，月給以米。《廬州府志》

孫聰，字克明，北直人。正德中知合肥。寇亂之後，招撫流移，悉心安集。《合肥縣志》

齊恩，隆德人。無爲州同知，善騎射。流寇犯圌山，檄恩往禦，以衆寡不敵死之。贈光禄寺丞。《無爲州志》

龍誥，字孔錫，攸縣人。正德中知廬州府。嘉靖癸未大旱，開廩設粥、平糶，營建惠民倉、鎮淮樓，藉力役以給食，所活數萬，道死者設義冢瘞之。《廬州府志》

吴嶽，字汝喬，汶上人。嘉靖中知廬州。設旌善、癉惡二亭，分列民之賢不肖，朔望進諸生講經義。歲大疫，擇醫市藥，設局以療之。税課千金例輸府，悉白上臺貯公帑。西山産薪惟供官爨，弛其禁，與民共之。《廬州府志》

胡奎，字應文，新淦人。嘉靖庚寅，授廬州推官。議刑無失入，詿誤者多爲辨脱。《廬州府志》

張瀚，字子文，仁和人。嘉靖間守廬州。州西關故有濠，源出李陵、鷄鳴諸山，雨潦則病涉，瀚跨流爲橋，民賴以濟。歲祲發粟，嚴禁糴販。數讞大獄，多所平反。《廬州府志》

屠仲律，字宗豫，嘉興人。嘉靖庚申，以南御史出知廬州。諳于吏治，而愛民尤切。歲歉，罄囊代輸，秋税不復徵補。會疾作，百姓祈禱四出，願以身代，竟卒于官。《廬州府志》

王家賓，嘉靖間知廬州府，恤荒興學，皆極誠懇。以拂權貴去官。《廬州府志》

潘恕，字行甫，海陽人。嘉靖間知合肥。吏民一見輒不忘，置學田數百畝，歲收以給寒畯。《合肥縣志》

陳其樂，貴溪人。嘉靖中知合肥。雖居官，家人不廢紡績。其同邑夏言當路，未嘗一通書問。《合肥縣志》

陳懋觀，福建人。隆慶初知廬州。遇士以禮，嘗曰：「每見諸生暴階下，心即不安。」斷獄不輕入罪，情法相麗者，猶矜慎再三。《廬州府志》

何寵，臨海人。由進士知無爲州。不事苛察，而法所當施，絶無寬假。倭入寇江上，羽書日至，寵修築城池，申嚴烽燧，一方賴焉。《無爲州志》

王倖，字廉父，秀水人。萬（歷）〔曆〕中知廬州，剔蠹息民。歲大旱，手執槁禾，流涕禱壇壝，且拜且行。赤日正①午，雷雨忽大作。《廬州府志》

江沛然，黄岡人。以給事中謫官經歷，署廬江事。積弊之後，力爲振刷。廉渠奸寘之法，一境肅清。《廬江縣志》

陳應龍，號起田，侯官人。萬（歷）〔曆〕十五年知無爲州。濱江一帶爲圩三百六十有奇，盛夏江

① 「正」，《四庫》本作「當」。

流内灌，膏腴盡没。應龍親歷汚萊，相度累月，申請照糧派夫，築堤五千二百七十餘丈，民名之曰陳公壩。《無爲州志》

何邦漸，浪穹人。萬（歷）〔曆〕中知無爲州。州歲徵漕米八千九百有奇，約以十之四運黄雒河交兑北上，餘由長江行千三百里解鳳陽，江濤覆溺，及虧耗需索，甚爲民害。邦漸請留鳳陽、臨淮二縣米充鳳餉，而本州併于黄雒河交兑，彼此稱便。《無爲州志》

胡震亨，字孝轅，海鹽人。萬（歷）〔曆〕中除合肥令。英察若神，民扞網者輒指數姓名，蠹吏毫毛不敢有所犯。邑有世家裔犯竊，震亨則資以錢，諭令自新。其人感媿，卒改行。《合肥縣志》

洪邦光，福建人。知無爲州。州除養馬免糧田外，一切歲辦不均。邦光酌議申請，分秋糧、夏麥、絲絹、糖油四則，以税糧、馬價照畝均攤，至今垂爲定例。《無爲州志》

吴大朴，固始人。崇（正）〔禎〕時知廬州府。乙亥春，流寇薄城，大朴守東門，發礮斃其魁，縱火燒城外民居之爲賊窟者。又起礮樓臨濠東石閘，賊不敢逼。《廬州府志》

熊文舉，字公遠，新建人。崇（正）〔禎〕時知合肥，廉平。流賊薄城，文舉分守西偏，築威遠亭其上，指畫有方。《合肥縣志》

嚴覺，字知非，歸安人。崇（正）〔禎〕時知巢縣。乙亥春，流寇陷城，被執不屈，舉家遇害。《巢縣志》

趙興基，字鶴天，雲南人。通判廬州。崇（正）〔禎〕壬午，張獻忠薄城下，興基分守水西門，防禦

甚力。五月城陷，仗劍下戍樓，手刃數賊，被創而死。經歷鄭元綬，浙江人，分守南薰門，亦死之。《廬州府志》

國朝

趙允光，大興人。順治初知廬州府。時兵燹之後，流亡未復，允光招徠撫字，輕徭均賦，民獲其利。無爲、巢縣間有頑民聚黨爲患，允光捕之，悉獲其魁，繩以法。

張鵾翔，字鵬舉，陝西人。順治丁亥進士，知合肥縣。爲政和平，嚴不過刻，寬不過縱，時皆以循吏稱之。舊《通志》

吴允昇，字賓廷，奉天人。順治九年知廬州府，寡慾省刑，民被其惠。時歲連旱，允昇設法賑濟，全活者衆。學宫圮壞，捐貲繕葺，士民立祠祀之。舊《通志》

王業興，字鳴石，奉天人。順治中知廬州府。值海氛逼境，業興親率家丁及營卒，登陴捍禦，屢挫賊鋒，州得無事。治郡十三年，勸課農桑，減省刑獄，民咸德之。又出俸錢建斗文書院，聚諸生肄習其中。後遷荆南巡道。

佟國貞，奉天人。順治中知無爲州。瀕江田廬恃圩壩爲捍蔽，十六年，三壩將圮。國貞相度形勢，自鮑家橋至周思溝預築堤四千丈有奇，名曰四壩，後三壩傾，而田廬卒無恙。

王宗聖，奉天人。順治中知舒城縣。年二十餘，詳慎如老吏，斷訟莅事，吏不能欺。兵燹後，安輯流亡，威德並著。

張可捷，大同人。順治中知舒城縣。爲人悃愊無華，不炫才，不沽名，安静寬和，始終如一。蔬食布袍，順民好惡，一時稱良吏焉。

祁文友，廣東人。順治十八年知廬江縣。清丈量，均里甲，平賦役，勸農桑。

薛之佐，字鶴齊，蒼溪人。知廬州府。精明强幹，剔弊釐奸，豪强不逞之徒皆潛徙境外，士民頌之。

聶源，字天水，宣府人。知廬州府，爲政寬簡，愛民禮士。值大兵至郡，軍需旁午，源殫心籌畫，閭閻得以不擾。未幾，引年乞休，士民皆泣送之。

顔堯揆，永春人。康熙六年知無爲州。時前令佟國貞所築新壩漸爲江濤所齧，揆自李家祠至王家渡築壩八百八十丈，闊三丈，高一丈九尺。次年大水，田廬恃以無恙，並和州含、巢二縣皆賴焉。州民勒石於壩上，名之曰「顔公壩」。

何朝聘，奉天人。康熙初知舒城縣。明敏有材略，正賦不缺於供，而民無催科之擾。招民墾田，給以牛種。治舒七載，獄訟衰息。

董守義，奉天人。康熙中知舒城縣。有幹濟才。逆藩之亂，舒爲衝邑，大兵往來驛絡，舟車芻糗應時而辦，閭閻無擾，邑人戴之。

李衍芳，字徵遠，雲南人。康熙二十三年知廬江。邑南有二湖，環湖皆圩田，惟缺口一河通江泄水。豪民每截河作壩，障上流以資灌溉，滂則以鄰爲壑。又編竹横於河，以收漁利，民病之。衍芳特申請除去。

鳳陽府

漢

宋均，字叔庠，安衆人。建武中遷九江太守。郡多虎患，均到，退奸貪，進忠善，虎東渡。中元元年，山陽、楚、沛多蝗，飛至九江境輒東西散去。《後漢書》本傳

時苗，鉅鹿人。建安中爲壽春令。始之官，用黄牸牛駕車，歲餘生一犢。及去，謂主簿曰：「今來時本無此犢，是淮南所生也。」留之而去。《後漢紀》

晋

劉頌，字子雅，廣陵人。武帝時爲淮南王相，在官嚴整，甚有政績。舊修芍陂，歲用數萬人，豪强兼并，孤貧失業。頌使計工受直，百姓歌其平惠。《晋書》本傳，互見揚州府《人物》

南北朝　宋

垣護之，字彦宗，桓道人。元嘉中爲鍾離太守。王(元)〔玄〕謨攻滑臺，護之百舸爲前鋒。虜牽(元)〔玄〕謨水軍大艚，連以鐵鎖三重，絶護之路。護之中流而下，以長柯斧斷鎖，惟失一舸，餘舸並全。《宋書》本傳

齊

沈文季，字伯達，武康人。官尚書右僕射。魏軍南侵，明帝遣文季鎮壽春。文季入城，嚴加守備，魏軍遁，百姓無所損。《齊書》本傳

梁

曹景宗，字子震，新野人。梁天監五年，魏拓跋英攻鍾離，詔景宗往援，擊破之。《梁書》本傳

隋

趙軌，洛陽人。爲壽州總管長史。芍陂舊有五門堰，蕪穢不治，軌更開三十六門，灌田五千餘頃。《隋書·循吏傳》

元孝矩，洛陽人。拜壽州總管，高祖賜璽書曰：「楊、越氛祲，侵軼邊鄙，争桑興役，不識大猷。以公志存遠略，故令鎮邊服，懷柔以禮，稱朕意焉。」《隋書》本傳

唐

員半千，字榮期，齊州人。爲濠州刺史。不專任吏，所至禮化大行。《唐書》本傳

張鎰，字季權，河南人。大〔歷〕〔曆〕中刺濠州。政條清簡，延經術之士講教生徒，比去州，升明經者四十人。李靈耀反，鎰團鄉兵，嚴守禦。《唐書》本傳

張萬福，元城人，幼從征有功，賜名正。德宗時，李正己反，屯兵埇橋，江淮漕船不敢逾渦口。乃以萬福刺濠州，帝曰：「先帝改爾名者，所以褒也。朕謂江淮草木亦知爾威名，若從所改，恐賊不曉是卿。」復賜舊名「萬福」。馳至渦口，駐馬於岸，悉發漕船，賊兵倚岸熟視不敢動。《唐書》本傳

李遜，字反道。爲濠州刺史。時觀察使多額外浮斂，遜一不應。《唐書》本傳

侯固，大中間濠州刺史。奏乞增植桑無加税，有石刻在定遠縣門。《舊史》

五代

李延鄒，鄱陽人。濠州録事參軍。郭廷謂降周時，命草降表，延鄒責以忠義。廷謂以兵脅之，延鄒投筆曰：「大丈夫終不負國爲叛臣作降表！」遂遇害。《南唐書·郭廷謂傳》

宋

王郁，臨江人。爲濠州判官。臨没，謂家人曰：「吾歷官五十餘年，慎于用刑，活人多矣，後其有興者乎？」《宋史·王欽若傳》

張式，字景則，建安人。天禧時知濠州。州人縊其妻而以自殺告，獄既具，式詰之，立伏，人以爲神。終身不營田宅，得禄即以置書，曰：「子孫業此足矣。」《南畿志》

魏琰，字子浩。知壽州。盜殺寺童子，有司執僧笞服，琰廉知其冤，脱械縱之，一府争以爲不可。後數日，得真盜。《宋史》本傳

吴奎，字長文，濰州人。至和二年知壽州。專以仁恕及民，事至立斷，吏民久而思之。《宋史》本傳

張昇，字杲卿，韓城人。嘗守濠州。昇忠信清儉，不受私謁，分俸禄以贍九族。《宋史》本傳

陳堯佐，字希元，閬州人。知壽州。歲大饑，堯佐自出米爲糜以食飢者，於是吏民皆争出米，所全活者數萬人。《宋史》本傳

曾致堯，字正臣，南豐人。知壽州。州近京師，諸豪大商結權貴，號爲難治。致堯居歲餘，斂手不敢犯，人亦莫見其以何術而然也。既去，壽人遮留，以一騎二卒逃去，過他州猶有追之者。歐陽修《曾公神道碑銘》

盛修己，通判宿州。建炎三年，盜入宿，修己被執不屈，爲所害。《南畿志》

康允之，建炎中知壽春府。渠賊丁進聚衆萬餘人攻城，允之率軍民固守，賊解圍去。奏至，高宗謂輔臣曰：「此郡守得人之效也。」《南畿志》

徐瑞益，金華人。爲虹縣尉。張邦昌僞詔至，縣令以下迎拜宣讀如常儀，獨瑞益不赴。向子諲言於朝，爲易文資。《南畿志》

邵青，紹興中爲兵馬鈐轄。濠州陷，青巷戰死之。《南畿志》

連南夫，應山人。高宗時守濠州。舊有東、西二城，濠水經其間入淮，南夫決濠水由城西徑達於淮，合二城爲一。《南畿志》

楊照，濠州將官。金圍城急，照躍上角樓刺賊，俄中流矢，卒。有統領丁元者，呼其徒毋負國，一舟二百人皆鬥死。《宋史·忠義·孫暉傳》

王阮，字南卿，江州人。紹熙中知濠州。請復曹瑋方田，修种世衡射法，日講守備，與邊民訪北境事。終阮在濠，無南侵患。《宋史》本傳

王霆，字定叟，東陽人。理宗朝知濠州。節浮費，糴粟買馬，以備不虞。尋差知安豐軍，臣寮上言：「王霆在濠，人甚安之，不宜輕易。」詔再守濠，職事修舉。《宋史》本傳

李庭芝，淳祐中爲兩淮制置司參議官。議柵清河五口，增淮南烽火一百二十。及知濠州，復城荆山，以備淮南，凡所籌措，皆切中機宜。《宋史》本傳

趙士嶐，字景瞻。淮南西路兵馬鈐轄，駐壽春。劇賊丁一箭衆號十萬，攻城三旬不退，士嶐募軍中敢死士與之謀，選壯士數百，出賊不意擊走之。《宋史》本傳

元

王庭玉，字國賓，清苑人。至元十五年，授招信路總管府達魯花赤。崇教化，勸農桑，勵風俗，境内稱治。《南畿志》

李良祐，爲靈璧縣尹。縣經兵燹，城郭爲墟。至元二十四年復立縣，良祐相度形勢，内廨外市，皆所經始。《靈璧縣志》

安汝明，寧晋人。延祐中宰定遠。興利除害三年，土田闢，户口增，盗息賦均，民無勞役。《定遠縣志》

嚴忠信，東昌人。知濠州，政尚嚴明，大興學校。《南畿志》

谷杲，字明之。至治二年爲安豐路總管，有能聲。《南畿志》

哈剌，字元素，賜姓金。至順間爲鍾離縣達魯花赤，平反冤獄，政爲諸邑最。《南畿志》

吴昇，字起東，黄巖人。至正間尹虹縣。性廉潔，才具亦優，士民稱之。《虹縣志》

張謙，字文益，高唐人。至正六年安豐路總管。歲饑，賑恤有方，多所全活。《南畿志》

明

蔣子杰，奉化人。洪武初任知府，寬嚴相濟，惠政甚多。《南畿志》

樂徽，洪武初知虹縣。政、教修舉，百廢皆所興造。《虹縣志》

樂瓚，陽城人。洪武初知臨淮縣。廉幹，賦均，役平。《臨淮縣志》

鄭真，鄞縣人。洪武中教諭臨淮，多方造士。會晋王之國，道經臨淮，召講《春秋》，真開陳大義，王甚喜。《南畿志》

楊浩，江陵人。永樂中知府事，律己無私，御下有道。《鳳陽府志》

楊鏞，永樂中知懷遠縣。廉謹愛民，遷知沂州，百姓攀留。《懷遠縣志》

閻斌，乾州人。宣德四年，授臨淮縣丞。盡心撫字，吏民愛服，將代，相率詣上臺乞留。在官二十三年，終始一節。《臨淮縣志》

何誠，字則明，莆田人。正統元年知虹縣，清慎慈惠，士民愛戴。秩滿，父老三百餘人詣闕請留。會以疾卒，百姓行號坐哭，如喪考妣。《虹縣志》

楊瓚，正統間知鳳陽府，持身廉介，莅政公勤。入覲，上賜襲衣褒勞。《鳳陽府志》

白玉，後軍都督府同知，成化元年守禦鳳陽。修復芍陂，興水利，至今賴之。《廣輿記》

章鋭，字元進，鄞縣人。成化二十一年知府事。持己公勤，讞獄精審，修學宮，刻《中都志》，綱舉

目張，得爲政大體。《鳳陽府志》

劉槩，濟寧人。成化間知壽州，發姦擿伏，豪黠屏跡。禁師巫，斥淫祀，招延名儒，振興黌序。尤講禦荒之策，量道里遠近，分設預備倉。又建石橋，置義冢，古良牧無以過焉。《壽州志》

曾大有，字世亨，麻城人。弘治中知定遠縣。凡黌舍、官廨、城郭、坊市，悉爲增拓修治。撲滅妖賊孔布等，一境晏然。《定遠縣志》

吴九功，雲南後衛人。正德元年知臨淮縣，莅政清平，存心慈愛。行取赴闕，士民追送，留鞭懸于縣門之左。《臨淮縣志》

楊麓，字孔瞻，德州人。正德二年知定遠縣。創建磚城，民賴保障。《定遠縣志》

陳伯安，黄陂人。正德六年，以御史謫知靈璧縣。時流寇楊虎擁衆來攻，伯安被執不屈，賊義而釋之歸。益圖守禦之計，增高城若干尺，鑿河廣八里以環其外，全邑藉屏障焉。《靈璧縣志》

蔣賢，隴州人。正德六年，授靈璧主簿。楊虎入寇，賢與指揮錢英率民兵扞禦，被執，大駡不屈，皆遇害。《南畿志》

趙楷，嘉靖間知鳳陽縣。身服布袍，出入跨一羸馬，從役二三人。不畏强禦，豪猾望風斂迹。三日一至學宫，拔弟子之秀者廩給之，多所成就。《鳳陽縣志》

劉熇，字德輝，完縣人。嘉靖四年知定遠縣。時大饑疫，邑里蕭然，熇拊循三年，逃者以集，居者以饒。《定遠縣志》

劉天民，字希尹，歷城人。嘉靖四年知壽州。崇獎節孝，懲刈頑梗，立鄉社以厚風俗。北門石橋久圮，增修二百餘丈。積穀三萬石備荒。《壽州志》

林大槐，莆田人。嘉靖四十五年知懷遠縣。持身清約，日食止一蔬。修復陂塘，積貯倉粟。卒于官，無以爲殮，士民悼之。《懷遠縣志》

張淵，江西人。隆慶五年知鳳陽縣。每節省歲支公費，及兑運餘米以代百姓之不能輸者，加意恤民而嚴于馭吏。以蜚語劾去。吏有進藏中鏹爲道里費者，笑曰：「吾肯以官休易操耶？」斥不受。《鳳陽縣志》

陳永直，蒲州人。萬〔歷〕〔曆〕中授捕盜通判。執法甚嚴，初至獲劇盜，折其脛，沉淮水中，四境肅然。《鳳陽府志》

王存敬，號明洲，確山人。萬〔歷〕〔曆〕三十年知懷遠縣。凶荒頻仍，亟圖休養，墾荒賑饑，仁聲騰于遠邇。《懷遠縣志》

黄克纘，晋江人。萬〔歷〕〔曆〕中知壽州。愛民禮士，而不避權要，常語寮佐曰：「受職自有定分，名節千古不磨。」申請編派等則，名曰「一條編」，至今賴之。《壽州志》

賈應龍，安陽人。萬〔歷〕〔曆〕三十一年知臨淮縣。縣自國初爲鳳陽府治，後府移鳳陽，而縣仍名爲附郭，凡公事皆與鳳陽一例協辦，民吏重困，應龍始申請免之。又調兩驛夫馬，皆得均平。《臨淮縣志》

陳泰交，莆田人。萬(歷)〔曆〕四十四年尹靈璧。首革催頭包攬之弊，除河夫、馬户外幫與里甲各色科擾，流亡復業者數千家。《靈璧縣志》

張中藴，永嘉人。萬(歷)〔曆〕四十八年知懷遠縣。性亢直，居官不携眷屬，一綈袍數年不易。歷知鳳陽府。《鳳陽府志》

范紹裘，字次濂，會稽人。天啓丙寅，任糧馬通判，署司李事，攝鳳陽、臨淮篆，所至以廉能稱。時鎮守太監劉鎮建魏璫生祠於臨淮，紹裘絶不爲屈，世尤服其勁節。《鳳陽府志》

朱國相，榆林人。署正留守事。乙亥，流賊張獻忠由壽春攻鳳陽，國相率營兵接戰于上窑山，生擒賊騎二人，射死甚衆。頃之，賊萬騎俱至，矢如蝟集，遂自刎死。時留守中衛指揮陳弘道亦力戰死之。《鳳陽府志》

張國翰，鳳陽衛指揮。崇(正)〔禎〕八年，流賊攻城，督衆力戰退之。十七年，劉良佐叛兵攻城，又募敢死士縋城出戰，城以得全。《鳳陽府志》

顔容暄，漳州人，復聖裔。知鳳陽府。流賊犯境，遣兵同朱國相接戰。及聞敗，暄冠帶坐堂上，駡賊不屈。賊殺之，火其屍于堂階，石上血漬成形，宛如其像。郡人立冢建祠祀焉。《鳳陽府志》

莊祖誼，成都人。崇(正)〔禎〕十五年知懷遠縣。甫下車，即設計擒崔、乾兩劇賊。以卓異聞。《懷遠縣志》

李彬，呈貢人。崇(正)〔禎〕十五年知定遠縣。當流寇蹂躪之後，總鎮黄得功移鎮定遠，彬爲修

城練兵，廣儲積，造火器，招撫流移，協力護持，民甚賴之。《定遠縣志》

國朝

史記功，滿洲人。順治初年知鳳陽府。瘡痍之後，以撫綏爲事，輕徭省役，勸課耕桑，民皆樂業。舊《通志》

張純熙，真定人。順治間進士，授鳳陽推官，嚴明有守，猾吏不敢營私。權要請屬，概拒不應，以持正稱。舊《通志》

張啓泰，長山人。順治初知鳳陽縣。當兵革之後，撫育黎元，獎拔士類，人咸德之。舊《通志》

潘登貴，字天章，嘉定州人。順治二年知懷遠縣。時兵戈甫定，民氣未復，登貴寬和鎮静，一以噢咻爲治，境内安焉。舊《通志》

張爾翮，富平人。順治二年知虹縣。繕城池，嚴守備，賦税勸諭，輸納徵比不苛。預備糧糗，以給往來士馬，民不知擾。

王棐，字再旦，長山人。順治三年知壽州。州頻經寇亂，廬舍蕭條，棐一意休養，釐剔弊蠹，翦除强暴，爲民捍患禦災。又加意造士，禮高年，使諭民爲善。居數月，政化大行。

王業，北平人。順治四年知壽州。下車廉胥蠹爲民害者，立除之，一境稱快。六年，洪水驟至，城門不得闔。業挺身躍入甕城水中，一手持重賞，一手持刀云：「用命閉門者即給賞，不用命者誅！」一時併力閉門，億萬人得免沉溺。

李大升，字木生，猗氏人。順治十年守壽州。莅政精敏，境内水利久湮，爲重修芍陂塘，躬督畚鍤，田疇資以灌溉。清里甲，革耗羨，誅鉏姦蠹。捐貲修學，建東、西齋舍，集諸生獎誨之，一科獲雋者十有三人，爲州中盛事。

聶士貞，字元次，監利人。康熙七年知定遠縣。先是，邑苦逋賦，或株繫無辜，士貞盡行省釋，令以限完納。逋户感德，輸賦倍早。期年，流民盡歸，田畝墾闢。因崇學校，獎節義，優耆老，恤煢獨，事簡民安，鞭笞不用。以憂去官，士民號泣遮留，三日方出境。

江南通志卷一百十八

職官志

名宦　七

潁州一府　滁、和、廣、六、泗五州

潁州府

漢

何敞，字文高，平陵人。永元間爲汝南太守。以寬和爲政，遣儒術大吏案縣，顯孝弟有義行者。及舉冤獄，輒以春、秋斷之。修濬鮦陽舊渠，墾田增三萬餘頃。《後漢書》本傳

宋登，字叔陽，長安人。汝陰令。爲政明能，號爲神父。《後漢書·儒林傳》

徐弘，字聖通。爲汝陰令。縣多大姓，怙强亂法，弘至，廉其尤者擒治之，風俗一變。《後漢紀》

虞延，字子大，陳留人。建武初除細陽令。每歲時伏臘，輒遣徒繫歸家，並應期而還。有因於家被病，自載詣獄，既至而死，延率吏掾殯於門外，百姓感悦。《後漢書》本傳

陳重，字景公，宜春人。爲細陽令，布政有異化。《後漢書·獨行傳》

三國　魏

盧毓，字子家，涿郡人。譙郡太守。文帝以譙舊鄉，大徙民充之，以爲屯田，土地磽瘠，百姓窮乏。毓愍之，表徙民於梁，俾就沃衍。《魏志》本傳

南北朝　宋

李熙國，鮦陽令。元嘉三年，遣大使巡行四方，散騎常侍孔默之等上言：「熙國在事有方，民思其政。」乃與宋縣令成浦各賜絹三十疋，穀二百斛，特示獎賚，以勸於後。《南史》

何道，山桑令。元嘉初，文帝遣大使巡行四方，王歆之等上言：「山桑令何道自少清廉，白首彌厲，應加褒賚，以勸於後。」《南史》

北魏

劉模，信都人。太和初守潁州。寬猛相濟，有治聲，後遂家於潁。《潁州志》

唐

柳寶積，永徽中潁州刺史。修椒陂塘，溉田三百頃。舊史

李岵，潁州刺史。興利除害，得民庶心。舊史

李繁，泌子。敬宗朝，由弘文館學士出爲亳州刺史。境内劇賊爲患，繁有機略，出兵捕斬之。《唐書》本傳

楊凝，字懋功，弘農人。汴帥董晋表爲判官，亳州刺史缺，晋以凝行州事。增墾田，決圩堰，築隄防，水患以息。《唐書·楊憑傳》

五代

王祚，并州人。周顯德初爲華州刺史，改鎮潁州。均部内税租，補實流徙，以出舊①籍。州故有

① 「舊」，《四庫》本作「新」。

通商渠，距淮三百里，歲久湮塞。祚疏導之，遂通舟楫，郡無水患。《宋史·王溥傳》

宋

王旭，字仲明，大名人。知潁州，荒政修舉。《宋史·王祐傳》

劉涣，高安人。志尚高潔。天聖中爲潁上令，持正不阿。以忤上官棄去，隱廬山之陽，歐陽修作《廬山》之詩以美之。《南畿志》

晏殊，字同叔，臨川人。以禮部尚書罷知潁州。手植雙柳於西湖，後人思之，爲建雙柳亭。《南畿志》

李迪，字復古，鄄城人。景祐二年知亳州。有亡卒群剽城邑，發兵捕之，久不得。迪至，悉罷所發兵，偵知賊匿處，潛遣壯士擒斬以徇。《宋史》本傳

歐陽修，字永叔，廬陵人。皇祐元年知潁州。塞白龍溝，蓄水西湖灌田，以爲民利。又建書院，俾潁人咸知向學。《宋史》本傳

蔡齊，字子思，膠水人。以户部侍郎出知潁州。卒後潁人見其故吏，猶號泣思之。《宋史》本傳

段少連，字希逸，開封人。仁宗時知蒙城縣。少連才具通敏，事無大小，剖决如流。尤屬風節，不爲權要所撓。《宋史》本傳

趙宗道，字子淵。嘉祐四年，京西大饑，轉運使請擇賢郡守以甦災黎，宗道被選知潁州。賑給存

勞，不遺餘力，瘡痍漸起，流亡以復。《南畿志》

蘇頌，以集賢校理知潁州。仁宗山陵調發倉猝，頌爲度土産有無，高估緩期，官自爲市，民不知擾，而課最他郡，潁人德之。《宋史》本傳

張知白，字用晦，滄州人。知亳州。御史王嘉言：「知白守道循公，當官不撓。」《宋史》本傳

宋庠，字公序，雍（邱）〔丘〕人。治平元年，以使相判亳州。庠所至以鎮静爲治。《宋史》本傳

富弼，字彦國，河南人。熙寧二年，以使相判亳州。青苗法出，弼謂：「如是則財聚於上，人散於下。」持不行，被劾歸洛。《宋史》本傳

蘇軾，字子瞻，眉山人。元祐六年，以龍圖閣學士出知潁州。時將鑿黄堆以注淮，軾以水平準之，淮之漲水高於新溝幾一丈，鑿必爲潁患。乃言於朝，從之。郡有宿賊久不獲，軾召汝陰尉李直方捕之，以小不應格，推賞不及。軾請以己之年勞，當改朝散郎階，爲尉賞，不從。其後吏部以軾當遷，軾謂已許直方，又不報。《宋史》本傳

朱光庭，字公掞，偃師人。元祐六年，由給事中謫知亳州。光庭在邦在家，臨民臨事，造次動静，一由至誠。《宋史·朱景傳》

吕希純，壽州人，公著子。徽宗時知潁州。先是，公著嘗知潁，有善政。希純推廣父政，教化大行。《宋史》本傳

曾悟，字蒙伯。靖康中爲亳州士曹。金兵至，被執，抗辭嫚駡，衆刃劚之。妻孥同日遇害。《宋

史·忠義·曾忠傳》

陳規，字元則，安（邱）〔丘〕人。紹興十年知順昌府。葺城壁，招流亡，立保伍，北軍至，與劉錡區畫力戰以退之。初，規至順昌，即廣糴粟麥實倉廩，會計議司移粟赴河上，請以金帛代輸，至是得其用以成功。《宋史》本傳

元

歸暘，字彦温，汴梁人。至順初同知潁州，鋤奸擊强，人不敢以少年易之。《元史》本傳

怯列①，至順二年知霍（邱）〔丘〕縣。勸課農桑，修舉廢墜，爲一時良吏。《元史》本傳

王公孺，汲縣人。以奉議大夫知潁州。廉潔安静，與民休息。《潁州志》

張柔，字德剛，易州定興人。鎮亳州。環亳皆水，非舟楫不達，柔甃城壁爲橋梁屬汴堤，以通商賈之利。復建孔子廟，設校官弟子員。《元史》本傳

教化迪②，延祐元年知太和縣。均徭平訟，勸課農桑，歲旱虔禱即雨。邑中火災，迪往救，有反風之應。鄰邑飛蝗，不入迪境。比代，父老攀轅不得行。《太和縣志》

---

① 「怯列」，《四庫》本作「克呼」。

② 「教化迪」，《四庫》本作「嘉琿達」。

伯顏①，薊國公脱脱②之孫。城父縣達魯花赤。爲民追賊，奮不顧身，爲賊所害，民於福寧鎮立祠祀之。《元史》本傳

明

張文弼，洪武元年知亳州。創建州治、學宫，勤於撫字，流亡復業。六年，改爲亳縣，調知他州。《亳州志》

李天祐，洪武元年同知州事。兵燹之後，庶務草創，天祐隨宜經理，招撫流移，民始復業。《潁州志》

車誠，餘姚人。洪武四年知潁上縣。以誠信治民，課最，擢知光州。《潁上縣志》

黄良，洪武五年知太和縣。廉介愛民，修縣治，建黌宫，造士課農，不期月，百廢具舉。《太和縣志》

游兆，福建人。洪武七年判潁州。修築清陂塘，民永賴之。《潁州志》

盧試榮，東陽人。正統元年知亳縣。重修學宫，創建義門倉儲粟，以便賑給。《亳州志》

① 「伯顏」，《四庫》本作「巴延」。
② 「脱脱」，《四庫》本作「托克托」。

孫震，字景威，鄖陵人。正統元年知蒙城縣。勤敏廉幹，百廢修舉，建境内社學二十餘所，教化大行。《蒙城縣志》

孫景名，富陽人。正統六年知潁州。興學校，隆秩祀，以清惠牧民得爲治大體。《潁州志》

鄭祺，字彦禧，貴溪人。景泰初知潁上縣。廉仁。舊田制編户一十三里，祺增爲十七里，賦歛以舒。秩滿，士民乞留，遷通判，仍知縣事三年。《潁上縣志》

高昇，阜城人。天順中知霍(邱)〔丘〕縣。縣故無城，昇督民築土垣，以爲捍禦。霍邑之城自此始。《霍(邱)〔丘〕縣志》

賀思聰，永平人。成化十三年知亳縣，慈惠宜民，以憂去。服除，士民伏闕乞令復知亳，許之。又二年，汲汲以備荒爲政，儲粟至二萬餘石。《亳州志》

劉讓，江西人。弘治初知潁州。州衛異屬，兵每虐民。讓至，有犯者悉寘之法，軍伍帖然。《潁州志》

孫誠，新河人。知霍(邱)〔丘〕縣。霍自前令高昇始築土城，誠至，易土以磚，民樂趨事。不數月功竣，屹然保障。《霍(邱)〔丘〕縣志》

王旻，曹縣人。弘治九年知太和縣。廉明剛正，不畏彊禦，吏民敬畏，方之包孝肅。《太和縣志》

王沂，滋陽人。弘治中，復陞縣爲州，沂來知州事。善决疑獄，重修大成殿，建明倫堂，築壇壝，治公廨。作預備、軍儲等倉，儲粟五萬石，歲饑，躬視賑給。《亳州志》

孟統，字儒宗，寧陽人。弘治中授蒙城縣丞。廉潔自持，修黌宫，實倉廩，士民沾惠。《蒙城縣志》

葉寬，字德夫，晋江人。正德四年知蒙城縣。縣故無城，流賊至，焚毁民舍，抄掠至慘。寬爲築磚城，浚深池，得以捍蔽，迄今賴之。《蒙城縣志》

趙夔，錦州人。正德十三年知太和縣。政尚寬平。值流寇，復增築城堞，甃以磚石。《太和縣志》

李天衢，字行之，樂平人。正德中授兵備僉事。流寇犯潁上，天衢明號令，嚴守禦，親冒矢石，設奇擊賊，旬日乃遁去。更勞來逃民，俾復寧宇。《南畿志》

趙塤，字平仲，餘姚人。由户部員外郎謫亳州同知，廉静自守，官舍蕭然。《亳州志》

傅棨，清苑人。由尚寶卿謫亳州同知。勸學興禮，修理城堤、倉廒，多所補益。《亳州志》

劉岭，清苑人。由鄉貢知太和縣。通達政體，有守有爲，均地利，濬溝渠，耕桑交勸，民歌思之。《太和縣志》

吕景蒙，字修餙，象州人。嘉靖中由御史謫判潁州，委心奉職，不以遷謫介意。繕西湖書院，建三忠六貞祠，以振風化。《潁州志》

茅宰，山陰人。嘉靖十六年，由郎署左遷潁州同知。謡曰：「民之父母，愷弟君子。我潁茅公，可以當此。」《潁州志》

陳誥，莆田人。嘉靖中知州事。除耗羨，申減驛馬、庫役等費。《潁州志》

陳址，施州衛人。隆慶中判潁州。清嚴執法，吏有以賂嘗者，杖而遣之。妻布裙垢，無他可更，

乃易絺裳以浣，恚形於色，址從容相慰，略不介意。《潁州志》

謝詔，贛縣人。萬曆中守潁州。裁決曲當，鋤强扶弱。《潁州志》

黄楷，永福人。萬(歷)〔曆〕中令霍(邱)〔丘〕。淮水暴溢，壞民廬舍，溺人畜無算，楷督舟拯救，全活甚衆。捐俸置學田，士民德之。《霍邱縣志》

王世蔭，萬(歷)〔曆〕中知霍(邱)〔丘〕縣。多惠政，築灃河隄以捍水患，至今利賴。《霍(邱)〔丘〕縣志》

吴一鸞，字文盛，麗水人。萬(歷)〔曆〕中知蒙城縣。躬履田畝，清丈地數，均差徭，釐户口。捐修文廟，製祭器，購書籍，置學田。又教民鑿塘浚池，以泄水患。《蒙城縣志》

潘章，字星海，雲南人。天啓六年謫判潁州。植一木於庭，書「天地神明鑒察」六字，晨出焚香以拜，然後視事。《潁州志》

趙士寬，山東人。崇(正)〔禎〕七年以廕任通判，決事精敏。流寇圍潁，登陴守御。城陷，猶募死士堵殺，力竭死之。妻崔氏同二女俱自焚死。事聞贈邺。《廣輿記》

尹夢鰲，雲南人。崇(正)〔禎〕七年知潁州。城陷，猶手殺數賊，中刀墮水死。事聞，與通判趙士寬並加優恤。《廣輿記》

左相申，明季知霍(邱)〔丘〕。流寇再破霍城，相申被執，大罵不屈，賊怒磔之。《霍(邱)〔丘〕縣志》

廖維義，長壽人。崇(正)〔禎〕時司訓徐州，以禦寇功遷潁上令。仁民愛士，深得衆心。屢却巨

寇，鄰邑避難者從之若歸市。尋擢御史，百姓遮留號泣。《潁上縣志》

任有鑑，山東人。崇〔正〕〔禎〕十五年，以郡倅署潁州事。潁屢經兵燹，戰守無具，有鑑以忠義激發人心。是年春，賊衆犯境，率鄉民堵殺，所獲馬牛即行賞賚。婦女避難相失者，封養署中，事定訪其家還之。及秋，賊盤踞潁地，密請兵捕剿。會河水漲溢，殺、溺死者無算，潁賴以全。《潁州志》

吴世濟，字楫侯，歸安人。崇〔正〕〔禎〕時知太和縣。甫至，寇、賊交訌，閭井驚怖。世濟不請兵，謂兵甚於賊，率丁壯晝夜登陴，守禦有方，危城獲全。著有《禦寇始末》傳世。《太和縣志》

國朝

吴國用，奉天人。順治六年知霍〔邱〕〔丘〕縣。未數月，興革協宜，凋瘵漸起。時山賊陳伯紹擁衆入寇，會久雨城圮，賊闌入。國用揮刀躍馬，率甲士巷戰。勢蹙馬仆，大呼曰：「吾當以死衛百姓！」遂自刎。事聞，贈按察司僉事，蔭一子。舊《通志》

鮑弘仁，瀋陽人。順治六年知潁上縣。性明敏，簿書填委，據案剖決立盡。捐俸錢修東城二百餘丈，不煩民力。清驛遞，禁雜派，請豁無主荒地五千餘頃。

田本沛，富平人。順治七年知蒙城縣。時兵燹之後，殫心撫恤，釐剔宿弊，催科則花户親輸，遞馬則設法官養，夏、秋米麥二税，悉除耗贈。邑民勒石頌德焉。

瞿乃慎，順治十二年知潁上縣。性仁厚，不尚威嚴。潁田故多污萊，爲招撫流移，勸督墾闢，漸成膏壤。催輸有法，賦辦而民不擾。時有「民稱衆母、吏畏神君」之頌。

陳大倫，字理仲，定興人。順治十四年知蒙城縣。時田賦混淆，流民未復，爲裁定畫一之法，均里甲，除奸蠹，漕糧、郵遞，徹底清釐。舊有邪教誘惑愚民，大倫捕其魁寘之法，邑以大治。

喻三畏，字念兹，奉天人。康熙五年知潁州。清慎平恕，革除耗羡，重築西湖隄岸，灌溉桑麻，濬濠閘，通水利，潁人食其德。遷建寧郡丞。死耿逆之亂，喪過潁，士人絡繹奔奠。

以上舊《通志》

竹緑猗，涇陽人。康熙八年，由粤東監司左遷蒙城令。蒙邑凋弊，一以噢咻爲治。徵輸、驛遞，盡除科羡，歲省民錢數千緡。聽訟平允，上官每有疑獄，輒下蒙城讞决。以憂去官，貧不能束裝。

滁州

漢

劉平，字公子，彭城人。建武中爲全椒長。有惠政，百姓感之，或增貲就賦，或減年從役，獄無繫囚。《後漢書》本傳

唐

韓思復，字紹忠，長安人。大〔歷〕〔曆〕間滁州刺史。境有銅坑，人苦鏟鑿爲累，思復爲買他郡，費省獲多。有黄芝五生州署，民刻石頌其祥。《唐書》本傳

韋應物，建中二年爲滁州刺史。性高潔，節食寡欲，公餘焚香默坐，雖工詩而政不廢。舊史

闞播，字務元，衛州人。陳少游鎮淮南，表爲判官，攝滁州。刺史李靈耀叛，少游屯淮上，播儲資力，給軍興，人無愁苦。《唐書》本傳

宋

趙普，字則平，幽州人。周末，宋太祖拔滁州，宰相范質奏普爲軍事判官，太祖與語奇之。會獲盜百餘人，當棄市，普疑有無辜者，請更訊之，全活甚衆。《宋史》本傳

李彦明，爲全椒令。建學宫，新縣治，政有丰采，豪强折服，四境帖然。《南畿志》

元時忱，知全椒縣，百姓愛之。縣乏井，民俱汲水襄河，忱爲穿井縣門外，聽人挹取，至今呼元公井。《南畿志》

王禹偁，至道初出知滁州。閩人鄭褒徒走來謁，禹偁愛其儒雅，爲買一馬送歸。或言其買馬虧直，太宗曰：「彼嘗却李繼遷五十馬，顧肯虧一馬價哉？」《宋史》本傳

歐陽修，慶（歷）〔曆〕初知滁州。以鎮静爲治，明不至苛，寬不至縱，吏民安焉。《南畿志》

趙槩，慶（歷）〔曆〕初以祠部郎出知滁州。時渠寇李二過其境，語人曰：「我山東人也，公嘗知青州，民愛之如父母，我不忍犯。」率衆而去。《宋史》本傳

盧秉，字仲甫，德清人。熙寧末提點兩浙淮東刑獄。上計，神宗問曰：「聞滁民捕蝗而食，有諸？」對曰：「民誠飢甚，殍死相繼。」上惻然曰：「前此獨趙抃爲朕言之耳。」《宋史·盧革傳》

王俞，爲全椒令。建學宫於縣東南襄水之側，奬善懲惡，訟平盜息。《南畿志》

姚仲孫，字茂宗，商水人。通判滁州。歲饑，詔發官粟賑濟，主吏不以時給。仲孫至，立劾主吏，夜索丁籍盡給之。《宋史》本傳

梅執禮，字知勝，浦江人。元符五年知滁州。時賦鹽虧額，滁亦苦抑配，執禮曰：「郡不能當蘇、杭一邑，而食鹽乃倍粟數，民何以堪？」請於朝，詔損二十萬，滁人德之。《宋史》本傳

劉位，招信人。爲滁濠鎮撫使，攝州事。紹興中，屢敗金兵，金遣使招之，位斬其使。未幾，金兵奄至，位出戰，中流矢死。贈建寧軍節度使，建廟淮陽，賜號「剛烈」。《南畿志》

黄師中，建炎間爲全椒令。縣廨毁於兵，師中結茅以居，清静爲治。閭里盜發，推尋其迹輒得，四境肅然。《南畿志》

張處厚，知全椒縣。復建縣治於市橋西北，性廉介不妄取與，馭胥吏尤嚴飭。《南畿志》

魏安行，樂平人。以張浚薦知滁州。郡罹兵燹，壇廟皆毁，安行從草莽中得碑，依政和法式立

焉。招墾土田，民賴之。《南畿志》

辛棄疾，字幼安，歷城人。乾道間知滁州。滁遭兵燼，井邑凋殘，棄疾寬徵薄賦，招集流亡，教民、兵，議屯田，乃創奠枕樓、繁雄館。辟江東安撫司參議官。留守葉衡雅重之。《南畿志》

許巽，嘉泰中知滁州。境内故有津渡三，前守月賦錢，巽悉蠲罷，仍各造舟以濟。《南畿志》

林嘌，知滁州。時州賦鹿，非其土産，嘌上言得免。《南畿志》

趙葵，紹定中知滁州。以州爲兩淮門户，乃修城浚濠，嚴設守具。《南畿志》

元

劉琪，至元間知滁州。創鐘樓，建永濟橋，增置大成樂器。《南畿志》

杜居敬，汴梁人。泰定初爲來安尹。廉謹有惠政，尤汲汲於興學校，崇教化。歲蝗，居敬齋沐致禱，蝗不入境。《來安縣志》

楊樸，字文素，河南人。至正中全椒尹。寇入城，樸盡殺妻女，朝服坐堂上。盜欲降之，樸指曰：「我已戕家屬，正欲死官守耳！」乃連唾之，死。《元史·忠義傳》

蔣居仁，廣陵人。至正中知來安縣。精於吏治，民樂其政。《南畿志》

明

周鼎，鄞縣人。洪武八年知滁州。始滁隸中書，事皆符下，有不可者封上之。已隸鳳陽府，守數加苛責，並毛舉細事撼鼎，鼎不爲動。滁當孔道，簿書填委，鼎綜核嚴明，治最他州。《滁州志》

吴潁，字克懷，閩人。永樂初授全椒教諭。善形家言，以築文筆峰致飛語，動上怒。乃率諸生登明倫堂，曰：「始禍者予也，予死，若等獲生矣！」遂自縊。諸生王冕等爲卜葬南山之陽。《全椒縣志》

陳璉，東莞人。永樂五年知滁州。政、教兼舉，治爲江北諸郡最。秩滿，滁人請留，遷揚州知府，仍知州事。《南畿志》

留衢，正統中知全椒縣，有循良之政。《全椒縣志》

周正，安陸人。天順八年知滁州。有治績，聲望與陳璉相埒。《滁州志》

趙禮，成化間知來安縣。創築土城，繕學宫，作官廨，立市廛，修堤防，百廢俱興。《來安縣志》

曾顯，弘治三年知滁州。滁當衝要，方貢夫馬驛騷，民苦煩費。顯議中道池河爲定遠西徼，設站協之。河决徐州，田租不入，撫按議令滁代輸，顯力争得免。《滁州志》

孫贇，正德中尹全椒。修建黌宫堂廡，率出俸錢成之。視學造士，時稱良師。《全椒縣志》

林文卿，正德中全椒教諭。時遷學宫，悉力程督，工皆堅緻。課諸生講求鄉射義，悉如古泮宫

法。《全椒縣志》

陳則清，嘉靖中知滁州。歲大旱，發廩賑貸。逾年疫作，民病不能行，因量地設場，爲糜食之。又請折鳳麥，以免輸運之苦。《滁州志》

王邦瑞，字惟賢，宜陽人。嘉靖中知滁州。時徭傳馬驢取具田丁，又屯所養馬田地多乾没，邦瑞力請蠲逋欠，均科派，平馬政，減重徵。奉旨釐覈，民困得紓。《滁州志》

趙鏜，嘉靖中知全椒。衛屯恣虐，鏜大爲懲艾。仍請於屯田御史，每屯置老人轄之，號稱良法。《全椒縣志》

淩約言，嘉靖中知全椒縣。民苦養馬，豪黠詭爲邑供丁，而以馬役遺下農。約言釐弊懲奸，酌量盡善，邑自是無馬患。河南師尚詔反，糾集丁壯，預爲三覆以待，寇聞風潛遁。《全椒縣志》

顧問，嘉靖中由御史謫知來安。往時六合、滁陽南北夫馬率有驛路，後改經來安，遂成孔道，民苦供億，問悉爲禁絶，驛困以甦。《來安縣志》

魏大用，嘉靖中授來安令。前令趙禮築土爲城，久圮，大用悉力經營，易以磚甓，百姓賴以安堵。《來安縣志》

張四術，嘉靖中知來安。廉謹愛民，其於六合夫馬①迂道，尤力請禁止。《來安縣志》

① 「夫馬」，《四庫》本作「馬夫」。

丁士奇，萬〔歷〕〔曆〕間知滁州。建四隅角樓，以備守望。監司取鍰金逾額，帑積不支，自鬻家棗園償之。《滁州志》

陳允升，萬〔歷〕〔曆〕中守滁州。滁田瘠糧重，民不能供，每有棄産去者。允升履畝清丈，計額均賦，一境賴焉。《滁州志》

孫森，萬〔歷〕〔曆〕中知滁州。衛弁忌其嚴覈，摭訴監司，森抗對得白，因寘侵帑諸弁於法。時郵遞衝疲，勘合白牌雜遝至，森調度有方。《滁州志》

田榳，萬〔歷〕〔曆〕中知全椒縣。立漢劉平祠，顔其堂曰「仰劉」。縣治後河，南北通津，行者病涉，移諮和守，各造浮橋，至今利濟。《全椒縣志》

樊玉衡，萬〔歷〕〔曆〕中以御史建言，謫判無爲州，遷全椒令。敬禮耆碩，表章先賢，因俗便民，除蠹尤力。尋膺薦督理漕河。抗疏請册立，謫戍雷陽，道經滁，滁民傾城往送，揮手謝之，跨驢而去。《全椒縣志》

劉是，萬〔歷〕〔曆〕中知全椒。崇節孝，鋤豪猾，蠲逋慎獄。《全椒縣志》

闞驥，萬〔歷〕〔曆〕中令全椒。下車值加派河夫，毅然爲民請命，以去就争，遂得末減。《全椒縣志》

管學經，萬〔歷〕〔曆〕中知全椒縣。貌文弱，而施政有方，摘發侵欺，覺察僞篆，又捕獲鄰境大盗。《全椒縣志》

吴羽文，萬（歷）〔曆〕中知全椒。煦嫗畢赤，掊擊豪猾，諸所興除，皆大利害。爲人冰蘗自持，顰笑不假。《全椒縣志》

錢應元，萬（歷）〔曆〕中來安教諭。會令虐士誣揭上臺，應元不避嫌怨，抗白其冤，直指爲之霽顔。《來安縣志》

秦植，天啓中知全椒。未下車即發諸吏蠹狀，人以爲神。至杜苞苴，除耗羡，薄税通商。調知皖江，惟携布絮一篋而行。《全椒縣志》

孔尚則，至聖裔，崇（正）〔禎〕時知全椒。時軍興旁午，徵調無虚日，尚則咄嗟立辦。至里役、長催、火耗、起解等件，久滋民累，一切釐革。《全椒縣志》

國朝

甯鳴玉，字楚珍，奉天人。順治十四年知滁州。時賦多逋欠，鳴玉按籍清釐，分限立單，令逋者照輸，各給完狀。後江南州縣皆以奏銷被遣，滁獨無恙。

湯九圍，奉天人。順治間爲來安知縣。邑故凋敝，田畝多鬻於省州紳士，土著存者什裁二三，里役大爲民害。九圍定爲官收官解之法，積困以甦。舊《通志》

楊鶴年，字清華，滿洲人。順治十六年，以鳳陽府同知署滁篆。時海寇入犯，滁密邇會城，人心惶擾。鶴年密爲守備，以静鎮之，譌言繁興，皆置不問，直指及備兵使者服其持重，有請輒報可，士民賴之。

鄭邦相，字又僑，咸寧人。康熙六年知滁州。治尚簡静，首申功令，令輸賦者自封投櫃，革僉報徵糧，里甲積困以甦。聽訟委曲開諭，民多感悔，威惠並著，萑苻亦爲屏息。

趙清貞，字幹周，奉天人。康熙十四年知滁州。值歲大旱，力懇上官題請蠲賑，旋得報可，全活無算。聽訟明敏，片言剖決，民皆慴服。

和　州

南北朝　宋

劉湛，字弘仁，南陽人。梁郡太守，改歷陽。奸吏犯贓百錢以上，皆殺之，自下莫不震肅。《宋書》本傳

張齊，字子響，馮翊人。歷陽太守。齊手不知書，目不識字，而在郡有清政，吏事甚修。《梁書》本傳

唐

張無擇，慈谿人。和州刺史。時水潦害農，無擇請蠲穀賑之。採訪使李知柔素不快其直諒，密

奏以附下爲名，貶蘇州别駕，老幼遮道攀留。《舊史》

張知謇，字匪躬，幽州人。中宗時和州刺史，清介有威嚴。《南畿志》

宋

傅堯俞，字欽之，鄆州人。治平中知諫院，以争濮議，出知和州。絶不言諫官時事，通判楊洙問之，堯俞曰：「前日言職也，今爲郡守，當宣朝廷美意，而乃沾沾追前闕政，與誹謗何異？」《宋史》本傳

淩冲，字子和，蘇州人。知含山。秩滿束裝，家人有蓄一砧者，冲視之曰：「非吾來時物。」命還之。《南畿志》

宋昌祚，爲和州鈐轄。建炎四年，州被圍數匝，昌祚與楚軍指揮鄭立共激士卒，晝夜備禦不少怠。城破，昌祚等皆死譙樓上。《宋史·忠義傳》

韋永壽，紹興末以統制官與北軍戰於和州，其子世堅救之，同死。《宋史·忠義·屈堅傳》

姚興，相州人。紹興末，興隸都統王權麾下。北軍渡淮，興拒之，退保和州，遇於尉子橋，力戰，手殺數百人，北軍誤，興父子俱死①。贈容州觀察使，立廟，賜額「旌忠」。《宋史·忠義傳》

---

① 此段文字《宋史》卷四五三作：「初，李二者，嘗有恩於權（王權），因得出入軍中，往來两界貿易，間窃權旗幟遺金人。至是，金人立權旗幟以誤興，興往奔之，父子俱死焉。」

冷世修，字良器。通判和州。時守尚嚴峻，世修濟之以寬，吏民愛戴。秩滿，相率詣臺使乞留。《南畿志》

周虎，臨淮人。開禧二年知和州。時敵兵圍城急，虎乘城固守，其母何氏激厲將士，誓與城俱存亡。合戰，屢殺敵①驍將，敵大創引去。州人爲立母子生祠。《南畿志》

趙師峕，嘉定三年爲和州觀察使，有惠政。《南畿志》

元

馬澤，字潤甫，任（邱）〔丘〕人。知和州。以經術飾吏事，禮師儒，修庠校，均户役。年歉，籌畫賑飢，全活甚衆。《南畿志》

疊卜泰，字允恭，蒲城人。泰定中烏江縣監。爲治以教先法，春行勸農，自裹糧以從。民有訟者，輒曉以禮法，人皆感服。《南畿志》

明

郭景祥，字仲德，濠梁人。洪武初總制和州。增樓櫓，浚城濠，置公署，創學宮，飭農事，廣屯田，

① 「敵」，《四庫》本作「賊」。

威望大著，帝遣使以璽書勞之。《和州志》

李相，字彦章，四明人。洪武初，由京兆尹出知和州。建州署，築郭公、銅城二壩。《南畿志》

陳琦，字士英，霍州人。洪武中知和州。民服其化，男女異路，囹圄空虚。《南畿志》

戴泰一，福建龍溪人。永樂初，以隱逸應召，知和州。以清白稱。《南畿志》

侯潤，寧海人。正統十一年知和州。嚴明廉幹，鋤强扶弱。《南畿志》

黄潤玉，鄞縣人。景泰初知含山縣。鑿渠塘，築隄堰，躬課蓄泄。《含山縣志》

劉隆，廬陵人。天順六年知和州。實倉廩，平糶糴，歲凶民賴以給。奸胥病民，必按法①懲治不少貰。訟至，曲直立判。《南畿志》

董錫，會稽人。天順中和州同知。均傜役，清軍伍，修黌宫，興水利。《南畿志》

吴漣，南海人。爲含山令。樸易廉潔，以德化民。歲饑，作饘粥餉流移，所活萬餘人。公餘進邑諸生，設帳講《易》。《廣輿記》

林長繁，莆田人。弘治中知和州。愛民惜財，案牘詳審。《和州志》

顧珀，字戴祥，晋江人。正德四年知和州。簡訟輕役，發奸摘隱。《和州志》

孔公才，字希文，曲阜人。正德中知和州。渠寇劉六猖獗，練兵修城，復鑿重濠，賊偵知有備，不

① 「法」，《四庫》本作「律」。

敢犯。《和州志》

祝弘舒，四(州)〔川〕①人。正德七年知含山縣。崇學校，毁淫祠，清户口，平賦役。《含山縣志》

賈應春，真定人。嘉靖七年知和州。事至立剖，奸胥無所措手。《和州志》

孟雷，澤州人。嘉靖十一年知和州。辭色不少假，而内實坦易。僚佐皆以臺部左遷，以雷年少數易侮之，雷風節不少挫，群僚亦心服焉。《和州志》

張叔宣，内江人。嘉靖二十三年知和州。民有訟者，輒和顔諭之。每里擇有行義者一人，勸民以禮，使勿争。嘗單車出，見村婦逐隊挑田間野菜，持一束歸，和羹，召諸僚佐共食之。時有陳侍御②北上，叔宣裁其夫役，陳不能平。尋按廬鳳，廉叔宣清介，更力薦之。《和州志》

陳冠，南昌人。由刑部郎謫和州同知。均徭除羨，課士勸農。鰥獨無告者，時出俸錢周之。《和州志》

鄭曉，海鹽人。嘉靖中，由吏部郎左遷和州同知，多惠政。性簡淡，居城西峨嵋書院，公事之暇，著述不輟。《和州志》

晋朝臣，洪洞人。隆慶七年知和州。清里甲，除奸蠹，崇奬節義，甄拔寒微。《和州志》

① 據嘉靖《通州志略》及《萬姓統譜》卷一百十一改。
② 「侍御」，《四庫》本作「御史」。

郭繼芳，字履謙，富順人。萬〔歷〕〔曆〕中授和州知州。建巽塔，徙泮宮。《和州志》

袁伯鑰，豐城人。萬〔歷〕〔曆〕初知含山。田畝、户口，詳請立一條編，積弊一清。《含山縣志》

黎弘業，字孟擴，廣東人。崇〔正〕〔禎〕時知和州。乙亥冬，張獻忠圍城將陷，弘業繫印於肘，跪請於母李氏，母泣諭曰：「子勿以我爲累，事至此，有死而已！」遂自縊。妻楊氏、妾李氏、四女皆自縊。弘業乃望闕痛哭，以硃題壁曰：「爲官不負民，爲臣不負君。忠孝誠已盡，死生安足論。」引佩劍自刎，未絶，復甦，更濡頸血書曰：「爲臣死忠，爲子死孝，大丈夫何惜一死哉！」賊突入，被傷數刃而死。事聞，贈太僕少卿，廕一子。同時州判錢大用，同妻、妾及長媳死。學正康正諫、訓導趙世選、吏目景一高皆死之。《和州志》

國朝

徐萃，字元伯，山東臨清人。旗下貢士，順治初知和州。以簡御煩，以惠兼義，公餘讀書、課士，有風雅之遺。民肖像祀之。

任憲伊，清澗人。順治四年，以貢士同知和州，有惠政。遷兩淮運判，士民思之。

朱長泰，字謙茹，德平人。順治丁亥進士，知含山縣。嚴正果斷，有「包拯再出」之謡。鄰民有冤抑上控，輒求下含山讞訊。獎善黜惡，不遺餘力。三年考績，以廉敏著稱。

楊繼芳，字仲延，南和人。拔貢，順治十七年知和州。爲政敏給，簿書叢錯，綽有餘閒。在任期

年，百務釐舉，四野謳歌。以上舊《通志》

夏瑋，字禹貢，寧遠人。康熙九年知和州。均賦役，省獄訟。城垣就圮，捐貲繕築，不以擾民。復修學宫，纂志乘，百廢具舉。

周元宰，金州衛人。康熙十六年知含山縣。徵輸令民自納，革里甲兜收之弊。歲饑，多方賑恤。課民力田不足者，給以牛種。陞江寧同知，去之日，士民請留者數千人。

石參，字星川，奉天人。康熙二十八年知和州。宅心仁恕，下車有「不破一家，不傷一士」之誓。賑恤災黎，革除科派，省差擾以息民，嚴保甲以清盜。卒於官，士民立祠祀焉。

何偉，字五峰，奉天人。康熙三十九年知和州。臨政勤敏，馭吏嚴明。歲災，區畫賑恤，存活甚衆。催科不事鞭扑，輸者恐後。禮師儒，葺黌舍。卒於官，州民奉主與石守同祀，號二賢祠。

廣德州

宋

范仲淹，廣德司理參軍。日抱獄牘與守争是非，守盛怒不爲屈，歸必記其往復折辨之語於屏。比去，至字無所容。貧止一馬，鬻之，徒步而歸。《宋名臣言行録》

范師道，字貫之，吴縣人。知廣德縣。民喜淫祀，歲用牛千數，師道禁之，妖妄遂絶。《南畿志》

錢公輔，字君倚，武進人。治平間知廣德。軍舊學在城北，以卑隘，徙之東南。嘗撰《學諭》，委曲訓誘，使人知所崇嚮。《南畿志》

朱嗣孟，樂平人。爲廣德司户，兼司理。叛卒戚方犯廣德，嗣孟有膽略，直詣賊壘，爲陳逆順禍福，方以忤己殺之。事聞，贈宣教郎。《宋史·忠義·王儔傳》

王儔，建炎中權通判廣德軍。戚方引兵過廣德，入其郛，儔不屈，與判官李唐俊、司法潘偶權、知廣德縣韋績、縣丞蔣夔皆死。《宋史·忠義傳》

洪興祖，丹陽人。紹興中知廣德軍。鑿陂塘六百餘所，民無旱憂。《宋史·儒林傳》

熊彦照，淳熙六年知廣德軍。歲祲，發倉賑給。治爲江東最。《南畿志》

耿秉由，知廣德軍。歲凶，發倉粟賑給，活飢民萬餘，寧宗聞之，璽書褒異。《南畿志》

趙彦誠，嘉定中知廣德軍。興學校，重鄉飲，置田以贍生徒，立爲善齋以教宗子。《南畿志》

王介，字元石，金華人。知廣德軍。韓侂胄隸人蘇師旦忿介不通謁，目爲僞黨。有勸其自明者，介曰：「我髮已種種，豈畏鼠輩耶！」侂胄亦懼公議不敢發。《宋史》本傳

章一璧，字君玉，浦城人。寶慶元年知建平縣。振興學校，深得治體。《南畿志》

林棐，紹定四年知廣德軍。奏蠲兩縣逋租一萬五千餘石，代輸積欠十二萬貫。公餘輯《桐汭新志》二十卷。《南畿志》

施德懋，會稽人。端平間知建平縣。歲凶，力行賑貸。士以無養，多失業，招集教之，復學田五百畝贍焉。《南畿志》

董槐，字廷植，定遠人。淳祐中爲廣德録事參軍。有誣富民李桶私鑄兵器，結豪傑以應李全者，捕繫之獄。槐攝通判察其枉，上書言狀，桶得釋。《宋史》本傳

常楙，字長儒，海鹽人。咸淳中知廣德軍。郡大水，不待上聞，發倉粟活饑民。又置慈幼局，立先賢祠，民甚德之。《宋史》本傳

黄震，淳祐間判廣德軍。初，孝宗頒朱熹社倉法於天下，廣德之民困於納息，人以熹之法不敢議，震曰：「法出於聖人，猶有變通。安有先儒立法，不思救其弊耶？」爲别買田六百畝，以其租代社倉息，約非凶年不貸，而貸者不取息。郡有祠山廟，夙稱靈應，江淮之民詣禱者率身攖桎梏，自行笞掠，以徼福利，悉禁絶之。《宋史》本傳

趙時踐，字容月，采石人。宋末爲廣德司户參軍，郡守重其才，使攝建平縣事。元兵南下，先驅擁東門，時踐登縣樓，搥鼓伐鉦爲守禦計。城陷，與妻、子、僕、妾八人皆赴溪潭死。《南畿志》

王汝翼，宋末知廣德縣。元兵入境，汝翼死之。《南畿志》

元

王勉，字懋德，婺州人。大德間尹建平。杜私謁。會大饑疫，殫心賑恤，復單騎挾醫人給藥。卒

於官，子孫家焉。《建平縣志》

胡定國，瑗孫。大德間典建平學事。興復學宫，横經講説，以道正人，士類頌之。《建平縣志》

明

陳寧，明初授廣德知府。歲旱，百姓告災，太祖不允，寧赴京奏曰：「天旱，田禾不收，若復督徵，必逃徙之蘇州，是爲張士誠益民也。」太祖曰：「爾大膽，敢如此言。」從之。《南畿志》

張翼，字鵬飛，合肥人。洪武三年知建平縣。興舉廢墜，規模整飭。《建平縣志》

羅坤泰，吉水人。永樂中知廣德州。興學造士，祛弊息争，一郡稱平。《廣德州志》

魯鐸，泌陽人。由國子生知建平縣。政務寬恤，視民事如家事，去後民常思之。《建平縣志》

李觀，字廷賓，武昌人。正統八年知建平縣。建文廟，築陂塘，創預備倉及壇壝、郵舍。《建平縣志》

周瑛，字梁石，莆田人。成化間授廣德知州。巡行原野，察農勤惰，更示蠶繅法。訓迪士子，至夜分乃散。著《廣孝慈録》及《祠山雜辨》以諭民。《廣德州志》

邵蕃，字文盛，餘姚人。成化中知建平縣。清介愛民，不任威力。《建平縣志》

孫紘，鄞縣人。弘治間知廣德州。誠信廉能，鎮静不擾。《廣德州志》

江暉，字景孚，仁和人。正德中知廣德州。出不坐乘，食無兼味。武宗南幸，江以南率苦供億，

暉措辦得宜，一方獲安。《廣德州志》

趙崇賢，浙江人。正德四年知廣德州。時方議津貼建平軍需以助養馬，崇賢曰：「馬政派自草場，軍需出於田畝，縣民食田力，而州民爲之納税，非制也。」亟白憲司停止之。《廣德州志》

鄒守益，字謙之，安福人。嘉靖初，由翰林謫判廣德州。創復初書院，置學田，講良知之學，士類翕然從之。《廣德州志》

連鑛，永平人。嘉靖七年知建平縣。明律善斷，設策擒亂民虞順，境内以寧。《建平縣志》

陳德騄，字房甫，應城人。嘉靖中知建平。諸羡餘悉充正賦，申減牧馬之額，裁諸色供億，履畝覈丈，積弊盡除。《建平縣志》

趙佑卿，喜靖四十五年知建平。築山陽、楊學、潘城等圩。《建平縣志》

宋鰲，湘陽人。嘉靖中建平縣丞。倭躪郡邑，鰲甫至即率民兵往禦。至上海，孤軍援絶，倭衆猝至，遂遇害。殮時創鏃滿體，士民哀之。《建平縣志》

陸長庚，平湖人。萬(歷)〔曆〕十一年知廣德州。新黌宫，置學田，課耕濬渠，置倉水陽①，以便軍民。《廣德州志》

朱之楫，字斯濟，通山人。萬(歷)〔曆〕中知建平縣。遷學宫，墾浮湖廢地，開西河，增置義倉。

① 「陽」，《四庫》本作「堤」。

《建平縣志》

張宗信，山西人。萬(歷)〔曆〕中知建平。狷潔自持，親民禮士。與前令朱之楫並稱循吏，今合祀西郭外。《建平縣志》

胡子晉，德清人。萬(歷)〔曆〕中同知廣德州。佐郡六載，攝篆者三，公明嚴正，豪猾斂跡。日用蔬茹，悉自家載至。《廣德州志》

向萼輝，慈谿人。萬(歷)〔曆〕三十六年知建平。謹權量，平物價。學宮舊建東門外，屢圮於水，爲出俸錢遷之。《建平縣志》

程良符，孝感人。崇(正)〔禎〕時知廣德州。不事苛察，民服其化。歲旱，徒跣祈禱，大雨立澍，一時傳爲程公雨。《廣德州志》

侯佐，字弼時，解州人。崇(正)〔禎〕八年知建平。奉憲檄築城，期年工竣。時溧陽大盜白晝剽掠，佐練習義勇，設策擒之。《建平縣志》

何弘仁，字仲淵，山陰人。崇(正)〔禎〕十一年知建平縣。吏不忍欺。歲大旱，步禱赤日中，大雨如注。飛蝗千里，不入縣境。《廣輿記》

趙景和，錢塘人。崇(正)〔禎〕時知廣德州。馬士英擁兵走浙，以書索餉，景和曰：「吾不能齎盜以糧也。」傳集鄉民悉入城避亂。士英怒，督兵攻城，城陷，景和奮臂裂眦，數士英誤國害民諸罪，遂遇害。《廣德州志》

金印榮，武進人。崇〔正〕〔禎〕時授州學正。持己端嚴，誨人不倦，時比之胡瑗。《廣德州志》

國朝

崔成名，安肅人。順治初知廣德州。時有土寇聚山藪，剽掠良民，成名躬帥兵擣其巢穴，擒馘數千人，民始安堵。查覈糧稅，申免州縣溢額銀四千九十餘兩。

張正中，字文臺，河南人。順治三年知建平縣。招徠逃亡，墾藝荒瘠，覈户口，稽疆畝，册籍釐然。學宮就圮，捐俸修葺，士民咸德之。

陶爾性，字還一，咸寧人。順治十年知建平縣。寬仁愛民，而嚴於馭吏，治邑三年，有麥秀兩岐之瑞。

孟希舜，號華宇，奉天人。順治十一年知廣德州。外寛内嚴，敢於任事，請免州縣地畝溢額銀六千七百餘兩。十二年，歲旱勘災，申豁秋糧十分之一，民賴之。

秦確，輝縣人。順治十三年知廣德州。廉能明允，剔弊除奸，州民戴若父母。

以上舊《通志》

彭長庚，字太白，奉天人。順治間爲建平知縣。年甫二十，姿力英邁，案牘目十行，下片言決遣，猾吏膽落。又虚懷嗜學，隆禮師儒，舉卓異第一。

柏肯堂，臨清人。順治戊戌進士，知建平縣。值歲饑，多方賑濟，全活數萬人。查覈丁糧，造《赤

(歷)〔曆〕册》，積逋俱清。嚴絶逃鏇，奸民斂跡。

胡擢標，字耐庵，浙江人。康熙三十五年知建平縣。是年冬苦雨，虔禱即止。次年夏大旱，禱雨又立應。以疾卒官，士民咸悼惜之。

六安州

漢

劉順，字平仲，光武族兄。建武八年，擊破六安賊，因拜爲六安太守。帝徵之，吏人上書請留。十一年卒。《後漢書·成武孝侯傳》

宋

程端中，靖康末知六安軍。北兵至，殫力守禦，不克死之。《南畿志》

元

王大有，字廷祐，澶淵人。至正間知州事。課農桑，興學校，治績稱最。《六安州志》

朱子範，知六安州。時兵革頻仍，民多死徙，子範蠲減税糧，作《勸農文》諭之。《六安州志》

秦天祐，舒城人。元末知州事。四方兵起，天祐悉力保障，一境獲安。《六安州志》

明

陳明善，句容人。洪武間知六安州。創建州治，有惠澤及民。山賊聚衆劫掠，州倅往捕遇害，明善討平之。《六安州志》

朱模，字子範，休寧人。爲六安州判。值軍丁胡五等糾衆爲亂，模單騎往捕，遇害。《六安州志》

康琚，項城人。洪武三年授州同知。時庶務草創，民多弗率，琚躬行德化，助守所不逮。以循卓擢永平府同知。《六安州志》

隋贇，字從禮，山東人。洪武初授英山主簿，嘗捕獲叛賊潘友文等。以功遷知縣，復除虎患，遷袁州通判。《英山縣志》

孔善，曲阜人。洪武間授英山訓導。學問博洽，敷教有方。秩滿，諸生赴闕請留，遷教諭。《英山縣志》

陸愉，泗州人。永樂二年知六安州。勸學興禮，盜息民安。秩滿，州人詣闕懇留復任。《六安州志》

劉鎰，羅山人。弘治二年知六安州。蠲宿負，去苛斂，産亡而税存者悉除之，流民復業者甚衆。州治、屯衛相錯，處之以公，軍、民咸服。《六安州志》

李瑄，元氏人。弘治間知英山。疏滯獄，抑豪强，恤里甲，較士高下，而資以膏火。《英山縣志》

王坊，字崇賢，浙江人。初任新淦，以忤劉瑾謫廢。瑾敗，起知霍山。編定《賦役品格》，胥吏不得爲奸。《霍山縣志》

歐陽德，字崇一，泰和人。嘉靖三年知六安州。毁淫祠，建書院。歲饑，出粟分賑。民疫，爲購善藥濟之。《六安州志》

邵惪久，餘姚人。嘉靖二十九年知六安州。築陂塘以溉田，課文藝以造士，鋤奸雪枉。《六安州志》

胡澤，通城人。嘉靖中授英山教諭。葺齋舍，購書籍，集諸生肄業其中。勾稽學田租税，以有餘惠寒素。《英山縣志》

徐縞，豐城人。嘉靖間霍山典史。海寇突至，縞督鄉勇力戰走之。蛟水暴漲，民多漂溺，縞捐貲瘞藏，流離者復出粟賑給，存活數百家。民祀於東嶽廟左。《霍山縣志》

李懋檜，字克蒼，安溪人。萬(歷)〔曆〕九年知六安州。州丁役舊有上、中、下三等，有家已消落而仍納上户者，檜定爲一則，民累以蘇。設社倉，令民輸所餘粟，擇里中富而有行誼者主之，視豐歉爲收放。又置義田二區，積歲入以贍貧者。《六安州志》

王榆，羅田人。萬(歷)〔曆〕間知六安州。每朔望向神誓曰：「愛民不及愛子，殃及我子；治郡不及治家，殃及我家！」《六安州志》

向文謨，湖廣人。萬(歷)〔曆〕間知英山。以邑小政簡，請裁主簿，省冗費。又請改折鳳倉米麥。

《英山縣志》

黄守經，字伯通，南城人。萬（歷）〔曆〕三十八年知霍山。執法不畏强禦。學宫移河北，非善地，急白當路遷復故址，出俸錢爲諸生倡，三閲月而功竣。《霍山縣志》

李聯芳，北直人。崇（正）〔禎〕時知六安州。聞寇起陝西，即修城浚隍，如寇將至，役者迂之。及去後二年，寇薄城下，州人據城固守，始服其遠慮。《六安州志》

高在嵛，崇（正）〔禎〕時知英山縣。流寇來攻，在嵛悉力捍禦，城陷死之。《英山縣志》

龔元祥，長洲人。崇（正）〔禎〕時任霍山教諭。與訓導姚允恭皆端嚴有師範，寇至城陷，姚適他往，元祥冠服坐明倫堂，賊環刃脅拜，不屈，死。子年十六，枕父屍慟哭，亦被害。越三日，姚歸，大慟曰：「吾死晚矣！」適賊又至，乃憤激大罵，至死不絶口。姚，盱眙縣人。《霍山縣志》

國朝

史良植，河南人。年十八第進士，授英山知縣。吏治精敏，雖老成練達無以過之。詳詢民瘼，剔除宿弊。順治己丑，楚賊侵英，良植單騎詣府乞師。歸至石鯖頭，賊衆突至，被執不屈，遂遇害。舊《通志》

李浴日，掖縣人。順治初知六安州。時兵燹之後，民生未遂，浴日多方撫字，政簡刑清，一方賴之。

劉克孔，字扶宇，奉天人。順治中知六安州。當兵毁之後，糧册散失，徭役不均，胥吏緣以爲奸。克孔按户清查，盡祛蠹弊，士民戴德焉。

門毓英，瀋陽人。順治五年知霍山縣。時土寇作亂，肘腋皆其黨與，毓英悉力捍禦，籲憲請援，身先士卒，轉戰深入，渠魁授首，霍城獲全。

泗　州

漢

孔安國，字子國，武之弟，魯申公弟子。爲臨淮太守。其治官、民，皆有廉節稱。《漢書·儒林傳》

路温舒，字長君，鉅鹿人。宣帝即位，上《尚德緩刑書》，帝嘉納。累官臨淮太守，治有異績。《漢書》本傳

薛宣，字贛君，郯人。以御史中丞出守臨淮，政化大行。《漢書》本傳

侯霸，字君房，河南密人。王莽時，霸官淮平大尹。更始徵霸，百姓號哭遮道乞留，且戒乳婦勿舉子曰：「侯君去，必不能全。」使者慮霸就徵，臨淮必亂，不敢授璽，具以狀聞。《後漢書》本傳

朱暉，字文季，南陽宛人。永平中爲臨淮太守。所拔用，皆厲行士。其諸報怨，以義犯率得生濟；其不義之囚，即時僵仆。吏民畏愛，爲之謡曰：「强直自遂，南陽朱季。吏畏其威，民懷其惠。」

《後漢書》本傳

孟嘗，字伯周，上虞人。舉茂才，令徐縣。州郡表其能，尚書楊喬稱其「清行出俗，能幹絶群。」《後漢書·循吏傳》

謝熙，山陰人。令徐縣，明達有吏才。《後漢紀》

南北朝　宋

沈璞，字道真，武康人。元嘉末爲盱眙太守。繕城浚隍，魏太武以三十萬衆攻之不克。《宋書·自序》

唐

蘇晋，藍田人。爲泗州刺史。以仁恕爲政，吏民信服。舊史

張伾，以軍功遷守泗州。值水患，悉力捍禦，卒完一城。《唐書》本傳

崔珙，博陵人。有威重，精吏治。以拔萃異等，累擢至泗州刺史，得士心。《唐書》本傳

林愃，萬年人。咸通中守泗州。龐勛反，圍城甚急，處士辛讜勸愃出家屬，獨以身守。愃曰：「吾出百口求生，衆心摇矣，不如與將士共死生！」衆聞感泣。讜乃請救於郭厚本，賊解去。賊又敗杜審權、令狐綯兵，以鐵鎖絶淮流，梯衝乘城。糧盡，爲薄饘以給。遣李圓約降，愃怒殺之。凡十月，

慆撫循，士皆殊死奮，讜冒圍出入，糾輯援師，卒完一州。《唐書·杜佑傳》

宋

段思恭，澤州人。開寶中，代馬繼業知泗州。下車矯其失，綏撫夷落，訪求民病，悉條奏免之。後歷知壽州、宿州，並著勞績。《宋史》本傳

朱昂，字舉之，衡山人。太宗時知泗州。嘗聚淮水流屍三千，爲冢瘞之。有戍卒謀亂，昂誅其首惡，支黨悉貰之。《宋史》本傳

張夏，知泗州。值大水，築堤禦之。景祐初，後守因其舊而加廣焉。歐陽修《先春亭記》

歐陽載，字則之，廬陵人。知泗州。有浮屠誘民男女投淮水死，載盡捕其徒，詰其姦民，誅數人，遣還鄉里者數百人，遂毁其寺。歐陽修《工部郎中歐陽公墓誌銘》

歐陽觀，廬陵人。爲泗州判官。夜治官書，嘗屢廢而歎，妻問之，曰：「此死獄也，我求其生而不得爾。」歐陽修《瀧岡阡表》

趙抃，通判泗州。濠守給廩賜不如法，士卒欲變，守閉門不出，轉運使檄抃攝治之。抃至，從容如平時，州以無事。《宋史》本傳

傅楫，字元通，仙遊人。揚州司户參軍，攝天長令。發摘隱伏，姦猾屏跡。《宋史》本傳

陶令，靖康間知盱眙縣。徽宗南幸，以南山有十景，詔所在清蹕。令辭以非旬日可辦，帝嘉其直

而止。《南畿志》

賈公望，字表之，韓城人。欽宗時知泗州。靖康二年，運使翁彦國勤王，至泗州逗留不進，公望責以大義，始行。及張邦昌僞命至，率官屬哭天慶觀聖祖殿，焚其赦書。遂不能越泗而南，當時服其壯烈。《南畿志》

趙立，徐州人。建炎四年，爲泗州水軍鎮撫使。劉豫遣葛進齎書誘立，立怒斬之。又遣劉偲持榜招之，立令將出就戮，偲大呼曰：「公非我故人乎？」立曰：「吾知忠義爲國，何問故人！」卒斬於市。《宋史·忠義傳》

沈該，歸安人。紹興十二年知盱眙軍，有賢聲。《南畿志》

傅球，字命之，考城人。通判泗州。淮水溢毁城，朝廷遣中使護築，絶淮取土道遠，度用卒六萬。球相度近隄防有高阜，平之得土，以漕運回舟載之，省工費殆半。《南畿志》

元

李景道，字克中，（大）〔太〕①谷人。爲盱眙尹。天（歷）〔曆〕元年，遷建縣治，斬荆棘，鑿山趾，所費鉅而民不擾。《盱眙縣志》

① 據《四庫》本改。

郝僴，字子榮，河間人。至元間爲天長尹。擇民間童子可教者，立塾置師，絃誦相望。又新廟學，籍豪民隱蔽田七頃有奇，入其租爲師生廪禄，時人頌之。《天長縣志》

明

林庭蘭，字廷秀，福建人。洪武三年知盱眙縣。潔己撫民，以循良稱。《盱眙縣志》

鄭仁憲，字平之，會稽人。成化間知天長縣。興學校，繕館舍，修壇墠，立坊市，凡政教之大者，次第畢舉。《天長縣志》

藍馥，浮梁人。成化十八年知五河縣。創集場，建義倉。《五河縣志》

葛浩，上虞人。弘治十年知五河縣。歲旱，徒步禱雨，往還數十里。躬親捕蝗，卒不爲災。民築捕蝗臺於芟瘞之所，今尚存。《五河縣志》

許弼，弘治間知泗州。在任六年，積穀至二萬石，年饑，百姓多賴以濟。《泗州志》

汪應軫，字子宿。由庶常出知州事。武宗南巡，江彬方用事，横索供億，應軫以一身當之，民得無擾。嘗遣人至浙西，市小桑數萬株，課民樹藝。尋擢給事中，去之日，艤舟龜山，見家人載石砧，急命投於淮水。至都，猶上疏乞免泗州運糧、養馬諸累。《泗州志》

潘槐，宣化人。嘉靖中知五河縣。博聞强幹，大著賢聲。《五河縣志》

林希元，嘉靖中以大理評事謫判州事。歲大饑，人相食，青陽、滄湖嘯聚數百人，希元躬往慰諭，

解散其黨。且請貸其罪而賑恤之，境内以安。《泗州志》

邵時敏，字伯來，餘姚人。嘉靖間令天長。築馬埠堤數百丈，建二石橋以便民，民呼其堤曰「邵公堤」，橋曰「邵公橋」。《天長縣志》

楊子龍，鄞縣人。嘉靖中知天長縣。首議經費里甲，繼請撤還驛傳，及革護城河糴糶之税。至修學宫東西月池，排纂縣志，皆關爲政大體。《天長縣志》

楊化，隆慶中知泗州。城内外石堤，皆所創築。《泗州志》

陳永直，由通判遷知州事。增築東南護城石隄，請豁高家堰築堤夫役五百名，免徵草料銀數百兩。《泗州志》

浦朝柱，定州人。萬(歷)〔曆〕十五年知州事。歲凶，穀價騰涌，出俸金遠糴米麥，平糶與民。又以餘米作粥，全活無算。州屢被水患，請於河憲，疏濬清河口門限沙，民賴之。《泗州志》

潘士紳，江西人。萬(歷)〔曆〕中知五河縣。一切羨耗贖鍰，盡爲捐革。訟至即理，案無留牘。時他邑民有控於直指者，將下某府，其人不欲，改下某州，又不欲，叩頭曰：「願下五河。」其見信鄰封如此。《五河縣志》

沈嘉賓，萬全衛人。萬(歷)〔曆〕中知五河縣。寡言笑，慎取予，人號爲鐵面公。至接待士民，和煦如春風拂人。《五河縣志》

方堪，新城人。萬(歷)〔曆〕中知五河。時澮、沱二水横流爲患，堪築壩數十丈。南橋圮，復治，

至今名「方公橋」。《五河縣志》

汪文燦，字弢輔，宜良人。崇(正)〔禎〕十六年，由新野令遷州守。時高傑兵駐州，大肆焚掠，文燦面叱總兵李朝雲，朝雲佯許，仍不戢。文燦摳衣躍入城河，漁舟救之得甦。李乃約束士卒，泗民以安。《泗州志》

蔣佳徵，灌陽人。崇(正)〔禎〕間知盱眙縣。流寇破城，不屈死。事聞，贈尚寶卿，廕一子。《盱眙縣志》

羅萬象，字光大，南昌人。崇(正)〔禎〕時知天長縣。賦額外分毫無所溢，減省吏胥，裁足供事。發摘奸隱，豪黠懾伏。《天長縣志》

章世純，字大力，臨川人。懷宗時署天長教諭。學通經史，旁涉諸子百家，督課士子，多經濟實用。《天長縣志》

國朝

王師保，四川人。順治初知五河縣。歲荒乏米，漕餉莫辦，詳請以麥代米，一邑便之。

李毓秀，字應詔，沔池人。順治二年知天長縣。時屢經兵燹，民多流亡，毓秀加意招徠，勸課耕稼，貧者給以牛種。聽訟明決，境無冤民。

王辛，字菩山，直隸人。順治七年，以進士授天長知縣。莅官九載，大著政績。值海寇陷城，抱印自經死。奉旨贈按察司副使，廕一子。

傅應薦，奉天人。順治十二年知泗州。時年二十有四，曉練吏治，尤持重敦大體。己亥夏，淮漲灌城，譌傳北堤已潰，左右趣登舟，應薦叱曰：「吾他適，如民何？」乃於堤前拜水疾呼，聞者感泣。禱畢，水勢驟減，城得不没。

以上舊《通志》

范三俊，（大）〔太〕①谷人。順治十八年知泗州。深沉練達，事至即決。創設《赤（歷）〔曆〕》一書，丁糧綱目燦若列眉，迄今循其成法。

江映鯤，字南溟，閬中人。康熙元年令天長。邑苦里甲當差值年，動至破産，映鯤痛爲革除，民困以甦。又里甲分糧，黠者糧多而户皆殷實，懦者糧少而户更凋瘠。映鯤每里均以二十二石，自是里役無菀枯之異。給《便民自納單》，載糧數若干，每月完銀若干，完即註單，里書、收頭不得因緣爲奸，民甚便之。

袁象乾，良鄉人。康熙五年知泗州。州數被水災，田没而糧額不減，民不能支。象乾下車，即請上憲題蠲本州水沉拋荒田糧萬五百有奇，州人永賴。

朱弘祚，字徽蔭，濟南人。康熙七年除盱眙令。革諸雜派，定徵輸畫一之法。盱俗好訟輕生，爲

① 據道光《安徽通志·職官志》改。

揭律通衢，訟以衰止。歲旱，急請蠲賑。又措銀買米，分給飢民，鄰封就食者盈萬。時蝻生遍野，倏有群蝗過之[1]，蝻皆附翼飛去，歲以大豐。舉卓異第一。

① 「之」，《四庫》本作「野」。